唐代金銀器文様の考古学的研究

冉 万里 著
Ran Wanli

雄山閣

口絵1

写真1　皮嚢銀壺（陝西省何家村窖蔵出土）

写真2　銀盆内底（江蘇省丁卯橋窖蔵出土）

写真3　円形銀盒（陝西省西北国棉五廠65号墓出土）

写真4　銀舎利容器（陝西省法門寺塔基地宮出土）

写真5　鍍金銀籠子（陝西省法門寺塔基地宮出土）

口絵 2

写真 6　五足銀香炉（陝西省何家村窖蔵出土）

写真 7　銀香炉（陝西省法門寺塔基地宮出土）

写真 8　銀茶具（陝西省法門寺塔基地宮出土）

写真 9　三足銀盤内底（陝西省八府庄出土）

写真10　銀方形盒（陝西省何家村窖蔵出土）

口絵 3

写真11　銀籌筒（江蘇省丁卯橋窖蔵出土）

写真12　金壺（陝西省西北医療器械廠窖蔵出土）

写真13　銀八稜杯（陝西省韓森寨窖蔵出土）

写真14　銀杯（陝西省何家村窖蔵出土）

口絵 4

写真15　銀杯の全容（左上段）・把手上面（右上段）・外底（右第2段）・胴細部（下2段）
（陝西省解放飯店前窖蔵出土）

写真16　銀盆の全容（左）・内底（右上）・胴部内面（右下）
（陝西省法門寺塔基地宮出土）

口絵 5

写真17　銀香宝子（陝西省法門寺塔基地宮出土）

写真18　銀高足杯（陝西省何家村窖蔵出土）

写真19　銀碗（陝西省何家村窖蔵出土）

口絵6

写真20　銀盒蓋（陝西省何家村窖蔵出土）

写真21　銀盒蓋（陝西省何家村窖蔵出土）

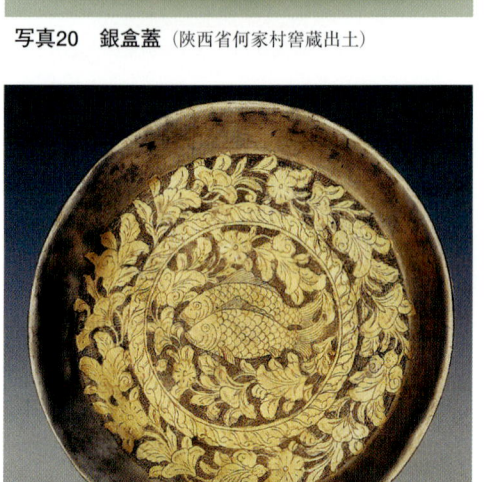

写真22　銀盤内底（陝西省西北工業大学窖蔵出土）

写真23　銀皿内底（陝西省何家村窖蔵出土）

写真24　銀盒蓋（陝西省韋美美墓出土）

口絵7

写真25　銀盒蓋（陝西省韋美美墓出土）

写真26　銀盒蓋（陝西省何家村窖蔵出土）

写真27　鍍金銀盤内底（陝西省法門寺塔基地宮出土）

写真28　銀盒蓋（陝西省西北国棉五廠65号墓出土）

写真29　銀盤内底（陝西省何家村窖蔵出土）

写真30　亀形銀盒（陝西省法門寺塔基地宮出土）

口絵 8

写真31　銀碗内底（陝西省何家村窖蔵出土）

写真32　銀盤内底（陝西省何家村窖蔵出土）

写真33　銀盤内底（陝西省何家村窖蔵出土）

写真34　銀盒の蓋（上）と全容（下）
　　　　（陝西省法門寺塔基地宮出土）

写真35　銀壺（江蘇省丁卯橋窖蔵出土）

序

　隋唐時代に金銀器が大量に出現するのは、当時の社会経済の高度な繁栄、競い合って華美に走る社会風潮、シルクロード貿易の空前の発達と密接な関係をもっている。唐代初期の官営の中尚署金銀作坊院から、中晚唐の皇室用金銀犀玉・金彩・螺鈿品の製作を専門とした工房の文思院まで、金銀器が皇室、貴族の生活の中で普遍的に用いられ、しかもますます重要となってきた事実を物語っている。このため、唐代金銀器の製作は当時の工芸美術発展の高度な水準を反映し、工芸美術史上において独特の地位を有するものである。唐代の金銀器工芸に対する研究は、唐代考古学の重要な部分を占める。

　冉万里氏は、2002年から2006年まで、同志社大学の松藤和人先生に師事し、隋唐時代の金銀工芸の研究をおこなった。氏は、唐代金銀器中の連続して発展した文様を五期に分け、唐代金銀器文様の形成、発展、成熟という変遷過程を詳細に論証し、装飾技術と構図方式を解明した。と同時に、狩猟文、有翼動物文、亀甲文、魚類鳥獣文および咋鳥文、七宝繋文、メダイヨンなどにも大いに心血を注ぎ、歴史的な淵源と変遷を分析するなかで、これらの文様の多くが漢代文様の影響を受けたことを明らかにし、外来文化と密接な関係をもつという先行研究者による結論を否定した。この新しい視点は、数多くの唐代金銀器工芸の研究のなかで独自の一派をなすものであり、本書の最大の特色となっている。とはいえ、氏は唐代金銀器装飾文様中に一定の外来文化要素が含まれるのを否定するものではない。氏はまた、古代中国と外国との文化交流に際して五種類のモデルを設定し、これらの模式は開放的な唐帝国が隣接する文化の進展に対して強い選択性と摂取能力を有していたことの反映であるとしている。

　氏は、中国の伝統的な文化の蓄積の中から、唐代金銀器装飾文様中に含まれる深遠な象徴的意義を探索し、中国古代における自然崇尚、民族の知恵と人文精神を明らかにした。それゆえ、唐代金銀器を飾る工芸は、造形、製作技術、装飾文様などはもとより、後世に重大な影響を与えるに至った。こうした論述にくわえて大量の図面は、唐代金銀器工芸が中華文明と世界文明に重大な貢献をなしたことを明らかしたばかりではなく、唐代金銀工芸および中国金属工芸史を研究するうえでも不可欠の参考資料となろう。

　冉万里氏の専門の研究領域は隋唐考古学と仏教考古学であるが、事実上、氏が春秋戦国時代および魏晋南北朝・五胡十六国時代の考古学分野でも注目すべき研究成果を収めた。近年、日本人研究者たちと一緒に多分野にわたる研究調査にも従事した。氏は豊富な野外発掘経験をもち、三秦大地に限らず、長江流域でも発掘調査に従事し、さらには日本の奈良県ホケノ山古墳の発掘にも参加した経験をもち、こうした経験は、氏の広範な学術的視野の形成に与っている。そのため、氏は西北大学文博学院において考古学通論、秦漢から宋元明までの考古学および仏教考古学などを担当することができる、西北大学文博学院の優秀な教師であるばかりでなく、秀でた新進研究者でもある。氏の研究姿勢は慎重であり、顔に驕りの色を浮かべず、日本同志

社大学での留学期間中、熱心に研究をおこない、意気高揚して努力を重ね、沈着冷静に深く掘り下げて研究し、わずか三年の間に精魂を傾けた立派な著作を完成したのには深く感服させられる。

　氏は、年齢が若く精力旺盛で、今年がちょうど不惑の年にあたり、学術上、遠大な研究計画を抱いている。氏が新たな著作を次々に出版するなかで中国古代文明の輝かしい軌跡を世人の前に再現し、わが国の学界にますます輝きを増させるものと確信し、また期待するものである。

　2007年1月20日

前陝西省考古研究所所長
韓　偉

序

　2002年10月、同志社大学と中国西北大学との間で結ばれた学術交流協定にもとづいて、西北大学文博学院の冉万里副教授が本学文学研究科文化史学専攻博士後期課程に特別学生として来日された。

　文化史学専攻としては、これまで西北大学からの客員教授・客員研究員の受け入れは4名を数えるが、考古学分野では王維坤教授（現西北大学国際交流学院副院長）に次ぎ二人目となる。考古学分野での交流は、西安を訪れられた森浩一先生（現同志社大学名誉教授）、故王世和西北大学教授の尽力で実現したものと仄聞する。1980年7月に交流協定が締結されて以来、同志社大学からは大学院生や学部生が毎年のように西北大学に留学し、また西北大学からは少なからぬ教員が本学に留学され、学術交流協定の精神はいまなお脈々と息づいている。

　冉万里氏は、西北大学歴史系（現文博学院）を卒業後、文博学院考古学専攻（大学院修士課程）に進学され、1992年以降、助教、講師、副教授として考古学専攻生の教育、野外実習指導に従事されている。また、隋唐時代の考古学を専門分野とする新進気鋭の若手研究者として知られ、本学へ留学されるまでにすでに16篇の論文を発表されている。西北大学文博学院の将来を背負って立つ人材として嘱望され、博士学位号の取得を目的に、客員研究員としてではなく敢えて博士後期課程の学生身分で留学された。2003年4月からは正規学生として、日本政府（文部科学省）の奨学金を受け、引き続いて、私が指導教員として博士論文の完成・提出まで面倒を見させてもらうことになった。専門研究領域に雲泥ほどの違いがある私にしてみれば、たじろぐ思いであったが、ほかに考古学の専任教員がいない事情もあって、引き受けさせていただくことになったのが実情といえる。

　冉万里氏は、すでに1999年1月から2000年1月まで、西北大学と奈良県立橿原考古学研究所との協定にもとづく交換研究員として奈良県に1年間滞在され、日本語の研修を受けるかたわら日本考古学にも通暁し、日本の研究事情にもよく通じておられた。このことが文博学院の期待を双肩ににない、同志社大学への留学につながったのではないかと憶測する。

　来日時に提出された研究計画書に目をやると、唐代金銀器の研究を中心に3世紀から10世紀までにおよぶ東西文化交流の究明を目的とする壮大な研究テーマのもと多方面にわたる研究課題が書き連ねられていた。それにしても、3年間で成果を出すにはあまりにもテーマが大きすぎはしないかと懸念を覚えたほどであった。思うに西アジア関係資料の閲覧がままならない国内の事情を充分考慮したうえで、日本留学を決意されたのであろう。滞在中の3年半もの間、毎日朝早くから夜遅くまで研究室あるいは図書館に通い詰め、寸暇を惜しんで文献の渉猟・閲覧に余念がなく、そのうち健康を害しはしないかと気づかうほどであった。学問に対するひたむきな研究姿勢は、人物・識見はもとより生来の爽やかな性格もてつだって、半年も経たないうちに研究室のだれからも慕われる存在となった。

本書は、2006年3月、「唐代金銀器文様の考古学的研究―シルクロードを介した東西文明の交流―」と題して同志社大学に提出された博士（文化史学）学位請求論文を上梓したものである。刊行に際して、一部に補正の手がくわえられているが、もとより原著論文の主旨を大きく逸脱するものではない。日本語としての文章にこなれないところもあるが、読者にはご寛恕願いたい。

　本研究は、中華人民共和国の成立以降の中国考古学のめざましい研究成果はもとより諸外国における金銀器の調査・研究成果にも深く目を配り、伝世品によらずあくまでも出土品を研究の中心に据えるという考古学本来の研究方法に立脚しながら年代軸を組み立て、独創的な研究を遂行したものである。中国古代の金銀器は数多くの戦乱を経て散逸し、あるいは鋳直されたりして、世にいうところの伝世品は現存しない。この点、唐代の金銀器をはじめ多くの古代文物を現在にとどめる正倉院御物は、世界史上、類を見ない特異な遺産といえる。第二次世界大戦以前の中国にあっては、墓葬や窖蔵などから盗掘された金銀器が国外に流出し、博物館や個人による蒐集品として外国人研究者によって研究の先鞭がつけられ、中国人研究者にとっては手の届かないところにあった。しかし、新中国の成立（1949年）以降、考古学調査が全国的な規模で進められるにしたがって出土遺構の性格、出土状況、他の遺物との共伴関係が判明する一等資料が蓄積され、文献史料の検討とも歩調を合わせ、現在見るような金銀器研究の隆盛へと導いた。特に墓葬や塔基礎の地下宮殿では墓誌をはじめとする紀年銘資料の出土が、編年研究を大きく前進させるうえでの原動力になったことはあらためていうまでもない。本研究は、こうした幾多の先学による調査・研究の諸成果に立脚してなったものといえる。

　著者は、西方由来の珍奇な文物だけをとりあげ、西方からの伝播として解釈する従前のありきたりの研究方法の限界を認識し、そうした文物を的確に評価するためには、中国古代文化の各時間的位相における歴史的特質をも深く考察しなければならないと述べる。西方の文物を受け入れた古代中国人の心性、審美観、信仰などの精神面に光をあてながら、金銀器を装飾した各種の文様の系統的な分析と解釈を通じて、中国古代文化の核心あるいはそれを生み出した古代中国人の精神世界に肉薄した壮大な試みといえる。

　本研究の独創性は、唐代をはじめとする金銀器を飾ったさまざまな種類の装飾文様をとりあげ、さらに西ユーラシアの古代装飾文様との比較検討を通じて、唐代の装飾文様の淵源を追究し、ひいては唐代文化の国際性と歴史的特質をユーラシア規模で究明した点にある。とりわけ狩猟文、有翼文に関する研究は本書の中核をなし、随所に新鮮な見解が盛り込まれている。そうしたなかに、これまで定説とされてきた「パルティアン・ショット（安息射法）」とよばれる疾走する馬上で後ろ向きに矢を射る射撃姿勢がある。本研究によれば、その名称の起源となったパルティアの当該時代の資料中にパルティアン・ショットの実例が見いだせないばかりか、引用された例のなかには鐙を使ったパルティアン・ショットさえある、という。しかしながら、著者は、鐙を使用したパルティアン・ショットについて、鐙そのものの出土例が3世紀後半を著しく遡りえないという最近の考古学研究成果に照らしてこれを否定する。

　さらにまた唐代金銀器の装飾文様として用いられた双鳥獣文・亀甲文・咋鳥文・頸部にリボンを飾る動物文・七宝繋文・メダイヨン文を西方の当該資料と比較検討し、中国における類似文様

の淵源を先史時代にまでたどりながら個別的に検討するなかで、中国への流入時期と中国人による文化変容の中身に立ち入った考察をくわえている。つまるところ、西方から伝来した各種の装飾文様は、当時の中国人の審美観、信仰、習慣というメンタルなフィルターを通して篩い分けられ、中国人の趣向に合ったものだけがそのまま受け容れられるか、中国人による変容を経て受け容れられたと結論づける。たとえば、西方からもたらされた金銀器を飾る裸形像は、古代中国人の思想に照らして裸形自体が忌避されたものらしい。これは文化変容の実態を示すものである。

　本書は、シルクロードを通じた壮大な東西文明交流の軌跡を装飾文様の系統的な分析にもとづいて解明したものとしては他に類書を見ない。本書に収録された膨大な数の図版からもうかがえるように、従前の金銀器文様の研究を集大成し、この方面における向後の研究指針をあたえるものである。考古学はもとよりシルクロードを介した東西交渉史、美術史分野においても、本書の益するところは少なくないものと確信する。

　最後に、冉万里氏の博士請求論文を日本で出版するうえでの道筋をつけられ、編集の労をとられた雄山閣編集部の羽佐田真一氏をはじめとする関係者の皆様に心より感謝の意を捧げるものである。

　2007年1月5日

同志社大学文学部教授

松藤　和人

目　次

序 ……………………………………………………………………………〈韓　偉〉… *1*
序 ……………………………………………………………………………〈松藤和人〉… *3*

第Ⅰ章　緒　言 ………………………………………………………………………… *15*
第1節　唐代金銀器の発見 ……………………………………………………………… *15*
　1　発見の概況 ………………………………………………………………………… *15*
　2　唐代金銀器の出土概況 …………………………………………………………… *20*
第2節　唐代金銀器の研究史 …………………………………………………………… *21*
　1　外国人研究者を中心とする時期（1949年以前）……………………………… *21*
　2　発掘調査による資料蓄積と初歩研究の時期（1949～1966年）…………… *22*
　3　中国での唐代金銀器研究の空白期（1966～1971年）……………………… *22*
　4　中国での唐代金銀器研究の回復期（1972～1979年）……………………… *22*
　5　中国人学者を中心とする研究時期（1980年以降）………………………… *23*
　　小　結 ……………………………………………………………………………… *29*
第3節　唐代社会生活中の金銀器 ……………………………………………………… *29*
　1　皇室・貴族の日常生活用品と贅沢品のシンボル ……………………………… *29*
　2　重要な副葬品 ……………………………………………………………………… *30*
　3　仏教寺院の供養品 ………………………………………………………………… *32*
　4　皇帝から大臣への下賜品 ………………………………………………………… *32*
　5　皇帝への献上（進奉）品 ………………………………………………………… *34*
　6　唐王朝と周辺国や地方政権との友好関係を象徴するもの …………………… *37*
　7　祭祀、贖罪、讖緯等に使用 ……………………………………………………… *40*
　8　重要な貿易品 ……………………………………………………………………… *40*
　9　賄賂・籠絡・買官などの手段としての使用 …………………………………… *40*
　　小　結 ……………………………………………………………………………… *40*
第4節　本論の研究テーマ・方法・目的 ……………………………………………… *41*
　1　研究テーマ ………………………………………………………………………… *41*
　2　研究方法 …………………………………………………………………………… *41*
　3　研究目的 …………………………………………………………………………… *41*

第Ⅱ章　唐代金銀器文様の分類と時期区分 ………………………………………… *43*
第1節　唐代金銀器装飾文様の分類 …………………………………………………… *43*
　1　動物文 ……………………………………………………………………………… *43*
　2　植物文 ……………………………………………………………………………… *48*

3　人物文……………………………………………………………………54
　　　4　宗教題材の装飾文様……………………………………………………60
　　　5　その他……………………………………………………………………61
　第2節　唐代金銀器装飾文様の時期とその様相………………………………61

第Ⅲ章　唐代金銀器の装飾技術と構図方式……………………………………67
　第1節　装飾技術……………………………………………………………………67
　　　1　装飾技術の分類…………………………………………………………67
　　　2　装飾技術の応用…………………………………………………………80
　第2節　構図方式……………………………………………………………………84
　　　1　単独構図…………………………………………………………………84
　　　2　散点式構図………………………………………………………………85
　　　3　人物像が山岳文より大きい構図………………………………………85
　　　4　満地装飾構図……………………………………………………………90
　　　5　装飾画構図………………………………………………………………92
　　　6　対称構図…………………………………………………………………92
　　　7　金銀器の胴部内・外面の装飾文様が相似形の構図…………………97

第Ⅳ章　唐代金銀器の装飾文様の検討…………………………………………99
　第1節　狩猟文………………………………………………………………………99
　　　1　狩猟文研究史……………………………………………………………99
　　　2　唐代金銀器狩猟文の実例 ……………………………………………101
　　　3　中国古代狩猟文の系譜 ………………………………………………105
　　　4　古代世界の狩猟文の分布 ……………………………………………137
　　　5　唐代金銀器狩猟文の源流と外来文化の関係 ………………………141
　　　6　狩猟を尊ぶ唐代社会─狩猟文流行の背景 …………………………144
　　　小　結 ………………………………………………………………………146
　第2節　有翼動物文 ………………………………………………………………147
　　　1　唐代金銀器有翼動物文の分類 ………………………………………147
　　　2　中国有翼動物文の系譜と伝統要素 …………………………………167
　　　3　西方要素としての有翼動物文の検討 ………………………………169
　　　小　結 ………………………………………………………………………171
　第3節　双魚鳥獣文 ………………………………………………………………172
　　　1　双魚鳥獣文の分類 ……………………………………………………172
　　　2　双魚鳥獣文の時期区分 ………………………………………………181
　　　3　文化要素の分析 ………………………………………………………181

　　　　小　結 ………………………………………………………………………… *191*
第 4 節　亀甲文 ……………………………………………………………………… *191*
　　 1　唐代金銀器の亀甲文の分類 ……………………………………………… *191*
　　 2　中国以外の亀甲文 ………………………………………………………… *193*
　　 3　中国古代亀甲文の伝来とその流れ ……………………………………… *193*
　　　　小　結 ………………………………………………………………………… *201*
第 5 節　咋鳥文 ……………………………………………………………………… *201*
　　 1　唐代金銀器の咋鳥文の分類 ……………………………………………… *201*
　　 2　意匠の発生と系譜 ………………………………………………………… *204*
　　 3　外来文化要素の検討 ……………………………………………………… *211*
　　　　小　結 ………………………………………………………………………… *213*
第 6 節　頸部にリボンを飾る動物文様 …………………………………………… *214*
　　 1　唐代金銀器に装飾される頸部にリボンを飾る動物文様 …………… *214*
　　 2　中国での系譜とその要素の分析 ………………………………………… *214*
　　　　小　結 ………………………………………………………………………… *217*
第 7 節　七宝繋文 …………………………………………………………………… *219*
　　 1　唐代金銀器の七宝繋文 …………………………………………………… *219*
　　 2　中国以外の七宝繋文 ……………………………………………………… *219*
　　 3　中国古代七宝繋文の系譜とその流れ …………………………………… *222*
　　　　小　結 ………………………………………………………………………… *225*
第 8 節　メダイヨン文様 …………………………………………………………… *228*
　　 1　メダイヨン文様の分類 …………………………………………………… *228*
　　 2　メダイヨン文様の変遷 …………………………………………………… *230*
　　 3　メダイヨン文様の伝来とその系譜 ……………………………………… *230*
　　　　小　結 ………………………………………………………………………… *234*

第Ⅴ章　唐代金銀器文様のシンボル ……………………………………… *235*
第 1 節　仲むつまじい夫婦のシンボル文様 …………………………………… *236*
　　 1　並蒂花 ……………………………………………………………………… *236*
　　 2　連理枝 ……………………………………………………………………… *236*
　　 3　鴛　鴦 ……………………………………………………………………… *238*
　　 4　鴻　雁 ……………………………………………………………………… *238*
　　 5　同心鳥 ……………………………………………………………………… *239*
第 2 節　長寿を象徴するシンボル文様 ………………………………………… *240*
　　 1　亀と桃 ……………………………………………………………………… *240*
　　 2　綬　帯 ……………………………………………………………………… *242*

      3　蟾　蜍 ……………………………………………………………………242
　第3節　ほかのシンボル文様 ………………………………………………………243
      1　石　榴 ……………………………………………………………………243
      2　マニ宝珠 …………………………………………………………………244
      3　鵲 …………………………………………………………………………244
      4　童　子 ……………………………………………………………………245
      5　熊 …………………………………………………………………………245
      6　羊 …………………………………………………………………………246
      7　魚 …………………………………………………………………………246
      8　蓮　葉 ……………………………………………………………………247
      9　麒　麟 ……………………………………………………………………247
      10　犀 ………………………………………………………………………247
      11　葡　萄 …………………………………………………………………248
      12　狐 ………………………………………………………………………250

第Ⅵ章　唐代金銀器文様の影響 …………………………………………………251
　第1節　五代金銀器への影響 ………………………………………………………251
      1　双獅子文 …………………………………………………………………251
      2　双鳳凰文 …………………………………………………………………251
      3　双鴛鴦文 …………………………………………………………………252
      4　蝶形銀器 …………………………………………………………………252
      5　樹下双鳥文 ………………………………………………………………252
      6　花弁文 ……………………………………………………………………252
      　小　結 ……………………………………………………………………254
　第2節　宋代金銀器への影響 ………………………………………………………254
      1　双魚文 ……………………………………………………………………254
      2　水波怪獣文 ………………………………………………………………254
      3　双鳳凰文 …………………………………………………………………256
      4　柳斗文 ……………………………………………………………………256
      5　波状唐草文 ………………………………………………………………256
      6　芭蕉葉形銀杯とその文様 ………………………………………………256
      7　双獅子文 …………………………………………………………………257
      8　蓮葉形銀器蓋とその文様 ………………………………………………257
      　小　結 ……………………………………………………………………259
　第3節　遼代金銀器への影響 ………………………………………………………259
      1　双獅子文 …………………………………………………………………260

2　双魚形銀壺とその文様	260
3　双鸚鵡文	260
4　綬帯文	260
5　曲弁文	260
6　蓮葉形銀器とその文様	262
7　双鳳凰文	262
8　柳斗文	262
9　マカラ文	263
10　双鴛鴦文	263
11　双魚文	263
12　双鴻雁文	264
13　天馬文	264
14　鹿　文	264
15　童子文	266
16　魚々子文	266
17　花弁文	266
小　結	266

第4節　陶磁器への影響 …………………………………………………………… 267
　1　陶磁器造形への影響 ……………………………………………………… 267
　2　陶磁器装飾文様への影響 ………………………………………………… 278
　小　結 ………………………………………………………………………… 281

第5節　突厥金銀器への影響 …………………………………………………… 282

第Ⅶ章　結　語 …………………………………………………………………… 283
　1　外来の遺物の発見とその影響力の問題 ………………………………… 283
　2　唐代金銀器の大量使用とシルクロードの関係 ………………………… 284
　3　金銀器の装飾文様から見た外来文化の受容模式 ……………………… 285
　4　唐代工匠の創造力 ………………………………………………………… 286

あとがき ……………………………………………………………………………… 287

引用文献目録 ………………………………………………………………………… 289

人名・用語索引 ……………………………………………………………………… 307

資料出土地名・所蔵者索引 ………………………………………………………… 314

挿図目次

第Ⅱ章
図Ⅱ-1　唐代金銀器文様変遷図（1）動物文　44・45
図Ⅱ-2　唐代金銀器文様変遷図（2）植物文1　50・51
図Ⅱ-3　唐代金銀器文様変遷図（3）植物文2　52・53
図Ⅱ-4　唐代金銀器文様変遷図（4）人物文　58・59
図Ⅱ-5　唐代金銀器文様変遷図（5）宗教題材　62・63

第Ⅲ章
図Ⅲ-1　金糸金粒細工技術（1）　69
図Ⅲ-2　金糸金粒細工技術（2）　71
図Ⅲ-3　金糸金粒細工技術（3）　72
図Ⅲ-4　金糸金粒細工技術（4）　73
図Ⅲ-5　象嵌技術　75
図Ⅲ-6　金属円形飾熔接技術　75
図Ⅲ-7　透彫り技術（1）　78
図Ⅲ-8　透彫り技術（2）　79
図Ⅲ-9　装飾技術の応用　80
図Ⅲ-10　装飾技術模式図　84
図Ⅲ-11　構図方式（1）単独　86
図Ⅲ-12　構図方式（2）散点式A型　87
図Ⅲ-13　構図方式（3）散点式B・C型　88
図Ⅲ-14　構図方式（4）　91
図Ⅲ-15　構図方式（5）　93
図Ⅲ-16　構図方式（6）　94
図Ⅲ-17　構図方式（7）　95
図Ⅲ-18　構図方式（8）　96

第Ⅳ章
図Ⅳ-1　唐代の金銀器狩猟文　103
図Ⅳ-2　春秋戦国時代の徒歩狩猟文（1）　106
図Ⅳ-3　春秋戦国時代の徒歩狩猟文（2）　108
図Ⅳ-4　戦国時代の車馬・騎馬・繳射狩猟文　110
図Ⅳ-5　秦代の徒歩・騎射狩猟文　112
図Ⅳ-6　漢代の騎射・単騎・双騎狩猟文　114
図Ⅳ-7　漢代の多騎・混合狩猟文　116
図Ⅳ-8　漢代の徒歩・車馬・繳射狩猟文　117
図Ⅳ-9　魏晋南北朝時代の単騎・鷹狩狩猟文　120
図Ⅳ-10　魏晋南北朝時代の双騎・多騎狩猟文　122
図Ⅳ-11　魏晋南北朝時代のソグド・ペルシア狩猟文　125
図Ⅳ-12　隋代の狩猟文　128
図Ⅳ-13　唐代の狩猟文　銅鏡　130
図Ⅳ-14　唐代の狩猟文　壁画・織物・俑　133
図Ⅳ-15　唐代の狩猟文　その他　135
図Ⅳ-16　狩猟文　西・中央アジア　138
図Ⅳ-17　狩猟文　スキタイ・突厥・エジプト・ヨーロッパ・他　140
図Ⅳ-18　有翼龍文　148・149
図Ⅳ-19　有翼虎文　153
図Ⅳ-20　有翼麒麟文　154・155
図Ⅳ-21　天馬文　158・159
図Ⅳ-22　有翼文様　鹿・飛廉・兎・獅子・象　162・163
図Ⅳ-23　中国と西方の有翼文比較　168
図Ⅳ-24　中国有翼動物文の変遷模式図　172
図Ⅳ-25　双魚鳥獣文の変遷図（1）　174・175
図Ⅳ-26　双魚鳥獣文の変遷図（2）　178・179
図Ⅳ-27　唐代双魚鳥獣文の分類模式図　180
図Ⅳ-28　双魚鳥獣文（1）　183
図Ⅳ-29　双魚鳥獣文（2）　185
図Ⅳ-30　西方の聖樹双獣文様　186
図Ⅳ-31　唐代の対称文様　187
図Ⅳ-32　対称文様　189
図Ⅳ-33　唐代金銀器の亀甲文　192
図Ⅳ-34　中国以外の亀甲文　194
図Ⅳ-35　唐以前の亀甲文　196
図Ⅳ-36　唐代の亀甲文　198
図Ⅳ-37　唐代以降の亀甲文　200
図Ⅳ-38　唐代の咋鳥文（1）　202
図Ⅳ-39　唐代の咋鳥文（2）　203
図Ⅳ-40　唐代の咋鳥文（3）　205
図Ⅳ-41　唐以前の咋鳥文（1）　207
図Ⅳ-42　唐以前の咋鳥文（2）　209
図Ⅳ-43　唐代の咋鳥文（金銀器以外）　210
図Ⅳ-44　勝・咋鳥文　212
図Ⅳ-45　リボン文（1）　215
図Ⅳ-46　リボン文（2）　216
図Ⅳ-47　ソグドのリボン文　218
図Ⅳ-48　七宝繋文（1）　220
図Ⅳ-49　七宝繋文（2）　221

図Ⅳ-50　七宝繋文（3）　223
図Ⅳ-51　七宝繋文（4）　226
図Ⅳ-52　七宝繋文（5）　227
図Ⅳ-53　唐代のメダイヨン文様　229
図Ⅳ-54　唐代以前のメダイヨン文様　231
図Ⅳ-55　ソグド・ササン朝ペルシアのメダイヨン文様　233

第Ⅴ章
図Ⅴ-1　シンボル文様（1）　237
図Ⅴ-2　シンボル文様（2）　241
図Ⅴ-3　葡萄文　249

第Ⅵ章
図Ⅵ-1　唐・五代金銀器文様　253
図Ⅵ-2　唐・宋代金銀器文様　255

図Ⅵ-3　宋代の玉・石・銀・陶磁・石製蓮葉形器　258
図Ⅵ-4　唐・遼代金銀器文様（1）　261
図Ⅵ-5　唐・遼代金銀器文様（2）　265
図Ⅵ-6　遼代銅器　265
図Ⅵ-7　高足杯・胡瓶　270
図Ⅵ-8　長杯　273
図Ⅵ-9　唐代金銀器と陶磁器の造形（1）　274・275
図Ⅵ-10　唐代金銀器と陶磁器の造形（2）　279
図Ⅵ-11　唐代金銀器と陶磁器の文様　279
図Ⅵ-12　突厥の銀器　282

第Ⅶ章
図Ⅶ-1　陶俑・双鳳凰文　286

表　目　次

第Ⅰ章
表1　性格別金銀器出土遺跡の数　16
表2　地域別金銀器出土遺跡の数　16
表3　1950年代の発見　16
表4　1960年代の発見　17
表5　1970年代の発見　17
表6　1980年代の発見　18
表7　1990年代の発見　19
表8　2000年以降の発見　19
表9　出土年代不明の発見　19
表10　唐以前の金銀器を副葬する墓一覧　31
表11　金銀器下賜に関する記事一覧　35
表12　感謝表記載の金銀器下賜に関する記事一覧　35
表13　刻銘のある唐代金銀器一覧　36
表14　外国使節に下賜した帯一覧　38

第Ⅱ章
表15　各文様の時期別変遷　64・65

第Ⅲ章
表16　金鋺一覧　77
表17　金銀器円形飾溶接技術一覧　77
表18　唐代銀香嚢一覧　77
表19　唐代金銀器装飾技術一覧　81～83

表20　単独構図の唐代金銀器一覧　85
表21　散点式A型構図の唐代金銀器一覧　89
表22　散点式B型構図の唐代金銀器一覧　90
表23　散点式C型構図の唐代金銀器一覧　90

第Ⅳ章
表24　唐代狩猟文と唐以前の狩猟文の継承関係表　136
表25　『宣和画譜』に載る唐代狩猟題材絵画　143
表26　翼の形に見る龍文の時期別変遷　151
表27　翼の形に見る虎文の時期別変遷　152
表28　翼の形に見る麒麟文の時期別変遷　156
表29　翼の形に見る天馬文の時期別変遷　166
表30　翼の形に見る鹿文の時期別変遷　166
表31　翼の形に見る飛廉文の時期別変遷　166
表32　翼の形に見る兎文の時期別変遷　166
表33　翼の形に見る獅子文の時期別変遷　166
表34　翼の形に見る象文の時期別変遷　166
表35　亀甲文銅鏡一覧　199
表36　唐代以降の七宝繋文銅鏡一覧　224
表37　唐以降の墓葬に装飾される七宝繋文　228

第Ⅴ章
表38　陶磁製高足杯一覧　269

例　言

1　本書では、引用した文献を［著者名　発表年の西暦］の形式で表し、出典を巻末に引用文献目録として掲げた。

2　本文中における引用文献の記載法については、著者が中国人の場合は姓名で示し、日本人の場合は姓のみで表記し、その後に発表年次を西暦で記した。また、著者が機関の場合、本文中および付表の出典では次のように省略し、巻末の引用文献目録にはその正式名称を記した。文物管理委員会を文管委、文物管理処を文管処、博物館を博、考古（文物）研究所を考古（文物）研とそれぞれ省略した。

3　論文・報告書の出典（引用文献）は、原則として、最初に引用した箇所に明示するにとどめた。なお、同一著者もしくは機関が同一年に複数の論文・報告書を発表した場合は、西暦年の後ろにアルファベット（a、b、c…）を付けて区別した。

4　付図（挿図）番号については、各章ごとに完結する番号を付けた。本文・表中で表記した図番号のローマ数字は章の番号を、それに続くアラビア数字は各章ごとの挿図の通し番号を、最後に付けられたアラビア数字は個々の資料番号を示す。

5　付図（挿図）の縮尺は統一していない。

6　付表については、本論文の全章を通して、アラビア数字による通し番号を付けた。

7　口絵写真はすべて韓偉先生（前陝西省考古研究所所長）よりご提供いただきました。記して感謝申し上げます。各資料の所蔵機関は以下の通りである。

　　写真1・6・10・13・14・18・19・20・21・23・26・29・31・32・33：陝西歴史博物館
　　写真2・11・35：鎮江市博物館
　　写真3・24・25・28：陝西省考古研究所
　　写真4・5・7・8・16・17・27・30・34：法門寺博物館
　　写真9：中国国家博物館
　　写真12：咸陽市博物館
　　写真15・22：西安市文物局（元文物管理委員会）倉庫

第Ⅰ章　緒　言

　唐王朝は、後世に豊かな精神と物質の遺産を遺し、中国歴史上もっとも繁栄した最盛の王朝である。唐三彩をはじめとする品々は、いまなお人々を魅了し、唐文化への郷愁をさそってやまない。唐代金銀器は、ササン朝ペルシアやソグドなどの金銀器と共に世界に名を馳せ、その優れた造形や華麗な文様を見ると、人々をして唐の繁栄を想起させずにはおかない。唐王朝はシルクロードを通じて西方世界（中央アジア、西アジア、地中海沿岸、インドなど）と連絡していたため、唐代金銀器は精巧華麗なだけではなく、その文様には東西文化交流の証左が秘められている。

　唐代金銀器は、中国人研究者のみならず、欧米人や日本人研究者をも魅了し、すでに幾多の先学によって唐代金銀器研究の基礎が築かれてきた。私はそうした数々の先行研究の成果を受け、表題に掲げた研究テーマのもとに、なおいっそう研究を推し進めたいと思う。これまでの研究者は唐代文化中の西方要素をことさらに強調してきたきらいがあるが、唐代の文物を詳細かつ包括的に調べて分析すると、唐代文化は、その中に国際性と中国固有の伝統という二つの性格を有していたことが理解される。それゆえ、唐代文化を正しく評価するためには西方要素だけでなく、古代中国の伝統文化から継承してきた要素をも深く検討しなければならない。

　このような視点にもとづき、本論では先学による従前の研究成果に立脚しながら、唐代金銀器装飾文様の性格について、シルクロードを介した東西文化交流という背景のもとで、中国の伝統文化要素を外来文化要素と比較し、さらに唐代金銀器の装飾文様がどのように伝統要素と外来文化要素を融合させたのかを、考古学資料を中心に実証的に解明したいと思う。

第1節　唐代金銀器の発見

1　発見の概況

　1949年の新中国の成立より以前においては、唐代金銀器はほとんど盗掘の形で出土し、それらのほとんどが国外に流出してしまった。それらは科学的な発掘調査ではなかったため、確実な出土地点さえも不明であり、科学的な研究に困難をきたしていた。

　しかし、1949年の中華人民共和国の成立以降、中国考古学は前例のないスピードで発展し、科学的な発掘調査によって唐代金銀器が相次いで発見されることとなった。金銀器の出土した遺跡は、主に陝西省・河南省・江蘇省・河北省・甘粛省・内モンゴル自治区・山西省・四川省・雲南省などの地域にわたっている。表3～9は、金銀容器を中心に、発見年代の順に、関連する資料

第Ⅰ章 緒言

表1　性格別金銀器出土遺跡の数

	1950年代	1960年代	1970年代	1980年代	1990年代	2000年以降	年代不明	合計	比率
窖蔵	6	5	12	9	1		2	35	40.7
墓葬	3	1	6	8	5	3	4	30	34.9
塔基地宮*	1	4	3	4	2			14	16.3
その他	1	3		2			1	7	8.1
合計	11	13	21	23	8	3	7	86	100%

＊塔基礎の地下宮殿

表2　地域別金銀器出土遺跡の数

	1950年代	1960年代	1970年代	1980年代	1990年代	2000年以降	年代不明	合計	比率
陝西省	9	10	14	13	3	2	7	58	67.4
河南省	1			4	1	1		7	8.1
内モンゴル自治区			2					2	2.3
四川省				1				1	1.2
江蘇省		1	3	2				6	7
河北省		1		1	1			3	3.5
山西省	1			1				2	2.3
浙江省			1	1				2	2.3
甘粛省		1						1	1.2
雲南省			1					1	1.2
湖南省				1	1			2	2.3
福建省				1				1	1.2
合計	11	13	21	23	8	3	7	86	100%

表3　1950年代の発見

番号	発見年代	出土地	遺跡の性格	器種・内容	点数	出典
1	1955年2月	陝西省西安市西郊土門	墓葬	銀盒	1	申秦雁 2003b
2	1955年	陝西省西安市東郊緯十八街	墓葬	銀盒	1	申秦雁 2003b
3	1955年	陝西省西安市	不明	銀盒	1	申秦雁 2003b
4	1956年	陝西省西安市東郊八府庄	窖蔵	銀盤	2	李問渠 1957
5	1957年	河南省陝県1914号墓	墓葬	銀碗	1	黄河水庫考古工作隊 1958
6	1957年	陝西省西安市和平門唐長安城平康坊	窖蔵	銀茶托	7	馬得志 1959
7	1958年	陝西省耀県柳林背陰村	窖蔵	銀器	19	劉向群ほか 1966
8	1958年	山西省長治市	塔基地宮	銀舎利容器	2	山西省文管委 1961
9	1958年	陝西省西安市南郊廟后村	窖蔵	銀杓等	9	朱捷元ほか 1982b
10	50年代	陝西省西安市東郊韓森寨	窖蔵	銀盤	1	閻磊 1959
11	50年代	陝西省西安市洪慶村	窖蔵	銀盒	1	閻磊 1959

第1節　唐代金銀器の発見

表4　1960年代の発見

番号	発見年代	出土地	遺跡の性格	器物・内容	点数	出典
1	1960年	江蘇省鎮江市甘露寺	塔基地宮	金棺、銀槨	6	江蘇省文物工作隊鎮江分隊ほか 1961
2	1962年	陝西省西安市北郊坑底寨	窖蔵	銀盤	1	陝西省博ほか 1963
3	1963年春	陝西省西安市東郊沙坡村	窖蔵	金銀器	15	西安市文管委 1964
4	1964年	甘粛省涇川県大雲寺	塔基地宮	金棺、銀槨	2	甘粛省文物工作隊 1966
5	1965年	陝西省西安市小寨西路	不明	銀盤	1	王長啓 1992
6	1965年	陝西省長安県王家圧郷天子峪国清禅寺	舎利塔	金盒、銀盒	3	朱元捷ほか 1974
7	1965年	陝西省西安市南郊三兆村	墓葬	銀盒、銀香嚢	2	保全 1982
8	1965年	陝西省西安市南郊白廟村	窖蔵	金杯	2	申秦雁 2003b
9	1966年5月	陝西省西安市西北工業大学	窖蔵	銀盒	1	王長啓 1992
10	1966年	陝西省西安市新安磚廠	不明	銀長杯	1	王長啓 1992
11	1968年	陝西省西安市城建局採集	不明	銀器	4	保全 1982
12	1969年	陝西省咸陽市西北医療器械廠	窖蔵	銀壺	1	李毓芳 1982
13	1969年	河北省定州市静志寺	塔基地宮	銀塔	1	NHK大阪放送局ほか 1992

表5　1970年代の発見

番号	発見年代	出土地	遺跡の性格	器物・内容	点数	出典
1	1970年	陝西省西安市何家村	窖蔵	金銀器など	270	陝西省博ほか 1972
2	1970年	陝西省西安市西郊	墓葬(?)	銀碗	1	保全 1982
3	1971年10月	陝西省西安市北郊紅廟坡	墓葬	銀碗、銀杓	3	王長啓 1992
4	1971年	陝西省西安市秦川機械廠	塔基地宮	銀棺	1	王長啓 2000
5	1971年12月	陝西省西安市郭家灘	墓葬	金盒など	7	王長啓 1992
6	1972年	陝西省西安市南郊曲江池	窖蔵	銀盤	3	保全 1982
7	1972年	陝西省西安市建国路	窖蔵	銀碗	2	保全 1982
8	1975年春	内モンゴル自治区昭烏達盟敖漢旗李家営子	墓葬	銀壺など	5	敖漢旗文化館 1978
9	1975年	陝西省西安市西北工業大学	窖蔵	銀器	4	保全 1984a
10	1975年	江蘇省句容県朱隍村	塔基地宮	銀棺	1	劉建国ほか 1985
11	1975年12月	浙江省長興県下莘橋	窖蔵	銀器	12	長興県博ほか 1982
12	1976年	雲南省大理市崇聖寺三塔主塔	舎利塔	銀盒	1	雲南省文物工作隊 1981
13	1976年	内モンゴル自治区昭烏達盟喀喇沁旗	窖蔵	銀盤など	5	喀喇沁旗文化館 1977
14	1976年	江蘇省蘇州市平門城壁唐墓	墓葬	銀盒	1	蘇州博 1982
15	1977年	陝西省西安市潘家村	墓葬	銀器	2	王長啓 1992
16	1977年	陝西省西安市東郊新築鎮棗園村	窖蔵	銀盤など	4	保全 1984b
17	1977年7月	陝西省銅川市黄堡鎮	窖蔵	銀碗	1	銅川市博ほか 1980
18	1979年2月	陝西省西安市洪慶村	窖蔵	銀匜、銀鉢など	5	申秦雁 2003b
19	1979年4月	浙江省淳安県夏中郷朱塔村	窖蔵	銀杯など	12	浙江博 1984
20	1979年	陝西省西安市西安交通大学	窖蔵	銀盒など	3	張達宏ほか 1984
21	1979年10月	陝西省西安市南二府庄	窖蔵	銀壺	1	朱捷元ほか 1982a

第Ⅰ章 緒言

表6　1980年代の発見

番号	発見年代	出土地	遺跡の性格	器物・内容	点数	出典
1	1980年1月	陝西省銅川市陳炉鎮	窖蔵	銀高足杯、銀盤	5	盧建国 1981
2	1980年	浙江省臨安県水邱氏墓	墓葬	銀器	38	明堂山考古隊 1981
3	1980年	陝西省藍田県湯峪楊家溝村	窖蔵	金銀器	19	藍田県文管会ほか 1982
4	1980年	陝西省西安火車駅東解放飯店前	窖蔵	金銀器	9	王長啓 1992
5	1980年	陝西省咸陽市窯店	不明	銀香嚢	1	韓偉 1989b
6	1980年6月	四川省成都市西隅長順中街	塔基地宮	銀缶	1	李思雄ほか 1983
7	1981年	河南省洛陽市伊川県水寨	窖蔵	銀高足杯	1	NHK大阪放送局ほか 1992
8	1982年	陝西省西安市電車二廠	窖蔵	銀高足杯など	12	韓偉 1989b
9	1982年	江蘇省鎮江市丹徒県丁卯橋	窖蔵	銀器	1000余	丹徒県文教局ほか 1982
10	1983年	陝西省西安市太乙路	窖蔵	金長杯	1	賀林ほか 1983
11	1983年	河南省洛陽市神会和尚塔基	塔基地宮	銀盒	1	洛陽市文物工作隊 1992a
12	1983年10月	陝西省西安市東郊二道巷服装公司	不明	銀碗	1	申秦雁 2003b
13	1984年	河北省寛城県大野峪村	窖蔵	銀盤など	2	寛城県文物保護管理所 1985
14	1984年	江蘇省揚州市邗江八里	墓葬	銀盒	1	揚州博 1990
15	1984年	河南省偃師県杏園村唐墓	墓葬	金銀器	13	中国社科院考研 2001
16	1985年	陝西省臨潼県慶山寺	塔基地宮	金棺、銀槨など	6	臨潼県博 1985
17	1986年	河南省三門峡市張弘慶墓	墓葬	銀盒、銀長杯	2	三門峡市文物工作隊 1989
18	1986年	陝西省西安市西郊陝棉十廠	墓葬	金銀器	3	王長啓 1992
19	1986年	湖南省麻陽県錦河右岸	窖蔵	銀杯など	28	懐化地区博ほか 1993
20	1987年	陝西省扶風法門寺	塔基地宮	金銀器	121	陝西省法門寺考古隊 1988
21	1987〜1989年	陝西省長安県南李王村	墓葬	銀杯など	2	負安志 1993
22	1989年	陝西省西安市西北国綿五廠65号墓	墓葬	銀壺、銀盒など	4	斉東方 1999b
23	1989年	陝西省西安市西北国綿五廠韋美美墓	墓葬	銀盒、銀杓など	4	呼林貴ほか 1992

表7　1990年代の発見

番号	発見年代	出　土　地	遺跡の性格	器物・内容	点数	出　典
1	1990年5月	山西省繁峙県金山舗郷上浪澗村	窖蔵	銀盆など	40余	李有成 1996
2	1990年	陝西省西安市秦川機械廠	墓葬	銀盒	1	西安市文管処 1991
3	1990年	河北省正定県開元寺	塔基地宮	金函	1	劉友恒ほか 1995
4	1991年	河南省伊川県鴉嶺斉国太夫人墓	墓葬	金銀器	21	洛陽市第二文物工作隊 1995
5	1991年	陝西省西安市秦川機械廠	墓葬	銀盒	1	西安市文管処 1991
6	1993年	湖南省郴州市竹葉沖	墓葬	銀盒など	2	郴州市文管処ほか 2000
7	1997年	福建省廈門市下忠	墓葬	銀碗、銀長杯	2	鄭東 2002
8	1997年3月	陝西省西安市西北工業大学附属小学校	塔基地宮	銀瓶、金鉢	2	呼林貴ほか 1998

表8　2000年代の発見

番号	発見年代	出　土　地	遺跡の性格	器物・内容	点数	出　典
1	2000年7〜9月	河南省洛陽東明小区	墓葬	銀盆など	4	洛陽市文物工作隊 2004
2	2000年春	陝西省西安市長安祝村郷羊村	墓葬	銀杯など	19	王長啓 2003
3	2001年	陝西省西安市姚無陂墓	墓葬	銀杯	1	西安市文物保護所 2002a

表9　出土年代不明の発見

番号	発見年代	出　土　地	遺跡の性格	器物・内容	点数	出　典
1	不明	陝西省西安市西北工業大学	窖蔵	銀器	7	王長啓 1992
2	不明	陝西省西安市東郊国綿四廠	墓葬	銀器	2	同上
3	不明	陝西省西安市韓森寨	墓葬	銀器	4	同上
4	不明	陝西省西安市東郊国棉四廠	墓葬	銀器	4	同上
5	不明	陝西省西安市北第二機磚廠	墓葬	銀碗	1	同上
6	不明	陝西省西安市東郊華山機械廠	不明	銀盆	1	同上
7	不明	陝西省西安市西北工業大学	窖蔵	銀碗	1	同上

2　唐代金銀器の出土概況

　表3～9に掲げた出土例にもとづき、唐代金銀器の出土状況の概況から述べることにする。

　まず、表1～2にまとめた結果によれば、窖蔵は唐代金銀器の出土遺構としては主要なものであり、発見された回数や出土総量も他の遺構を凌駕する。また、多量の金銀器が一括して出土した大型窖蔵の多くは、唐代に起きた重大な政治事件に関連するものと考えられている。例えば、陝西省西安市何家村窖蔵出土の金銀器は、「安史の乱」(755～763) の勃発時に埋蔵されたものと考えられており、その場所も唐代の邠王府の所在地であったと推定されている。また、唐徳宗の建中四年 (783) に長安の西北に位置する涇州・原州地方で勃発した軍隊の反乱時に埋蔵されたという説もある [斉東方　2003]。江蘇省鎮江市丹徒県丁卯橋窖蔵から出土した銀器については、上元元年 (760) に劉展によって潤州が陥落する直前に埋蔵されたとする説がある [陸九皋ほか 1982]。一方、丁卯橋窖蔵や浙江省長興県下莘橋窖蔵などの性格について、斉東方 [1998a] 氏は金銀器製作工房であったと指摘した。また窖蔵から出土した金銀器の一部は何らかの衝撃によって変形しており、土坑あるいは陶壺・銀甕などの中に慌しく埋蔵されたのであろうと推測できる。

　次に、唐代金銀器は唐墓の重要な副葬品の一つであり、多くの副葬金銀器が発見されている。一般に、1基の墓から出土する副葬金銀器は5点以下（1～2点副葬する墓が多数を占める）であるが、一部に10点以上出土した唐墓もある。唐墓から出土する金銀器の種類は装身具が中心で、金銀容器は相対的に少ない。また出土する金銀容器のほとんどは被葬者の生前の実用品である。唐代晩期には実用品でない金銀明器も副葬している。例えば、浙江省臨安県唐水邱氏墓 (901) からは13点の金銀明器が発見されている。

　唐代寺院跡の塔基礎地下宮殿（以下、塔基地宮と略す）からは金銀供養器と舎利容器が数多く発見され、仏教七宝の概念と深い関係があると考えられる。七宝は、『妙法蓮華経』授記品では金、銀、瑠璃、硨磲、碼碯（瑪瑙）、真珠、玫瑰とされ、『無量寿経』によると金、銀、瑠璃、珊瑚、玻璃、瑪瑙、硨磲とされ、『般若経』では金、銀、瑠璃、硨磲、瑪瑙、虎（琥）珀、珊瑚とされ、『阿弥陀経』、『大智度論』では赤金、銀、瑠璃、玻璃、硨磲、珠、碼碯（瑪瑙）などとする。こうした仏教思想が、舎利容器と供養器の金銀化に直接かつ強い影響を与えたと思われる。

　唐代金銀器の出土地は、出土数・遺跡・集中度によって、大きく四つの地域に分けることができ、しかも、それらの地域は唐の政治体制と一致している。第一の地域は、出土数が最も多く、遺跡が集中する西安市すなわち唐の都長安とその周辺地域である。第二の地域は、河南省洛陽市とその周辺地域である。この第一、第二の地域は、それぞれ唐代に西京と東京が置かれた地であり、発見された金銀器の数量が最も多いだけでなく、優品で占められる。唐の都長安と洛陽は、当時の政治、経済、文化の中心地であり、貴族や官僚や商人が集住していた所でもある。したがって、各地から富が集積することから、皇室のみならず、貴族や官僚たちも数え切れないほどの金銀器を所有していた。戦乱などの突発事件が起きた場合は、宝物を隠匿する場所として、窖蔵

は最適の施設であったと思われ、このような窖蔵から出土した金銀器の事例が多い。第三の地域
は、一つはシルクロードにおける交通上の要衝であり、その多くは商人たちの経済・交易活動と
関連すると思われる。もう一つは経済の中心地であり、例えば、江南地域の丁卯橋窖蔵がそれに
あたる。最後に、性格付けできない地域とその他を含めて第四の地域としておく。

第2節　唐代金銀器の研究史

　唐代金銀器という研究テーマは、現在では世界的なものになったが、先鞭をつけた研究者は中
国人ではなかった。20世紀の初め頃、すでに欧米人と日本人の研究者は唐代金銀器の編年や外来
文化との関係などについて論じ、正確で透徹した見解を相次いで提出していた。しかし、中国人
研究者がこの分野に参入するのは1949年以降であり、特に改革開放以降の研究成果が著しい。
夏鼐・宿白・韓偉・孫機・盧兆蔭・段鵬琦・斉東方・林梅村の諸氏をはじめとする代表的な研究
者たちは、中国古代金銀器の研究に大きく貢献した。筆者は、外国人および中国人研究者による
研究を踏まえて、これまでの唐代金銀器の研究史を五期二段階に分けることができると考える。

1　外国人研究者を中心とする時期（1949年以前）

　この時期の研究の特徴は、欧米人と日本人の研究者を中心として研究が進められた。その研究
対象は、中国から流出した唐代金銀器と奈良東大寺正倉院に所蔵されている金銀器（舶載品）で
あった。研究のレベルとしては、流出した唐代金銀器を紹介する段階である。1920年代に洛陽
市邙山から出土したと伝えられる金銀器が、大英博物館に収蔵された。イギリス人学者の
Hobson［1926・1927］氏は、それらを「A T'ang Silver」という題で紹介した。その後、後藤守一
［1930］氏は、イギリスでそれらを見学して日本語で再び紹介した。その収集品の中には、乾符四
年（877）の刻銘があることから晩唐期の遺品と判断された。同氏は、イギリスの個人所蔵の高足
銀杯1点とドイツ国立博物館所蔵の把手付銀杯1点をそれぞれ日本語で紹介した［後藤 1933］。中
国から外国に流出した唐代金銀器を対象とした研究上の最大の弱点は、往々にして出土地点が不
明瞭なだけでなく、公表された発見地点であってもよく間違って報じられた。例えば、Hobson
氏は、大英博物館所蔵の銀器を紹介する際、洛陽の邙山を西安の邙山と間違い、その後、後藤守
一氏はその間違いをそのまま踏襲してしまった。数十年を経て、桑山正進［1977］氏が、ようや
くその間違いを正すに至った。
　この段階の注目される重要な研究成果は、日本人研究者の論文を中心にしていた。例えば、加
藤繁［1925］氏の『唐宋時代に於ける金銀の研究』は、金銀器を研究対象としたものではなかっ
たが、その内容の一部は現在もなお参考とすべき価値がある。梅原末治［1937］氏の「支那唐代
銀器の三、四に就いて」は、白鶴美術館所蔵の唐代金銀器を紹介したものである。原田淑人
［1940b］氏は、「正倉院御物を通じて観たる東西文化の交渉」の中で欧米所蔵の銀高足杯2点につ

いて言及した。石田茂作［1944］氏の『奈良時代文化雑考』は、奈良東大寺所蔵の金銀器の技術について分析した。

　この時期の唐代金銀器研究は、国際的性格を色濃く反映し、シルクロードを背景とした東西文化交流によって繁栄した唐代文化の実態を理解するうえで重要となろう。残念ながら、この時期、唐代金銀器の母国では、中国人学者はまだ研究者の列に参入していなかった。

2　発掘調査による資料蓄積と初歩研究の時期（1949～1966年）

　この時期の特徴は、新中国の建築ブームにともない、発掘調査も盛んになり、発掘調査によって出土した唐代金銀器の数量はますます増え、それに明確な出土地点と共伴遺物もあり、数多くの遺跡で年代も判明し、さらに一部の金銀器には刻銘や墨書名が残され、これらは唐代金銀器の研究にとって学術的な価値がきわめて高い。これらの唐代金銀器の発見に関しては、中国から海外へ流出した金銀器も有力な参考資料となろう。

　代表的な成果として、スウェーデン人学者のギュルレンスヴェールト氏が発表した「T'ang Gold and Silver 」の有名な長文がある［Bo. Gyllensvard 1957］。この論文は、中国から流出した唐代金銀器を研究対象とし、石刻・銅鏡などの資料を併用して、唐代金銀器を初唐（618～650）、盛唐（650～755）、中唐（755～820）、晩唐（820～906）の四期に分類した。同時にさまざまな器形・文様の由来についても、中国固有のもの、ペルシア系、インド系、唐の四種に分類した。この論文の発表は、唐代金銀器研究にとって重要な一里塚となった。

3　中国での唐代金銀器研究の空白期（1966～1971年）

　1966年、中国では文化大革命が勃発し、あらゆる研究活動が停止してしまった。中国の考古学研究もその文化大革命の影響を受け、1966～1971年の間、空白になってしまい、当然のことながら、唐代金銀器の研究も中断してしまった。但し、文化大革命の最中の1970年、陝西省西安市何家村窖蔵から270点の唐代宝物（金銀器を含む）が出土し、これはこの時期にはめったになかった大きな発掘調査の成果であり、世界的にも注目された［鎮江市博ほか 1985、韓偉 1989b、陝西歴史博ほか 2003］。

4　中国での唐代金銀器研究の回復期（1972～1979年）

　中国の研究者の研究レベルは、資料の蓄積段階であった。しかしながら、1972年から、中国の考古学研究本来の軌道に回復してきた。その象徴的な出来事は、『考古』、『文物』、『考古学報』という三つの代表的な考古学の専門誌が復刊したことである。この追風に乗って、唐代金銀器の研究成果が雑誌に次第に発表されるようになった。代表的な研究成果は、新発見や発掘報告を中心としたものである。一氷（韓偉）［1972］氏の「唐代冶銀術初探」はその代表的な論文で何家村

窖蔵から出土した銀のスラグ（鉱滓）を分析し、唐代の銀の製錬技術について論じたものである。夏鼐（1978）氏の「近年中国出土的薩珊朝文物」は、山西省大同市北魏都城遺跡出土の銀八曲長杯、陝西省西安市玉祥門外隋李静訓墓出土の金・銀高足杯、内モンゴル自治区敖漢旗李家営子墓出土の銀胡瓶［敖漢旗文化館 1978］等、何家村窖蔵出土の金八稜杯と金高足杯を分析し、それらがササン朝ペルシアの影響を受け入れたと指摘する一方、李静訓墓出土の金・銀高足杯については輸入品の可能性が高いと述べた。

　この段階の唐代金銀器研究は、日本人と欧米人の研究者を中心としても進められた。しかし、それらの研究対象は、伝世品や盗掘品から発掘による出土品に転換され、そうした研究は、主に金銀器の編年と東西文化交流についてのテーマに絞られた。

5　中国人学者を中心とする研究時期（1980年以降）

　1980年代から中国は新段階に入り、改革開放にともない、中国考古学の発掘や研究も順調に進んできた。ある研究者は、中国考古学の黄金時期が到来したと言っている。新しい資料が相次いで発見され、唐代金銀器の研究資料が急速に増えてきた。一方、中国人研究者によって、唐代金銀器の時期区分、外来文化との関係、唐代金銀器の中国化などの問題についてさまざまな基礎研究が行われ、それまでの基礎的な資料蓄積がなされていた研究状況を大きく変えた。この時期は、僅か20余年という短い期間にも関わらず、研究成果が最も実り多い時期であり、それは発表された論文の数がそれまでに発表された論文の総数よりも多いことからも窺える。唐代金銀器を研究する中国人研究者は、段鵬琦、盧兆蔭、韓偉、孫機、斉東方の諸氏をはじめ金銀器分野の専門家グループが生まれ、それまで欧米人と日本人の研究者が中心となっていた研究状況を抜本的に転換することになった。この時期は、中国人研究者の研究状況によってさらに二つの段階に分けられる。

（一）第一段階：新資料の発見と研究の進展時期（1980～1989年）

　何家村窖蔵の発見に続いて、丁卯橋窖蔵、陝西省扶風県法門寺塔基地宮が相次いで発見され、精巧華美の唐代金銀器が多量に出土した。これと相前後する時期になされた三つの重要なな発見は、「唐代金銀器研究史上の三大発見」と言われ、いずれも発掘調査によって出土したもので、研究資料としての学術的価値がきわめて高い。これらの発見によって、1950年代以前の伝世品あるいは盗掘品を主な研究対象とした時代は、ついに終焉を迎えるに至った。目覚ましい重要発見にともない、中国人研究者による金銀研究への関心も徐々に高まり、その研究も専門化するようになってきた。例えば、李学勤［1984］氏の『東周与秦代文明』には「金銀器、玉器」の一節を設け、初めて東周時代の金銀器を論じた。夏鼐［1983］氏は「北魏封和突墓出土薩珊銀盤考」を、馬雍［1983］氏は「北魏封和突墓及其出土的波斯銀盤考」を発表した。この2篇の論文は、中国で出土した外来金銀器の資料を用い、東西文化交流の研究を行ったものである。その後、呉焯［1987］氏の「北周李賢墓出土鎏金銀壺考」は、その銀壺をエフタル人占領地域の土着ある

いはその地域に滞在したローマ人工人が製作したものと指摘した。それに先だち、孫培良［1977］氏は、大同市北魏都城遺跡出土の外来銀器について、早くもササン朝ペルシアからの輸入品と指摘する論文を発表している。これら唐代以前の金銀器についての研究成果は、特に唐代金銀器の分析を通して東西文化交流を論じる研究に多大な影響を与え、金銀器研究の新たな扉を開けた。

この段階の唐代金銀器研究に関する代表的成果には、鎮江市博物館と陝西省博物館［1985］が共同編集した『唐代金銀器』や韓偉［1989b］氏の『海内外唐代金銀器萃編』の2冊の著作がある。両者とも発掘調査によって発見された唐代金銀器を紹介したものであるが、中には図面と写真を豊富に載せ、研究者にとって貴重な資料が提供された。特に後者は外国に所蔵されている唐代金銀器も含めて紹介された。

『唐代金銀器』［鎮江市博ほか 1985］には、それまでに出土した金銀器のほとんどが収録されており、金銀器のほとんどすべてが何家村窖蔵と丁卯橋窖蔵から出土した金銀器の優品のほか、陝西省と江蘇省で発見された金銀器も含んでいる。このように唐代金銀器を大型図録で紹介するのは中国で初めてのことであり、くわえて5篇の論文が収録されている。韓偉、陸九皋両氏の「唐代金銀器概述」は、1985年以前に出土した唐代金銀器の所属時期について研究し、四期に分けている。韓保全氏の「唐代金銀器与進奉」は、文献史料の記載にもとづき、発見された唐代金銀器を分析する中で、金銀器を進奉する唐代社会の実態を検討した。劉建国［1985］氏の「試論唐代南方金銀工芸的興起」は、唐代の南方金銀器製造業繁栄の原因と南方金銀器の特徴を明らかにした。この論文は、以前に掲載されたことがあり、再収録にあたってやや加筆したものである。朱捷元氏の「唐代白銀地金的形制、税制和衡制」は、唐代の白銀地金の形制、税制と衡制を分析したものであり、韓偉氏の「唐代冶銀術初探」は、1972年に発表されたものを再収録したものである。これらの論文は、当時の中国における唐代金銀器の研究を代表するものであった。

韓偉［1989b］氏の『海内外唐代金銀器萃編』には、290点の唐代金銀器の図面を提示し、そのうちの149点が外国所蔵品で、残余のほとんどが中国での発掘調査によって出土したものである。その冒頭の「簡論」は金銀器を使用する目的と製造部門、唐代前後の金銀器の使用状況、唐代社会生活中の金銀器、唐代金銀器図柄の題材、唐代金銀器の構図方式、唐代金銀器図柄の特徴、唐代金銀器の時期区分、唐代金銀器装飾図柄の変化という八つのテーマを個別に論じ、当時の中国人研究者による唐代金銀器研究に関する代表的な著作であった。この著作の出版後、斉東方［1991］氏は、それに対する評論を発表し、韓偉氏が唐代金銀器研究に貢献したことを高く評価する一方、その中の誤った結論と論証不足を指摘し、特に「復古潮流」という説に強い疑問を投げかけた。

同時に、中国人研究者は、この段階では唐代金銀器の基礎的な研究を開始した。韓偉［1980］氏の「唐代社会生活金銀器」は、金銀器が唐代社会でどのような役割を果たしたのかについて論述した。段鵬琦［1980］氏の「西安南郊何家村唐代金銀器小議」は、年代が明確な石刻文様を取り上げ、金銀器装飾文様と比較し、何家村窖蔵出土の唐代金銀器を四期に分け（第一期が高宗～武則天期、第二期が中宗・玄宗期、第三期が玄宗末～代宗期、第四期が徳宗期）、一部が徳宗期にまで降るものと指摘した。この説は、何家村窖蔵の年代が8世紀中葉とする一般的な見解と大きく異なる。

第 2 節　唐代金銀器の研究史

　また、何家村窖蔵出土宝物の所有者については、一般的に邠王府に属すると認識されているが、段鵬琦氏は文献史料だけで所有者を決定するのは難しいと指摘し、将来の新しい発掘調査に委ねるしかないと主張した。陸九皋・劉建国［1982］氏の「丹徒丁卯橋出土唐代金銀器試析」は、丁卯橋窖蔵の埋蔵年代、遺物の年代、「力士」の銘に含まれる意味、製作地などの問題を分析した。陸九皋・劉興両氏の「論語玉燭考略」は、丁卯橋窖蔵から出土した銀筒および酒令について論証した［陸九皋ほか 1982］。韓偉［1982］氏の「唐長安城内発見的袖珍銀薫球」は、西安市とその周辺地域で出土した銀薫球（香囊、薫炉）を紹介・分析した。盧兆蔭［1986］氏の「試論唐代的金花銀盤」は、唐代金花銀盤の時期、変化過程を解明した。

　この時期の考古学に関連する全書・全集類の著作には、金銀器の章・節を設け、唐代金銀器が唐代考古学の中で重要な研究分野の一つになってきた。例えば、中国社会科学院考古研究所［1984］編著の『新中国的考古発現和研究』の中には、段鵬琦氏が「唐代金銀器」という題で、唐代金銀器の発見や時期について総括的に論じ、特に唐代金銀器を二期五段階に分けて前期を二段階に、第一段階が唐初～武則天期、第二段階が中宗～玄宗期、後期を三段階に分けて、第一段階が玄宗後～徳宗以前、第二段階が徳宗～文宗期、第三段階が宣宗期とする。『中国大百科全書・考古学巻』［考古学編輯委員会 1986］の中にも「金銀器」、「唐代金銀器」の項目がある。『中国美術全集・工芸美術編10・金銀玻璃琺瑯器』の中にも唐代金銀器を収録し、同時に楊伯達［1987］氏の論文を載せ、中国古代金銀器の発展史を述べる中で唐代金銀器の特徴などにふれた。本書は日本でも出版され、その中には中野徹［1996］氏の「唐代金銀器の工芸」を収載し、唐代金銀器の技術について検討した。これら一連の研究成果は、唐代金銀器が唐代考古学の重要な研究分野の一つになり、中国内外の研究者にも重視されていたことを反映する。

　この時期、東西文化交渉に関する論文も出現した。岑蕊［1983］氏の「摩羯紋考略」は、隋李和墓石槨に装飾された象の頭部のような動物文をマカラであると確認し、しかもインドからの影響を受けたと指摘した。この論文は、唐代金銀器の同類文様をはっきり識別するうえで、大いに役立った。熊存瑞［1987］氏は、李静訓墓から出土した金首飾りを分析し、その生産地がアフガニスタン周辺であったと指摘した。陳英英・賈梅仙［1985］両氏は、「国内外研究唐代金銀器情況介紹」という論題で、1985年までの中国人以外の研究者による唐代金銀器に関する主要な研究成果を中国人研究者に紹介した。韓偉［1989a］氏は、フリーア美術館に所蔵された唐代金銀器を中国語で紹介した。

　この段階に発表された論文から見ると、中国人の研究者は、唐代金銀器の所属時期などに関する基礎的な研究を中心にして、さまざまな見解を発表し、唐代金銀器の時間と空間の枠組を築き上げていった。そのほか韓偉［1988］氏の「従飲茶風尚看法門寺等地出土的唐代金銀茶具」は、唐代の飲茶習慣と茶道具の観点から唐代金銀器を検討したものである。張広立・徐庭雲［1988］両氏の「西安市韓森寨出土的鷺鳥菱花紋銀盤及其製作年代」は、年代が明確な石刻資料を用いて、韓森寨窖蔵出土の銀盤文様を分析し、玄宗期の所産と指摘した。王倉西［1989］氏は、法門寺塔基地宮から出土した唐代金銀器に記された刻銘を分析し、唐代の文思院について論じた。

　この段階には、外国人研究者も重要な論文を発表した。イギリス人学者のジェシカ・ローソン

[Jesscia Rawson 1982] 氏は、唐代金銀器の装飾文様について論じた。秋山進午 [1983] 氏の「唐代の銀盤について」は、中国で発掘された唐代銀盤の年代について検討した。田辺勝美 [1981] 氏の「シルクロードの金属工芸」は、ササン朝ペルシア、中央アジアと唐代の金銀器を分析し、唐代金銀器が西方の影響を受けたことを論じ、同時に唐代職人の創造力も評価した。

(二) 第二段階：中国人研究者による研究の最盛期 (1990年以降)

この段階では、中国人研究者は、以前の研究と較べて特定のテーマを細かく取り上げるようになっただけではなく、中西文化交流というホットな研究テーマにも関心を拡げるようになった。これはそれまでの資料の蓄積が大きく役立っただけでなく、相次いで発見された北周安伽墓、固原ソグド人墓群などの研究をも推進した。それに甘粛省靖遠県で発見された東ローマ製品とされる鍍金銀盤、北周李賢墓から出土した銀胡瓶などの唐代以前の輸入金銀器は、唐代金銀器と西方文化との関係についてのホットな研究テーマを論じるうえで大きな役割を果たした。この段階には、中外文化交流問題についての論文が圧倒的多数を占める。

この段階においては、中国人の研究者は、ロシア人学者マルシャク [1971] 氏のソグド銀器に関する研究成果を引用し、スウェーデン人学者のギュルレンスヴェールト氏と夏鼐氏の研究成果に立脚し、唐代金銀器中の外来要素にはササン朝ペルシアの要素にとどまらず、東ローマ、ソグド、貴霜（クシャン朝）、エフタルなどの外来要素も含まれていると認識している。いち早くマルシャク氏の研究成果を引用して唐代金銀器を研究したのは、桑山正進氏である。同氏の「1956年以来出土の唐代金銀器とその編年」は、唐代の銀把手付杯に関してソグドの影響を考慮しなければ、理解しにくくなると指摘するとともに、また中国出土の高足杯が東ローマ帝国から中央アジアの地域を経て、中国に影響を与えたとも論じた [桑山 1977]。その後、同氏の研究成果は中国人研究者に引用され、唐代金銀器の研究に多大な影響を与えた。斉東方 [1994] 氏の「唐代銀高足杯研究」は、中国で出土した高足杯と外国所蔵の高足杯について論じ、高足杯が最初にローマ帝国に出現し、東ローマ帝国時代にも引き続いて使用され、唐代の高足杯は東ローマ帝国らからの影響を受けたとする。勿論、東ローマと唐の間の地域はササン朝ペルシアに支配されていたので直接に交流できなかったかもしれないが、その間接的な影響は十分可能性あると指摘した。林梅村 [1997] 氏の「中国境内出土帯銘文的波斯和中亜銀器」は刻銘のある銀器を検討し、バクトリア、ソグド、ササン朝ペルシアから中国に金銀器が輸出されたことを明らかにした。

唐代金銀器とソグド銀器との関係を検討するのが、この段階の重要なテーマの一つであった。斉東方 [1992] 氏の「李家営子出土的粟特銀器与草原絲綢之路」は、李家営子出土の銀器を検討し、それらは草原のシルクロードを経て、中国に輸入されたソグド銀器であると断じた。その後、同氏は、「西安沙坡村出土的粟特鹿紋銀碗考」[1996]、「西安市文管会蔵粟特式銀碗考」[1998d]、「唐代粟特式金銀器研究─以金銀帯把杯為中心」[1998b] の3篇の論文を相次いで発表し、唐代金銀器とソグド銀器との関係を研究するうえで、重要な研究基盤が築かれた。特に「唐代粟特式金銀器研究─以金銀帯把杯為中心」では、ソグド式の把手付銀杯が唐代金銀器に与えた影響を検討した。

斉東方・張静［1994］両氏の「唐代金銀器皿与西方文化的関係」は、唐代金銀器を西方のものと包括的に比較検討し、唐代金銀器の中にはササン朝ペルシア要素、ソグド要素、東ローマ要素などを含んでいると指摘した。ササン朝ペルシア銀器から唐代金銀器に影響を与えた問題については、斉東方・張静［1998］両氏が、「薩珊式金銀多曲長杯在中国的流伝与演変」を発表した。特に後者は、ササン朝ペルシア長杯が唐代金銀器に与えた影響および中国内での変遷過程を検討した。斉東方［1998e］氏の「唐代外来金銀器及其器物」は、主に文献史料を駆使し、唐代の外来金銀および金銀器を考証した。孫機［1999］氏の「建国以来西方古物在我国的発現与研究」は、中国で発見された外国からの輸入品に関する発見と研究を総括的に論述し、唐代金銀器に関わる問題にも言及した。許新国［1994］氏の「都蘭吐蕃墓中鍍金銀器粟特系統的推定」は、青海省都蘭県吐蕃墓から出土した金銀装飾品を分析・比較検討し、それらがソグド銀器の特徴を持つことを明らかにした。王維坤［1996］氏の「試論日本正倉院珍蔵的鍍金鹿紋三足銀盤」は、正倉院所蔵の鹿文銀盤が唐からの舶載品であると指摘し、それをもとに、中日文化交流の問題についても論じた。張景明［2005］氏は、北方草原地域で出土した唐代金銀器を検討した。

この時期に出版された画期的な著作は、斉東方［1999b］氏の『唐代金銀器研究』である。この著作は、1949年以降に発見された唐代金銀器を総括し、一大集成したものである。孫機［1999］氏は、『唐代金銀器研究』について論評し、「その著作の中で三分の一を占めるのが唐代金銀器と外来文明との関係であり、また考古学編年の視座から中国古代金銀器が西方から受け入れた影響を検討し、長年懸案となっていた問題について説得力の強い考えを提出した」と、高い評価を与えた。

この段階には、唐代金銀器の時期区分についての論文の数量が確かに減少した。唐代金銀器に関わるホットな研究テーマを生み出す一方、新しい研究テーマが生じた理由もある。唐代金銀器の時期区分に関する重要な論文は、趙超［1994］氏の「略談唐代金銀器研究中的分期問題」である。同氏は、唐代金銀器の時期区分を研究するときに唐と西域との交渉に注意すべきだとし、そして唐代金銀器を六期に分けて、第一期を唐初～高宗期、第二期を武則天期、第三期を玄宗開元期、第四期を玄宗天宝期、第五期を粛宗～憲宗期、第六期を穆宗～哀宗期とした。

それ以外のテーマについての論文も数多く発表された。盧兆蔭［1990］氏の「関于法門寺地宮金銀器的若干問題」は、法門寺塔基地宮から出土した金銀器の製造部門および製造地を検討した。桑堅信［1991］氏の「淳安朱塔唐代窖蔵銀器芻議」は、浙江省淳安県朱塔窖蔵から出土した銀杯、壺蓋などの年代および名称などを考釈し、いずれも晩唐時期の所産と指摘した。宿白［1990］氏の「中国古代金銀器和瑠璃器」は、中国古代金銀器発展・変遷史、技術、西方との交流などの問題を取り上げ、大所高所から論じたものである。孫機［1989］氏の「関于西安市何家村出土的飛廉紋小銀盤」は、銀盤の内底に装飾された独角異獣文と見られた動物文を考証し、それを中国古代の風神飛廉に比定した。韓偉［1995］氏の「法門寺地宮金銀器鏨文考釈」は、法門寺塔基地宮から出土した唐代金銀器の銘文を分析検討し、金銀器の製造地に言及するとともに、さらに唐代金銀器を模倣した贋物を見きわめる方法にも言及した。周偉洲［1997］氏の「唐"都管七箇国"六弁銀盒考」は、「都管七箇国」六弁銀盒について、その装飾文様の意味と製造技術を検討し、

第Ⅰ章 緒言

くわえて南西シルクロードの問題までも論じた。斉東方［2003］氏の「何家村窖蔵的埋蔵地点和年代」は、文献史料を駆使し、あらためて何家村窖蔵唐代金銀器の下限年代が徳宗期にあったと指摘した。その後、黄正建［2004］氏は、斉東方氏の論文が小説『劉無双伝』の内容を引用しながら、何家村窖蔵唐代金銀器の年代を論じたことに対して、その史料的信憑性に強い疑念を表明した。斉東方［1998a］氏は、丁卯橋・長興下莘橋窖蔵を分析し、それらの遺跡の性格について工房の可能性がきわめて高いと指摘し、さらに法門寺塔基地宮出土の唐代金銀器の意義を議論した。同氏［1998c］はまた唐墓壁画中の、金銀器に見られる図柄を検討した論文も発表した。盧兆蔭・古方［2004］両氏は、唐代金銀器の造形を模倣する玉器を検討した。筆者は、唐代金銀器の製作地点および各製作地の金銀器の特徴を論じた論文を発表したことがあり、併せて唐代金銀器と陶磁器との関係も検討した［冉万里 2004］。梁子・謝莉［1997］両氏は、河南省伊川県鴉嶺唐斉国太夫人墓出土の金銀器の用途を論じた。毛穎［1995］氏は、丁卯橋窖蔵から出土した人物文三足銀壺の人物文様の意味を考証した。龐永紅［1996］氏は、唐代金銀器の装飾文様を検討した。朱天舒［1996］氏は、唐代社会の開放的な性格、経済繁栄の視野から唐代金銀器を検討した。趙超［1992］氏は、法門寺塔基地宮出土の金銀器を分析して、晩唐時期の金銀器製造業とその特徴を検討した。王倉西［1993］氏は、前述の論文と同様の資料を用いて、金銀器の名称問題と用途問題について論じた。

　金銀器について総括的に述べた論文も、いくつかある。韓偉［2001］氏の「中国金銀器概述」は、歴史上における金銀器使用の開始時期、技術、装飾、金銀器の発掘調査とその用途などについて概括的に論じた。申秦雁［2003b］氏の「中国古代金銀器概述」は、唐代金銀器を含む中国古代金銀器の種類、製作技術、装飾題材、構図方式などを概観したものである。

　近年、中国では金銀器を中心とする大型図録が相次いで出版され、例えば、その代表的なものに『花舞大唐春―何家村遺宝選粋』［陝西歴史博ほか 2003］、『陝西歴史博物館珍蔵金銀器』［申秦雁 2003b］などがある。これらの図録は、鮮明な写真や関連する論文などを併載し、研究者にとっては、普段、実物を実見できない金銀器の細部文様までも詳細に把握できるようになった。

　一方、この時期には、日本人の研究者も重要な研究成果を発表している。礪波護［1990］氏の「唐代社会における金銀」は、文献に見える金銀、出土した銀餅・金銀鋌と金銀器について論じた。田中一美［1993］氏の「都管七箇国盒の図像とその周辺」は、西安交通大学窖蔵から出土した銀盒が舎利容器であったと指摘した。松本伸之［2000］氏の「唐代金銀器の諸相」は、唐代金銀器の出土地点および出土の数量、種類、製作年代、製作地、銘文などについて分析検討した。また、毛利光俊彦［1996］氏は、「古代東アジアの金属製容器Ⅰ（中国編）」を発表し、金銀製品を含む金属容器の分類・時期などについて論じ、唐代金属容器を初唐・盛唐・中唐・晩唐の四期に分けている。

小　結

　前述したように、中国人研究者による唐代金銀器の研究については、簡報を出発点とし、その後、時期区分というテーマが論じられ、やがて文化交流などの分野に拡がり、着実な成果を収めてきた。これまでの唐代金銀器の研究史を回顧するならば、そこで研究されたテーマは、以下の５点にほぼ集約することができる。

　①唐代金銀器の時期区分、②唐代金銀器と外来文化との関係、③唐代金銀器の製作技術、④唐代金銀器の製作地と製造部門、⑤唐代金銀器の用途など。これらのテーマを中心に十分研究されてきたが、唐代金銀器の装飾文様についての研究論文はこれまで数篇しか発表されておらず、不十分なことが痛感される。装飾文様についての体系的な研究をさらに深めることが大きな課題となっている。

第３節　唐代社会生活中の金銀器

　これまで発見された唐代金銀器は、古代中国の金銀器中の最優品であり、しかも数量も多い。それらは、唐代社会でどのような役割を果たしていたのであろうか。この問題については、研究史で述べたように、加藤繁・万斯年・韓偉・盧兆蔭・韓保全・斉東方・礪波護諸氏がすでに検討してきたことであるが、それらは論文発表時点までに発見された金銀器あるいは当時の金銀を中心にして論じられたものである。その後の考古学上の新発見に照らして、この問題について再検討する余地が生じてきた。

　以下、文献史料と発掘調査による出土品をもとに検討していく。

１　皇室・貴族の日常生活用品と贅沢品のシンボル

　『史記・封禅書』には、「祀竈則致物、致物而丹沙可化為黄金、黄金成以為飲食器則益寿、益寿而海中蓬莱仙者乃可見、見之以封禅則不死、黄帝是也」と記されている。黄金製飲食器の使用が長寿とつながるという思想は、古代中国では金銀器を使用するうえでの基本論理となっていた。発掘調査資料によれば、中国では殷代から金銀装飾品の使用が始まったことが知られる。春秋時代には金銀容器が出現し、戦国・秦・漢時代以降は金銀容器の数量がそれ以前より増加してくる。

　唐代金銀器は、すでに皇室や貴族や官僚たちの日常生活用品として扱われていた。王建の「宮詞一百首」には、皇室の生活を詠んだときの「一様金盤五千面」という詩句がある。金盤五千面という言葉がいささかの誇張もないことが、他の文献史料の記載によって証明される。例えば、『冊府元亀・邦計部・経費』には、宝暦二年（826）七月、唐敬宗は、戸部侍郎崔元略に命令し、左蔵庫に貯蔵されている銀鋌と銀器十万両、金器七千両を内庫に移し、下賜用に使用するという

記録がある。

　また、賀知章の「答朝士」には「鈒鏤銀盤盛蛤蜊、鏡湖蒓菜乱如絲。郷曲近来佳此味、遮渠不道是呉児」と詠んでいる。『旧唐書・安禄山伝』には「(安禄山)以金銀為筹筐笊籬」と記されている。『太平広記』巻237『奢侈二』「同昌公主」の項目には、「以金銀為井欄薬臼、食櫃水槽、鐺釜盆甕之属、縷金為笊籬箕筐」と記している。

　唐代金銀器は皇室、貴族および高級官僚の日常生活用品としてだけではなく、一部の貴族や官僚は、自分の富貴や身分などを誇示する手段に使うこともあった。『唐語林・補遺二』には「文昌晩貴、以金蓮華盆盛水濯足、徐相商以書規之」と、また『旧唐書・鄭朗伝』には「左衛副使張元昌便用金唾壷、昨因李訓已誅之矣」と記されている。

　一方、唐代社会には厳しい身分制を維持するための厳格な規定があり、金銀器の使用もその法律に従わなければならなかった。例えば、『唐律疏議』巻26「舎宅車服器物違令」の項目には、「一品以下食器、不得用純金純玉」という規定がある。これまで発見された唐代金銀器中で銀器が多数を占めるのはこうした法律上の規制が原因の一つであるが、ほかに唐代に銀の産出量が大幅に増加したことも大きな原因と考えられる。以下、韓偉［2001］氏の分類にしたがって、これまで発見された唐代金銀器を四種に分けることができる。

　（1）　飲食器類は、碗、杯、盤、茶托、甕、壺、鐺、匜、杓、茶具（茶羅、茶籠、茶碾）などがある。

　（2）　装身具は、指輪、釧、釵、簪、金具などがある。

　（3）　仏具は、舎利容器（棺、槨、函）、錫杖、鉢、香炉などがある。

　（4）　雑類は、箸、唾壺、合子、香嚢などがある。

　以上の分類によれば、金銀器はすでに唐代社会日常生活のあらゆる面に及んでいたことが知られる。唐以前には、金銀器の所有者がほぼ皇室、諸侯王、貴族などに限られていたことから、発掘された墓の一部の被葬者の身分を解明することができる。これは、唐代以前の金銀器と比較すると、唐代に入っても基本的に変わらなかったものの、所有者の身分は以前ほど厳しく規制されなかったことが明らかとなる。それは、唐代金銀器、特に銀器を使用する階層が以前より拡大した証拠であり、それにしても、庶民には及ばなかったと考えられる。

2　重要な副葬品

　発掘された唐墓では、前述のように金銀容器を出土した墓が34％を占め、ある程度、唐代における厚葬の実情を示している。これまでの発掘調査によると、中国で金銀容器を副葬する習俗は、春秋時代から唐代まで連綿と続いた。筆者は、春秋時代以降の金銀容器を副葬した主要な墓を表10にまとめた。この表をもとに、唐代金銀容器を副葬する習俗の原点を探ることにしたい。

　金銀器を副葬するのは、被葬者の高貴な身分あるいは財力を表す一方、魔除けとする意味や子孫無病のためという理由もある。河南省霊宝県の後漢墓から発掘された鎮墓瓶の上には「謹以鉛人金玉、為死者解適、生人徐罪過」と記されている［河南省博 1975］、また『大漢原陵秘葬経』に

表10　唐以前の金銀器を副葬する墓一覧

番号	墓　　葬	副　葬　品	時代	出　典
1	陝西省鳳翔県上郭店村墓	金盆・金帯鉤各1点	春秋	鳳翔県博 2005
2	湖北省隨県擂鼓堆曽侯乙墓	金杯など	戦国	湖北省博 1989
3	浙江省紹興306号墓	玉耳金舟	戦国	浙江省文管委ほか 1984
4	山東省臨淄市商王村1号戦国墓	銀盤・銀耳杯など	戦国	淄博市博 1997
5	河南省洛陽市金村古墓	匜など多数	戦国	梅原 1984
6	山東省青州市西辛戦国墓	銀盒、銀盤など	戦国	国家文物局 2005b
7	江蘇省徐州獅子山西漢楚王陵	銀盤・銀盆・銀印など	前漢	獅子山楚王陵考古発掘隊 1998
8	山東省淄博市前漢斉王墓の陪葬坑	銀盤・銀台付盒など	前漢	山東省淄博市博 1985
9	広東省広州市前漢南越王墓	銀台付盒など	前漢	広州市文管委ほか 1991
10	河北省満城県劉勝夫婦墓	銀盒など	前漢	中国社科院考古研ほか 1980
11	河北省獲鹿県常山国墓	銀盆3点	前漢	石家庄市文物保管所ほか 1994
12	河北省鹿泉県高庄墓	銀盤1点	前漢	大阪市立美術館ほか 1999
13	陝西省西安市青門墓	銀匜1点	前漢	申秦雁 2003b
14	江蘇省漣水市三里墩墓	銀匜など	前漢	南京博物院 1973
15	江蘇省徐州市土山後漢彭城王墓	「長生大寿」銀盒1点	後漢	藤田国雄ほか 1973
16	江蘇省邗江甘泉2号漢墓	銀碗	後漢	南京博物院 1981
17	湖南省長沙市五里牌墓	銀碗など	後漢	湖南省文物考古研ほか 2004
18	安徽省亳県曹操宗族墓	銀壺1点	後漢	安徽省亳県博 1978
19	河北省定県40号墓	銀碗1点	後漢	河北省文物研ほか 1981
20	河北省定県43号墓	銀盒1点	後漢	定県博 1973
21	湖南省衡陽市漢墓	銀碗1点	後漢	湖南省文物考古研ほか 2004
22	湖北省鄂城県西山墓	銀唾壺	三国呉	国家文物局 1996
23	江西省南昌市高栄墓	銀唾壺1点	三国呉	江西省歴史博 1980
24	江蘇省南京市富貴山墓	銀碗1点	東晋	南京市博ほか 1998
25	青海省大通県上孫家寨墓	銀壺1点	漢〜晋	青海省文物考古研 1993
26	甘粛省張家山回族自治県木河郷平王村墓	銀盒1点	十六国	秦明智ほか 1975
27	江蘇省南京市仙鶴観墓	銀炉1点	東晋	南京市博物院 2001
28	山西省大同市封和突墓	銀盤、銀長杯、銀高足杯など	北魏	大同市博ほか1983
29	河北省賛皇県李希宗墓	銀碗1点	東魏	石家庄地区革委会文化局文物発掘組 1977
30	陝西省咸陽市若干雲墓	銀鉢1点	北周	貟安志 1992
31	寧夏回族自治区固原県李賢墓	銀胡瓶など	北周	寧夏回族自治区博ほか 1985
32	陝西省西安市玉祥門外李静訓墓	金、銀高足杯、銀盒、銀炉	隋	中国社科院考古研 1980
33	陝西省西安市豊寧公主墓	銀高足杯	隋	斉東方 1999b

は、「墓内安金石者、子孫無風疾之患」と記す。所謂「金」はあらゆる金属器を指すと考えられ、金銀器も当然のことながらそれに含まれている。

中野徹［1997b］氏は、李静訓墓に金銀器を副葬する理由を検討するときに、その家族が草原遊牧民の血筋を引くので、草原遊牧民の黄金を副葬する習慣の影響を受けたと考えた。また、同氏は、金銀を副葬する民族の多くは遊牧民たちであり、漢民族の墓葬に埋納された金や銀といえば、ほとんどが簪などの装身具であったと指摘した。この説については、その後の発掘調査による相次ぐ新発見に照らして、再検討しなければならない。

前述したように、金銀器を副葬するのは、中国歴史上悠久の伝統をもち、しかも中国の伝統文化の中に手厚く葬る思想があり、その思想の中核は人が死んでも、生前と同じ扱いを受けるということである。いわば、被葬者の生前の栄耀栄華を死後の世界にもそのまま持ち込もうという思想である。また、李静訓は未成年で亡くなったので、彼女の父母が非常に惜しみ、金銀器のみならず石槨までも使用し、多量のガラス製品も副葬された。この点から見ると、中国の伝統的な厚葬思想の継続性を強く感じさせ、草原遊牧民からの影響は薄いと考えられるであろう。筆者が収集した資料から見れば、むしろ戦国時代特に漢代以来の伝統を継承したものと考えられる。ある研究者は、漢代金銀器については従前の考え方を変えるべきだと指摘した［韋正ほか 1998］。今後の発掘調査によって、金銀容器を副葬する墓は、もっと発見されるであろう。

唐代以前には、金銀器を副葬する墓葬の被葬者は貴族・諸侯王を中心としていたが、唐代に至って下級官僚層に広がり、金銀器をシンボルの一つとして副葬することも一般化した。

3　仏教寺院の供養品

仏教は、金銀と密接な関係を持つ。唐代舎利容器中の円形盒、方形函、棺槨などは、金銀製品が多数を占めている。法門寺塔基地宮から金銀舎利容器を含む121点の金銀器が発見され、それらは唐代皇帝が舎利を供養するために、喜捨したものであり、同地宮から出土した「衣物帳」にも明確に記されている［陝西省法門寺考古隊 1988］。仏教の七宝概念は、舎利容器の金銀化を大きく促進した。

金銀舎利容器の使用は、遅くとも魏晋南北朝時代までに始まった。『高僧伝・僧慧達伝』には、「釈慧達、姓劉、本名薩河、并州西河離石人。（中略）出家学道、改名慧達、精勤福業、惟以礼懺為先、晋寧康中至京師、先是、簡文帝於長干寺造三層塔、塔成之後毎夕放光、達上越城顧望、見此刹杪独有異色、便往拝敬、晨夕懇到。夜見刹下時有光出、乃告人共掘、掘八丈許得三石碑、中央碑覆中有一鉄函、函中又有銀函、銀函裏金函、金函裏有三舎利。又有一爪甲及一髪、髪申長数尺、巻則成螺、光色炫耀、乃周敬王時阿育王起八万四千塔、此其一也」と記されている。発掘調査によって、河北省定県北魏の塔基礎から金瓶［河北省文物工作隊 1966］、同省正定県隋代塔基地宮から銀舎利瓶［趙永平ほか 1995］それぞれ1点が出土した。発掘調査によって出土した唐代金銀舎利容器は少なくない（表3～表9を参照）。

唐代の高僧の葬具も金銀で製作していた。『大唐大慈恩寺三蔵法師伝』巻10には、三蔵法師が

円寂した後、「都内僧尼及諸士庶共造殯送之儀、素蓋、白幢、泥洹、帳輿、金棺、銀槨、娑羅樹等五百余事」と記している。

4　皇帝から大臣への下賜品

　南北朝以来金銀器を大臣に下賜することも珍しくない。唐代には、金銀器を大臣に下賜するパターンも実に多種多様であった。それに、皇帝が金銀器を下賜するときに、金銀器を提供する部門も詳細な規則まで定められている。例えば、『唐六典』巻12には、「内府令、掌中宮蔵宝貨給納名数、丞為之貳。凡朝會、五品以上賜絹及雑綵、金銀器於殿廷者、並供之。諸将有功并蕃酋辞還、賜亦如之」と記されている。前に述べたように、唐敬宗は下賜に際して、銀器十万両、金器七千両を用意することもあったと記されている。以下、文献史料から、金銀器を下賜するパターンを探ることにする。

（1）軍功を挙げた人

　『旧唐書・秦叔宝伝』には、秦叔宝が唐高祖李淵にしたがって、美良川という戦場で尉遅敬徳を破ったときに、「功最居多、高祖遣使賜以金瓶」と記されている。

（2）成績優秀な役人

　『旧唐書・李大亮伝』には、李大亮が初唐に涼州都督を務めたときに、良い成績が際立ったので、太宗から賞を貰った。太宗は、「今賜卿胡瓶一枚、雖無千鎰之重、是朕自用之物」と李大亮に言い渡した。

（3）文章の上手な人

　『新唐書・上官昭容伝』には、「婉児常代帝及后、長寧安楽二主、衆篇並作、而采麗益新、又差第群臣所賦、賜金爵」と記されている。

（4）書道に秀れた人

　『旧唐書・柳公権伝』には、柳公権について「大中初、転少師、中謝、宣宗召昇殿、御前書三紙、軍容使西門季玄捧硯、枢密使巨源過筆。一紙真書十字、曰衛夫人伝筆法於王右軍、一紙行書十一字、曰永禅師真草「千字文」得家法、一紙草書八字、曰謂語助者焉哉乎也。賜錦綵、瓶盤等銀器、仍令自書謝状、勿拘真行、帝尤奇惜之」と記されている。

（5）帝位回復に功のあった人

　「楊執一墓誌」には、唐中宗の帝位回復に功があったため、「加雲麾将軍、遷右衛将軍、封弘農県公、食邑一千、実賦四百、賜絹二千匹、雑綵五百段、金銀器物十事」と記されている［周紹良主編 1992］。

　また、『旧唐書・王琚伝』には、太平公主の勢力を一掃する事件の中で功があった人に対し、「玄宗讌於内殿、賜功臣金銀器皿各一床」と記されている。

（6）寵臣の誕生日の祝い

　『安禄山事蹟』には、安禄山が天宝十載（751）正月一日の誕生日のときに、玄宗と楊貴妃よりそれぞれ祝物を賜ったが、いずれも金銀器を含んでいた。

玄宗より賜った祝物は次の通りである。

金花大銀盆三、金花銀双絲瓶二、金鍍銀蓋椀二、金平脱酒海一並蓋、金平脱杓一、金平脱大盞四、次盞四、金平脱大脳盤一、玉腰帯一、并金魚袋一、平脱匣一。

楊貴妃より賜った祝物は次の通りである。

金平脱妝具一、金鍍銀合子二、金平脱合子四、銀沙羅一、銀瓯椀一。

（7）相応しい人を推薦した場合

『太平広記』巻208『法書要録』の「購蘭亭序」という項目には、「以玄齢挙得其人、（中略）賜銀瓶一、金縷瓶一、瑪瑙椀一、並実以珠」と記されている。

（8）大胆に諫めた場合

『旧唐書・韋処厚伝』には、韋処厚が大胆に諫めたため、唐穆宗が「賜以繒帛銀器、仍賜金紫」と命じた記事がある。唐敬宗の在位中、韋処厚は再び諫めた。唐敬宗は、彼の諫めに深く感じて、「賜錦綵一百匹、銀器四事」と命じた記事もある。

（9）皇帝と一緒に遊ぶ場合

『新唐書・李嗣業伝』には、「天宝十二載、加驃騎将軍。入朝、賜酒玄宗前、酔起舞、帝寵之、賜綵百、金皿五十物、銭十万、日解醒具」という記事がある。

（10）兄弟の仲が良い場合

『唐撫言』巻15には、「王源中、文宗時為幹林承旨学士。暇日與諸昆季蹴鞠於太平里第、毬子撃起、誤中源中之額、薄有所損。俄有急召、比至、上訝之、源中具以上聞。上曰：卿大雍睦。遂賜酒両盤、毎盤貯酒十金碗、毎碗容一升許、宣令并碗賜之、源中飲之無余、略無酔態」という記事がある。

（11）寵臣への祝賜

『新唐書・曺確伝』には、「（李可及）嘗娶婦、帝曰：第去、吾当賜酒。俄而使者負二銀榼與之、皆珍珠也」と記されている。

（12）大臣を買収する場合

唐代皇帝は、ある目的のために、金銀器で大臣を抱き込んだこともある。『旧唐書・長孫無忌伝』には、永徽六年（655）、唐高宗が昭儀武則天を皇后に昇格させるために、内密に長孫無忌に賜る「金銀宝器各一車、綾錦十車、以悦其意」と記されている。

（13）医術高明の場合

馬及は、晩唐時期の高官で、しかも医術高明な人であり、唐王朝の王宮中で「殿中省御上医」を勤めたことがある。馬及墓誌には、「能愈瘖痱、但神膏異□、海内無倫比耳。宮中毎有嬰是疾者、公一施其芸、無不明効。雖扁鵲蒼公、孰之与対。前後恩賜黄金、驥馬、犀帯、玉帯、錦絵、銀器、銭、絹等、不知紀極、難以勝数」（□は判読不能）と記されている［賀華 2004］。

（14）祝日の場合

唐代には、祝日の端午、臘日などのときに、皇帝が大臣に衣服や金銀器などを下賜している。下贈品をもらった大臣は、感謝表あるいは感謝状を上表し、その内容には下贈品の明細が記載されている。筆者は、文献記載による金銀器下賜に関連する内容の一部を表11・12にまとめた。

表11　金銀器下賜に関する記事一覧

番号	受賜者	祝日	賜物	表・状名(本人が作者の場合、名前省略)	出典
1	令狐楚	端午	銀碗(『文苑英華』巻593では銀枕)金花銀盒、金稜盒	「謝春衣並端午衣物表」	『全唐文』巻540
2	李嶠	端午	銀碗	「謝端午賜物表」	『文苑英華』巻595『表』
3	田神玉	端午	銀碗	「為田神玉謝端午物表」、張説	同上
4	常袞	端午	金銀器	「謝端午賜衣及器物等表二首」	同上
5	呂頌	端午	金花銀碗	「謝端午賜衣及器物等表」	同上
6	権徳輿	端午	銀碗、銀鈔羅	「謝端午賜衣及器物等表」	同上
7	劉禹錫	端午	金花銀器	「謝端午賜衣及器物等表」	同上
8	王進卿	端午	銀器	「為人謝端午賜物等状」、令狐楚	『全唐文』巻541
9	安平公	端午	銀器	「為安平公謝端午賜物状」、李商隠	『文苑英華』巻631『状』
10	滎陽公	端午	銀器	「為滎陽公謝端午賜物状」、李商隠	同上
11	郭令公	臘日	金花銀盒	「為郭令公謝臘日賜香薬表」、張九齡	『文苑英華』巻596『表』
12	劉禹錫	臘日	金花銀盒、金稜盒	「謝敕書賜臘日口脂等表」	同上
13	呂頌	臘日	銀盒	「謝敕書賜臘日口脂等表」	同上
14	常袞	臘日	銀瓶	「謝敕書賜臘日口脂等表」	同上
15	杜相公	臘日	金花銀盒、金稜盒	「為淮南杜相公謝賜臘日口脂等表」、劉禹錫	『全唐文』巻602

表12　感謝表記載の金銀器下賜に関する記事一覧

番号	受賜者	賜物	表・状名(本人が作者の場合、名前省略)	出典
1	趙憬	金花銀盒	「為趙公謝賜金石凌表」、権徳輿	『文苑英華』巻583『表』
2	賈耽	銀瓶、盤等	「代賈相公謝賜馬及銀器錦彩等表」、権徳輿	同上
3	于邵	銀瓶、壺、盒、銀碗並蓋	「謝賜銀器及正帛等表」	『文苑英華』巻583『表』
4	高郢	銀椀	「謝賜錦綵綾銀器等表」	同上
5	常袞	銀器	「謝賜宴表」	『文苑英華』巻595『表』
6	令狐楚	銀器	「謝賜衣及薬物等表」	『全唐文』巻540
7	李徳裕	銀器	「謝賜綵銀器状」	『全唐文』巻704
8	李徳裕	銀器	「謝恩賜錦綵銀器状」	同上
9	宰臣	銀器	「為宰臣謝恩賜吐蕃信物銀器錦綵等状」	『文苑英華』巻634『状』

表13 刻銘のある唐代金銀器一覧

番号	器物	刻　　銘	出　典
1	銀盤	朝議大夫使持節督都洪州諸軍事守洪州刺史兼御史中丞充江南西道観察処置都団練守及莫徭等使賜紫金魚袋李勉奉進	韓偉 1989b
2	銀盤	朝議大夫使持使節督都宣州諸軍事守宣州刺史兼禦史中丞充宣歙池州等州観察都団練処置採石等使城男開国賜紫金魚袋臣劉贊奉進	同上
3	銀盤	浙東道都団練観察処置等使大中大夫守越州刺史兼御史大夫上柱国賜紫金魚袋粛進	同上
4	銀盤	桂官臣李杆進	同上
5	銀籠	桂官臣李杆進	韓偉 1995
6	銀盒	諸道塩鉄転運等使李福進	同上
7	銀香炉	五十両臣張宗礼進	同上
8	銀盒	進奉延慶節金花陸寸合壱具弐重拾両江南西道観察処置都団練使臣李進	同上
9	銀碟	塩鉄使臣敬晦進十二	韓偉 1989b
10	銀碗	諸道塩鉄転運等使高駢進	李有成 1996

5　皇帝への献上（進奉）品

　唐代には、皇帝に進奉する際の名目がずいぶんと多かった。『資治通鑑』巻226には、「代宗之世、毎元日、冬至、端午、生日、州府於常賦之外、競為貢献、貢献多者悦之。武将姦吏、縁此侵漁下民」と記されており、胡三省は「自代宗迄五代、正至端午降誕、府州皆有貢献、謂之四節進奉」と解釈した。文献記載の内容は、発掘調査によってすでに証明されている。

　『旧唐書・食貨志』には、進奉について詳しい記載がある。「先是、興元克復京師後、府蔵盡虚、諸道初有進奉、以資経費、復時有宣索。其後諸賊既平、朝廷無事、常賦之外、進奉不息。韋皋剣南有日進、李兼江西有月進、杜亜揚州、劉贊宣州、王緯、李錡浙西、皆競為進奉、以固恩沢」と記されている。その目的は、官僚が自分自身の昇進をはかって進奉したものである。

　進奉の金銀器は、いずれも皇帝に献上し、そのために特別に設置された「大盈庫」、「瓊林庫」という皇帝の専用倉庫に収められた。唐代金銀器の進奉情況は、二種に分けられる。一種は、元日、端午、冬至、降誕の四節進奉である。もう一種は、皇帝が地方に赴任している大臣に強要するものである。

　徳宗の即位後は、各地に起こった反乱を鎮めるために庞大な経費が必要となった。その庞大な経費を獲得するために、徳宗は意外にも大臣の建議を受け入れ、都城長安の商人から略奪の手段で経費を集めたことがある。このことからすれば、さまざまな名目で進奉の金銀器を受け入れたと考えられる。

　文献史料には、明確に金銀器を進奉した記載が多い。以下、その一部を例として挙げる。

　『冊府元亀・帝王部・納貢献』の記載によると、大暦二年（767）、剣南西川節度使杜鴻漸は、成都から入朝するときに、金銀器50床を進奉した。

『旧唐書・田神功伝』には、大暦三年（768）、田神功は、揚州から入朝するときに、銀器50点を献上したと記されている。

『旧唐書・韓弘伝』には、元和十四年（819）、韓弘は、銀器270点を進奉したと記されている。

発掘調査によって出土した刻銘のある進奉金銀器が10点ある（表13参照）。金銀容器以外には、金銀鋌なども数多く発見された。例えば、楊国忠が進奉した銀鋌は、洛陽市［洛陽博ほか 1981］、西安市［鎮江博ほか 1985］でそれぞれ発見されている。山西省平魯県平魯郷金溝村窖蔵からは乾元元年に進奉された金鋌が出土した［山西省考古研ほか 1981］。

6 唐王朝と周辺国や地方政権との友好関係を象徴するもの

唐王朝は、しばしば周辺国や地方政権から金銀器を献上させた。特に吐蕃は、唐王朝に金銀器を献上した記録が最も多い。一方、唐王朝は、周辺国や地方政権にも金銀器あるいは金銀印などを下賜したこともある。

『冊府元亀』には、吐蕃は貞観二十年（646）、大臣禄東賛を使節として派遣し、金盤を献上した。唐高宗即位後、「拝吐蕃賛府弄讚為駙馬都尉、封西海郡王。弄讚因致書長孫無忌云：上初即位、若臣下有不臧之心者、請兵以一致之。并献金銀珠宝十五種、請置太宗霊座之前、以表其誠」と記されている。また、顕慶二年（657）、「吐蕃賛普遣使献金城、城上有獅子、象、馳馬、原羝等、并有人騎。並献金甕、金頗羅等」と記されている。孫機［1996a］氏は、頗羅は叵羅であり、唐代金銀器中の四曲・八曲・十二曲長杯などを指すという論文を発表した。

吐蕃は唐王朝に金銀器を献上しただけではなく、唐王朝も返礼として吐蕃に金銀器を賜与した。『旧唐書・吐蕃伝』によると、吐蕃は開元十七年（729）に唐王朝に講和を要請し、「金胡瓶一、金盤一、金碗一」を献上し、唐王朝からの返礼としての胡瓶、銀瓶などを貰った。同時に、金城公主も金鴨盤などを唐王朝に献上した。その後、吐蕃は開元二十四年（736）に使節を派遣して金銀器を、長慶二年（822）には使節を派遣して銀器を、長慶四年（824）には鋳造した銀犀・牛・羊などを、太和元年（827）には使節を派遣し、金銀器を唐王朝に献上した。

吐蕃以外の亀茲国も唐王朝に金銀器を献上したことがある。『旧唐書・高宗本紀下』には、亀茲国王白素稽が銀頗羅を唐王朝に献上したことを記す。

各国の使節に対して、唐王朝は金銀器を返礼として下賜した。『冊府元亀・外臣部・襃異三』には、「（元和十一年）二月癸卯、賜回鶻、渤海使錦彩、銀器有差」、「（元和十五年）二月癸卯朔、対帰国回鶻合達干等於麟徳殿、兼許和親、賜錦彩、銀器有差」とそれぞれ記されている。『旧唐書・回紇伝』には、唐粛宗が至徳二年（757）に回紇葉護と酋長に金銀器皿を賜ったことが記載されている。

唐王朝は、各国使節の帰国に対して、金・銀・金鈿の帯金具を下賜したが、中でも金帯金具が最も多かった（表14参照）。こうした習慣は、遅くとも漢代以来の伝統を継承したものであろう。例えば、新疆ウイグル族自治区博格達沁古城［韓翔 1982］と朝鮮平壌郊外楽浪石巌里9号墓［朝鮮民主主義人民共和国社会科学院考古研究所田野工作隊 1978］からそれぞれ1点の金帯金具が発見されて

表14　外国使節に下賜した帯一覧

番号	年　代	国別の使節・朝貢者	下賜する物	出　典
1	武則天時期	南詔邏盛	金帯	『旧唐書・南蛮西南蛮・南詔蛮伝』
2	開元三年(715)	突厥騎施蘇禄	鈿帯	『新唐書・突厥伝下』
3	開元六年(718)	突厥施都督車鼻施啜蘇禄	鈿帯	『冊府元亀・外臣部・褒異二』
4	開元十年(722)	突騎施大首領葛邏昆池等八人	金帯	『冊府元亀・外臣部・褒異二』
5	開元十三年(725)	大食蘇黎等十二人	銀帯	『冊府元亀・外臣部・褒異二』
6	開元十五年(727)	波斯阿抜	鈿帯	『冊府元亀・外臣部・褒異二』
7	開元十六年(728)	米国大首領(護密国王の派遣を受け)	金帯	『冊府元亀・外臣部・褒異二』
8	開元十六年(728)	突厥大首領葛邏禄、伊難如裴等	銀鈿帯	『冊府元亀・外臣部・褒異二』
9	開元十六年(728)	勃律大首領吐毛擔没師	金帯	『冊府元亀・外臣部・褒異二』
10	開元十七年(729)	護密国大首領烏鶻達于	金帯	『冊府元亀・外臣部・褒異二』
11	開元十七年(729)	吐火羅葉護の使節	金帯	『冊府元亀・外臣部・褒異二』
12	開元十七年(729)	骨咄国の使節	金帯	『冊府元亀・外臣部・褒異二』
13	開元十七年(729)	突騎施大首領葉支阿布思	金帯	『冊府元亀・外臣部・褒異二』
14	開元十八年(730)	護密国王羅真檀	銀鈿帯	『冊府元亀・外臣部・褒異二』
15	開元二十二年(734)	突騎施大首領何羯達	銀帯	『冊府元亀・外臣部・褒異二』
16	開元二十六年(738)	吐火羅大首領伊難如達千羅底琛	銀帯	『冊府元亀・外臣部・褒異二』
17	開元二十九年(741)	大食首領和薩	金鈿帯	『冊府元亀・外臣部・褒異二』
18	天宝二年(743)	解蘇国大首領車鼻施達幹羅頓毅等二十人	金帯	『冊府元亀・外臣部・褒異二』
19	天宝五年(746)	三葛邏禄芝伽葉護頓阿波移健啜が使節を派遣	金帯	『冊府元亀・外臣部・褒異二』
20	天宝七年(748)	怛怛国の使節	金帯	『冊府元亀・外臣部・褒異二』
21	天宝七年(748)	勃律国王蘇失利芝	金帯	『冊府元亀・外臣部・褒異二』
22	天宝八年(749)	護密国王羅真檀	金帯	『冊府元亀・外臣部・褒異二』
23	天宝十一年(752)	三葛邏禄が使節を派遣	金鈿帯	『冊府元亀・外臣部・褒異二』
24	天宝十一年(752)	帰仁国が使節を派遣	金帯	『冊府元亀・外臣部・褒異二』
25	天宝十一年(752)	舎磨国が使節を派遣	金帯	『冊府元亀・外臣部・褒異二』
26	天宝十一年(752)	寧遠国が使節を派遣	金帯	『冊府元亀・外臣部・褒異二』
27	天宝十二年(753)	黒衣大食大酋望等二十五人	金帯	『冊府元亀・外臣部・褒異二』
28	天宝十二年(753)	護密国王が使節を派遣	金帯	『冊府元亀・外臣部・褒異二』
29	天宝十三年(754)	寧遠国が使節を派遣	金帯	『冊府元亀・外臣部・褒異二』
30	天宝十三年(754)	米国が使節を派遣	金帯	『冊府元亀・外臣部・褒異二』
31	天宝十三年(754)	九姓回紇が使節を派遣	金帯	『冊府元亀・外臣部・褒異二』
32	天宝十四年(755)	陀抜国王子自会羅	金帯	『冊府元亀・外臣部・褒異二』
33	天宝十四年(755)	寧遠国王子寶薩裕	鈿帯	『冊府元亀・外臣部・褒異二』

いる。類品がMIHO MUSEUMにも 1 点所蔵されている。金帯金具以外には、銀帯金具も数点発見されている。例えば、朝鮮平壌郊外楽浪石巌里219号墳［楽浪漢墓刊行会 1975］から 1 点の銀帯金具が出土している。雲南省石寨山 7 号墓から 1 点の銀帯金具も出土した［雲南省博 1959］。石寨山 7 号墓出土の帯金具については、さまざまな説がある。報告者は、ペルシアやバクトリアなどを経て西南夷にもたらされたものと考えている。童恩正［1999］氏の研究によると、インドから直接に輸入したものであるという。一方、孫機［1996e］氏は、それ自体が漢代のものだと強く主張している。両者の造形や装飾技法は、ほぼ同じである。出土地からみると、それぞれ当時の焉耆国、滇国、楽浪郡であり、いわば漢王朝の周辺国や属郡である。金銀帯金具の出土地は、金銀帯金具の用途に関係している。孫機氏は、それらが漢王朝から周辺の国や地方政権への贈り物と指摘した。このような伝統的習慣は唐代にも強く影響を与えたと考えられる。一方、逆に唐王朝が使節に帯金具を下賜したことは、孫機氏の説を裏付けるものであろう。

『旧唐書・南詔蛮伝』の記載によると、徳宗は貞元年間に「貞元冊南詔印」金印を、唐憲宗は元和時期に「元和冊南詔印」金印を南詔にそれぞれ下賜した。それらの金印は、いずれも黄金で鋳造されたものである。したがって、唐王朝は、付属国の南詔と親密な友好関係を維持しようとする標として金印を賜与したのである。その発想も漢代から継承したものである。例えば、雲南省と日本福岡県志賀島で「滇王之印」、「漢委奴国王印」がそれぞれ 1 点ずつ発見されており、いずれも漢王朝が周辺国や地方政権に下賜したものである。

7 　祭祀、贖罪、讖緯等に使用

唐代金銀器は、祭祀、贖罪、讖緯等にも使用されている。

『旧唐書・礼儀志三』には、唐代皇帝が封禅用の玉策を金櫃に収蔵したという記載がある。それは、金銀器が祭祀用品としても用いられた証左となろう。

1982年、河南省登封県嵩山頂上の岩の隙間から、武則天の除罪金簡が発見された［楊育彬ほか 1997］。金簡は黄金製で、長さ36.2cm、幅 8 cm、厚さ0.1cm、重さ223.5 g であり、「大周国主武則天、好楽真道、長生神仙、謹中岳嵩高門山、投金簡一通、三官九府除武曌之罪名。太歳子七月七日、小使臣胡超稽首再拝謹奏」（一部、則天文字で記す）との刻銘がある。武則天が久視元年（700）四月、三陽宮で重病になったとき、大臣閻朝曽は、自ら牛羊祭品を作って中岳を祀り、快復した後、武則天は当年の端午節のときに、天下を大赦し、また七月七日に宦官胡超を派遣し中岳を祀って、金簡 1 枚を中岳嵩山の頂上から岩の隙間に投じて、三官九府の神仙に頼り、自分の罪を免れようと祈った。この金簡については、董理［2001］氏の論文が参考となる。

金銀器は讖緯を占うときにも使用されている。例えば、『新唐書・李宝臣伝』には、「宝臣既貯異志、引妖人作讖兆、為丹書、霊芝、朱草、斎別室、築壇置銀盤、金匜、玉斝。猥曰：内産甘露神酒。刻玉印、告其下曰：天瑞自至。衆莫敢辯者、妖人復言：当有玉印自天下、海内不戦而定。宝臣大悦、厚賚金帛」と記す。

8　重要な貿易品

　江上波夫［1988］氏は、「シルクロードと日本」と題する論文中で、シルクロードを介した貿易品ないし朝貢品を八種（金銀器を含む）に分けた。

　中国では、唐以前に西方から輸入した金銀器が、山東省青州市西辛戦国時代墓［国家文物局 2005b］、広東省広州市南越王墓［広州市文管委ほか 1991］、山東省臨淄市前漢斉王墓陪葬坑［山東省淄博市博 1985］、大同市北魏窖蔵［奈良県立美術館 1988］、同市南郊北魏古墳群［山西省考古研ほか 1992］、寧夏回族自治区固原県北周李賢墓［寧夏回族自治区博ほか 1985］、広東省遂渓県南朝窖蔵［遂渓県博 1986］などの墓葬や遺跡から相当数が発見されている。近年、唐代金銀器の研究成果によると、唐代金銀器の中にソグド銀器も含まれると指摘されている。それらは、貿易品あるいは朝貢品として中国に搬入されたものである。一方、唐代様式の金銀器はソグドや突厥の地でも発見された［孫機 1996b］。こうした事実からすると、確かに金銀器がシルクロードの重要貿易品であったことは確実である。

9　賄賂・籠絡・買官などの手段としての使用

　『旧唐書・尉遅敬徳伝』には、李世民（太宗）が「玄武門の乱」を起こす前に、太子建成は、李世民の腹心の尉遅敬徳に金銀器を車で贈って、自分に尽力させようとした記事がある。

　『新唐書・王播伝』には、「（王播）自南還、献玉帯十有三、銀碗数千、絹四十万匹、遂再得相云」と記されている。王播は、献上物によって失った官位を再び回復することができた。

　『資治通鑑』巻169には、貞元十一年（795）、江西都団練使斉映は、「自以為相無過、当復入用、乃多進献及為金銀器以為希旨。先是、禁中銀瓶大者高五尺余、及李兼為江西観察使、又献高六尺者。至是年、帝降誕日及端午、映献高八尺余者」と記されている。斉映は、失った宰相の地位を回復するために、銀瓶の大きさに工夫をこらしたのである。

　唐代の皇帝は、自ら精励して国をよく治めようとする決意を示すために、金銀器の禁断を口実に使うこともある。例えば、『唐大詔令集』巻108によると、玄宗は、開元二年（714）七月、「朕欲捐金抵玉、正本澄源。所有服御金銀器物、今付有司、令鋳為鋌、仍別貯掌、以供軍国」という「禁珠玉錦繡勅」を発布した。

小　結

　唐代の社会生活中にあって、金銀器はあらゆる局面に関わってさまざまな影響を与えた。したがって、それはまた唐代金銀器装飾文様の社会的意義を理解する一助ともなり、とりわけ装飾文様が持つ象徴的意味を理解するのに役立つであろう。

第4節　本論の研究テーマ・方法・目的

1　研究テーマ

　これまでの唐代金銀器研究は、目覚しい研究成果を挙げている。発表された論文の数から見ると、唐代金銀器の造形、時期区分、文化交流などに関する研究は、装飾文様の研究に較べてより深く研究されてきた。特に斉東方［1999b］氏の『唐代金銀器研究』は、これまでの唐代金銀器の研究における最高水準を代表するものであり、ここではそれを範として分析を進めたいと思う。『唐代金銀器研究』は、全部で420ページを数える大著であるが、その中で装飾文様に関する紙数は全体の20分の1しか占めていない。装飾文様についての包括的な研究は、これ以外にあまり見られない。このような研究の現状を俯瞰すると、唐代金銀器装飾文様というテーマについては、まだまだ研究の余地が残されていると思われる。

2　研究方法

　ここで用いる研究方法は、主に類型学的な視点にもとづいて、金銀器装飾文様・装飾技術・構図方式などを総合的に検討し、それに文献史料も援用しながら、歴史的背景を分析する。
　まず、考古学の類型学的方法で唐代装飾文様を分類・編年する。これまで発見された唐代金銀器は出土地点の明確なものが多く、特に塔基地宮や墓葬から出土した資料と紀年銘を有するものを基準資料に取り上げて編年する。
　次に、唐代文様史という視座からも検討し、各種の文様の淵源と祖型を解明することにしたい。
　第三に、ユーラシア大陸西方の同類文様と比較検討し、唐代金銀器装飾文様中にあって、西方要素をどの程度受け入れたのかを解明したい。
　第四に、本論で研究対象とした金銀器資料は、発掘調査によって出土した金銀器を中心にして、外国の個人や博物館に所蔵されているものの一部も検討対象とする。

3　研究目的

　本論の研究目的は、唐代金銀器装飾文様の分類、編年、装飾技術、構図方式、文様の象徴的意義および唐代金銀器が唐代以降の金銀器や唐代陶磁器に与えた影響を明らかにすることである。そうした基礎的な研究という性格に照らし、これまで唐代金銀器などに影響を与えたと指摘された西方装飾文様も検討することにしたい。また、唐代金銀器装飾文様を時代的・地域的に比較検討しながら、東西文化交流の中で影響を受けた側は、在来の伝統文化と外来文化をどのように変容・融合したのかという問題についても論及したい。

第Ⅱ章　唐代金銀器文様の分類と時期区分

　本論では、唐代金銀器装飾文様の分類にあたっての原則として、唐代金銀器によく採用されている文様と時期的変化を反映する文様を主な研究資料とし、しかも唐代金銀器の時期区分にとって好適な文様を中心に取り上げて検討する。

第1節　唐代金銀器装飾文様の分類

　唐代金銀器の装飾文様は、大別して五種に分けられる。すなわち動物文、植物文、人物文、宗教題材の文様、その他の文様である。

1　動物文

（一）龍

　唐代金銀器に装飾されている龍文は、あまり多くないが、それらの動作や姿態にしたがって三種類に分けられる。
　A型：盤龍文。何家村窖蔵出土の銀碗の外底の龍文（図Ⅱ-1の1）はその代表的な例である。
　B型：歩龍文。丁卯橋窖蔵出土の銀盒の外底には、1匹の龍があり、右前脚を高く挙げ、後ろを振り向きながら歩いている（図Ⅱ-1の2）［丹徒県文教局ほか 1982、鎮江市博ほか 1985、韓偉 1989 b］。
　C型：飛龍文。丁卯橋窖蔵出土の銀筒の側面に彫られた飛翔するように見える龍文（図Ⅱ-1の3）が、その代表的な例である。

（二）鳳　凰

　鳳凰文は、唐代金銀器の装飾文様中にしばしば見られる文様であり、姿態によって、四種に分けられる。
　A型：片方の爪脚で立って、もう片方の爪脚を挙げて、後ろをやや振り返っている。何家村窖蔵出土の銀盤の内底に描かれた鳳凰文（図Ⅱ-1の4）が、その代表的な例である。
　B型：走っているように見える鳳凰文。何家村窖蔵出土の銀碗の内底には、走っているように見える鳳凰文（図Ⅱ-1の5）が描かれ、周りに葡萄文を配している。
　C型：両爪脚で立つ。西安市韓森寨窖蔵出土の銀盤の内底には、二つの爪脚で立って翼を広げ

第Ⅱ章　唐代金銀器文様の分類と時期区分

文様 時期	龍	鳳凰	舞馬	犀
第一期				
第二期	A型  1 陝西省何家村窖蔵	 A型 　B型 4　5 陝西省何家村窖蔵		A型  9 陝西省何家村窖蔵
第三期		C型  6 陝西省韓森寨窖蔵	 8 陝西省何家村窖蔵	
第四期				
第五期	 B型 　C型 2　3 江蘇省丁卯橋窖蔵	D型  7 江蘇省丁卯橋窖蔵		B型  10 河南省杏園村1025号唐墓

図Ⅱ－1　唐代金銀器文様変遷図（1）

第1節　唐代金銀器装飾文様の分類

鹿	マカラ	獅子
A型 11 陝西省沙坡村窖蔵		
A型 12 陝西省何家村窖蔵 13 正倉院蔵 14 河北省大野峪村窖蔵	A型 17 陝西省何家村窖蔵	A型 20 陝西省何家村窖蔵 B型 21 陝西省八府庄窖蔵
B型 15 内モンゴル自治区喀喇沁旗窖蔵	B型 18 内モンゴル自治区喀喇沁旗窖蔵	C型 22 内モンゴル自治区喀喇沁旗窖蔵
C型 16 江蘇省丁卯橋窖蔵	C型 19 陝西省太乙路窖蔵	D型 23 浙江省唐水邱氏墓

動物文（縮尺不同）

45

ている鳳凰文（図Ⅱ-1の6）を打ち出し、銀盤の半分を欠失するが、残存部の文様は鮮明に見える。玄宗期のものと指摘されている［張広立ほか 1988］。

D型：飛翔する鳳凰文である。この類型が最も多く、丁卯橋窖蔵出土の銀盒の蓋（図Ⅱ-1の7）、陝西省藍田県楊家溝窖蔵出土の銀盤などに描かれた鳳凰文がある。

（三）舞　馬

唐代金銀器の舞馬文は、これまでに何家村窖蔵から出土した舞馬衛杯皮嚢銀壺の1点しか発見されていない（図Ⅱ-1の8：写真1）。銀壺の胴部の両側にそれぞれ杯を衛えた舞馬文が打ち出されている。上海博物館所蔵の銅鏡には、2頭の舞馬が大きな蓮華の上で踊っている［陳佩芬 1987］。文献の記載によると、献上された舞馬は西域から将来されたものである。例えば、『宋書・孝武本紀』には、大明三年（459）に西域から、大明六年（462）に吐谷渾からそれぞれ舞馬を献上した記事がある。玄宗は舞馬400頭を調練させている。

玄宗時期の詩人には舞馬を詠んだ詩が多い。張説の「舞馬千秋万歳楽府詞三首」の2には「聖皇至徳與天斉、天馬来儀自海西。腕足徐行拜両膝、繁驕不進踏千蹄。髦鬣奮鬣時蹲踏、鼓怒驤身忽上躋。更有衛杯終宴曲、垂頭掉尾酔如泥」、同氏の「舞馬詞六首・四海和平楽」には「屈膝衛杯赴節、傾心献寿無疆」、杜甫の「闘鶏」には「闘鶏初賜錦、舞馬既登床」と詠んでいる。そのほかには、陸亀蒙の「雑題七首・舞馬」、薛曜の「舞馬篇」などがある。特に張説が詠んだ「屈膝衛杯赴節、傾心献寿無疆」「更有衛杯終宴曲、垂頭掉尾酔如泥」の詩句は、何家村窖蔵出土の舞馬衛杯皮嚢銀壺の舞馬文を想起させる。張説は玄宗期の詩人であったので、舞馬文の年代が8世紀に属することを示す証拠になる。

（四）犀

犀の姿勢によって、二種類に分けられる。

A型：立犀文。何家村窖蔵出土の銀盒の蓋には、犀が立って口に瑞草を衛え、足の下に雲気文のようなものがある（図Ⅱ-1の9）。アメリカ人のカル・ケープ氏所蔵の2点の銀盤の内底には、それぞれ1頭の立犀があり、犀の背中に三つの霊芝形のものがある。

B型：臥犀文。河南省偃師県杏園村1025号唐墓（847）出土の銀盒の蓋には、臥犀文があり、犀文の下方には山岳文を配置している（図Ⅱ-1の10）［中国社科院考古研 2001］。白鶴美術館所蔵の鍍金銀盒の蓋にも、臥犀の文様があり、周りに蓮葉文が鏨彫りされている。

（五）鹿

唐代金銀器の装飾文様中には、鹿文が多い。鹿文は、基本的に主題文様と補助文様に分けられる。鹿の姿態によって、走鹿文、立鹿文、臥鹿文に分類される。

A型：立鹿文。角の形によって二種に大別される。つまり、長い枝角を持つ鹿と霊芝形角を持つ鹿である。

ⅰ式；長い枝角を持つ鹿文装飾金銀器は、数点発見されている。陝西省西安市沙坡村窖蔵出土

第1節　唐代金銀器装飾文様の分類

の銀碗の内底には、1頭の長い枝角を持つ鹿文があり、右前脚をやや挙げている（図Ⅱ－1の11）［西安市文管委 1964、鎮江市博ほか1985、韓偉1989b］。何家村窖蔵出土の八弁銀杯の指掛けにも同様な姿態の立鹿文を見る（図Ⅱ－1の12）。

　ii式；霊芝形角を持つ鹿が描かれた金銀器は、数多く発見されている。何家村窖蔵出土の銀盒には、霊芝形角を持つ1頭の鹿を装飾している。鹿は右前脚をやや挙げ、口に綬帯を銜え、肩部に翼を備える。遼寧省（現内モンゴル自治区）昭烏達盟喀喇沁旗窖蔵出土の銀壺の胴部には、1頭の立鹿文がある。鹿は右前脚をやや挙げて歩くような姿で、頭が前を向き、角は霊芝形を呈している。河北省寛城県大野峪村窖蔵出土の銀盤の内底には、1頭の立鹿が打ち出し技法で装飾されている。鹿の周りを空白とし、大きな霊芝形を呈する角を持ち、前に向き、尾は短く、体に斑点を表している（図Ⅱ－1の14）。正倉院所蔵の鍍金銀盤の内底には、1頭の立鹿文がある。周りは無文で、大きな霊芝形角を持ち、後ろを振り返って、短い髯を付け、尾は短く、体に斑点がある（図Ⅱ－1の13）。

　B型：臥鹿文。通常、銀盤や銀碗内底に装飾し、しかも折枝文などとともに団花を組み合わせる。例えば、喀喇沁旗窖蔵出土の銀盤の内底には、臥鹿文があり、鹿の角は霊芝形を呈し、周りを三つの折枝石榴文で囲んでいる（図Ⅱ－1の15）。メトロポリタン美術館所蔵の銀碗の内底には、霊芝形角を持つ臥鹿文があり、周りを蓮華文で囲んでいる。

　C型：走鹿文。走鹿文は、鹿が走る姿を表したもので、もっぱら唐代金銀器の補助文様として装飾される。通常、霊芝形を呈する角を持ち、後ろを振り返って、周りには唐草などが配されている。例えば、丁卯橋窖蔵出土の銀盒の側面には、走鹿文と唐草文を組み合わせて装飾する（図Ⅱ－1の16）。もう一種の走鹿文は、狩猟文中の狩猟対象として扱われたものである。

（六）マカラ

　マカラ（摩羯）は、インド神話の中では、鼻が長く、鋭い牙を持った魚身・魚尾の動物である。唐代金銀器装飾文様の中にもよく採用されている。A～C型の三種類に分類される。

　A型：マカラは象頭形を呈し、口の両端に二つの鋭い牙を持ち、通常、魚・鴛鴦・蓮華などと組み合わせ、周りには波文があり、頭だけを出し、銀碗や銀杯などの内底を飾っている。例えば、何家村窖蔵出土の銀杯の内底には、頭だけを露出し、鼻が上方に巻き、口を開け、舌を長く伸ばし、口の両端に二つの牙を持つマカラがあり、周りに水波文・鯰・蓮の葉などを配置している（図Ⅱ－1の17）。白鶴美術館所蔵の鍍金銀碗のマカラ文は、翼形鰭を持ち、口先にあるマニ宝珠を追いかけるように見える。東京国立博物館所蔵の西安宝慶寺旧蔵とされる石仏像にも、こうしたマカラ文が彫刻され、その年代は8世紀初め頃すなわち武則天期である。

　B型：マカラは魚形を呈し、長い鼻が上方に巻き、口を大きく開け、鋭い牙を見せる。例えば、遼寧省昭盟喀喇沁旗窖蔵出土の銀盤の内底には、一対のマカラを点対称に配置し、中央に置かれたマニ宝珠を追いかけるようにマカラが向かい合って泳いでいる（図Ⅱ－1の18）。

　C型：マカラは魚形を呈し、長い鼻がやや上に巻き、口を大きく開け、鋭い牙を見せ、体の前部両側にそれぞれ翼形鰭を持っている。例えば、法門寺塔基地宮出土の鍍金銀塩台には、口を開

けた一対のマカラ文を飾っている。いずれも前方のマニ宝珠を追いかけるように見え、鋭い歯をむき出し、体の前部に翼形鰭を持つ。浙江省長興県下莘橋窖蔵出土の銀匙には、1匹のマカラ文を装飾し、マカラが前方のマニ宝珠を追いかけているように見える。陝西省銅川市黄堡鎮窖蔵出土の銀碗の内底に描かれた一つのマカラは口を開け、体の前部に翼形鰭を持ち、マニ宝珠を追いかけているように見える。繁峙県金山舗郷上浪澗村窖蔵出土の銀碗の内底には、打ち出しの技法で一対のマカラ文を点対称に配置し、中央にマニ宝珠が置かれ、マカラが向かい合って泳ぎ回るようにマニ宝珠を追いかけている。丁卯橋窖蔵出土の銀盆の内底には、水波文・蓮華・蓮葉・魚などがあり、一対のマカラを点対称に配置し、いずれも前方のマニ宝珠を追いかけている（写真2）。長い鼻が上に巻き、体の前部両側に翼形鰭を持ち、頭上に1本の角を抱き、鋭い牙を見せている。西安市太乙路窖蔵出土の金長杯の内底には、一つのマカラ文があり、鋭い牙を見せ、体の前部両側に翼形鰭を持ち、マカラが向かい合ってマニ宝珠を追いかけながら泳ぎ回っている（図Ⅱ－1の19）。

（七）獅　子

　獅子の姿態によって、四種類に分けられる。
　A型：後脚立ち獅子文。何家村窖蔵出土の銀碗の内底の獅子文（図Ⅱ－1の20）は、2頭の互いに向かい合う獅子が後脚立ちになり、いずれも口に折枝文を銜えている。
　B型：立獅文。西安市北郊八府庄窖蔵出土の銀盤の内底に打ち出された獅子文は、右前脚をやや挙げ、口を大きく開き、後ろを振り返っている（図Ⅱ－1の21）。玄宗天宝年間の銀鋌と一緒に出土したことから、8世紀前半のものと考えられる。
　C型：蹲る獅子文。喀喇沁旗窖蔵出土の銀盤の内底には、1頭の獅子が蹲って右前足をやや挙げ、口を大きく開き、後ろに振り返っている（図Ⅱ－1の22）。
　D型：走獅子文。法門寺塔基地宮出土の銀香宝子の蓋、水邱氏墓出土の銀壺の胴部（図Ⅱ－1の23）には、いずれも走獅子文がある。

2　植物文

　唐代金銀器装飾文様中の植物文は抽象的なものが多いので、本論では具体的な植物の種類ではなく、植物文の形によって分類する。折枝文、波状唐草文、宝相華文、団花文などの四種類に分けられる。

（一）折枝文

　A型：折枝文は、茎が大きく見え、上に花が咲いている。二種に分けられる。
　ⅰ式；画面の主体文様となっている。例えば、甘粛省泾川県大雲寺塔基地宮出土の銀棺の側面には、折枝文がある（図Ⅱ－2の1）。
　ⅱ式；装飾文様の背景となっている。例えば、杏園村唐李景由墓出土の銀盒には、背景となっ

た折枝文がある（図Ⅱ-2の2）。

B型：折枝文は、横方向に伸びて、「一」字形を呈している。二種類に分けられる

ⅰ式；中央に花を置いて、両側から枝が伸びて、それぞれに蕾を配している。西安市東郊八府庄窖蔵出土の銀盤の口縁の折枝文（図Ⅱ-2の3）は、その代表的なものである。玄宗天宝期の銀鋌と一緒に出土したので、8世紀前半の所産と考えられる。

ⅱ式；折枝文の葉が茂っている。例えば、西安市北郊坑底寨窖蔵出土の銀盤の口縁には、こうした折枝文（図Ⅱ-2の4）がある。

C型：折枝文が十字形を呈している。例えば、西安市文物管理委員会所蔵の銀碗の胴部には、十字形の折枝文（図Ⅱ-2の5）が装飾されている。

(二) 波状唐草

A型：波状唐草文は、波状の茎を中心として両側に蔓が伸び、その間に鳥や獅子などの動物文を配するが、とりわけ葡萄波状唐草文が多い。代表的な例は、何家村窖蔵出土の銀碗であり、葡萄波状唐草文の茎の間には、鸚鵡・走獅子などを配置する（図Ⅱ-2の6）。

B型：波状唐草文は、波状の茎を中心として、小さな葉が互い違いに伸びている。代表的な例は、陝西省臨潼県慶山寺塔基地宮出土の銀高足杯の胴部の波状唐草文である（図Ⅱ-2の7）。

C型：波状唐草文は、波状の茎を中心として、両側に細い蔓が伸び、蔓には葉が付いてない。例えば、陝西省咸陽市西北医療器械廠窖蔵出土の銀壺胴部には、両側に細い蔓がない波状唐草文を描く（図Ⅱ-2の8）［李毓芳 1982］。

(三) 宝相華

葉文で接合して、中央には花や動物などを配置し、放射状に見える。

A型：外側が放射状の細長い忍冬文であり、中央に連珠円文と小団花を配しており、ほかの宝相華文の特徴と異なっている。外側の花弁によって、以下の三種に分けられる。

ⅰ式；西安市西郊出土の銀碗の内底の宝相華文は、外側が放射状の細長い忍冬文であり、中央に連珠円文と小団花を配している（図Ⅱ-3の1）。

ⅱ式；何家村窖蔵出土の銀方盒の蓋の宝相華文は、外側の花弁が八弁であり、中には十字形の文様を装飾している（図Ⅱ-3の2）。

ⅲ式；何家村窖蔵出土の銀盒の蓋の宝相華文は、外側の花弁が六弁になる（図Ⅱ-3の3）。

B型：通常、宝相華文が同心円状に二重にとりまく二重構図である。外側を八弁の石榴形や桃形の花弁で表し、花弁の間に小花弁を補い、中央には小団花や他のメダイヨンなどを配置する。外側の花弁の枚数によって、さらに二種に分けられる。

ⅰ式；外側の花弁が六弁以上である。例えば、何家村窖蔵出土の銀盒の蓋にある宝相華文は、その典型的な例である（図Ⅱ-3の4・5）。

ⅱ式；外側の花弁が六弁以下であり、通常、四弁の場合が多い。例えば、何家村窖蔵出土の銀盒の蓋にある宝相華文は、外側に六弁の石榴形の花弁があり、内側には1羽の飛翔する鳥を配置

第Ⅱ章　唐代金銀器文様の分類と時期区分

時期＼型式	折枝文		
	A型	B型	C型
第一期			
第二期	 甘粛省大雲寺塔基地宮 1		
第三期	 河南省唐李景由墓 2	 陝西省八府庄窖蔵 3	
第四期		 陝西省坑底寨窖蔵 4	
第五期			 西安市文物管理委員会蔵 5

図Ⅱ－2　唐代金銀器文様変遷図（2）

第1節　唐代金銀器装飾文様の分類

波状唐草		
A型	B型	C型
6 陝西省何家村窖蔵		
	7 陝西省慶山寺塔基地宮	
		8 陝西省西北医療器械廠窖蔵

植物文1（縮尺不同）

第Ⅱ章 唐代金銀器文様の分類と時期区分

時期＼型式	宝相華	
	A型	B型
第一期	 1 陝西省西安市西郊	
第二期	 2 陝西省何家村窖蔵	 4 陝西省何家村窖蔵 　　5 陝西省何家村窖蔵
第三期	 3 陝西省何家村窖蔵	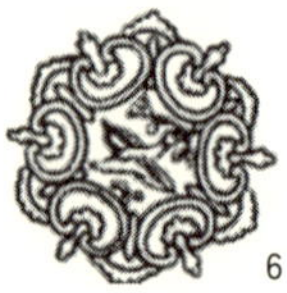 6 陝西省何家村窖蔵 　　7 河南省杏園村唐李景由墓 　　8 陝西省何家村窖蔵
第四期		
第五期		

図Ⅱ－3　唐代金銀器文様変遷図（3）

団花		
A型	B型	C型
9 陝西省何家村窖蔵		
10 11 陝西省曲江池窖蔵　陝西省曲江池窖蔵		
12 陝西省西北工業大学窖蔵	15　16 内モンゴル自治区喀喇沁旗窖蔵　陝西省西北工業大学窖蔵 17　18　19 陝西省西北工業大学窖蔵	
13　14 陝西省柳林背陰村窖蔵　陝西省楊家溝窖蔵		20 陝西省柳林背陰村窖蔵

植物文 2 （縮尺不同）

する。同窖蔵出土のもう1点の銀盒の蓋の宝相華文は、外側を八弁の石榴形の花弁で表し、花弁の間に小花弁を補う。杏園村唐李景由墓出土の銀盒の蓋には、石榴形の花弁で表した宝相華文がある（図Ⅱ-3の7）。

（四）団　花

　団花文は、折枝と葉で組み合わせたもの、あるいは折枝文や葉と動物文を組み合わせたものであり、円形・楕円形などの形状を呈し、特に円形の場合が多い。そのほかには、綬帯で組み合わせた団花形の文様も含まれる。
　A型：折枝や花弁などを組み合わせた文様である。
　ⅰ式；花弁を組み合わせて放射状を呈する。典型的な例は、何家村窖蔵出土の金杯の胴部に施した団花文である（図Ⅱ-3の9）。
　ⅱ式；花弁文や小枝で組み合わせた円形を呈する文様である。例えば、西安市曲江池窖蔵出土の2点の銀盤の内底には、それぞれ団花文を装飾する（図Ⅱ-3の10・11）。
　ⅲ式；折枝で組み合わせた円形を呈する文様である。例えば、西安市西北工業大学窖蔵出土の銀碗の内底に石榴の枝で組み合わせた団花文がある（図Ⅱ-3の12）。
　ⅳ式；花弁で組み合わせた円形を呈する文様である。陝西省耀県柳林背陰村窖蔵出土の銀皿の内底（図Ⅱ-3の13）、楊家溝窖蔵出土の銀盤の内底（図Ⅱ-3の14）のいずれも花弁で組み合わせた円形団花文を装飾している。
　B型：折枝と動物を組み合わせて接合した文様である。例えば、喀喇沁旗窖蔵出土の銀盤の内底には、鹿と折枝を組み合わせた円形団花がある（図Ⅱ-3の15）。西安市西北工業大学窖蔵出土の銀碗・銀盤の内底のいずれも鳥・魚と組み合わせた団花文がある（図Ⅱ-3の16～19）。
　C型：綬帯で組み合わせたものである。例えば、柳林背陰村窖蔵出土の銀碗の内底には、綬帯文で組みあわせた団花文がある（図Ⅱ-3の20）。

3　人物文

　唐代金銀器の人物文は、仕女、歴史上の人物、胡人、仙人騎鶴、狩猟文などがある。

（一）仕　女

　何家村窖蔵出土の鍍金狩猟文八弁銀杯の胴部には、四面の仕女図があり、その周りには折枝文や山石などが点在している。第一面は、三人の豊満な仕女像で、一人が側面を向き、肩に肩掛けをかけ、もう一人の仕女が肩掛けを肩にかけようとし、後ろに一人の女性が立っている。第二面は、一人の仕女が座って、蝶を捕っている一人の童子を見ており、後ろに一人の女性が立っている。第三面は、一人の仕女が琵琶を弾きながら、顔を横に向け、円扇を持つ仕女と話すよう見える。第四面は、二人の仕女が座って、その中の一人が琵琶を弾き、他の一人が簫を吹いている。仕女たちが豊満な姿形を見せるところから、玄宗開元期のものと考えられる（図Ⅱ-4の1）。

もう1点の鍍金八稜銀杯は、西安火車駅東側の解放飯店前窖蔵から出土した。銀杯の胴部には四幅の仕女図があり、その周りには花・折枝文・山石などを配している。第一幅は、三人の仕女が散策している。第二幅は、中央の仕女が両手で幼児を抱き上げ、前の一人の女性がものを捧げるように見え、後ろで一人の女性が円扇を手にしている。第三幅は、中央の一人の女性が座って鏡に向かい化粧をしており、正面の一人の仕女が鏡を持ち、後ろの女性は物を捧げているように見える。第四幅は楽舞図であり、二人の仕女が座って、その中の一人が琵琶を弾き、別の一人が笙を吹き、中央の仕女は踊っている［王長啓1992］。

（二）歴史上の人物

唐代金銀器装飾文様の中に描かれた歴史上の人物図には、孔子、子路、霊公問政、少正卯、太公望などがある。

柳林背陰村窖蔵出土の銀壺の胴部には、孔子、子路、少正卯および霊公問政などの春秋時代の人物を装飾している（図Ⅱ－4の2）。このような意匠は、「孔子問答栄啓期」銅鏡にも見られる。徳宗期の画家周昉は、「仲尼問礼図」を描いた。霊公問政のことは、『論語』には「衛霊公問陳於孔子。孔子対曰：俎豆之事、即嘗聞之矣。軍旅之事、未之学也。明日遂行」と記されている。孔子を中心とする儒家人物の流行は、当時の社会が儒家を重視したことと深い関係があり、特に唐代には武宗の廃仏によって儒者が装飾文様によく採用された。

大英博物館所蔵銀盤の内底の装飾文様には、殷代末期の太公望と周文王の物語を題材として描いている。太公望が河岸に座って餌の付いていない釣針を垂れ、河の対岸には周文王と部下の三人がいて、その傍らに1頭の馬も見える（図Ⅱ－4の3）［韓偉1989b］。この物語について、『太平御覧』巻831には、「『史記』曰：西伯将敗、卜之曰：所獲非熊非羆、覇王之輔。西伯果遇呂望釣於渭濱、遂載帰、号太公望」と記されている。

西安市文物管理委員会所蔵の撫琴舞鶴文銀盤の内底には、一人の高士像がある。高士は座って、琴を膝の上に載せ、両手で琴を弾き、後ろに立つ一人の童子が杖を持ち、正面に一対の鳳凰が踊り、身のまわりに草花文を配置している（図Ⅱ－4の4）［保全1982］。このような題材は、「真子飛霜」鏡の題材とよく似ており、ほぼ同時期のものと考えられる。

（三）童　子

何家村窖蔵出土の方形銀盒の側面には、二人の童子像がある（図Ⅱ－4の5）。その中の一人は犬に追いかけられ、後ろを振り返りながら両手を挙げて逃げており、もう一人は棒状のものを持って犬の後ろを追いかけている。周りに草花を配している。

丁卯橋窖蔵出土の銀壺の胴部には、三つの格狭間形の枠の中にそれぞれ戯れる童子文が描かれる（図Ⅱ－4の6）。説明にあたって、銀壺の胴部の展開図の左側から述べよう。第一図は、二人の童子が草を持って遊んでいる。第二図は、三人の童子が演劇をしているように見える。第三図は、二人の童子が笙などの楽器を吹き、一人が「胡旋舞」を舞っている。唐詩の中にも戯れる童子を題材に詠んだものがある。例えば、『孩児詩』には「袖学柘枝頎」、「闘草当春径」と詠んで

いる。唐代金銀器の童子文は、唐詩の内容と関連して、いずれも当時の戯れる童子文を写実的に表現する。

江蘇省鎮江市唐墓出土の銀簪には、童子が手に持った小枝を振り上げ、下方では犬と思われる動物が童子を追いかけている場面を描く［鎮江博 1985］。

西安市東南洪慶村窖蔵出土の鍍金銀盒の童子文は、舞踊や楽器の演奏をしたり、両手を挙げて胡旋舞を舞っているように見える。

唐墓壁画には、金銀器の童子文とよく似た文様も描かれている。陝西省岐山県元師獎墓（686）には、二幅の壁画を描いている。その一幅には、一人の童子が小犬を追いかけ、もう一人の童子が1匹の小犬に吠えられて、慌てて一人の大人の胸に飛び込んでいる姿が見える［宝鶏考古隊 1994］。新疆ウイグル族自治区トルファン（高昌）のアスターナ180号唐墓壁画では、一人の童子が小犬を胸に抱いている［新疆ウイグル族自治区博 1975］。金維諾・衛辺［1975］両氏の研究によると、その小犬は拂菻犬である。拂菻犬については、『旧唐書・高昌伝』に、武徳七年（624）、「文泰又献狗、雌雄各一、高六寸、長尺余、性甚慧、能曳馬銜燭、云本出拂菻国。中国有拂菻狗自此始也」と記されている。小犬と童子の画面構図は童子の可愛さを表すだけではなく、中国と西方の交流の証左も示している。被葬者の身分から見れば、いずれも貴族や高級官僚であり、拂菻犬を飼ってもおかしくないと思う。例えば、前述した元師獎本人は、高昌に最も近い河源地域経略使を務めたことがあって、容易に高昌から拂菻犬を手に入れることができたであろう。被葬者の経歴を示すために、墓葬壁画に拂菻犬と童子が遊ぶ画面を描いても決して不思議ではない。『孩児詩』にも「猧子彩絲牽」と詠んでいる。

（四）胡　人

何家村窖蔵出土の2点の銀八稜杯の胴部には、それぞれ音楽を演奏している胡人が装飾されている（図Ⅱ－4の7・8）。西安市西北国棉五廠65号唐墓（718）出土の円形銀盒には、杖を持ち、象を牽く胡人を描き、周りに飛翔する鳥、草花、山岳文を配している（写真3）。何家村窖蔵出土の銀杯の指掛けには、胡人頭像を飾っている。

陝西省隴県原子頭唐墓から2点の銀平脱飾胡人像（図Ⅱ－4の9）［宝鶏市文物工作隊ほか 2004］が出土し、いずれも手に馴獣用の道具を持ち、しかも一緒に出土した副葬品の中には、豹と見られる銀像もある。胡人と獅子・豹などの図柄は、唐王朝に獅子を朝貢することと深い関係を持っている。『太平御覧』巻889「龍三」に引く『国史補』には、「開元末、西域献獅子、至安西道中、系於驛樹。近井、獅子哮吼、若不自安。俄頃、風雷大至、有龍出井而去」と記されている。この記載によって、胡人と獅子文の構図は、東西文化交流のシンボル的なものとされている。

胡人を装飾文様とする例は、すでに唐代以前に出現した。例えば、四川省中江県塔梁子後漢崖墓には、踊る胡人の姿が彫刻されている［四川省文物考古研ほか 2004］。魏晋南北朝時代に入るとさらに流行し、通常、陶磁器胴部に装飾され、とりわけ陶磁耳付扁壺には音楽演奏、踊る姿、馴獅子胡人を中心に装飾している。唐代金銀器の胡人文様は、前代からの流れを継承したものと考えられる。

第1節　唐代金銀器装飾文様の分類

（五）仙人騎鶴

法門寺塔基地宮出土の銀茶碾の側面には、幢を持つ仙人が鶴に乗り、周りには雲気文を彫刻している（図Ⅱ-4の10）。

（六）狩　猟

狩猟文様は、本論の第Ⅳ章第1節おいて詳細に検討するので、ここでは省略する。

（七）その他

法門寺塔基地宮出土の2点の銀香宝子［韓偉 1988・2001］の胴部には、それぞれ四幅の人物文を桃形格狭間のような図案の中に装飾している（図Ⅱ-4の12）。説明にあたって、銀香宝子の胴部展開図の左側から順に述べよう。

その中の1点（下段）第一図は、三人の像を鏨彫りしている。前方の一人の人物は鍬を担いで振り返り、後ろの二人の人物と互いに挨拶するように見え、周囲には岩座や草花を配している。第二図は、一人の人物が杖を持って、河辺の大きな木の下に座り込み、持ち物を木の枝に掛けて、周りに草花を配している。第三図は、二人の人物が敷物の上に座って碁で対局し、もう一人の人物が傍らで観覧し、周囲に草花や岩座などを配している。第四図は、大樹の下に一人の人物が敷物の上に座り、傍にもう一人の人物が立って、互いに言葉を交わしているように見え、周囲に草花や岩座などを配している。

もう1点（上段）の第一図は、一人の人物が敷物の上に座って笙を吹き、前方には1羽の鳳凰が踊るように一方の爪脚をやや挙げており、周囲には壺を置き、岩座や草花を配している。第一図の内容にあたる物語が文献の記載にある。『太平広記』巻4に引く『列仙伝』には、「王子喬者、周霊王太子也、好吹笙作鳳凰鳴」と記されている。第二図は、1匹の蛇が頭をもたげて、傍らに立つ一人の人物に口に含んだ珠を吐き出すように見え、周囲に草花や岩座などを配している。第二図の内容にあたる物語も文献の記載にある。『太平広記』巻402に引く『捜神記』には、「隋侯行、見大蛇被傷而治之。後銜珠以報、其珠径寸、純白、夜有光明、如月之照。一名隋侯珠、一名明月珠」と記されている。第三図は、一人の人物が敷物の上に胡坐して、膝元に置いた琴を弾き、前方の2匹の鶴は翼を広げ、片方の爪脚をやや挙げて踊るように見える。周囲に草花や岩座などを配している。第四図は、二人の人物が向かい合って、それぞれの敷物の上に座り、その中の一人は笛を吹き、もう一人が鉢を持ち、周囲に壺・鉢を置いて岩座や草花を配している。

西安交通大学窖蔵出土の銀盒の蓋には人物文が装飾されており、しかも人物文の傍らにある長方形枠の中には「崑崙王国」「将来」「都管七箇国」「高麗国」「疏勒国」「婆羅門国」「土番国」「白柘□国」「烏蛮国」などの銘が鏨彫りされている（図Ⅱ-4の11）［張達宏ほか 1984］。

水邱氏墓から出土した銀壺は胴部のハート形枠の中に踊る人物を描いている。

第Ⅱ章　唐代金銀器文様の分類と時期区分

文様＼時期	仕女	歴史人物	童子
第一期			
第二期			
第三期	 1 陝西省何家村窖蔵		 5 陝西省何家村窖蔵
第四期			
第五期		 2 陝西省柳林背陰村窖蔵 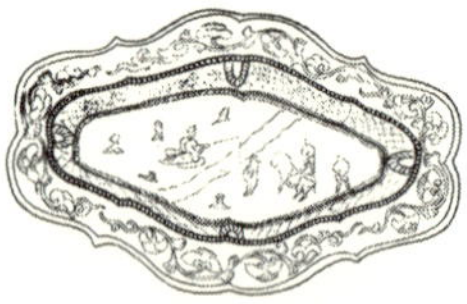 3 大英博物館蔵  4 西安市文物管理委員会蔵	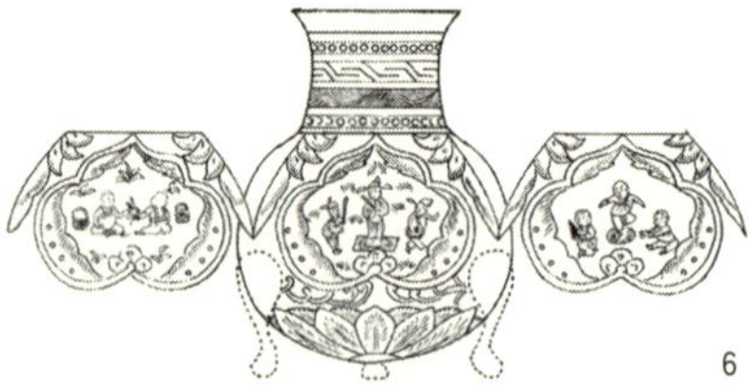 6 江蘇省丁卯橋窖蔵

図Ⅱ-4　唐代金銀器文様変遷図（4）

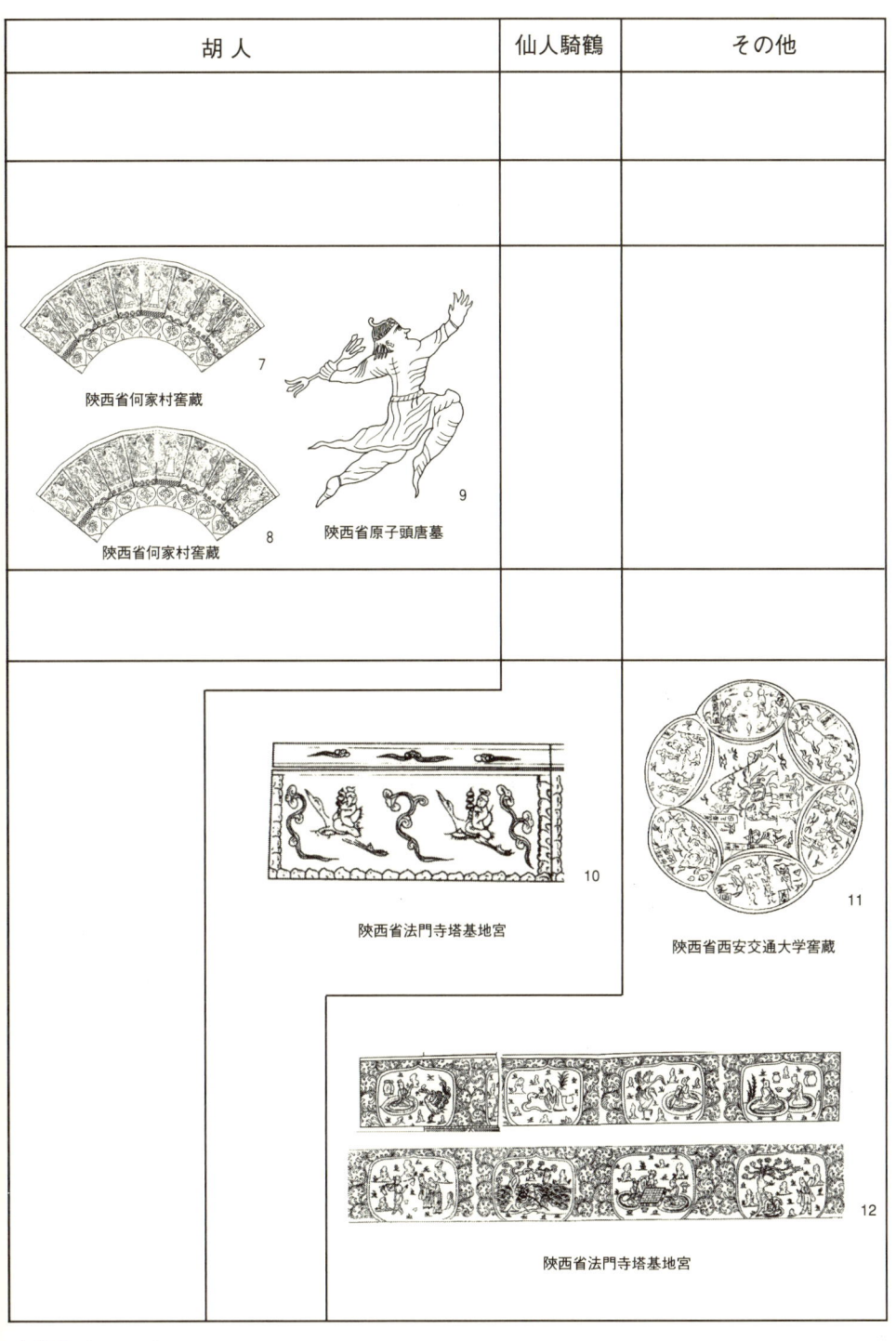

第1節　唐代金銀器装飾文様の分類

胡　人	仙人騎鶴	その他
7 陝西省何家村窖蔵 8 陝西省何家村窖蔵	9 陝西省原子頭唐墓	
	10 陝西省法門寺塔基地宮	11 陝西省西安交通大学窖蔵
		12 陝西省法門寺塔基地宮

人物文（縮尺不同）

4 宗教題材の装飾文様

　唐代金銀器の装飾文様中の宗教題材は、主に仏教の題材を中心にしている。特に金銀舎利容器にはよく採用されているが、宗教用具以外の生活用品にも仏教に関する題材を装飾している。それらの題材内容は、主に飛天、共命鳥、天王像、菩薩、仏像ないし曼荼羅である。

　（一）飛　天

　江蘇省鎮江市甘露寺塔基地宮出土の銀槨の蓋には、2体の飛天が彫刻されている。髻が高く、頸には瓔珞を飾り、上半身は裸で、下半身には羊腸形の裳を穿いて、裸足で、果物を盛った盤を捧げ持ち、周りには雲気文を彫刻して雲に乗って空中を去来するように表している（図Ⅱ-5の1）［江蘇省文物工作隊鎮江分隊ほか 1961］。甘露寺塔基地宮出土の銀槨は、唐の大臣李徳裕によって喜捨されたことから、820年代の作とわかる。類似した飛天は、法門寺塔基地宮出土の鍍金銀荼羅子の蓋にもある（図Ⅱ-5の2）。陝西省陝棉十廠唐墓出土の銀製腕輪には、2体の向かい合った飛天を鏨彫りしている。いずれも上半身は裸で、下半身には裳を穿いて、肩には肩掛けを掛けている。1体の飛天は果物を盛った盤を捧げ持ち、もう1体は両手を合掌している［王長啓 1992］。江蘇省揚州市三元路出土の金製櫛には、向かい合った飛天が透彫りの技法で彫刻されており、いずれも笙を吹いて、上半身は裸で、下半身には羊腸形裳を穿いている（図Ⅱ-5の3）［徐良玉ほか 1986］。

　（二）迦陵頻伽

　甘露寺塔基地宮出土の銀槨には、迦陵頻伽（図Ⅱ-5の4）を彫刻する。上半身は飛天とよく似ているが、下半身は鳥形を呈している。

　（三）共命鳥

　甘露寺塔基地宮出土の銀棺には、共命鳥文が装飾されている（図Ⅱ-5の5）。共命鳥は二つの頭を持つ鳥で、飛天とよく似て、髻が高く、頸部に瓔珞を飾り、上半身は裸で、肩には鳥翼形翼を付け、長い花葉形の尾を持つ。両手で果物を盛った盤を捧げ持ち、周りには雲気文を配し、雲に乗って空中を去来するように表している。

　（四）羯　摩

　法門寺塔基地宮出土の銀瓶の胴部には、四つの羯摩文を装飾している（図Ⅱ-5の6）。外側を環状の蓮華弁で囲み、中央で交差して十字形を呈する金剛杵を配置している。同地宮出土の円形銅盒蓋にも羯摩文がある。一緒に出土した「衣物帳」によって、銀瓶は咸通十五年（874）に高僧智慧輪から喜捨されたことがわかる。本例から見ると、金銀器に羯摩文が装飾されるのは9世紀後半期である。

(五) 曼荼羅

　法門寺塔基地宮から2点の曼荼羅図柄を鏨彫りしている銀舎利容器が出土した（図Ⅱ－5の7・8：写真4）［韓偉 1992］。そのうちの1点は一緒に出土した「衣物帳」によれば懿宗から喜捨されたもので、咸通十五年（874）に属する。もう1点の銀函には、「奉為　皇帝敬造釈迦牟尼佛真身宝函、大唐咸通十二年十月六日、遺法弟子比丘智英、敬造真身舎利宝函」という銘文があるので、咸通十二（871）年のものであることがわかる。それらのいずれも9世紀後半期に属する。

5　その他

(一) 三角文

　唐代金銀器の口縁や高台の縁によく採用される文様である。唐代初期から滅亡するまでの間に、唐代の全期間にわたって流行した。しかも、三角文は、漢代以来の青銅器や画像石などにもよく使われている。例えば、慶山寺塔基地宮（741）出土の銀高足杯には、三角文が鏨彫りされている。

(二) 柳斗文

　唐代金銀器の柳斗文は、主に柳斗文銀杯に装飾される。銀杯を外側から見れば、形は柳斗（柳枝で編んだ笊）に似ていて、筋目もはっきりと認められる。中国ではこのようなモチーフを柳斗文と呼ぶ。大英博物館に1点の柳斗文銀杯が所蔵されている［韓偉 1989b］。また、浙江省淳安県朱塔村窖蔵からも1点出土した［浙江博 1984］。9世紀晩期あるいは10世紀の初め頃から流行したと見られる。

(三) 八卦文

　繁峙県金山舗郷上浪澗村窖蔵出土の銀盒の蓋には、亀甲文の中に八卦文が打ち出されている。この窖蔵から咸通の年号が刻銘された銀器が出土したので、9世紀晩期と見られる。水邱氏墓出土の銀香炉の胴部には、透彫りの技法で八卦文を彫刻している。また、唐代八卦文銅鏡の流行時期と同じである。したがって、八卦文は9世紀後半から10世紀初めまでの間に流行していたと見られる。

第2節　唐代金銀器装飾文様の時期とその様相

　唐代金銀器の装飾文様は、典型的な折枝花、団花文を中心にして、他の文様と組み合わされる。それらは、年代が確実な石刻や墓誌などを参考に編年すると、以下の五期に区分される（表15）。
　第一期は、7世紀前半の高祖・太宗期である。
　この時期は、唐代の初め頃であり、隋王朝の政治制度をはじめとしてさまざまな制度を継承し

第Ⅱ章　唐代金銀器文様の分類と時期区分

時期＼文様	飛天	迦陵頻伽
第一期		
第二期		
第三期		
第四期		
第五期	 江蘇省甘露寺塔基地宮  1 陝西省法門寺塔基地宮  2 江蘇省三元路 3	 江蘇省甘露寺塔基地宮 4

図Ⅱ－5　唐代金銀器文様変遷図（5）

第 2 節　唐代金銀器装飾文様の時期とその様相

共命鳥	羯摩	曼荼羅
5 江蘇省甘露寺塔基地宮	6 陝西省法門寺塔基地宮	7 陝西省法門寺塔基地宮
	8 陝西省法門寺塔基地宮	

宗教題材（縮尺不同）

63

第Ⅱ章 唐代金銀器文様の分類と時期区分

表15 各文様の

時期＼文様	折枝文	波状唐草文	宝相華文	団花文	舞馬文	鹿文	犀文	マカラ文
第一期			Ai			Ai		
第二期	Ai	A	Aii、Bi	Ai		Ai	A	A
第三期	Aii、Bi	B	Aiii、Bii	Aii	○	Aii		A
第四期	Bii			Aiii、B		B		B
第五期	C	C		Aiv、C		C	B	C

た。それは、発掘調査によって出土した唐墓の壁画、墓制などからはっきりわかる。例えば、唐墓壁画は、特に初唐墓葬の壁画は、ほぼ魏晋〜隋墓の壁画の特徴を継承し、高宗期から唐代の特徴が形成されてきた。唐代金銀器装飾文様の場合は、壁画や社会制度などと同様に隋代の特徴をそのまま継承したと思われる。例えば、李静訓墓と隋豊寧公主墓出土の金銀器は、ほとんどが無文であり、それは隋代金銀器の重要な特徴と見なせるかもしれない。こうした隋代金銀器の特徴を参考にすれば、唐代金銀器装飾文様の第一期の特徴は無文を中心にしたことであろう。これまでの研究によると、初唐の金銀器はほとんど確定できない。その主な原因は、唐代固有の特徴がまだ形成されず、隋代の特徴とよく似ていて、判別しにくいためであろう。

一方、李静訓墓出土の首飾りには、長い枝角を持つ鹿が装飾されている。その鹿文が沙坡村窖蔵出土の銀碗の鹿文と共通点を持っていることから、この銀碗が第一期のものと考えられる。しかも、これらはソグドからの輸入品である［斉東方ほか 1994］。李家営子墓出土の銀盤も、その銀碗の装飾技法と共通点を持っているので、同時期のものと判断できる。西安市西郊窖蔵出土の銀碗の内底には、宝相華文を装飾している。前述の銀碗と同様に、ソグド銀器とされ、第一期のものと考えられる。

第二期は、7世紀後半から8世紀の初め頃までの高宗・武則天・中宗期である。

宝相華文は、唐李勣夫人墓出土の墓誌（7世紀後半）に見られ、連珠円文の内側に宝相華文を線刻している［昭陵博 2000］。張士貴墓（657）出土の石敷居は、連珠円文の内にも宝相華文を線刻していて、外側は八弁の桃形花弁が連接し、中央には小さな団花を配置している［陝西省文管委ほか 1978］。また、陝西省礼泉県新城長公主墓出土の石門楣にも、連珠円文の中に宝相華文が線刻されている［陝西省考古研ほか 2004］。唐節愍太子墓（701）出土の鍍金銀飾［陝西省考古研ほか 2004］は桃形花弁文を呈し、何家村窖蔵出土の銀盒の蓋の宝相華文とよく似ている。

この時期には、早くも折枝文が出現した。例えば、大雲寺塔基地宮（694）出土の舎利容器の金棺に装飾された折枝文は、金糸や金粒を熔接し、中には貴石を象嵌している。陝西省長安県唐韋洞墓（708）出土の鍍金銀杯には、折枝文と飛翔する鳥を組み合わせた構図を見せる［負安志 1993］。また、中宗時代の懿徳太子墓［陝西省博ほか 1972a］、永泰公主墓［陝西省文管委 1964］、章懐太子墓［陝西省博ほか 1972b］、韋頊墓［王子雲 1956］出土の石槨には類似する折枝文を線刻している。

マカラ文では、東京国立博物館に所蔵されている西安市宝慶寺旧蔵の石仏像にA型マカラ文が彫刻されている。それらの年代は、武則天期であり、A型のマカラ文の年代を決めるのに重要な

第2節　唐代金銀器装飾文様の時期とその様相

時期別変遷

仕女文	狩猟文	飛天	迦陵頻伽	共命鳥	羯摩文	曼荼羅	仙人騎鶴文	八卦文	柳斗文
○	○								
		○	○	○	○	○	○	○	○

役割を果たした。

第三期は、8世紀の20年代から8世紀中葉までの玄宗期である。この時期に属する唐代金銀器は発見された数量も多い。

折枝文を代表的な文様とし、人物文様中の仕女図、狩猟文などと組み合わせる。時期区分の基準資料としての金銀器は、西安市西北国棉五廠65号唐墓（718）出土の鍍金銀三足壺［兵庫県立歴史博 1996］、杏園村唐李景由墓（738）出土の鍍金銀盒であり、いずれも8世紀の前半の所産である。正倉院所蔵の狩猟文銀壺・漆胡瓶にも類似する折枝文が見られ、いずれも8世紀前半のものである［張広立ほか 1988］。一部の折枝文は、陝西省蒲城県唐李憲墓の石槨に装飾された折枝文［陝西省考古研 2005］と共通点がある。

宝相華文は、外側の花弁の枚数が第二期より減少し、通常、4個あるいは6個の石榴形や桃形花弁文で表している。

団花文は、6枚あるいは8枚の花弁で表すものが多い。他の文様としては、舞馬文などがある。

第四期は、8世紀中葉から9世紀の初め頃まで。「安史の乱」を境として、第三期と第四期に分けられる。粛宗・代宗・徳宗期である。

団花文は、動物や鳥などと折枝文を組み合わせて構成したものが、流行する。一字形の折枝文も流行する。

第五期は、9世紀の20年代から10世紀の初め頃（唐朝の滅亡）までの順宗・憲宗・穆宗・敬宗・文宗・武宗・宣宗・懿宗・僖宗期である。

十字形の折枝文が流行する。四弁花形綬帯文も重要な装飾文様である。

儒教に関係する人物が装飾文様として流行し、唐代銅鏡にも同類の文様がしばしば採用され、所属時期の判断をするときの手懸かりになる。

仏教を中心とする宗教題材の文様が登場し、当該期の重要な装飾文様の一つになっている。飛天、迦陵頻伽、共命鳥、羯摩文、曼荼羅の図柄さえも見られる。これらは、晩唐期の舎利埋葬とも深い関係を持っている。

C型のマカラ文は、この時期に流行した代表的な装飾文様の一つである。ほかには、八卦文や柳斗文が流行した。

第Ⅲ章　唐代金銀器の装飾技術と構図方式

第1節　装飾技術

1　装飾技術の分類

（一）打ち出し技術

　打ち出し技術は、金銀器の製作技術だけではなく、装飾技術でもある。打ち出し技術は、唐代金銀器の装飾中で最も頻繁に採用された装飾技術である。今回まとめた結果から見れば、唐代の打ち出し技術は金銀器の成形と装飾文様の輪郭を作るときに頻繁に用いられ、しかも成形工程において圧倒的な部分を占めている。

（二）鍍金技術

　鍍金技術は、金属製品の表面に金を付着させる金工技法であり、原理としては水銀に金を溶かして金属の表面に塗った後、熱で水銀をとばして金を付着させる技法が多く使われた。これを水銀アマルガム法と呼ぶ。唐代の鍍金技術については、河北省寛城県大野峪村窖蔵出土の銀盤の鍍金を分析した結果、戦国時代以来の水銀アマルガム法を継承していたことが明らかになった［李虎候 1988］。
　これまで発見された唐代金銀器の鍍金技術は、全面鍍金と部分鍍金の二種に分けられる。一般的に、全面鍍金の銀器は、唐代金銀器の中では出土数があまり多くない。装飾文様だけを鍍金する銀器は、「金花銀器」と呼ばれる。唐代文献にも法門寺塔基地宮出土の「衣物帳」にも、「金花銀器」の名称をよく使用している。全面鍍金と装飾文様のみの鍍金に限らず、鍍金技術は唐代金銀器によく採用された装飾技法である。全面鍍金と比較すれば、装飾文様だけを鍍金する唐代銀器は、唐代金銀器の中で多数を占めている。鏨彫りされた装飾文様に鍍金すると、器形それ自身の銀の地と鍍金された文様が互いに映えて、きわめて華麗に見える効果がある。
　装飾文様だけを鍍金する技術について、盧兆蔭［1986］氏は、発掘調査による出土例として唐以前の金花銀器がまだ見つかっていなかったので、文様だけを鍍金する技術は唐代に出現した新技術であったと指摘し、またこの技術の出現が外来金銀器の登場と密接な関係があると主張した。実は、装飾文様だけを鍍金する金花銀器は、遅くとも漢代以前に出現していたことが知られる。例えば、山東省青州市戦国時代晩期墓出土の副葬品の中では、装飾文様だけを鍍金した銀盤がある。同省臨淄市前漢斉王墓陪葬坑出土の3点の鍍金銀盤の装飾文様は、優れた芸術品であり、い

第Ⅲ章　唐代金銀器の装飾技術と構図方式

ずれも鏨彫りされ、造形も似通っているので、その中の1点をここで取り上げることにする。前漢斉王墓陪葬出土の鍍金銀盤は口がまっすぐで、口縁は外に折れて平らになっている。胴部は「く」の字形に折れ、外底は僅かに凹んでいる。口縁の上と胴部の内外に、それぞれ6組の龍鳳文を鍍金で飾り、内面の中央にはとぐろを巻く3匹の龍が鍍金されている。文様の配置は均整がとれ、絡み合う龍鳳の描き出す曲線は流麗で、文様の構成もすぐれている。また、青海省大通上孫家寨漢晋墓出土の銀壺は、頸部にパルメット文が打ち出し技法で装飾され、その文様部分だけが鍍金されていた。それらは、いずれも唐以前のものであり、唐代の鍍金技術は漢代以来の技術を継承したものと思われる。

（三）金糸金粒細工技術

金糸金粒細工（granulation）とは、直径1mmに満たない金粒と金糸を金の表面に熔接して装飾する技法である。早くも前4000年のウル第一王朝の時期に出現し、前3000年頃のエジプトやエトルリアにも実例があり、アレクサンドロス大王の東征によって、インドやパキスタンなどの東方へと広がった。金糸金粒細工技術についての研究は、浜田耕作［1922］氏がいち早く論じている。その後、梅原末治［1954］氏は、中国出土の漢代と六朝の金糸金粒細工品をめぐって論じた。黎忠義［1985］氏は、漢代から唐までの金糸金粒細工技術についてまとめ、要約して論じた。岑蕊［1990］氏は、中国で発見された後漢から魏晋時代にかけての墓葬から出土した多面金珠の用途とその源流について論じ、その技術が西方からインドを経由して後漢時代に中国に伝えられたと指摘した。斉東方［1999a］氏にも、中国古代の金銀器の研究に際して、金糸金粒細工技術にふれた論文がある。

これまで発見された金糸金細工技術を採用した唐代金銀器は、ほぼ装身具や装飾品などを中心に、一部に舎利容器や杯などがある。例えば、西安咸陽空港の唐賀若氏墓出土の金製櫛（図Ⅲ－1の1）［負安志1993］には、金糸や金粒を熔接して、鸚鵡文や草花文を飾っている。長安県南里王村竇璬墓出土の玉製花文帯飾（図Ⅲ－1の2）［負安志1993］は、白玉胎に金板を嵌め込み、そこに金糸、金粒、真珠、ガラスを散らして飾り立てている。西安市東郊韓森寨雷氏墓出土の金花飾、金珠は、いずれも金糸や金粒を熔接している。西安市東郊郭家灘墓出土の金龍、金鳳凰、金樹、金鴨（図Ⅲ－1の3）は、いずれも金の薄板を打出して、外形に沿って切り抜いて成形し、表面に金糸や金粒を熔接し、当初は緑松石などの貴石類を象嵌していたが、いまは脱落している。金郷県主墓出土の金製花形飾物（図Ⅲ－1の4）は、いずれも金製薄板を透彫りの技法で彫刻し、花の芯が金糸で、飾物の縁には金粒を熔接している［西安市文物保護考古所2002b］。湖北省安陸県王子山唐呉王妃楊氏墓出土の金刀の柄（図Ⅲ－1の5）には、金糸で草花文を熔接している［孝感地区博ほか1985］。何家村窖蔵出土の金製櫛（図Ⅲ－1の6）は、打ち出しの技法で外形を作って、その上に金糸で唐草形を熔接し、金粒を唐草文の縁に熔接している。斉国太夫人墓（824）出土の金銀飾（図Ⅲ－1の7）にはさまざまな形態があって、そのいずれの縁にも金粒を熔接している［洛陽市第二文物工作隊1995］。黒竜江省和龍県渤海墓出土の金製帯金具（図Ⅲ－2の1）は、金糸金粒細工技術を使っている［郭文魁1973］。

第 1 節　装飾技術

1

陝西省唐賀若氏墓

2

陝西省南里王村唐竇繳墓

3

陝西省郭家灘唐墓

4

陝西省唐金郷県主墓

5

湖北省唐呉王妃楊氏墓

6

陝西省何家村窖蔵

7

河南省斉国太夫人墓

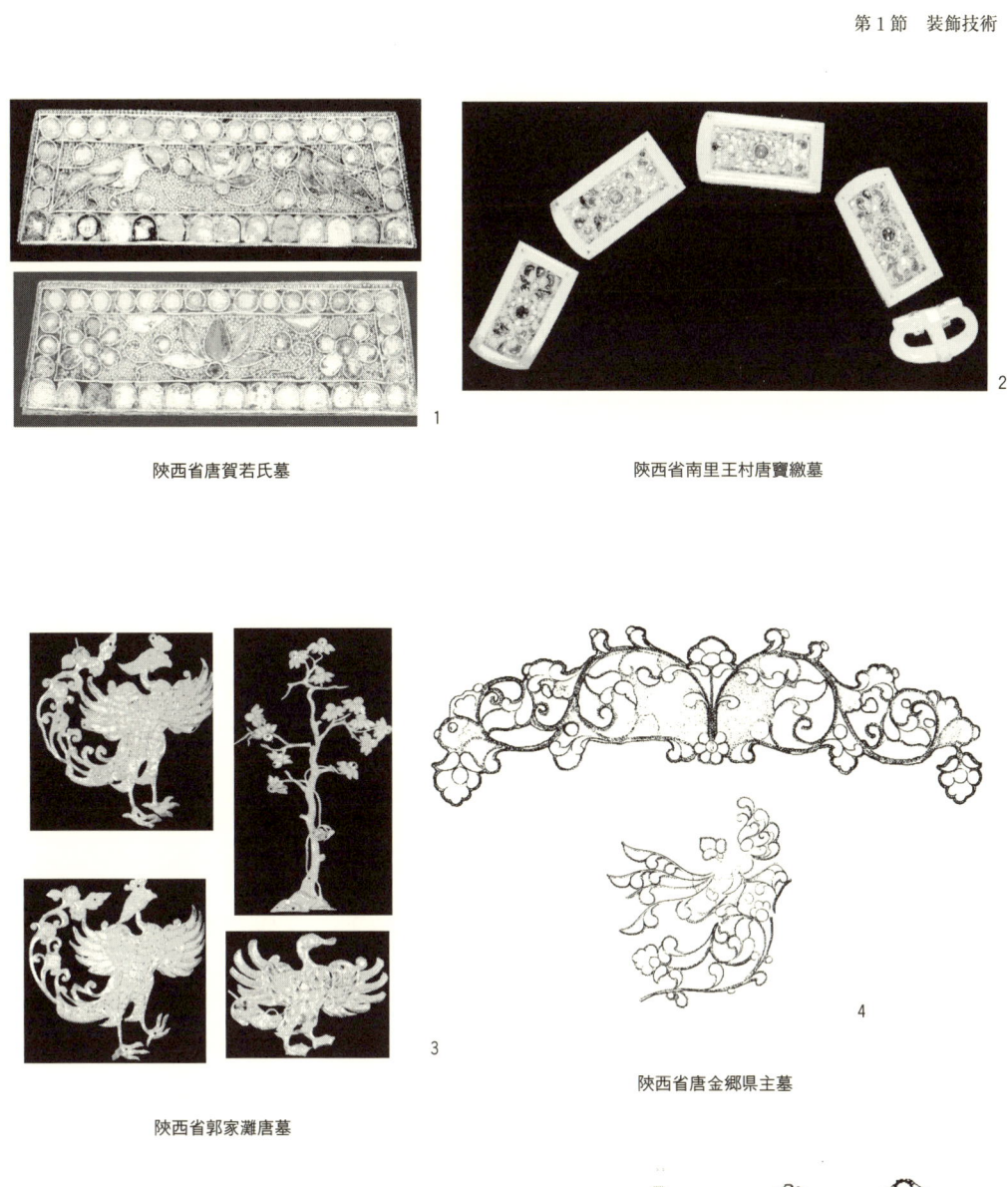

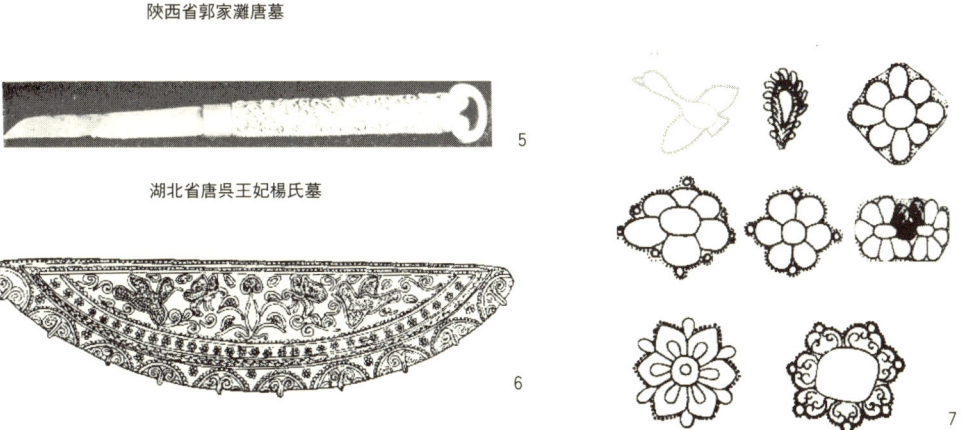

図Ⅲ－1　金糸金粒細工技術（1）（縮尺不同）

金糸金粒細工技術で装飾される舎利容器は、大雲寺塔基地宮出土の金棺（図Ⅲ-2の3）、慶山寺塔基地宮出土の金棺銀槨、法門寺塔基地宮出土の銀函（図Ⅲ-2の2）などがある。

金糸金粒細工技術で装飾される金銀容器は、あまり多くない。何家村窖蔵出土の金杯（図Ⅲ-2の4）の胴部には、金糸と金粒で花形輪郭を熔接し、本来はその中に貴石などを象嵌していたが、出土時にその貴石を失った。

これまでの発掘調査によって山東省臨淄市商王村戦国墓（紀元前226～紀元前221年、以下、紀元前を前と略す）から出土した金製耳飾（図Ⅲ-3の1）は、早くもこの技術を採用している。その金製耳飾は、4個の小さな金粒が熔接され、そのうちの3個が下に、1個がその上に付けられて、全体の造形は小さな錐形を呈している［淄博市博 1997］。ある研究者は、商王村戦国墓出土の金製耳飾が匈奴からの輸入品であると指摘した［喬梁 2004］。発掘調査による漢代以前の発見例が数少ない事実からすると、当時にはまだ流行していなかっただけではなく、外来の影響を受けたことを否定できないであろう。

漢代には、金糸金粒細工技術で装飾された金銀器が、それ以前より多くなった。広東省広州市前漢南越王墓出土の半球形金製飾物（図Ⅲ-3の2）の上には、3個の錐形を呈するものがあり、いずれもそれぞれ金粒が下に3個、その上に1個熔接されている。河南省鞏義市新華小区漢墓出土の小金鳥飾（図Ⅲ-3の3）は、十字形棒の上に金糸で鳥翼を作り、翼縁に金粒を熔接している。山東省莒県双合村後漢墓出土の金蟾蜍、金盾、金竈（図Ⅲ-3の4～6）などのうち、特に金竈に載せる釜の中に粟を象徴する小さな金珠が数多く置かれていた［劉雲涛 1999］。類例は、西安市文物倉庫にも1点所蔵されている（図Ⅲ-3の7）［王長啓ほか 1989］。河北省定県43号後漢墓出土の金辟邪、金羊、金龍（図Ⅲ-3の8～10）［定県博 1973］などは、漢代金糸金粒細工技術の代表的なものとされる。同定県40号後漢墓出土の馬蹄金には、金粒を熔接している［河北省文物研 1981］。江蘇省邗江県甘泉2号墓から金冠形飾（図Ⅲ-3の11）、金盾形飾、金龍形飾、金球形飾などが数多く出土した［南京博 1981］。新疆ウイグル族自治区焉耆博格達沁古城出土の龍文金帯（図Ⅲ-3の12）、平壌市の楽浪古墓群石巌里9号墳出土の龍文金帯（図Ⅲ-3の13）は、いずれも金粒で熔接したものである。

魏晋南北朝時代には、金糸金粒細工技術を採用した出土例も多く、造形も多種多様である。例えば、湖南省安郷県西晋劉弘墓出土の金製龍文帯金具（図Ⅲ-4の1）［安郷県文物管理所 1993］には、金粒を熔接している。江蘇省南京市仙鶴観東晋6号墓出土の金花弁形飾（図Ⅲ-4の6）および2号墓出土の金円形飾、不規則形飾（図Ⅲ-4の7～9）などは、文様の縁にいずれも金粒を熔接し、特に2号墓出土の金瓢箪形飾（図Ⅲ-4の10）の文様は金糸を熔接して組み合わせたものである［南京市博 2001］。類似する金花弁形飾、金瓢箪形飾などは南京市郭家山東晋墓からも出土した［南京市博 1981］。遼寧省北票県馮素弗墓出土の金筒形飾［黎瑤渤 1973］、江蘇省南京市幕府山東晋4号墓出土の金珠［南京市博 1990］なども金糸金粒細工技術を採用した。

魏晋南北朝時代の金糸金粒細工技術の代表的なものは、墓葬の副葬品とされる帽子に飾る金璫であり、これまで発掘調査によって数多く発見された。同時に伝世品も多く、世界各地の博物館に所蔵されている。それらの金璫は、いずれも金の薄板を透彫りの技法で切り抜いて、その上に

第 1 節 装飾技術

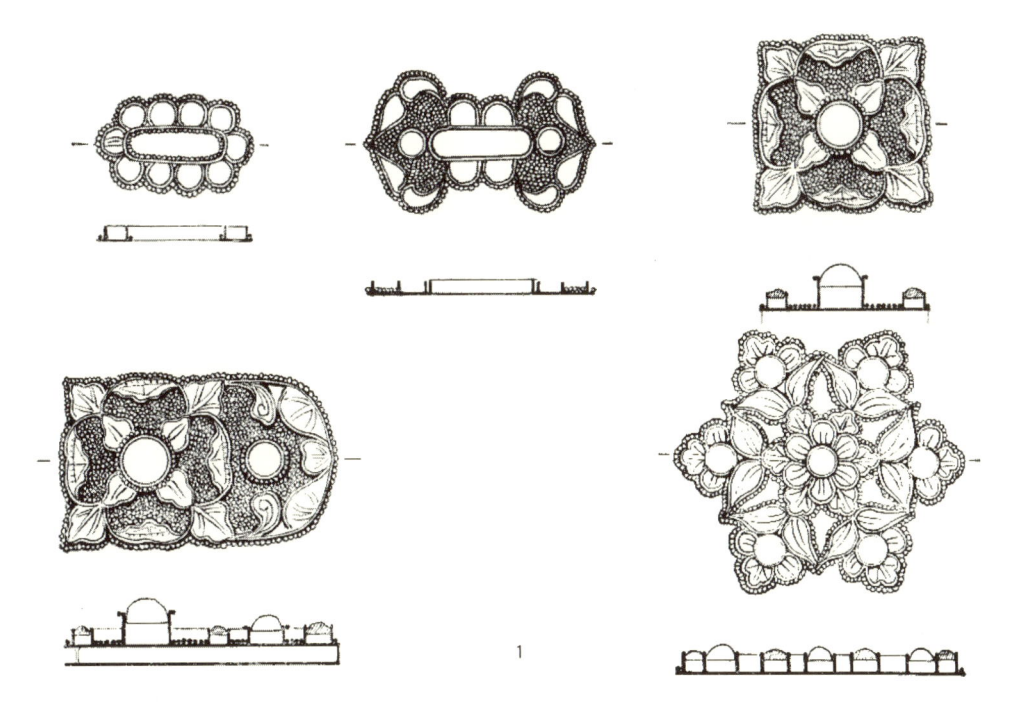

黒竜江省和龍県渤海墓

陝西省法門寺塔基地宮　　甘粛省大雲寺塔基地宮　　陝西省何家村窖蔵

図Ⅲ-2　金糸金粒細工技術（2）(縮尺不同)

第Ⅲ章　唐代金銀器の装飾技術と構図方式

1

山東省商王村戦国墓

2

広東省前漢南越王墓

3

河南省新華小区漢墓

4

山東省双合村後漢墓

5

山東省双合村後漢墓

6

山東省双合村後漢墓

7

西安市文物倉庫蔵

8

河北省定県43号後漢墓

9

河北省定県43号後漢墓

10

河北省定県43号後漢墓

11

江蘇省甘泉2号漢墓

12

新疆ウイグル族自治区博格達沁古城

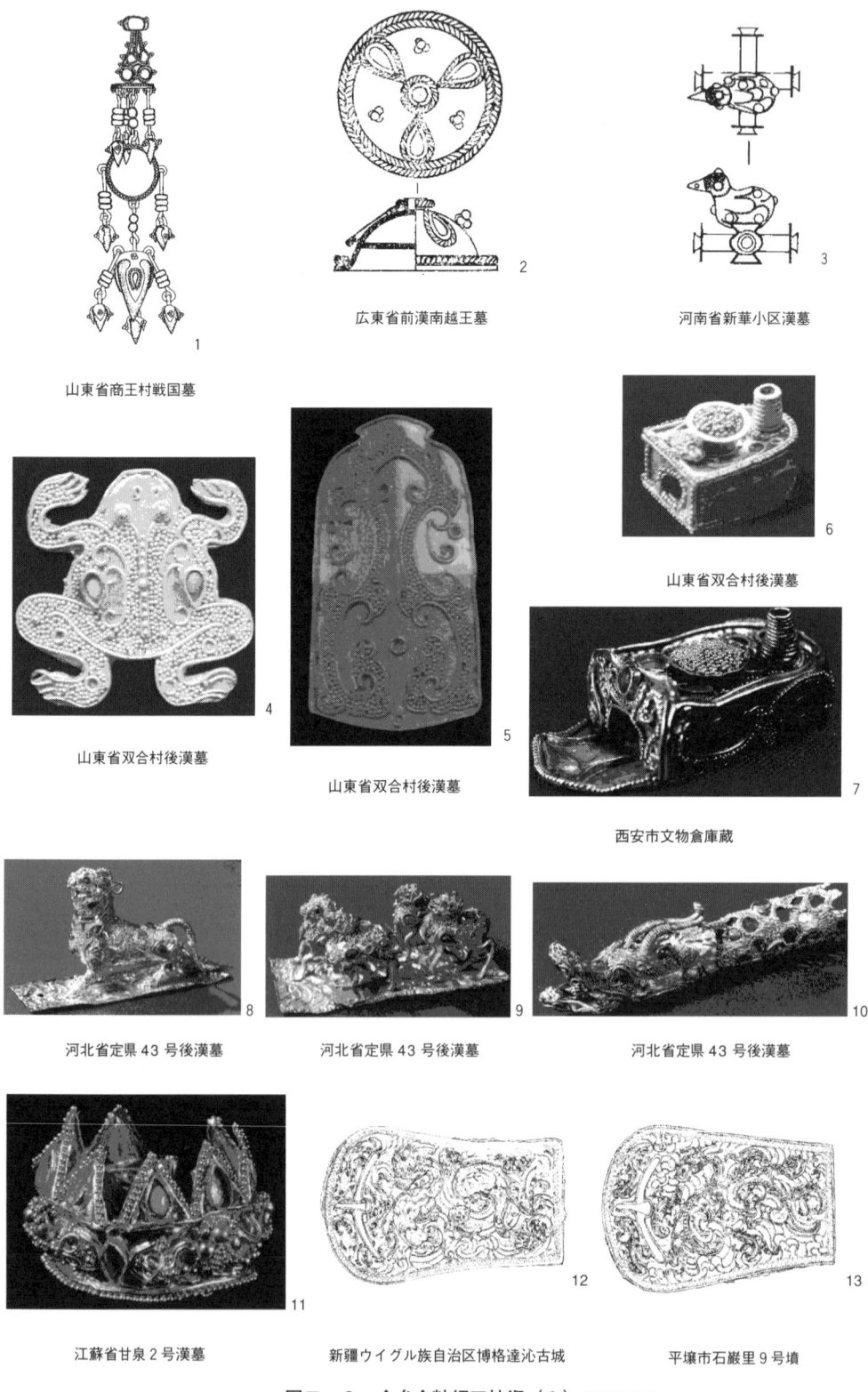

13

平壌市石巌里9号墳

図Ⅲ-3　金糸金粒細工技術（3）（縮尺不同）

第1節　装飾技術

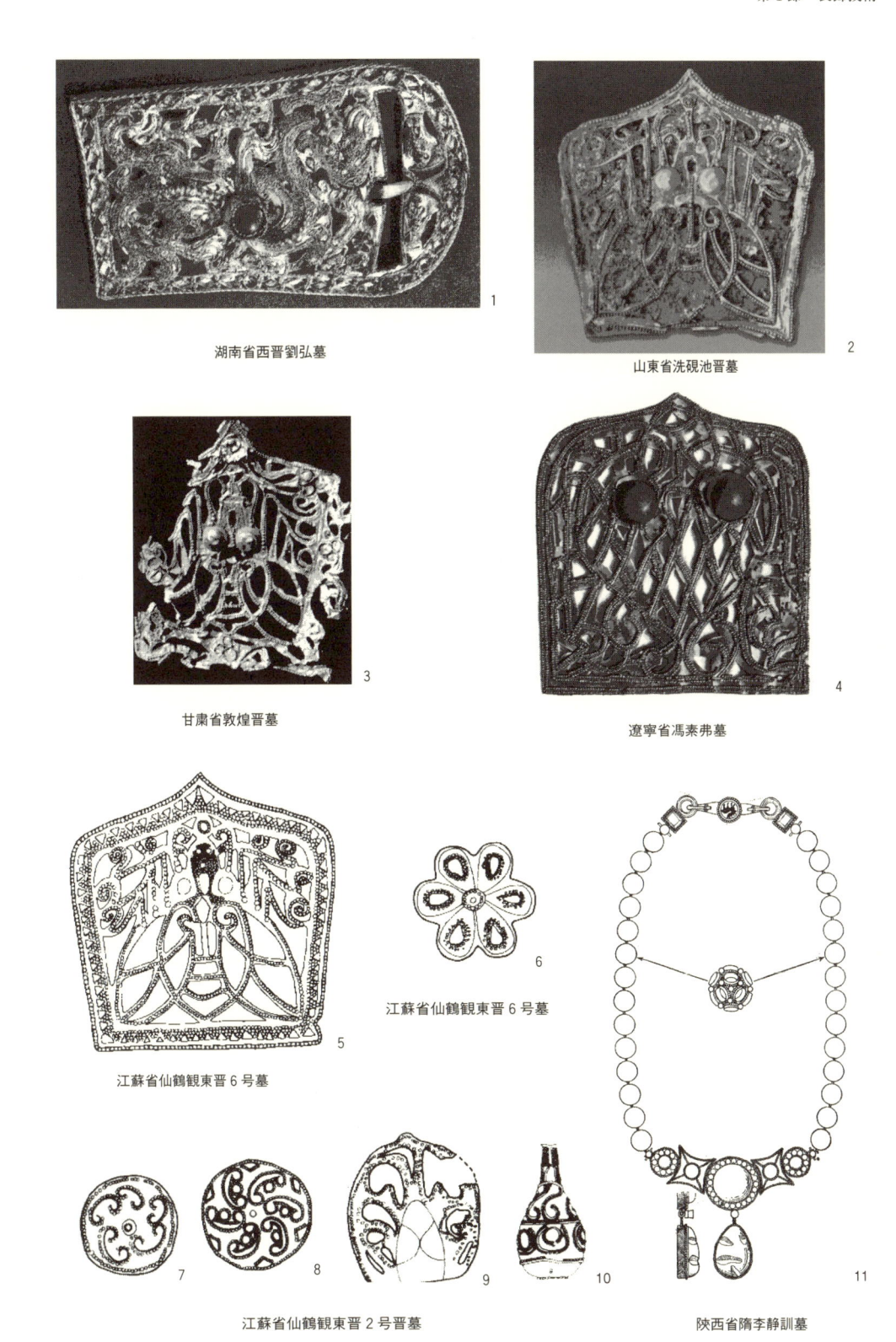

1　湖南省西晋劉弘墓
2　山東省洗硯池晋墓
3　甘粛省敦煌晋墓
4　遼寧省馮素弗墓
5　江蘇省仙鶴観東晋6号墓
6　江蘇省仙鶴観東晋6号墓
7-10　江蘇省仙鶴観東晋2号晋墓
11　陝西省隋李静訓墓

図Ⅲ-4　金糸金粒細工技術（4）（縮尺不同）

金粒を熔接している。しかも、金璫は瑞獣に乗る神仙あるいは蝉形文様を装飾している。表16は、これまで発表された金璫をまとめたものである。

李静訓墓出土の首飾り（図Ⅲ－4の11）は、両側に28個の金珠を連綴して、いずれも金粒や金糸を熔接し、その上に真珠を象嵌し、金球以外の部分にも金粒を熔接し、上に真珠や鶏血石や青金石を象嵌した、隋代金糸金粒細工技術を代表する優品である［中国社科院考古研 1980］。熊存瑞［1987］氏は、その造形の祖型が北インドであろうとしながら、いまのところ具体的な製造地はわからず、将来の発掘調査に委ねるしかないと指摘した。

発見地から見れば、戦国時代の金糸金粒細工技術品は山東省だけに限られる。前漢になると、山東省だけではなく、広州でも発見された。後漢に入ると、河北省、陝西省、河南省などの中原地域での出土例も多くなる。魏晋南北朝時代になると、出土例がすでに中国全土から報告されている。

但し、注意すべきは、中国早期の金糸金粒細工技術の発見地域のほとんどが、海に近く、しかも発見地域も東の沿海地域から徐々に内陸地域に拡大していく現象から見れば、金糸金粒細工技術が海を渡って古代中国に伝えられた可能性が高い。少なくとも、海のシルクロードが金糸金粒細工技術を伝えた重要なルートの一つであったと考えられる。唐代の金糸金粒細工技術は、漢代以来の伝統を継承したものであり、直接に西方から輸入したものではないと思われる。

唐代以降にも、金糸金粒細工技術が採用されている。特に宋代の金銀装身具にはよく採用された。例えば、浙江省湖州市三天門宋墓出土の金耳飾りなどには、金粒が熔接されている［湖州市博 2000］。

（四）象嵌技術

一般的に、象嵌技術は金糸金粒細工技術と組み合わせて採用される場合が多く、金糸や金粒などで花弁や折枝文などの輪郭を作って、その中にトルコ石、真珠、宝石、ガラスなどを象嵌する。古代中国の象嵌技術について、葉小燕［1983］氏は、新石器時代の骨器にはトルコ石を象嵌しており、殷代には骨器だけでなく青銅製兵器や容器にもトルコ石を象嵌しているが、西周時代には象嵌技術があまり発達せず発見された遺物も少なくなるが、戦国から漢代には象嵌技術が全盛期を迎えたと論じた。黄盛璋［1996］氏も金属の象嵌技術にふれた論文がある。

これまで、発掘調査によって出土した唐代以前の象嵌技術を用いた金銀器は、いずれも装身具や装飾品を中心に発見されている。例えば、新疆ウイグル族自治区昭蘇県波馬墓（4世紀～6世紀）出土の金製蓋付壺・剣鞘・金製杯・面具（図Ⅲ－5の1～4）はいずれも赤色貴石［安英新 1999］を、河北省磁県東魏茹茹公主墓出土の金製飾物には宝石や真珠などを、山西省太原市北斉婁睿墓出土の金製飾物［山西省考古研ほか 1983］には真珠・瑪瑙・トルコ石・ガラスなど［磁県文化館 1984］を、固原県隋墓出土の心形金製飾物はトルコ石［寧夏回族自治区固原博ほか 1996］をそれぞれ象嵌している。

これまでに発見された象嵌技術で装飾された唐代金銀器は、唐代以前のものと類似し、ほぼ装身具や装飾品などを中心にして、一部に舎利容器や杯などがある。例えば、西安市唐金郷県主墓

第1節　装飾技術

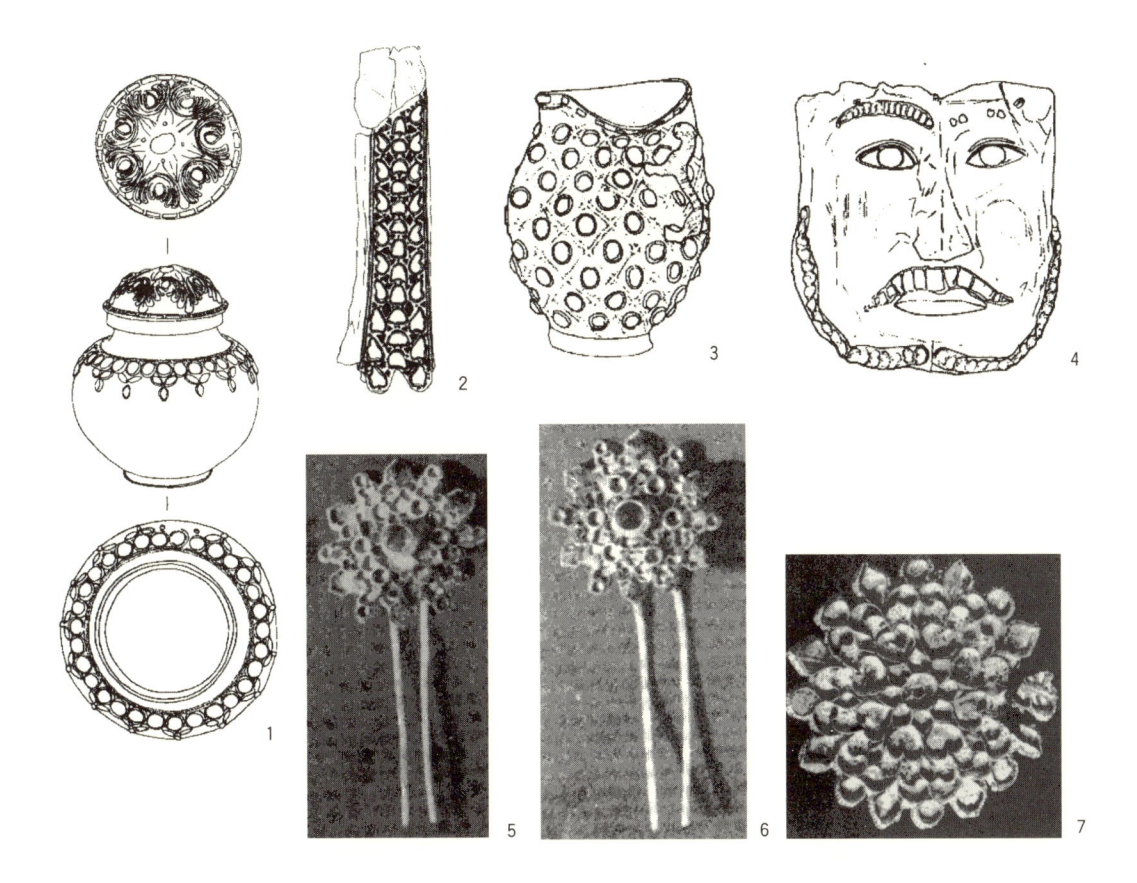

1〜4 新疆ウイグル族自治区波馬墓　　5・6 湖北省唐呉王妃楊氏墓

図Ⅲ－5　象嵌技術（縮尺不同）

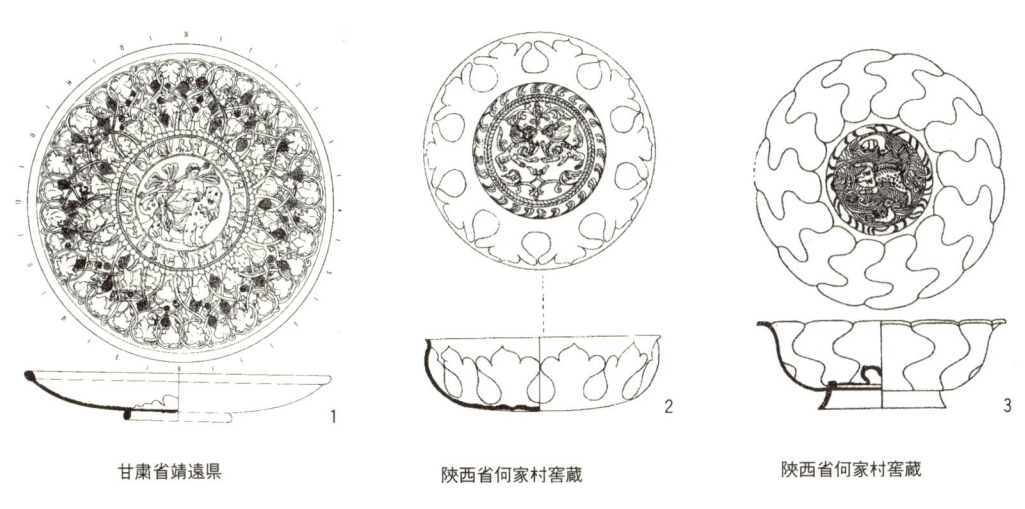

甘粛省靖遠県　　　　　　陝西省何家村窖蔵　　　　　陝西省何家村窖蔵

図Ⅲ－6　金属円形飾熔接技術（縮尺不同）

出土の金製飾物は、一部にトルコ石を留めている。湖北省安陸県唐呉王妃楊氏墓出土の金簪（図Ⅲ－5の5・6）や金鈴などは、いずれも飾るべきところに金糸や金粒を熔接し、輪郭を作って、その中には宝石などを象嵌している。それらは出土したときに象嵌された宝石が一部残っていた［孝感地区博ほか1985］。広東省電白県唐許夫人墓出土の金製花飾（図Ⅲ－5の7）は打ち出しの技法で作られ、その上に玉珠を象嵌している［広東省博ほか1990］。大雲寺塔基地宮出土の金棺（図Ⅲ－2の3）には、金糸で装飾すべき所に団花や折枝文の輪郭を熔接し、その輪郭の中に真珠やトルコ石を象嵌している。慶山寺塔基地宮出土の金棺銀槨は、文様の輪郭を金糸で熔接し、その輪郭の中に真珠や白玉や瑪瑙などを象嵌している。法門寺塔基地宮出土の舎利容器の銀函（図Ⅲ－2の2）には、トルコ石や真珠などを象嵌している。

（五）金銀器内底に装飾用の金属円形飾を熔接する技術

金銀器内底に、金属で作った浮き彫りのような装飾文様を熔接あるいは象嵌する技術がある。何家村窖蔵からは、このような技術を用いて装飾された唐代金銀器が2点発見されている（表17）。銀碗と金鐺であり、その装飾文様はいずれも金や銀製薄板でレリーフのような文様が打ち出されて内底に熔接されている。このような装飾技法は、中国古代の伝統的な技法の中に源流を求められないもので、シルクロードを通じて、中国に伝わった装飾技術である。残念ながら、唐代金銀器には、あまり流行しなかったようである。

これまで、この技法を使用する西方金銀器が発掘調査によっていくつか出土している。例えば、甘粛省靖遠県出土の東ローマ製品とされる銀盤（図Ⅲ－6の1）の内底には、直径9.5cmの銀製薄板で打ち出されたレリーフ文様を熔接および象嵌している［甘粛省博ほか1990］。本例は、中国でこの装飾技術を採用した金銀器の最古の輸入品である。年代は、4〜5世紀あるいは6世紀前半より新しくはならないので、この銀盤が、唐代の同類金銀器に対して直接に影響を与えたとは考えにくい。

この種の装飾技術は、アケメネス朝・ササン朝ペルシアの銀器、ソグド銀器でもよく採用され、唐代になって新たにソグド人によって伝えられ、唐代金銀器に影響を与えたことを考慮すべきであろう。

（六）透彫り技術

唐代金銀器の透彫り技術は、四種に分けられる。すなわち全体、一部だけ、格狭間式、平面の透彫りである。

透彫りの技法で全体的に装飾するものは、銀香嚢、銀茶籠子などが多く、その中の最も代表的なものが銀香嚢である。法門寺塔基地宮を発掘する以前は、報告書や論文では、薫球あるいは香炉、薫炉などと呼ばれていたが、同地宮出土の「衣物帳」によって、唐代には「香嚢」と呼ばれていたことが明らかとなった。研究の結果、銀香嚢の製作法は一般に厚さ0.05cmの銀の薄板を打ち出し、二つの半球形を作って蝶番でつなぎ、装飾文様が頂上を中心にして展開し、そして透彫りの技法を採用し、線刻をくわえ、鍍金を施すという一連の製作手順が明らかとなった。これま

表16　金璫一覧

番号	出土地・所蔵者	時代	遺跡の性格	点数	出典	備考
1	山東省臨淄市洗硯池	晋	墓葬	4	山東省文物考古研ほか 2005	図Ⅲ-4の2
2	甘粛省敦煌県氾心容墓	前涼	墓葬	1	敦煌文物研 1974	図Ⅲ-4の3
3	遼寧省北票県馮素弗墓	北燕	墓葬	1	黎瑶渤 1973	図Ⅲ-4の4
4	江蘇省南京市仙鶴観6号墓	東晋	墓葬	1	南京市博 2001	図Ⅲ-4の5
5	江蘇省南京市南京大学北園	東晋	墓葬	1	南京大学歴史系考古組 1973	
6	江蘇省呉県県張鎮墓	東晋	墓葬	1	韋正 2002	
7	白鶴美術館			1	梅原 1954	
8	大和文華館			4	同上	

表17　金銀器円形飾溶接技術一覧

番号	名称	出土地・所蔵者	文様内容	装飾部位	出典	備考
1	銀碗	陝西省西安市何家村	双獅子文	内底	韓偉 1989b	図Ⅲ-6の2
2	銀碗	陝西省西安市何家村	海獣文	内底	同上	図Ⅲ-6の3

表18　唐代銀香嚢一覧

番号	名称(原報告書の名称)	出土地・所蔵者	法量(cm)	現名称	数量	出典	備考
1	石榴花結鸚鵡紋薫球	陝西省西安市沙坡村	直径4.8、高さ5	香嚢	1	韓偉 1982	図Ⅲ-7の1
2	石榴花結瑞鳥紋薫球	陝西省西安市沙坡村	直径4.8、高さ5	香嚢	1	同上	図Ⅲ-7の2
3	石榴花結珍禽異卉紋薫球	陝西省西安市沙坡村	直径4.8、高さ5	香嚢	1	同上	図Ⅲ-7の3
4	柿形花結瓜稜薫球	陝西省西安市沙坡村	直径4.5、高さ5.3	香嚢	1	同上	図Ⅲ-7の4
5	忍冬花結銀薫球	陝西省西安市三兆村	直径5.4、高さ6	香嚢	1	保全 1982	図Ⅲ-7の5
6	石榴花結飛鳥紋薫球	陝西省西安市何家村	直径4.5、高さ4.5	香嚢	1	同上	図Ⅲ-7の6
7	鎏金双蜂団花紋鏤空銀香嚢	陝西省扶風法門寺塔基地宮	直径12.8	香嚢	2	陝西省法門寺考古隊 1988	図Ⅲ-7の7
8	金・銀舎利容器	奈良法隆寺塔心礎		香嚢	2	浅野ほか 1963	
9	銀薫炉	正倉院	横径18	香嚢	1	同上	
10	鸚鵡葡萄紋薫球	カル・ケープ氏	直径5	香嚢	1	韓偉 1989b	
11	鳥葡萄紋鏤空薫球	カル・ケープ氏	直径4.3	香嚢	1	同上	
12	球形香炉	MIHO MUSEUM	直径14	香嚢	1	MIHO MUSEUM 1997	

第Ⅲ章 唐代金銀器の装飾技術と構図方式

陝西省沙坡村窖蔵 1

陝西省沙坡村窖蔵 2

陝西省沙坡村窖蔵 3

陝西省沙坡村窖蔵 4

陝西省三兆村唐墓 5

陝西省何家村窖蔵 6

陝西省法門寺塔基地宮 7

陝西省法門寺塔基地宮 8

図Ⅲ-7　透彫り技術（1）（縮尺不同）

第 1 節　装飾技術

1　陝西省何家村窖蔵

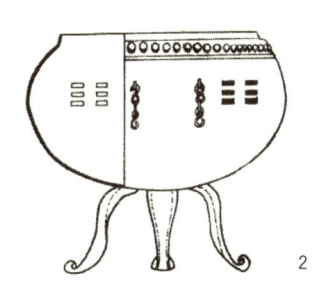

2　浙江省唐水邱氏墓

3　陝西省法門寺塔基地宮

4　陝西省法門寺塔基地宮

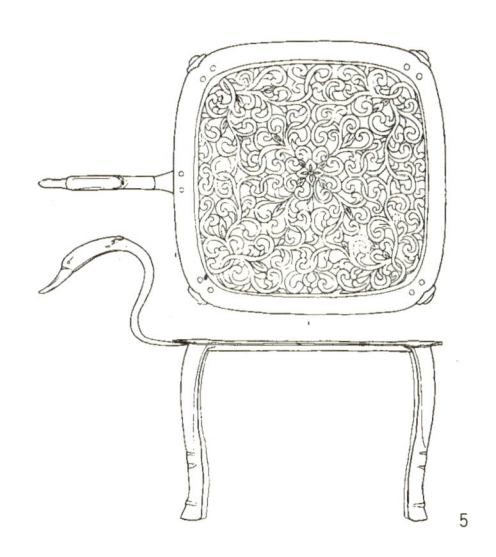

5　河南省斉国太夫人墓

6　江蘇省揚州市三元路

図Ⅲ－8　透彫り技術（2）(縮尺不同)

での出土例と伝世品を表にまとめた（表18）。法門寺塔基地宮出土の鍍金銀籠子（図Ⅲ-7の8：写真5）は、透彫りの技法で、七宝繋文を彫刻している。鍍金銀籠子の類例は、斉国太夫人墓（824）からも1点出土した。

　金銀器の一部だけを透彫りの技法で装飾するのは、香炉などの場合が多い。いずれも香を外に出す目的と同時に、装飾効果もある。透彫りされたところがパルメット・宝相華文・雲気文・梅花・八卦・七宝繋などの形を見せる。例えば、何家村窖蔵出土の五足銀香炉胴部と蓋（図Ⅲ-8の1：写真6）には、宝相華文を透彫りしている。水邱氏墓出土の銀香炉（図Ⅲ-8の2）の胴部には、八卦文が透彫りされている。ほかの遺物にも、透彫りの技法が採用されている。例えば、斉国太夫人墓出土の銀台（図Ⅲ-8の5）は、透彫りの技法で唐草形が彫刻されている。

　もう一種の透彫り技法で装飾する金銀器は、石造物、木器などの格狭間の影響を受け、台の側面などの部位を透彫りの技法で主に桃形の格狭間に彫刻している。法門寺塔基地宮出土の銀茶具（図Ⅲ-8の3：写真8）、銀香炉（図Ⅲ-8の4：写真7）などの側面も、桃形の格狭間を透彫りの技法で彫刻している。

　平面の透彫りは、一般的に、薄金板を透彫りの技法で切り抜いて、主に唐代の金製櫛などに装飾する。江蘇省揚州市三元路出土の金製櫛（図Ⅲ-8の6）は、その代表的な例の一つである。

（七）貼金技術

　西安市文物倉庫には、六稜形銀壺が1点所蔵されている。その銀壺の装飾文様は、まず鏨彫りして、その装飾文様の上に金箔を貼っている。湖北省鄂城県西山三国時代の呉墓出土の1点の銀唾壺は、胴部の上に金箔で作った装飾文様を貼っている。貼金技術は、仏像や建築などによく採用されていたが、金銀器特に銀器の装飾技術としては、あまり採用されなかったようである。

2　装飾技術の応用

　唐代金銀器を装飾するときに、1点の器物に対して往々にしていくつかの技法を組み合わせたものがある。以下、例を挙げて検討しよう。

　西安市西北工業大学窖蔵出土の銀盤は、まず銀板を打ち出して成形し、内底には宝相華文や花弁帯をめぐらせ、中央に双魚文を刻み出し、その隙間に魚々子文が打ち出され、主文様部分のみが鍍金されている〔保

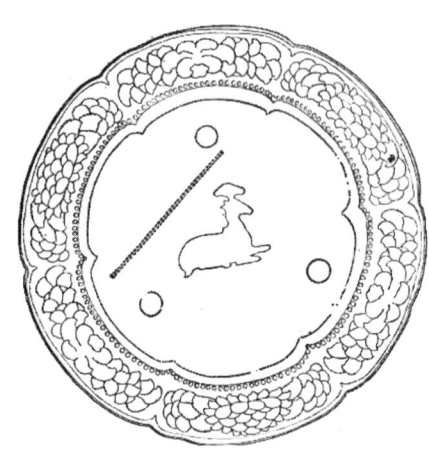

内モンゴル自治区喀喇沁旗窖蔵

図Ⅲ-9　装飾技術の応用

表19-1　唐代金銀器装飾技術一覧(1)

番号	金銀器(原報告書名称)	出土地	器物成形	文様輪郭	細部装飾	魚々子	鍍金	出　典	備　考
1	銀盤	河北省寬城県大野峪村	打ち出し	打ち出し	鏨彫り		○	鎮江博ほか1985	
2	銀執壺	同上	打ち出し					同上	無文
3	狻猊文銀盤	内モンゴル自治区敖漢旗李家営子	打ち出し	打ち出し	鏨彫り			同上	
4	胡人頭銀執壺	同上	打ち出し				○	同上	
5	蔓草花鳥文八稜銀杯	陝西省西安市韓森寨緯十街電車二廠	打ち出し	鏨彫り	鏨彫り	○	○	同上	
6	花蓮弁文高足銀杯	同上	打ち出し	鏨彫り	鏨彫り	○	○	同上	
7	忍冬文八弁銀碗	陝西省西安市西郊	打ち出し	鏨彫り	鏨彫り			同上	
8	鹿文十二弁銀碗	陝西省西安市沙坡村	打ち出し	鏨彫り	鏨彫り			同上	
9	鴻雁銜綬文九弁銀碗	同上	打ち出し	鏨彫り	鏨彫り	○	○	同上	
10	狩猟喬木文高足杯	同上	打ち出し	鏨彫り	鏨彫り	○	○	同上	
11	蓮弁文高足銀杯	同上	打ち出し	鏨彫り	鏨彫り	○	○	同上	
12	飛鴻花枝文高足銀杯	同上	打ち出し	鏨彫り	鏨彫り	○	○	同上	
13	折枝花文高足銀杯	同上	打ち出し	鏨彫り	鏨彫り	○	○	同上	
14	忍冬平鏨環柄銀杯	同上	鋳造					同上	
15	環柄銀杯	同上	鋳造					同上	
16	石榴花結鸚鵡文銀薫球	同上	打ち出し	鏨彫り	鏨彫り			同上	
17	石榴花結珍禽異卉文銀薫球	同上	打ち出し	鏨彫り	鏨彫り			同上	
18	飛鳥折枝花文銀盒	同上	打ち出し	鏨彫り	鏨彫り	○	○	同上	
19	銀缶	同上	打ち出し					同上	無文
20	双狐双桃形銀盤	陝西省西安市何家村	打ち出し	打ち出し	鏨彫り		○	同上	
21	熊文桃形銀盤	同上	打ち出し	打ち出し	鏨彫り			同上	
22	鳳鳥文六曲銀盤	同上	打ち出し	打ち出し	鏨彫り		○	同上	
23	異獣文六曲銀盤	同上	打ち出し	打ち出し	鏨彫り		○	同上	
24	蔓草龍鳳凰文銀盤	同上	打ち出し	鏨彫り	鏨彫り	○		同上	
25	双獅雲弁文銀碗	同上	打ち出し	鏨彫り	鏨彫り	○		同上	
26	海獣雲弁文銀碗	同上	打ち出し	鏨彫り	鏨彫り	○		同上	
27	鴛鴦蓮弁文金碗	同上	打ち出し	鏨彫り	鏨彫り	○		同上	
28	小簇花銀蓋碗	同上	打ち出し	鏨彫り	鏨彫り		○	同上	
29	折枝花銀蓋碗	同上	打ち出し	鏨彫り	鏨彫り		○	同上	
30	狩猟文高足杯	同上	打ち出し	鏨彫り	鏨彫り	○		同上	
31	仕女狩猟文八弁銀杯	同上	打ち出し	打ち出し、鏨彫り	鏨彫り	○	○	同上	
32	掐絲団花文金杯	同上	鋳造、打ち出し	金糸金粒細工	象嵌			同上	
33	人物八稜金杯	同上	鋳造	鋳造	鏨彫り			同上	
34	楽伎八稜金杯	同上	鋳造	鋳造	鏨彫り	○		同上	
35	蔓草鴛鴦鸚鵡文銀杯	同上	打ち出し	鏨彫り	鏨彫り	○	○	同上	
36	蔓草鴛鴦鸚鵡文銀羽觴	同上	打ち出し	鏨彫り	鏨彫り	○	○	同上	
37	舞馬銜杯文皮囊式銀壺	同上	打ち出し	打ち出し	鏨彫り			同上	
38	独角獣宝相華文銀盒	同上	打ち出し	鏨彫り	鏨彫り	○	○	同上	
39	翼鹿鳳鳥文銀盒	同上	打ち出し	鏨彫り	鏨彫り	○	○	同上	
40	飛獅六出石榴花結文銀盒	同上	打ち出し	鏨彫り	鏨彫り	○	○	同上	
41	石榴花結団花文銀盒	同上	打ち出し	鏨彫り	鏨彫り	○	○	同上	
42	双獅文金鐺	同上	打ち出し	打ち出し、鏨彫り	鏨彫り	○		同上	
43	折柄銀鐺	同上	鋳造、打ち出し					同上	無文
44	銀薬壺	同上	打ち出し					同上	無文2点
45	石榴形銀缶	同上	鋳造					同上	
46	提梁銀鍋	同上	打ち出し					同上	無文
47	双環耳銀鍋	同上	鋳造					同上	無文
48	鸚鵡文提梁缶	同上	打ち出し	鏨彫り	鏨彫り	○	○	同上	
49	鴻雁文折枝花文銀匜	同上	打ち出し	鏨彫り	鏨彫り		○	同上	
50	鴛鴦文折枝花文銀匜	同上	打ち出し	鏨彫り	鏨彫り		○	陝西歴史博ほか2003	

表19-2　唐代金銀器装飾技術一覧(2)

番号	金銀器(原報告書名称)	出土地	器物成形	文様輪郭	細部装飾	魚々子	鍍金	出典	備考
51	石榴花結飛鳥文銀薫球	同上	打ち出し	透彫り	鏨彫り			鎮江市博ほか1985	
52	孔雀文盍頂銀箱	同上	打ち出し	鏨彫り	鏨彫り	○		同上	
53	蓮弁文提梁銀缶	同上	打ち出し	鏨彫り				同上	
54	忍冬花結五足銀薫炉	同上	鋳造	透彫り				同上	
55	鎏金銀鎖	同上	鋳造,打ち出し	鏨彫り			○	同上	
56	掐絲金櫛背	同上	打ち出し	金糸金粒細工				同上	
57	嵌宝団花文金棺	甘粛省涇川県大雲寺塔基地宮	打ち出し	金糸金粒細工	象嵌			同上	
58	纏枝巻草文銀梛	同上	打ち出し	鏨彫り	鏨彫り		○	同上	
59	鎏金獅文三足銀盤	陝西省西安市東郊八府庄	打ち出し	打ち出し	鏨彫り		○	同上	
60	鷺鳥菱形門銀盤	陝西省西安市東郊外韓森寨	打ち出し	鏨彫り	鏨彫り		○	同上	
61	折枝団花文六曲三足銀盤	陝西省西安市曲江池	打ち出し	打ち出し	鏨彫り		○	同上	
62	団花文三足銀盤	同上	打ち出し	打ち出し	鏨彫り		○	同上	
63	李勉奉進双鯉文銀盤	陝西省西安市西北工業大学	打ち出し	鏨彫り	鏨彫り		○	同上	
64	黄鸝折枝花文銀盤	同上	打ち出し	鏨彫り	鏨彫り		○	同上	
65	鴛鴦鴻雁折枝花文銀碗	同上	打ち出し	鏨彫り	鏨彫り			同上	
66	双鴻小簇花文銀碗	同上	打ち出し	鏨彫り	鏨彫り			同上	
67	石榴折枝花文銀碗	同上	打ち出し	鏨彫り	鏨彫り			同上	
68	臥鹿団花文六曲銀盤	内モンゴル自治区昭盟喀喇沁旗	打ち出し	打ち出し	鏨彫り			同上	
69	摩羯団花文六曲銀盤	同上	打ち出し	打ち出し	鏨彫り			同上	
70	蹲獅団花文六曲銀盤	同上	打ち出し	打ち出し	鏨彫り			同上	
71	双魚形銀壺	同上	打ち出し	鏨彫り	鏨彫り			同上	
72	裴粛進双鳳文銀盤	陝西省西安市北坑坑底寨	打ち出し	打ち出し	鏨彫り			同上	
73	双魚文荷葉形銀杯	陝西省西安市	打ち出し	鏨彫り			○	同上	
74	樹下双猿文銀盒	同上	打ち出し	鏨彫り	鏨彫り			同上	
75	撫琴舞鳳文銀盤	同上	打ち出し	鏨彫り	鏨彫り			同上	
76	五曲高足銀杯	陝西省耀県柳林背陰村	打ち出し					同上	無文
77	蓮弁形銀茶托	同上	打ち出し					同上	無文
78	宣徽酒坊鴻雁文銀碗	同上	打ち出し	鏨彫り	鏨彫り	○		同上	
79	双魚文四曲銀碟	同上	打ち出し	鏨彫り	鏨彫り	○		同上	
80	敬晦進折枝団花文銀碟	同上	打ち出し	鏨彫り	鏨彫り		○	同上	
81	海獣団花文銀碗	同上	打ち出し	鏨彫り	鏨彫り		○	同上	
82	春秋人物三足壺	同上	打ち出し	鏨彫り	鏨彫り	○		同上	
83	双層蓮弁銀茶托	同上	打ち出し				○	同上	
84	単層蓮弁銀茶托	同上	打ち出し				○	同上	
85	鸚鵡団花文銀盤	陝西省藍田楊家溝村	打ち出し	鏨彫り	鏨彫り			同上	
86	鴛鴦綬帯文銀盤	同上	打ち出し	鏨彫り	鏨彫り	○		同上	
87	折枝団花文銀碗蓋	同上	打ち出し	鏨彫り	鏨彫り			同上	
88	鳳銜綬帯文五曲盒	同上	打ち出し	鏨彫り	鏨彫り	○		同上	
89	鸚鵡葡萄雲頭形銀盒	同上	打ち出し	打ち出し	鏨彫り	○	○	同上	
90	摩羯文金杯	陝西省西安市太乙路	打ち出し	鏨彫り	鏨彫り			同上	
91	都管七個国銀盒	陝西省西安市交通大学	打ち出し	打ち出し	鏨彫り			同上	
92	鸚鵡海棠形銀盒	同上	打ち出し	打ち出し	鏨彫り	○		同上	
93	亀背文銀盒	同上	打ち出し	鏨彫り				同上	
94	双鳳銜綬文銀盤	陝西省西安市新築棗園村	打ち出し	鏨彫り	鏨彫り		○	同上	
95	並蒂団花文銀渣斗	同上	打ち出し	鏨彫り	鏨彫り		○	同上	
96	鴻雁蝴蝶文銀碗	陝西省西安市建国路	打ち出し	鏨彫り	鏨彫り	○		同上	

表19-3　唐代金銀器装飾技術一覧(3)

番号	金銀器(原報告書名称)	出土地	器物成形	文様輪郭	細部装飾	魚々子	鍍金	出典	備考
97	鴛鴦蔓草文金壺	陝西省咸陽市西北医療器械廠	打ち出し	鏨彫り	鏨彫り	○	○	同上	
98	金花銀碗	陝西省銅川市黄堡鎮	打ち出し	打ち出し	鏨彫り		○	同上	
99	忍冬銀薫球	陝西省西安市三兆村	打ち出し	透彫り	鏨彫り			同上	
100	鴛鴦蔓草文銀盒	同上	打ち出し	鏨彫り	鏨彫り	○	○	同上	
101	十字花鸚鵡文五曲銀碗	江蘇省鎮江市丹徒県丁卯橋	打ち出し	鏨彫り	鏨彫り	○	○	韓偉 1989b	
102	鳳文菱弧形大銀盒	同上	打ち出し	打ち出し鏨彫り	鏨彫り	○		鎮江市博ほか 1985	
103	鸚鵡文円銀盒	同上	打ち出し	打ち出し鏨彫り	鏨彫り	○		同上	
104	双鸞文菱形銀盤	同上	打ち出し	鏨彫り	鏨彫り	○		同上	
105	銀盆	同上	打ち出し	鏨彫り	鏨彫り	○		同上	
106	鎏金双蜂団花文鏤空銀香嚢	陝西省扶風県法門寺塔基地宮	打ち出し	透彫り	鏨彫り		○	陝西省法門寺考古隊 1988	2点
107	鎏金十字折枝花文葵口銀碟	同上	打ち出し	鏨彫り	鏨彫り		○	同上	10点
108	鎏金団花文葵口圏足銀碟	同上	打ち出し	鏨彫り	鏨彫り		○	同上	10点
109	鎏金鴛鴦団花文双耳圏足銀盆	同上	鋳造	打ち出し鏨彫り	鏨彫り	○	○	同上	
110	鎏金双鳳銜綬文圏足銀盒	同上	打ち出し	鏨彫り	鏨彫り		○	同上	
111	鎏金双獅文菱弧形圏足銀盒	同上	打ち出し	打ち出し鏨彫り	鏨彫り		○	同上	
112	鎏金壺文座銀波羅子	同上	打ち出し	鏨彫り	鏨彫り、透彫り		○	同上	10点
113	帯蓋圏足銀羹碗	同上	鋳造	鏨彫り、透彫り	鏨彫り			同上	
114	鎏金臥亀蓮花文五足朶帯銀薫炉	同上	打ち出し	鏨彫り	鏨彫り		○	同上	
115	鎏金鴻雁文壹門座五環銀香炉	同上	打ち出し	鏨彫り、透彫り、打ち出し	鏨彫り		○	同上	
116	鎏金鴻雁流雲文銀茶碾	同上	鋳造	鏨彫り、透彫り	鏨彫り		○	同上	
117	鎏金鏤空飛鴻毬路文銀籠子	同上	打ち出し	鏨彫り	鏨彫り	○	○	同上	
118	蕾鈕摩羯文三足架銀塩台	同上	打ち出し	鏨彫り、打ち出し	鏨彫り		○	同上	
119	鎏金銀亀盒	同上	打ち出し	鏨彫り	鏨彫り		○	同上	
120	金鉢盂	同上	鋳造	鏨彫り	鏨彫り	○		同上	4点
121	銀如意	同上	打ち出し	鏨彫り	鏨彫り		○	同上	2点
122	錫杖	同上	打ち出し	鏨彫り	鏨彫り	○		同上	2点
123	銀閼伽瓶	同上	打ち出し	鏨彫り	鏨彫り		○	同上	
124	鎏金人物画銀鐔子	同上	打ち出し	鏨彫り、打ち出し	鏨彫り	○	○	同上	2点
125	銀臂釧	同上	鋳造	鋳造	鏨彫り		○	同上	6点
126	鎏金流雲文長柄銀匙	同上	打ち出し	鏨彫り	鏨彫り		○	同上	
127	金筐宝鈿真珠装宝函	同上	打ち出し	金糸金粒細工	象嵌		○	同上	
128	鎏金四天王盝頂銀宝函	同上	打ち出し	鏨彫り	鏨彫り		○	同上	
129	鎏金双鳳文銀棺	同上	打ち出し	鏨彫り	鏨彫り		○	同上	
130	宝球金頂単純金四文塔	同上	鋳造	鏨彫り		○		同上	
131	鎏金仰蓮弁荷葉圏足銀碗	同上	打ち出し	打ち出し	鏨彫り		○	同上	2点
132	鎏金金剛界大曼荼羅成身会造像銀宝函	同上	打ち出し	打ち出し	鏨彫り		○	光復書局企業股份有限公司ほか 1994	
133	迦陵頻伽文壹門座銀棺	同上	打ち出し	鏨彫り、透彫り	鏨彫り	○	○	同上	
134	鎏金三鈷杵文銀臂釧	同上		鏨彫り	鏨彫り	○	○	同上	
135	六臂観音盝頂金箱	同上	打ち出し	鏨彫り	鏨彫り			同上	
136	鎏金双鴻雁文海棠形銀盒	同上	打ち出し				○	同上	

全1984a]。

正倉院所蔵の鹿文金花銀盤は、銀板を打ち出して成形した六弁の大皿である。装飾文様は、いずれも銀板の上に下図を貼り、裏から打ち出したのち鏨彫りで整え、鍍金を施して仕上げたものである。また外縁には、白・淡緑・褐・茶等の色ガラスと水晶を銀線で綴り、先端に金裁文を付した瓔珞をめぐらしている［奈良博1989]。

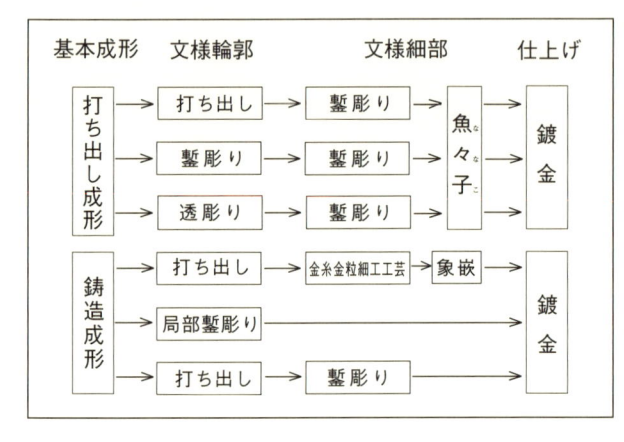

図Ⅲ-10 装飾技術模式図

遼寧省昭盟喀喇沁旗窖蔵出土の銀盤（図Ⅲ-9）は、銀板を打ち出して成形した六弁の大皿である。この銀盤の正面と裏面の文様を比較すれば、文様の装飾技術と手順がわかる。装飾文様は、いずれも銀板の上に下図を貼り、鹿文と口縁文様の輪郭を裏から打ち出したのち細部を鏨彫りで整え、最後に文様を鍍金して仕上げたものである。

斉国太夫人墓出土の銀長杯は、双魚文が打ち出され、その周囲と口縁に花弁文が刻み出され、表裏全面に鍍金している。外底には楕円形高台を熔接している。同墓出土の銀蓮葉形托は、内底の突帯の中に麻葉形の文様を線刻し、突帯周囲の斜面に魚々子文を鏨彫りして、四方の流雲文の間に双雁文を四組刻み出している。また、縁の上面にも四組の双魚文を打ち出している。文様部分にのみ鍍金がのせられ、鳥と魚の姿が際立って見える。

以上の例から見れば、唐代金銀器の装飾技術には一定の手順があることがわかった。これまで発見され、すでに成形・装飾技法が公表された唐代金銀器をまとめ、それを分析して、唐代金銀器の成形・装飾工程の模式図を掲げる（図Ⅲ-10）。

鋳造あるいは打ち出しの技法で金銀器を成形→打ち出しの技法で装飾文様の輪郭打ち出し、あるいは装飾文様を鏨彫り→装飾文様の細部を鏨彫り（打ち出しの技法の場合）＋魚子文を鏨彫り→装飾文様を鍍金（銀器の場合）、一部の金銀器はガラスなどで飾る。

第2節　構図方式

1　単独構図

唐代金銀器には内底に文様を一つだけ装飾し、周りは無文とするものがある（図Ⅲ-11）。こうした構図方式は、唐代の銀盤を中心としてよく採用され、8世紀前半に流行した。これは、ソグド銀器によく見られるので、その影響を受けたのかもしれない。これまで発表された単独文様を装飾する代表的な唐代金銀器を、表20にまとめた。

表20　単独構図の唐代金銀器一覧

番号	金銀器（原報告書の名称）	出土地・所蔵者	装飾文様	装飾部位	出典	備考
1	桃形亀形銀盤	陝西省西安市何家村	亀	内底	韓偉 1989b	図Ⅲ-11の1
2	双狐双桃形銀盤	陝西省西安市何家村	狐	内底	同上	
3	鳳文六曲葵花銀盤	陝西省西安市何家村	鳳凰	内底	同上	図Ⅲ-11の2
4	飛廉文銀盤	陝西省西安市何家村	飛廉	内底	同上	図Ⅲ-11の3
5	犀文銀盤	カル・ケープ氏	犀	内底	同上	2点
6	猞猁文銀盤	内モンゴル自治区李家営子墓	猞猁(山猫)	内底	同上	
7	凸花六曲三足	陝西省西安市曲江池	団花	内底	同上	
8	折枝団花三足銀盤	陝西省西安市曲江池	団花	内底	同上	図Ⅲ-11の4
9	獅文三足銀盤	陝西省西安市東郊八府庄	獅子	内底	同上	写真9
10	銀盤	正倉院	鹿	内底	同上	
11	銀盤	河北省寛城県大野峪村	鹿	内底	同上	図Ⅲ-11の5
12	鷺鳥文菱花銀盤	陝西省西安市東郊韓森寨	鳳凰	内底	同上	図Ⅲ-11の6

2　散点式構図

　散点式構図は、金銀器の装飾すべき部位を等分して、それぞれに文様を装飾する構図である。装飾文様の題材によって、三種類に分けられる。
　A型：同一文様を主題として、繰り返し装飾する。唐代金銀器の盤類の場合は口縁と胴部に、碗類の場合は胴部と蓋によく採用されている（図Ⅲ-12）（表21）。
　B型：二種あるいはそれ以上の文様を主題として、交互に装飾する（図Ⅲ-13の1～3）（表22）。
　C型：まったく異なる文様を主題として、並置して装飾する。こうした構図方式は、唐代金銀器の中にはあまり多くない（図Ⅲ-13の4・5）（表23）。

3　人物像が山岳文より大きい構図

　人物像が山より大きく見える構図方式は、魏晋南北朝時代の墓葬壁画のそれを継承したものである。山岳文は、画面全体の補助文様として扱われ、主文を大きく見せるうえで強い印象を与える効果がある。カル・ケープ氏所蔵の架鷹狩猟文銀高足杯（図Ⅲ-14の3）の胴部には、三人の狩猟者が馬を走らせ、狩猟者の下方には山を象徴する山岳文が騎馬狩猟者より小さく表現されている。正倉院に所蔵される狩猟文銀壺の胴部には、彫刻された騎馬狩猟者がいずれも山を象徴する山岳文より大きく表現されている。このような構図方式は、敦煌石窟の壁画にも認められる。例えば、敦煌石窟第249号窟の狩猟図では、画面中の狩猟者・馬・虎などがいずれも山より大きく描かれている。甘粛省酒泉の十六国墓壁画の人物（図Ⅲ-14の1）も、山岳文より大きく見えるように描かれている［甘粛省文物考古研 1989］。高句麗古墳にも、狩猟者が山岳文より大きく描かれ

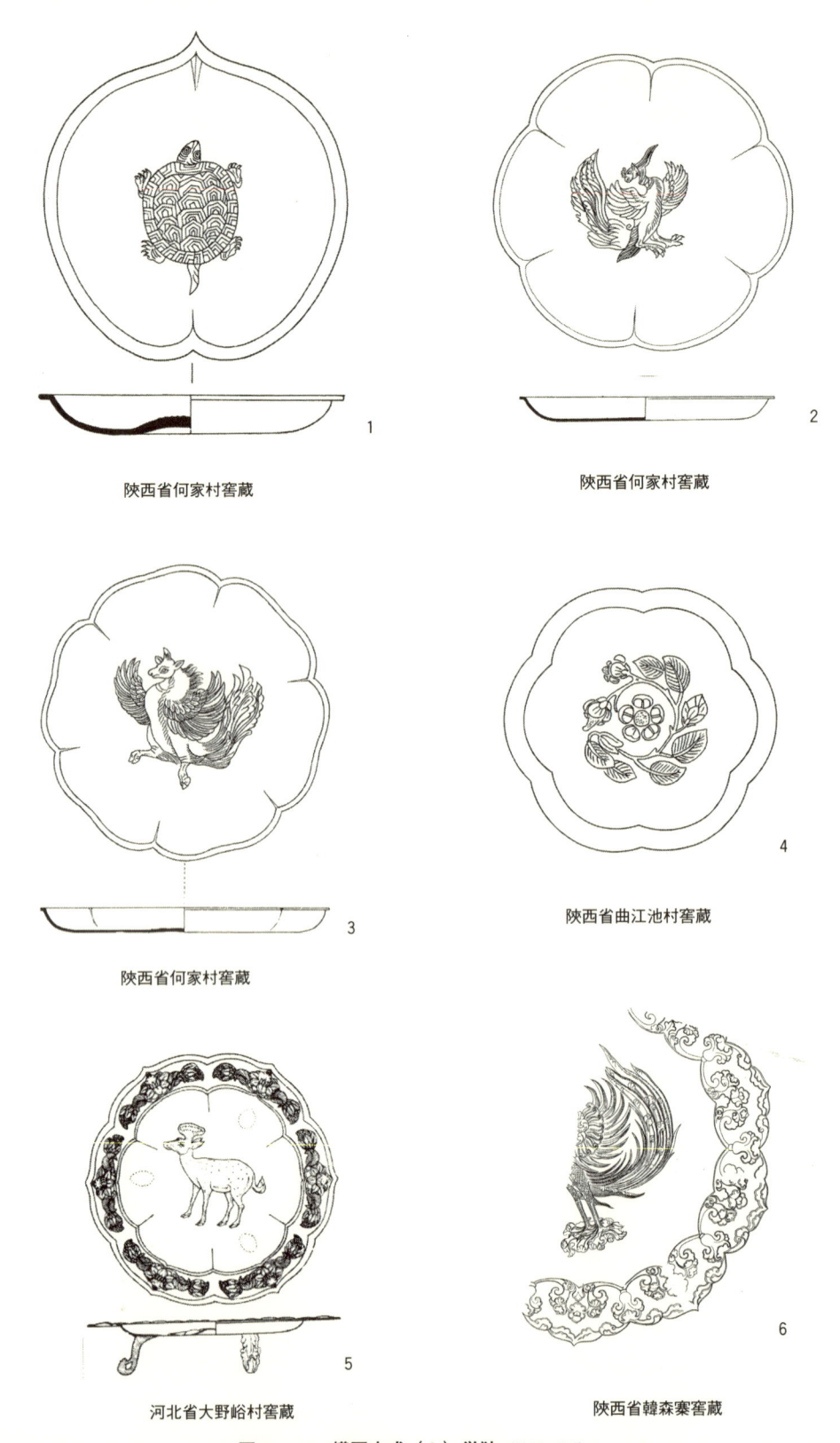

第Ⅲ章　唐代金銀器の装飾技術と構図方式

陝西省何家村窖蔵　1

陝西省何家村窖蔵　2

陝西省何家村窖蔵　3

陝西省曲江池村窖蔵　4

河北省大野峪村窖蔵　5

陝西省韓森寨窖蔵　6

図Ⅲ-11　構図方式（1）単独（縮尺不同）

第 2 節　構図方式

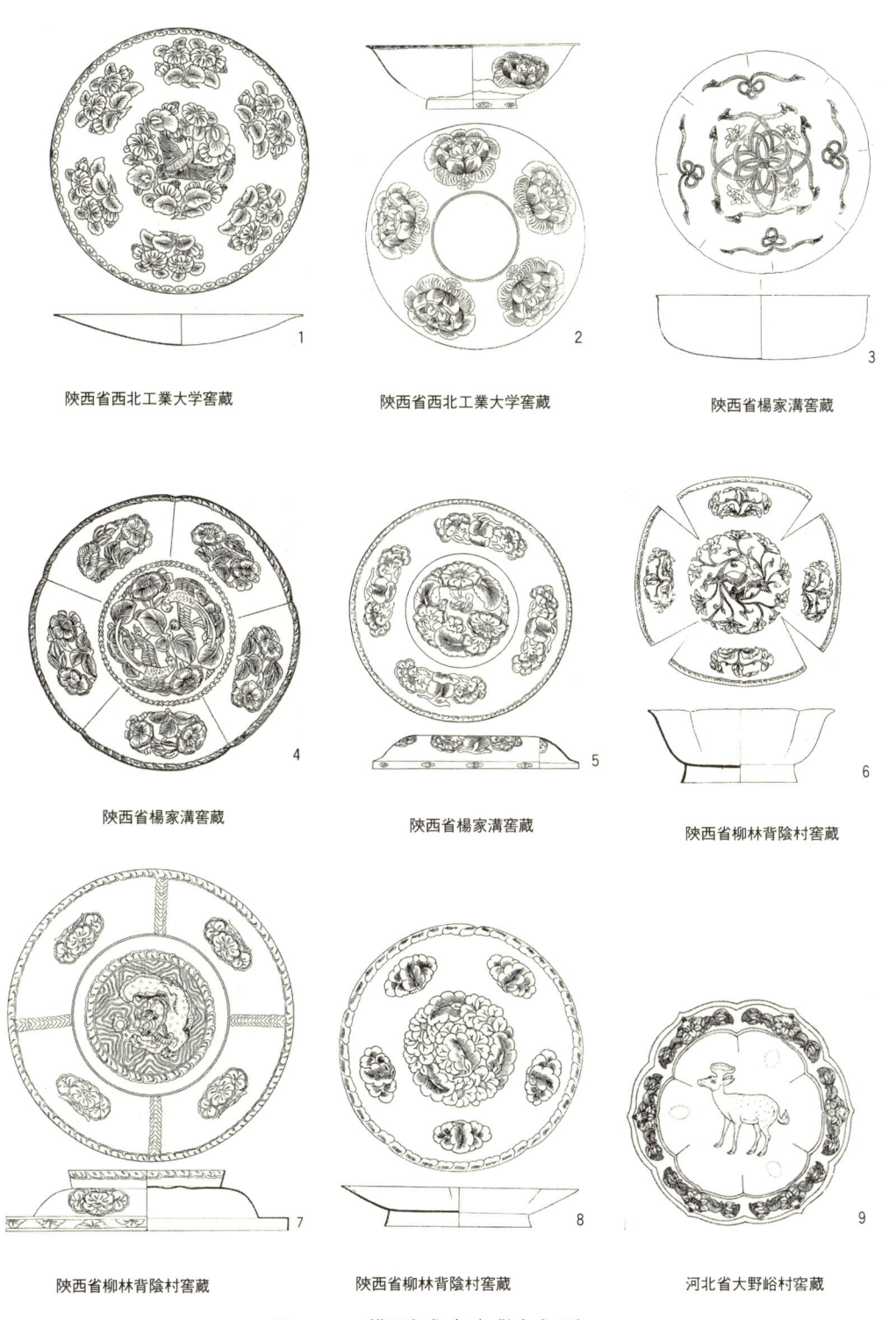

1	2	3
陝西省西北工業大学窖蔵	陝西省西北工業大学窖蔵	陝西省楊家溝窖蔵
4	5	6
陝西省楊家溝窖蔵	陝西省楊家溝窖蔵	陝西省柳林背陰村窖蔵
7	8	9
陝西省柳林背陰村窖蔵	陝西省柳林背陰村窖蔵	河北省大野峪村窖蔵

図Ⅲ-12　構図方式（2）散点式A型（縮尺不同）

第Ⅲ章　唐代金銀器の装飾技術と構図方式

1
陝西省建国路窖蔵

2
陝西省坑底寨窖蔵

3
江蘇省丁卯橋窖蔵

4
陝西省西北工業大学窖蔵

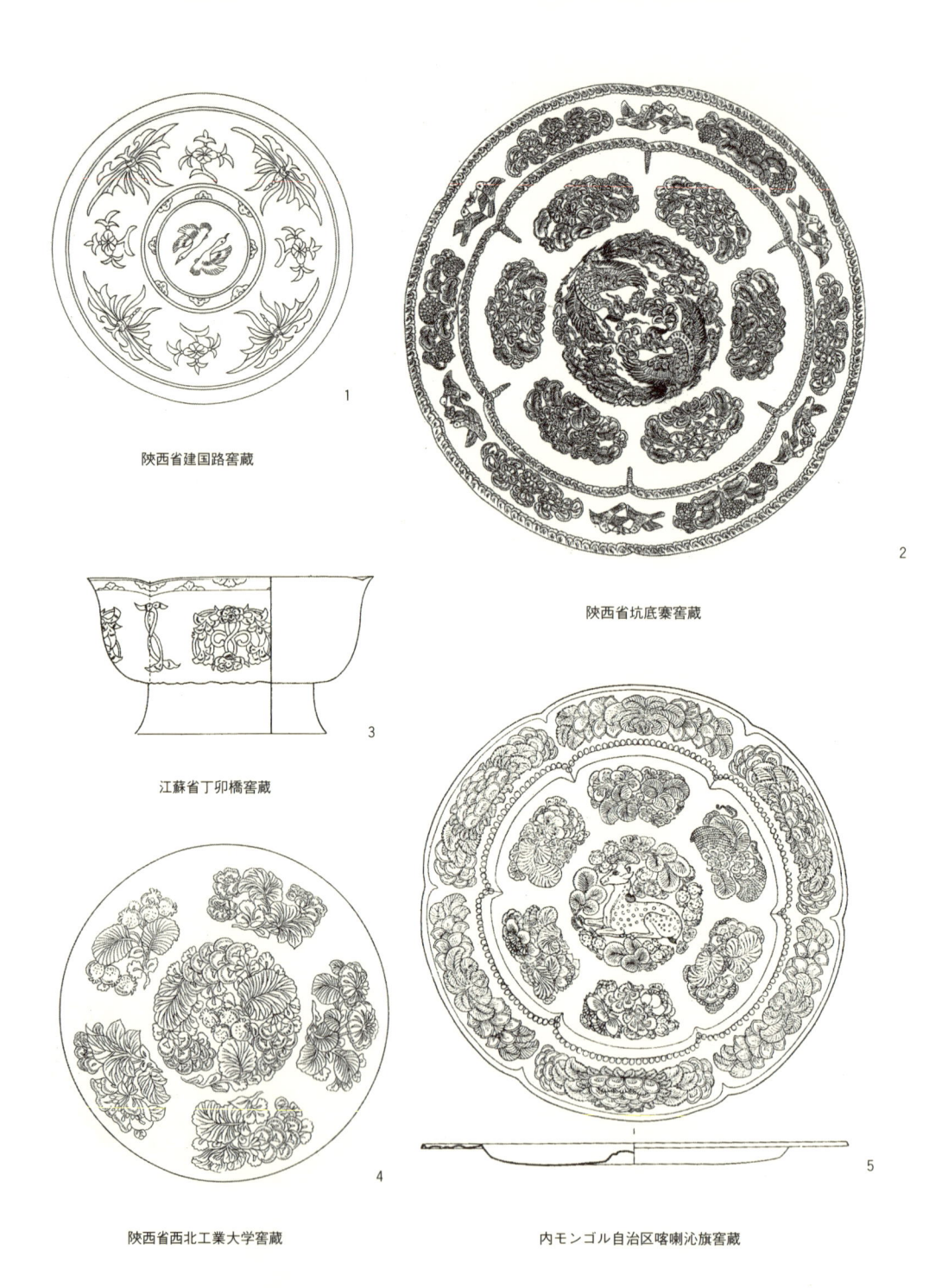

5
内モンゴル自治区喀喇沁旗窖蔵

図Ⅲ-13　構図方式（3）散点式Ｂ・Ｃ型（縮尺不同）

表21 散点式A型構図の唐代金銀器一覧

番号	金銀器(原報告書の名称)	出土地・所蔵者	装飾文様	装飾部位	出 典	備 考
1	掐糸団花文金杯	陝西省西安市何家村	団花	胴部	韓偉 1989b	
2	蔓草鸚鵡文銀杯	陝西省西安市何家村	折枝文	胴部	同上	
3	折枝花帯蓋銀碗	陝西省西安市何家村	折枝文	蓋	同上	
4	小簇花帯蓋銀碗	陝西省西安市何家村	折枝文	蓋	同上	
5	鴛鴦雁鴻折枝文銀碗	陝西省西安市西北工業大学	折枝文	胴部	同上	
6	双鴻小簇花銀碗	陝西省西安市西北工業大学	折枝文	胴部	同上	
7	黄鸝折枝花文銀盤	陝西省西安市西北工業大学	折枝文	胴部	同上	図Ⅲ-12の1
8	牡丹折枝文銀碗	陝西省西安市西北工業大学	牡丹	胴部	同上	図Ⅲ-12の2
9	八弁四出綬帯文銀碗	陝西省藍田県楊家溝	綬帯	胴部	同上	図Ⅲ-12の3
10	鳳銜綬帯文五弁銀盒	陝西省藍田県楊家溝	雁と草花	胴部	同上	
11	鴛鴦綬帯文李杆銀盤	陝西省藍田県楊家溝	鴛鴦と綬帯	胴部	同上	
12	鸚鵡団花文銀盤	陝西省藍田県楊家溝	折枝文	胴部	同上	図Ⅲ-12の4
13	折枝団花文銀蓋碗	陝西省藍田県楊家溝	折枝文	蓋	同上	図Ⅲ-12の5
14	獅文三足銀盤	陝西省西安市東郊八府庄	折枝文	口縁	同上	
15	銀皿	陝西省扶風県法門寺塔基地宮	十字形折枝文	胴部	同上	
16	銀鉢	陝西省扶風県法門寺塔基地宮	団花	胴部	同上	
17	銀軸	陝西省扶風県法門寺塔基地宮	流雲文	側面	同上	
18	双鳳凰文染帯五足銀炉台	陝西省扶風県法門寺塔基地宮	折枝文	内底	同上	
19	鴻雁折枝文四曲銀碗	陝西省耀県柳林背陰村	折枝文	胴部	同上	図Ⅲ-12の6
20	双魚文四曲銀皿	陝西省耀県柳林背陰村	折枝文	胴部	同上	
21	折枝団花文海獣文銀蓋碗	陝西省耀県柳林背陰村	折枝文	蓋	同上	図Ⅲ-12の7
22	折枝団花文敬晦銀皿	陝西省耀県柳林背陰村	折枝文	胴部	同上	図Ⅲ-12の8
23	団花海獣文銀碗蓋	陝西省耀県柳林背陰村	折枝文	蓋	同上	
24	蝶文銀盒底	江蘇省鎮江市丹徒県丁卯橋	蝶	外底	同上	
25	折枝花半球形銀器	江蘇省鎮江市丹徒県丁卯橋	折枝文	胴部	同上	
26	鹿文銀盤	河北省寛城県大野峪村	折枝文	口縁	同上	図Ⅲ-12の9
27	摩羯団花文六曲三足銀盤	内モンゴル自治区昭盟喀喇沁旗	折枝文	胴部	同上	
28	鹿文銀盤	正倉院	折枝文	口縁	同上	
29	鸚鵡文海棠形銀碗	陝西省西安市建国路	折枝文	胴部	同上	
30	摩羯文長金杯	陝西省西安市太乙路	折枝文	胴部	同上	
31	折枝花渣斗	不明	折枝文	胴部	同上	
32	並蒂団花渣斗	陝西省西安市新築鎮棗園村	折枝文	口縁と胴部	同上	
33	金魚文銀碗	陝西省西安市東郊二道巷服務公司	折枝文	胴部	申秦雁 2003b	

第Ⅲ章　唐代金銀器の装飾技術と構図方式

表22　散点式B型構図の唐代金銀器一覧

番号	金銀器（原報告書の名称）	出土・所蔵地	装飾文様	装飾部位	出典	備考
1	鴻雁蝴蝶文銀碗	陝西省西安市建国路	折枝文と蝶と鴻雁		韓偉 1989b	図Ⅲ-13の1
2	十字花鸚鵡文曲銀碗	江蘇省鎮江市丹徒県丁卯橋	折枝文	胴部	同上	図Ⅲ-13の3
3	双鳳銜綬文直腹銀盤	陝西省西安市新築鎮棗園村	折枝文	内底	同上	
4	桃形忍冬花結獅子文銀盤	アメリカのクリーブランド蔵			同上	
5	摩羯団花文六曲三足銀盤	内モンゴル自治区昭盟喀喇沁旗		口縁	同上	
6	臥鹿団花文六曲三足銀盤	内モンゴル自治区昭盟喀喇沁旗		口縁	同上	
7	獅子団花文六曲三足銀盤	内モンゴル自治区昭盟喀喇沁旗		口縁と胴部	同上	
8	双鳳文裴粛銀盤	陝西省西安市北郊坑底寨	折枝文と鳥	口縁と胴部	同上	図Ⅲ-13の2
9	小簇花帯蓋銀碗	陝西省西安市何家村	折枝文	胴部	同上	
10	折枝文鴻雁銀匜	陝西省西安市何家村	折枝文と鴻雁	胴部	同上	

表23　散点式C型構図の唐代金銀器一覧

番号	金銀器（原報告書の名称）	出土地・所蔵者	装飾文様	装飾部位	出典	備考
1	石榴折枝花銀碗	陝西省西安市西北工業大学	折枝文		韓偉 1989b	図Ⅲ-13の4
2	闊葉折枝花銀碗	陝西省西安市西北工業大学	折枝文	胴部	同上	
3	臥鹿団花文六曲三足銀盤	内モンゴル自治区昭盟喀喇沁旗	折枝文	胴部	同上	図Ⅲ-13の5

た壁画がある。

　『歴代名画記・論山水樹石』には、「魏晋以降、（中略）其画山水、則群峰之勢、若細飾犀櫛。或水不容泛、或人大於山。率皆附以樹木石、映帯其地、列其之状、則若伸臂布指」と記されている。この魏晋南北朝時代以来の伝統的な構図方式は、唐代金銀器装飾文様だけではなく、石造彫刻にも強い影響を与えた。例えば、新城長公主墓出土の石門に線刻される龍文・鳳凰文・麒麟文（図Ⅲ-14の2）などは、いずれも山を象徴する山岳文より大きく見える。類例は、固原県唐墓の石扉［寧夏回族自治区固原博ほか 1996］などにも見られる。

4　満地装飾構図

　唐代金銀器の表面には、文様を空白なく全面にわたって装飾したものがある。こうした装飾方式は、満地装飾構図と呼ばれる。唐代金銀器構図方式の中の一種であるが、ほかの構図方式と比較すれば、出現比率は余り高くない。例としては、何家村窖蔵出土の銀円形盒（図Ⅲ-15の1）と銀方形盒（図Ⅲ-15の5：写真10）、沙波村窖蔵出土の銀高足杯（図Ⅲ-15の2）、丁卯橋窖蔵出土の「論語玉燭」銀籌筒（図Ⅲ-15の3：写真11）、咸陽市西北医療器械廠出土の金壺（図Ⅲ-15の4：写真12）、法門寺塔基地宮出土の舎利容器の銀函（図Ⅲ-15の6）などがある。

第 2 節　構図方式

1

甘粛省酒泉市十六国時期墓

2

陝西省唐新城長公主墓

3

カル・ケープ氏蔵

図Ⅲ-14　構図方式（4）（縮尺不同）

5　装飾画構図

　金銀器の胴部を区画して、区画中には人物文様などを装飾する文様を指す。三種に分けられる。
　第一種は、金銀器の胴部の区画が八稜形を呈し、それぞれの区画を展開図にすれば、屏風のような視覚効果を見せるものである。中には人物文や植物文などを装飾する。例えば、何家村窖蔵出土の1点の八稜金杯（図Ⅲ-16の1）は、胴部を八区に仕立て、各区にはそれぞれ一人の人物を配置している。また、同窖蔵から出土した2点の八稜金杯（図Ⅲ-16の2・3）は、胴部を八区に仕立て、各区にはそれぞれ一人の楽器を演奏する胡人を配している。西安市韓森寨窖蔵出土の銀八稜杯は、胴部を八区に仕立て、各区には折枝文や鳥などを装飾する（図Ⅲ-16の4：写真13）［韓偉 1989b］。
　第二種は、金銀器の胴部をU字形の八区に仕立て、各区に人物文などを装飾する。例えば、何家村窖蔵出土の銀杯胴部（図Ⅲ-17の1：写真14）は、八区に仕立て、仕女文と狩猟文を交互に配置する。類例は、西安火車駅東側の解放飯店前窖蔵から1点出土した（図Ⅲ-17の2：写真15）［王長啓 1992］。
　第三種は、桃形空間の中に人物文・動物文・植物文を装飾する。石刻や金銅仏像の台座などからの影響を受け入れたものである。これは、まぎれもなく中国の伝統的な構図方式の影響を受けたものと考えられる。法門寺塔基地宮出土の銀香宝子（図Ⅲ-17の3：写真17）の胴部には、桃形に近い四区を仕立て、それぞれ人物文が装飾されている。水邱氏墓出土の銀壺（図Ⅲ-17の4）［明堂山考古隊 1981］の胴部には、心字形の三区を仕立て、それぞれ双獅子文、人物文がある。丁卯橋窖蔵から出土した1点の三足銀壺（図Ⅲ-17の5）も、胴部に桃形の三区が仕立てられ、戯れる童子文を装飾する。
　これらの構図方式のうち、第一・二種は、中国の伝統的な構図方式ではなく、むしろシルクロードを通じて、西方からの影響を受け入れたものである。第一種は、ササン朝ペルシア銀器によく採用された構図方式で、例えば、エルミタージュ博物館に所蔵されている1点の銀壺（図Ⅲ-16の5）［岡山市オリエント美術館 1984］は、胴部がアーチ形を呈し、中には踊子や召使などの女性像を装飾している。第二種は、ソグド銀器によく採用され、唐代銀器に影響を与えたと言われている［斉東方 1998d］。第三種は、中国の伝統的な格狭間の特徴を採り入れたものと考えられる。

6　対称構図

　唐代金銀器の装飾文様は、装飾画面が対称となる構図方式をよく採用している。しかも、対称の方式は、二種に分けられる。一種は、線対称の方式で、画面を左右対称あるいは上下対称に配置している。もう一種は、点対称の方式で、画面に装飾されているあらゆる動物文は、一点を中心に向かい合って泳ぎ回るか飛び回るように見られる。8世紀中葉から流行し、唐代金銀器装飾文様の中では圧倒的多数を占めている。これについては、本論の第Ⅳ章第3節で詳細に論じる。

第 2 節　構図方式

陝西省何家村窖蔵

陝西省沙坡村窖蔵

江蘇省丁卯橋窖蔵

陝西省西北医療器械廠窖蔵

陝西省何家村窖蔵

陝西省法門寺塔基地宮

図Ⅲ-15　構図方式（5）（縮尺不同）

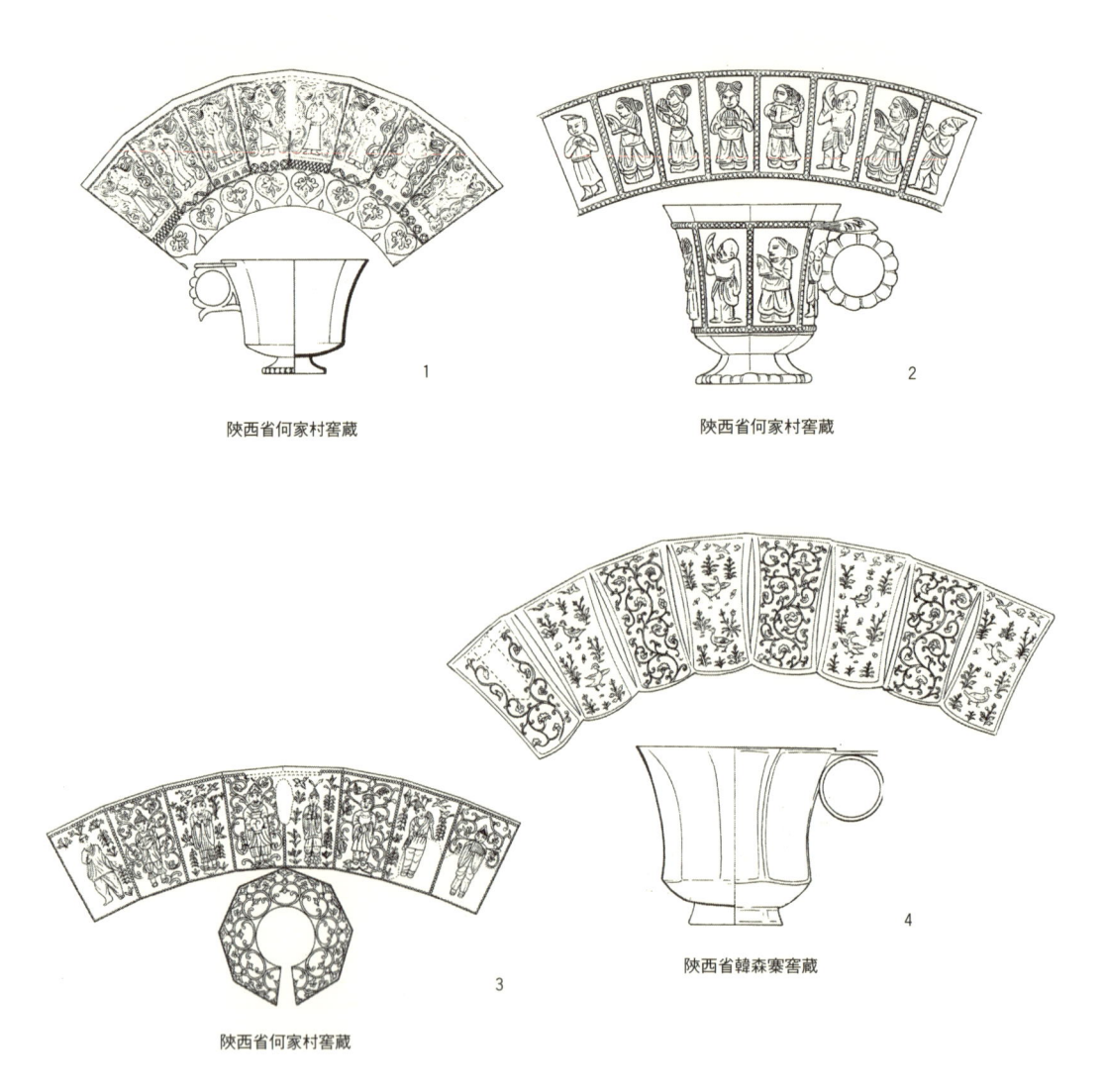

第Ⅲ章　唐代金銀器の装飾技術と構図方式

陝西省何家村窖蔵　1

陝西省何家村窖蔵　2

陝西省何家村窖蔵　3

陝西省韓森寨窖蔵　4

エルミタージュ博物館蔵　5

図Ⅲ-16　構図方式（6）（縮尺不同）

94

第2節　構図方式

1

陝西省何家村窖蔵

2

陝西省解放飯店前窖蔵

3

陝西省法門寺塔基地宮

4

浙江省唐水邱氏墓

5

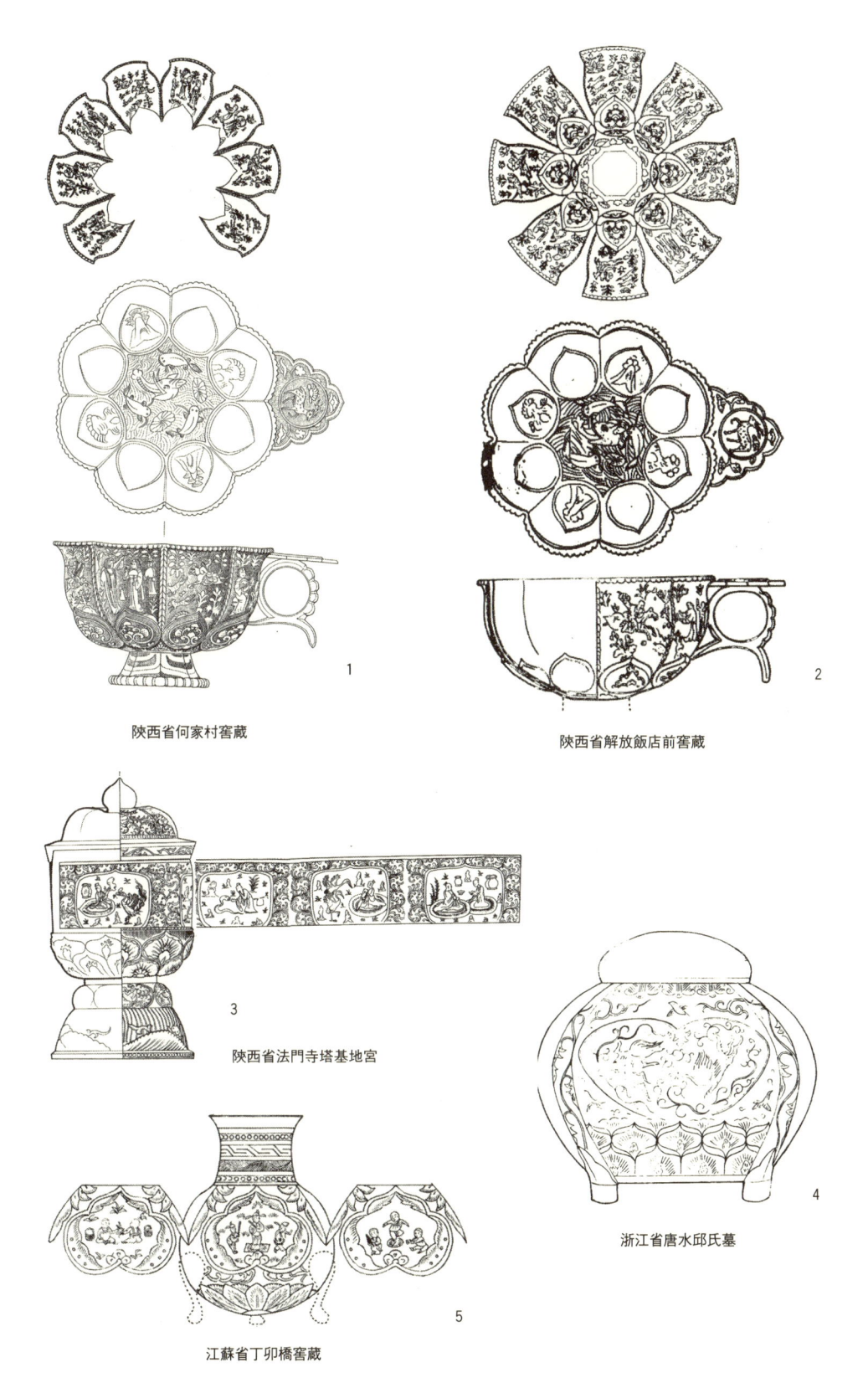

江蘇省丁卯橋窖蔵

図Ⅲ－17　構図方式（7）(縮尺不同)

95

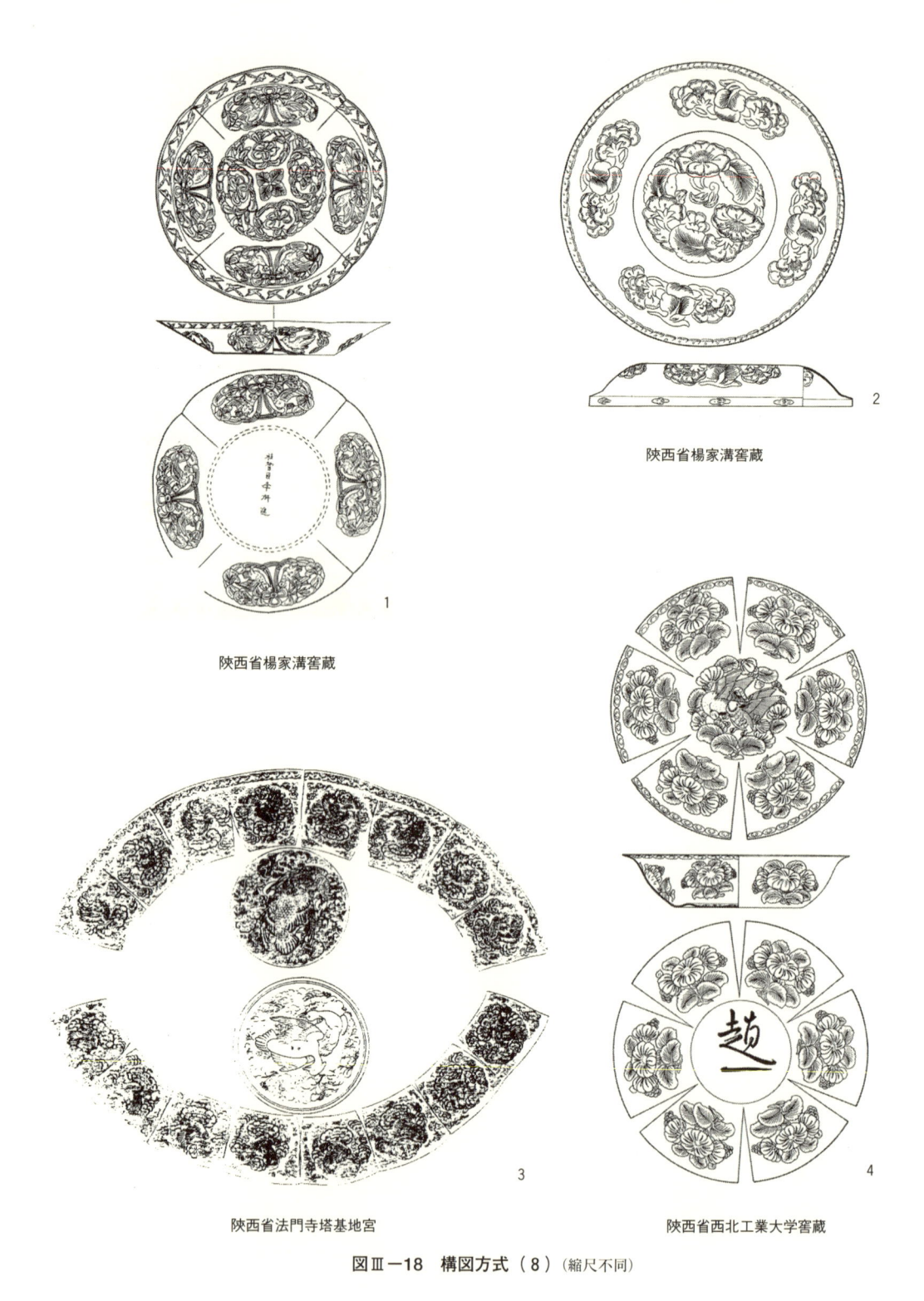

第Ⅲ章　唐代金銀器の装飾技術と構図方式

陝西省楊家溝窖蔵

陝西省楊家溝窖蔵

陝西省法門寺塔基地宮

陝西省西北工業大学窖蔵

図Ⅲ-18　構図方式（8）(縮尺不同)

7　金銀器の胴部内・外面の装飾文様が相似形の構図

　唐代金銀器の中には、器物胴部の外側と内側の装飾文様がほぼ同じで、あたかも外側の胴部から内側の胴部に、あるいは内側の胴部から外側の胴部に転写したように見える。これは、金銀器の装飾文様を鏨彫りするとき、あらかじめ下絵を用意した可能性がきわめて高いことを示唆する。こうした唐代金銀器の例は、楊家溝窖蔵出土の銀盤（図Ⅲ-18の1）・銀碗の蓋（図Ⅲ-18の2）［藍田県文管委ほか 1982］、法門寺塔基地宮出土の銀盆（図Ⅲ-18の3：写真16）、西安市西北工業大学窖蔵出土の銀碗（図Ⅲ-18の4）などがある。

第Ⅳ章　唐代金銀器の装飾文様の検討

　唐代金銀器装飾文様の中で注目すべき文様として、狩猟文、有翼動物文、双鳥獣文、亀甲文、咋鳥文、頸部にリボンを飾る動物文、七宝繋文、メダイヨン文などがある。これらの文様については、諸先学による多くの研究成果が発表され、それらの多くは、主に西方から間接的あるいは直接的に唐代に影響を与えたという主張を中心にしていた。しかしながら、相次ぐ新しい考古学的発見によって、それらの説を再検討することが可能になり、特に東西文化交流の視座からの検討が要請されるに至っている。本章では、再検討の対象となる装飾文様を取り上げ、それらの源流についてもふれたい。

第1節　狩猟文

　狩猟文は、古くから世界各地で流行していた。唐代の狩猟文は、主に墓葬の壁画、銅鏡、織物、金銀器などの品々に採用されている。しかも、それはササン朝ペルシアの金銀器に見られる狩猟文とよく似ていることから、欧米人と日本人の研究者は、それに特別の興味を抱き、東西文化交流の視座からさまざまな見解を発表してきた。なかでも唐代の狩猟文がササン朝ペルシアの影響を受けたという考え方は、学界の主流の見解になり、たとえば図録の解説にもそうした考えが反映されている。本節では、唐代金銀器の狩猟文を中心に検討したい。

1　狩猟文研究史

　三宅米吉［1888］氏は、法隆寺所蔵の四天王狩猟文錦を検討するにあたって、その図文がイラン系統のもので、アッシリアにさかのぼるとの結論を下した。
　原田淑人［1940c］氏は、「唐鏡背文に見えたる西方の意匠」を発表し、狩猟文を含む装飾文様はササン朝ペルシアの図柄の影響を受けたと指摘した。樋口隆康［1987］氏は、正倉院所蔵の狩猟文銀壺（甲、乙）を研究するときに、中国古代狩猟文史の大筋を概略的に検討し、スキタイの西方要素の影響を受け入れたと強く指摘した。田辺勝美［1984］氏は、中国狩猟文の意匠が西アジアから伝わり、さらに中国を経て日本にも影響を与えたと考えている。同氏は、正倉院所蔵の緑地狩猟文錦に見える狩猟文の源流を検討して、中央アジアからの影響が強いと指摘した［田辺1988］。スウェーデン人学者のBo. Gyllensvärd［1957］氏は、「T'ang Gold and Silver」の中で、唐代金銀器の狩猟文がササン朝ペルシアの影響を受け入れたと指摘した。夏鼐［1978］氏は、銀高

第Ⅳ章　唐代金銀器の装飾文様の検討

足杯について、形がササン朝ペルシア式で、文様が中国式の狩猟文で、狩猟者の服飾と容貌が中国型で、文様も金銀器の全体に装飾する点はササン朝ペルシアの銀器が器物の胴部を区分して各区に文様を装飾する技法と異なる点であると指摘した。斉東方［1994］氏は、「唐代銀高足杯研究」の論文を発表して、唐代に狩猟文が突然増えてきたのは偶然なことではなく、唐代狩猟文を安易に西方に遡源させることも不適切であり、むしろ唐代金銀器の狩猟文が中国の伝統要素と西方要素を組み合せたものだと考えるのが、最も適切かもしれないと指摘した。賈峨［1991］氏は、発掘調査によって出土した唐代の陶俑や壁画などの実物資料を用い、さらに唐詩中の狩猟を詠んだ詩を分析して、唐代の狩猟活動とその方式がシルクロードを通じて、西方に強い影響を与えたと提唱した。

これまでの研究成果を回顧すると、西方要素、特にいわゆるパルティアン・ショット（安息式射法）の検討が中心になり、唐代金銀器の狩猟文についての全体的な分析が見落とされており、西方要素と類似するところだけを取り上げ、それを無限に拡大した結果、結論も往々にして偏ったものとなっている。しかも、樋口氏以外の研究者にあっては、中国古代狩猟文の系譜の検討がやや不足し、そのためにくだした結論が狩猟文の実態と一致しないように見える。一方、中国文化の連続性の特徴については認識不足も感じられ、しかもそれが狩猟文の研究に影響を及ぼしたことも否定できない。

唐代以前の狩猟文については、中国起源説と外来説が並存している。外来説を主唱していたラウファー氏は、漢代の陶壺に装飾された狩猟文を取り上げて、飛走の姿勢は古代スキタイ・シベリア美術に類品が見られ、騎馬狩猟は中国固有のものではなく、パルティアン・ショットが漢代狩猟文に影響を与えたと主張した［Berthold Laufer 1909］。しかも、ラウファー氏の説は中国文化西方起源説の一翼として、広く洋の東西に容認されてきた。その後、原田淑人［1940a］氏は、その説を敷衍した。梅原末治［1938］氏は、フリーア美術館所蔵の中国戦国時代の狩猟文銅洗（鑑）の技法や特殊な図柄などを分析し、その起源がスキタイ文化に求められると指摘した。一方、中国起源説を唱えるフィッシャー氏は、漢代狩猟文のスキタイあるいはイラン、ギリシア起源を否定し、中国人の自然に対する独自の観点によって形成された純粋に中国式のものであると指摘した［Fischer 1968］。江上波夫［1933］氏も、ペルシアあるいはイランの美術においても、漢代のそれにおいても、馬上より後ろを振り向いて動物を騎射している図様とともに、馬上で正面を向いて狩猟している図様も同時に存在し、この両様の姿態はいずれも実際の狩猟に際して起こりうるものと思われることから、シベリア並びに漢代美術における騎射図の姿態の一致は、むしろ実際の狩猟の忠実な描写の必然的結果にほかならないと指摘した。駒井和愛［1933］氏も、戦国時代青銅器に装飾された狩猟文を分析して、俯瞰形式の車馬の図をあげ、このような装飾方法は中国独自のものであると指摘した。徐中舒［1933］氏は、「古代狩猟図象考」の中で、戦国時代の狩猟文を論じた。

2 唐代金銀器狩猟文の実例

(1) 狩猟文銀高足杯 (図Ⅳ-1の1)

1964年春、西安市沙坡村窖蔵出土。銀高足杯の胴部の狩猟文は、四人の狩猟者がいずれも馬を走らせている。左側から第一人目の狩猟者は獲物を捜している。第二人目の狩猟者は上半身を前に少し倒して後ろに捩りながら天空を飛ぶ鴻雁に向かって、矢を射ようとする姿を表している。第三人目の狩猟者は、榻（狩猟道具の名称、後述）を持って兎・狐などの獲物を追いかけている。第四人目の狩猟者は、走兎に向かって、矢を射かけようとしている。狩猟者の間にも、雲文・樹木・禽獣などを配している。

(2) 狩猟文銀高足杯 (図Ⅳ-1の2：写真18)

1970年、何家村窖蔵出土。銀高足杯の胴部の狩猟文は、四人の狩猟者がいずれも馬を走らせている。前から第一人目の狩猟者は上半身を後ろに捩って、逃げている猪に向かい、矢を射ようとしている。第二人目の狩猟者は前の狩猟者と協力し、前方の猪に向かって矢を射かけようとしている。第三人目の狩猟者は弓を引き絞って、後方の射抜かれた鹿に向け、さらに矢を射かけようとしている。第四人目の狩猟者は前方の走鹿に向かい、矢を射かけようとしている。狩猟者の間には、雲気文・折枝文・山岳文および走狐・走鹿などの野獣を配している。

(3) 仕女狩猟文八弁銀杯 (図Ⅳ-1の3)

何家村窖蔵出土。銀杯の胴部を八区に仕立て、各区に仕女文と狩猟文を交互に配置し、狩猟者はいずれも馬を走らせ、二人の狩猟者の周囲に岩座や草花を配している。展開図の左側から第一幅の狩猟文は、狩猟者が前方の逃げている動物に向け、矢を射かけようとしている。第二幅の狩猟文は、狩猟者が右手に鷹を止まらせて前方の逃げている兎を追いかけている。第三幅の狩猟文は、狩猟者が上半身を捩って、後ろから襲いかかろうとし後脚で立ち上がった虎に向け、矢を射かけようとしている。第四幅の狩猟文は、狩猟者が右手に持つ榻を高く挙げて前方を逃げている狐などの動物を狩っている。各区の狩猟文の間には、仕女文をそれぞれ配置している。まったく同じ文様の銀杯が、西安市西安火車駅東側の解放飯店前窖蔵から1点出土した［王長啓 1992］。

(4) 架鷹狩猟文銀高足杯 (図Ⅳ-1の4)

アメリカ人のカル・ケープ氏蔵。銀高足杯の胴部の狩猟文は、狩猟者がいずれも馬を走らせている。狩猟文の前から第一人目の狩猟者は右手に鷹を止まらせている。第二人目の狩猟者は上半身を捩じらせて後ろを振り向き、獲物を捜しているように見える。第三人目の狩猟者は前の走兎に向かい、矢を射ようとしている。狩猟者の間には、折枝文・雲文・山岳文・草花などを配している［韓偉 1989b］。

(5) 鍍金狩猟文八曲銀長杯 (図Ⅳ-1の5)

MIHO MUSEUM蔵。銀長杯の胴部の狩猟文は、三人の狩猟者がいずれも馬を走らせながら、榻を持って動物を追いかけ、その間には草花や逃げている動物や山岳文を配している［MIHO MUSEUM 1997］。

（6）狩猟文銀壺（甲）（図Ⅳ－1の6）

正倉院蔵。銀壺の胴部の狩猟文は、狩猟者がいずれも疾走する馬に乗り弓を持ち、前方の逃げている猪・山羊などの動物を追いかける構図となっている。矢を射ようとする狩猟者と、馬を走らせながら、後ろを振り返る狩猟者が描かれ、狩猟者の間には、折枝文や走鹿・山羊などを配している［韓偉1989b］。

（7）狩猟文銀壺（乙）

正倉院所蔵。前述の狩猟文銀壺（甲）とよく似ている。二つの壺は、いずれも天平神護三年に天皇が東大寺に奉納したもので、同類文様の年代判断の基準資料とされる。三宅久雄氏は、この狩猟文銀壺（甲、乙）がいずれも唐からの舶載品と指摘した［百橋ほか2002］。

（8）狩猟蓮弁文銀高足杯（図Ⅳ－1の7）

フリーア美術館蔵。銀高足杯の胴部は、六弁に分けられ、唐草文と狩猟文を交互に配して、胡帽をかぶった狩猟者が馬を走らせながら、前方に向かって、矢を射かけようとしている［韓偉1989b］。

（9）狩猟文銀高足杯（図Ⅳ－1の8）

北京大学賽克勒考古与芸術博物館蔵。何家村窖蔵出土の狩猟文銀高足杯の狩猟文とほぼ同じである［斉東方1999b］。

（10）狩猟文八稜鍍金銀鏡殻（図Ⅳ－1の9）

西安市韓森寨窖蔵出土。現西安市文物局蔵。打ち出し技法で製作し、鏨で狩猟文を彫刻したもので、もともとは銅鏡の背に貼られていた。四人の狩猟者は、馬を走らせながら、同じ方向に向かって、二組に分かれてそれぞれ猪や山羊を狙っている。一組の狩猟者が、一頭の逃げている猪を挟み、前方の狩猟者が左側から上半身を捩って後ろを向き、後方の狩猟者は前方の猪に向かい、二人とも矢を射かけようとしている。もう一組は、狩猟者が前後から、一頭の山羊を狙う構図である。前方の狩猟者は左側から上半身を捩り、後方の狩猟者とともに山羊に向かい、矢を射かけようとしている。狩猟者の間には草花や、向かい合って飛翔する鳥、樹木や山岳および走鹿・走兎を配している［兵庫県立歴史博ほか1996］。

（11）狩猟文六弁銀高足杯（図Ⅳ－1の10）

白鶴美術館蔵。銀高足杯の胴部の狩猟文は、胴部の六弁にそれぞれ描かれている。一部の狩猟者が疾走する馬上で、上半身を捩って後ろを振り向き、矢を射かけようとしている。もう一部の狩猟者は、縄を持って野獣に投げようとしている。その間には走兎・走狐・走鹿などの動物と飛翔する鳥を配している［韓偉1989b］。

（12）銀高足杯（図Ⅳ－1の11）

サンフランシスコ美術館蔵。発表資料から見れば、銀高足杯の胴部には、騎馬狩猟者と走鹿を装飾していて、走鹿ははっきり見わけられるが、狩猟者は体の一部だけが見られる。草花・飛翔している鳥などを配している［韓偉1989b］。

小　結

以上に述べた狩猟文を装飾している金銀器にもとづいて、唐代金銀器狩猟文の特徴を分析する

第1節 狩猟文

1 陝西省沙坡村窖蔵
2 陝西省何家村窖蔵
3 陝西省何家村窖蔵
4 カル・ケープ氏蔵
5 MIHO MUSEUM 蔵
6 正倉院蔵
7 フリーア美術館蔵
8 北京大学賽克勒考古与芸術博物館蔵
9 陝西省韓森寨窖蔵
10 白鶴美術館蔵
11 サンフランシスコ美術館

図Ⅳ−1 唐代の金銀器狩猟文 (縮尺不同)

と、以下の点を指摘できる。

　（1）長い画面の狩猟文が多い。狩猟文中の狩猟者がササン朝ペルシア銀器の狩猟文中の狩猟者より数が多く、互いに獲物を追いかける形の狩猟文を展開しているので、動画のような連続性が感じられ、その中にいわゆるパルティアン・ショットの姿も見える。多くの狩猟者が出動して狩猟する光景に関して、唐詩の中にもそういう場面を詠った詩がある。例えば、杜甫の「冬猟行」には、「君不見、川東節度兵騎雄、校猟亦似観成功。夜発猛士三千人、清晨合囲歩驟同。禽獣已斃十七八、殺聲落日回蒼穹」と詠んでいる。詩の内容によると、狩猟のために、三千人の勇士を動員した節度使もいたことになる。唐代社会は狩猟を好む一方、それは軍事訓練の意味も持っていた。狩猟場面を詠んだ唐詩は、金銀器に装飾される長画面狩猟文と相通じる面がある。

　（2）単幅画面の狩猟文は、金銀器の胴部を小さな画面に分け、それぞれに文様がある。その中の一人の騎馬狩猟者が、疾走する馬上で、前方に向けて、矢を射ようとする姿を表している。あるいは馬上で上半身を捩って、後ろから襲いかかろうとする動物に向かって、矢を射ようとする瞬間を表したり、あるいは馬上で棒のようなものを手にして、逃げている動物を追いかけたりしている姿がある。

　（3）狩猟文の中には、狩猟用道具としての弓、矛、縄などがはっきり識別でき、特に弓を使う場合が最多数を占めている。檛という道具もある。その道具は、二つの機能を持ち、すなわち馬も野獣も走らせる目的に使われている。『酉陽雑俎・忠志』には、「狡兎起前、上挙檛撃之」と記されている。檛は先端が屈曲した三日月形を呈している。懿徳太子墓壁画には豹を飼いならす職人の姿が描かれ、右手に檛を持っている。遼寧省朝陽市黄河路唐墓出土の狩猟石俑は、左手に檛を持っている［遼寧省文物考古研ほか 2001］。吉林省渤海貞孝公主墓壁画にも檛を持つ人物図を描いている［延辺博 1982］。

　（4）狩猟文中の狩猟者は馬を走らせている姿が絶対多数を占め、徒歩狩猟者をほとんど見ない。狩猟者の服装や容貌は、唐代壁画中の人物や唐墓出土の陶俑とよく似ており、いずれも唐人の特徴を見せる。馬尾の結び目や馬の疾走姿勢も「昭陵六駿」中の疾走する姿勢とよく似ている。

　（5）狩猟文の中には、道具を手にした狩猟姿だけでなく、鷹狩の場面もある。金銀器だけではなく、唐詩にも鷹狩を詠んでいる。例えば、孟雲卿は「行行且遊猟」に、「少年多武力、勇気冠幽州。何以縦心賞、馬啼春草頭。遅遅平原上、狐兎奔林丘。猛虎忽前逝、俊鷹連下韝」と詠んでいる。唐墓壁画には鷹匠の姿も見える。例えば、陝西省乾県懿徳太子墓の壁画には、鷹を腕に止まらせた鷹匠の姿が描かれている。朝陽市黄河路唐墓出土の狩猟石俑は右手に鷹を止まらせて、狩猟の鷹匠を示している。

　（6）狩猟文中の狩猟対象は鹿・羊・猪・兎・狐・鳥などの草食動物のほか獅子・豹・虎などの肉食猛獣もある。いずれにせよ、草食動物が多数を占め、なかでも鹿は最も数が多く、しかも、鹿の姿は後ろを振り返ったり、首を傾げたりしている。

　（7）狩猟場面の背景は、高い樹木、小さな草花文が最も多く、画面の下部と遠景に山岳も配置している。

　（8）一部の狩猟文は、仕女（美人）文と交互に描かれている。この点、戦国時代の青銅器に見

られる狩猟文・宴楽・生産・戦争などの文様を交互に表わす方法とよく似ており、その伝統が継承されたと考えられる。

3 中国古代狩猟文の系譜

　中国では、狩猟活動は、先史時代の人類が食物を獲得するうえでの重要な手段であった。農耕文明に入っても、狩猟は消滅しなかったばかりでなく、皇帝が狩猟しすぎたという悪評価が文献の記載にも残る。狩猟活動は、中国で悠久の歴史を持つだけでなく、狩猟の方式も時代によって変化した。したがって、時代に応じて装飾文様としての狩猟題材も変化している。以下、主に発掘調査によって出土した資料にもとづいて、所蔵品の一部も分析データとして用いながら、中国の狩猟文の系譜を検討する。

（一）先秦時代の狩猟文

　殷代の甲骨文は、狩猟活動を記載している。例えば、天津市歴史博物館所蔵の商代の武丁時期の亀甲卜辞には、商王が1回の狩猟によって、犀、鹿、虎、兎などを205頭捕獲したと記されている［国家文物局主編 1996］。

　これまで、発掘調査によって発見された狩猟文を装飾している資料は、春秋戦国時代にさかのぼる。陶器・漆器・青銅器・織物・骨器などに装飾され、特に青銅器の装飾文様としてよく知られ、しかも写実的な手法で描写している例が多い。以下、狩猟文を徒歩狩猟文・車馬狩猟文・騎馬狩猟文・繳射文の四種に分け、材質別ごとに具体的な例を挙げながら検討しよう。

（1）徒歩狩猟文

　① **陶器**　先秦時代の狩猟文を装飾している陶器は、北京市と河北省でそれぞれ1点ずつ発見されている。例えば、北京市懐柔県の戦国時代墓出土の陶壺の頸部に彫刻された狩猟文（図Ⅳ-2の1）は、長服を着た立ち居姿の狩猟者が、前方の逃げている動物に向かって、矢を射かけようとしている［北京市文物工作隊 1962］。河北省易県燕下都遺跡出土の陶壺（図Ⅳ-2の2）［河北省文物研 1996b］の胴部には、二人の狩猟者が描かれている。一人の狩猟者が矛を持って虎に向かい、突き刺そうとし、足元には驚いて飛び去ろうとする鳥が描かれている。もう一人の狩猟者は画面の下方で矢をつがえ射ようとしている。

　② **漆器**　湖南省長沙市戦国時代楚墓出土の漆器の狩猟文（図Ⅳ-2の3）［湖南省博 1959a］は、狩猟者が徒歩で矛あるいは矢をつがえた弓を持ち、獲物の後ろを追いかけている。

　③ **青銅器**　春秋戦国時代の青銅器装飾文様中にあっては、狩猟文が重要な要素であり、しかも往々にして、採桑・宴楽・舞踊などと組み合わせて用いている。それは偶然のことではなく、当時の社会的特徴あるいは貴族の社会生活を忠実に反映したものと考えられる。当時の中国社会は、大きな転換期であり、社会のあらゆる方面、勿論、装飾文様にも影響を与えた。青銅器文様も以前の神秘・呪術的な性格から脱皮し、現実の社会を主な題材として採用している。これまで、発掘調査によって出土した狩猟文青銅器と各博物館所蔵の狩猟文青銅器を例として挙げよう。

第Ⅳ章　唐代金銀器の装飾文様の検討

1　北京懐柔県戦国墓

2　河北省燕下都遺跡

3　湖南省長沙市戦国楚墓

4　上海博物館蔵

5　河北省賈各庄戦国墓

6　四川省百花潭中学校戦国墓

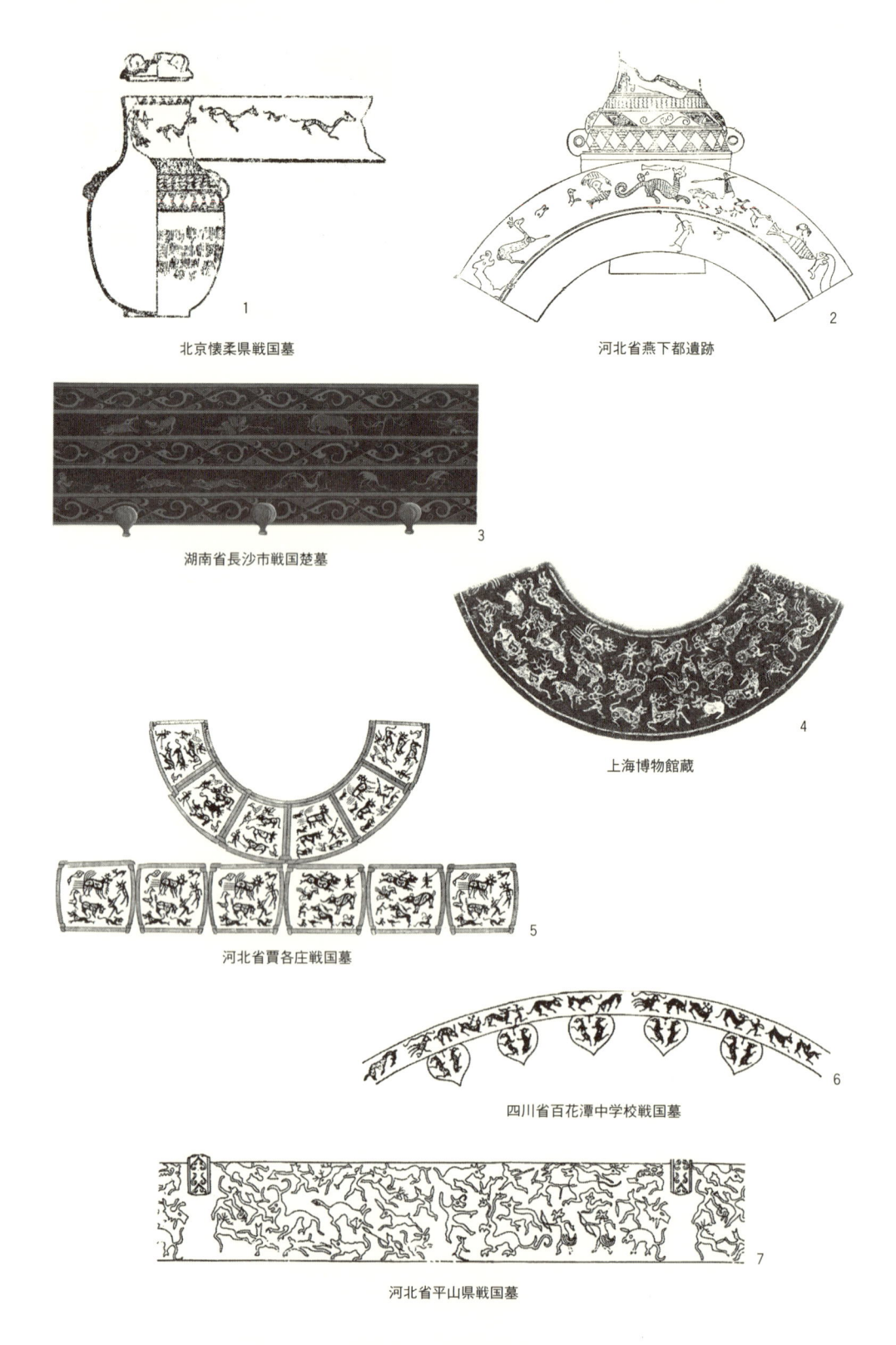

7　河北省平山県戦国墓

図Ⅳ-2　春秋戦国時代の徒歩狩猟文（1）（縮尺不同）

上海博物館所蔵の春秋晩期の青銅象嵌狩猟文豆蓋と胴部には、狩猟文を装飾し、狩猟者がいずれも徒歩姿で剣・棒・矛などを手にし、あるいは徒手で象・鹿・虎・野獣と闘っている場面を描く（図Ⅳ-2の4）[上海博青銅器研究組 1984]。

　河北省唐山市賈各庄戦国早期墓出土の狩猟文青銅壺には、狩猟文が上下二段に分けられ、縄状文で12個の枠を作るが、各枠内の狩猟文はほぼ同じである。狩猟者は、いずれも徒歩で長矛・棒・剣などの道具を持ち、牛・象などの野獣と闘っている（図Ⅳ-2の5）[安志敏 1953]。

　河北省平山県戦国早期墓出土の狩猟宴楽文青銅豆蓋の狩猟文（図Ⅳ-2の7）[河北省文物研 1987]では、狩猟者はいずれも徒歩で、短剣あるいは矛を持って野獣を突き刺し、一部が弓を引き絞り、野獣に向かって矢を射かけようとしている。同墓出土の銅鑑にも狩猟文があり、狩猟者が車上から前方に向かって、弓で矢を射かけようとする姿や、徒歩で弓を鹿に向け、矢を射ようとする姿もある。

　四川省成都市百花潭中学校10号戦国墓出土の青銅壺胴部最下部の狩猟文は、徒歩の狩猟者が剣を執って、野獣と闘っている（図Ⅳ-2の6）[四川省博 1976]。

　河南省輝県瑠璃閣56号墓、同59号墓出土の戦国時代青銅狩猟文壺（図Ⅳ-3の1・2）[郭宝鈞 1959]は、ほぼ同じ器形であり、そのうちの59号墓から出土した青銅壺の狩猟文がよく保存されているので、例として挙げて述べよう。狩猟文は、三段二列に仕立てられた枠内のそれぞれに描かれ、徒歩の狩猟者が剣を持ち、一人あるいは二人で豹や犀と闘っており、豹の頸部に矛が突き刺さっている。壺胴部の下方には、鳥頭形を呈する狩猟者が弓を手にして、前に立ちはだかって襲いかかろうとする鳥形怪獣に向かい矢を射ようとする姿もある。瑠璃閣76号墓出土の狩猟文青銅壺胴部にも狩猟文があり、徒歩の狩猟者が剣を持って、一人あるいは二人で牛や豹と闘い、牛や豹の背中には矛が突き刺さり、文様の下方にで鳥を射る狩猟文もある。

　洛陽市西工131戦国時代墓出土の4点の青銅壺（図Ⅳ-3の3・4）[蔡運章ほか 1994]は、いずれも狩猟文を持つ。狩猟者は、いずれも徒歩で、弓や短剣を持ち、鹿・犀・虎などの猛獣と闘っている。狩猟文の中には、鳥頭形を呈する狩猟者が弓を引き絞って、矢を射かけようとする姿もある。

　古越閣所蔵の青銅壺の狩猟文（図Ⅳ-3の5）[李学勤 1994]では、狩猟者が矛や短剣を持ち、野獣と闘っている。

　江蘇省淮陰市高庄戦国中期墓出土の刻文銅器の狩猟文（図Ⅳ-3の6）[淮陰市博 1988]では、鳥頭の狩猟者が矛を持ち、野獣と闘い、あるいは弓を引き絞って野獣を射ようとしている。

　陝西省鳳翔県高王寺出土の戦国時代青銅壺では、胴部最下段に狩猟文（図Ⅳ-3の7）[韓偉ほか 1981]があり、徒歩狩猟者が矛や剣などを持ち、野獣と闘っている。

(2) 車馬狩猟文

　東北師範大学所蔵の春秋時代長脚青銅壺の胴部の狩猟文（図Ⅳ-4の1）[孫力楠 2005]は、画面の中央には2頭の馬が1両の戦車を牽き、御者が前に座り、狩猟者が立って後ろを向き、後ろから襲いかかろうとする野獣に矢を射ようとする瞬間を表している。車の周りには、驚いて逃げまどう鳥・走獣を配し、戦車の前後に二人の徒歩狩猟者が見える。この青銅壺の文様と類似するも

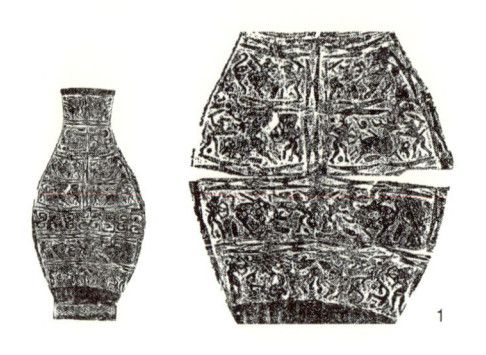

第Ⅳ章　唐代金銀器の装飾文様の検討

河南省輝県瑠璃閣56号戦国墓　　　　河南省輝県瑠璃閣59号戦国墓

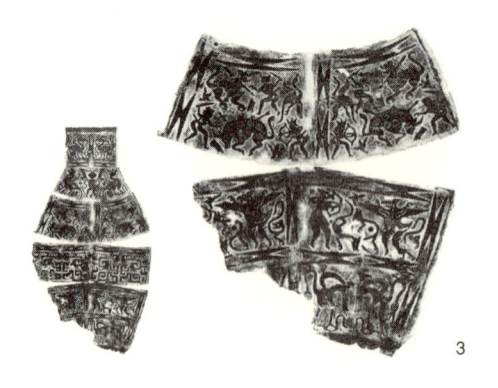

河南省西工131号戦国墓　　　　河南省西工131戦国墓

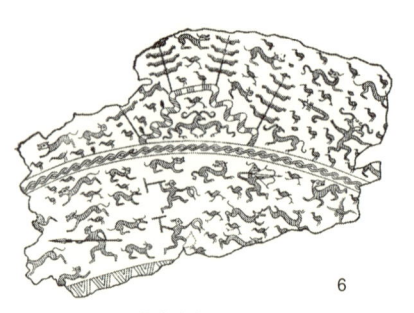

古越閣蔵　　　　　　　　　　　　　江蘇省高庄戦国墓

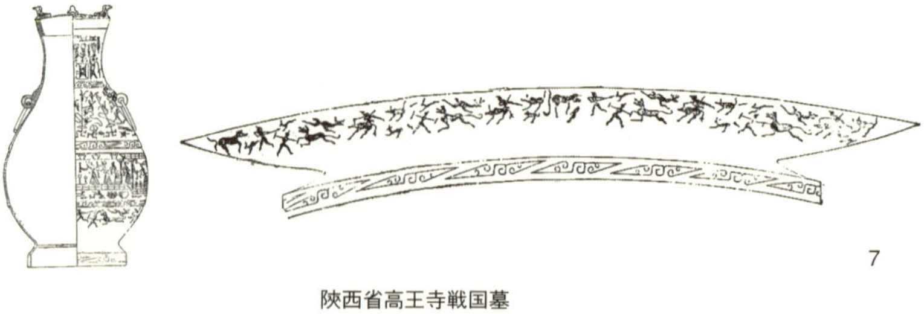

陝西省高王寺戦国墓

図Ⅳ-3　春秋戦国時代の徒歩狩猟文（2）（縮尺不同）

のが、日本にも所蔵されている［林 1989a］。

前述した古越閣所蔵の青銅壺の狩猟文には、車馬狩猟文（図Ⅳ-4の2）もある。一人の狩猟者が車の中で立って後方に向け、矢を射ようとする瞬間を表している。車の前方には徒歩狩猟者の狩猟場面が描かれる。

江蘇省淮陰市高庄戦国中期墓出土の刻文銅器には、車馬狩猟文があり、2頭の馬が牽く車の中で一人の狩猟者が後ろの野獣に向かい、矢を射ようとする姿を表している。その周りには鳥頭形を呈する羽人が弓を手にし、後方の野獣に向かい矢を射かけようとする姿と、長矛を執り動物を追いかける姿もある（図Ⅳ-4の3・4）［淮陰市博 1988］。

内モンゴル自治区寧城県南山根102号石槨墓（西周晩期から春秋時代まで）出土の長さ34cmの骨器（図Ⅳ-4の5）［中国社科院考古研東北工作隊 1981］には、写実的な手法で線刻された狩猟文があり、画面が三つの部分に分けられる。先端（図の右端）には2頭の鹿と弓を持つ一人の狩猟者を線刻し、中央には2両の馬車が前後に並び、後ろの馬車の傍には2匹の猟犬をそれぞれ線刻し、後端には2列の三角文を線刻している。

湖北省江陵県馬山1号楚墓出土の狩猟文絛（図Ⅳ-4の6）［湖北省荊州地区博 1996］には、菱形枠の中に狩猟者と獲物をそれぞれ装飾し、前の菱形枠には1頭の走鹿を配し、後ろの菱形枠には御者と一人の狩猟者が車に乗り、狩猟者が車の中に立って、前の菱形枠の走鹿に向かって矢を射ようとする姿を表している。下方の菱形枠では、一人の狩猟者が徒手で野獣と闘っている。阮文清氏［1987］は、この絛の文様内容を検討した論文を発表した。

（3）騎馬狩猟文

伝洛陽金村古墓出土の銅鏡には、六組の文様を装飾している。その中の一組は、一人の騎馬武人が冑をかぶり、鎧を着て、右手に短剣を持ち、前方の後脚立ちの豹形野獣と闘おうとする姿を表している（図Ⅳ-4の7）［李学勤 1984］。これはこれまでに知られる戦国時代唯一の騎馬狩猟文を装飾する銅鏡である。しかしながら、咸陽市石油鋼管廠戦国時代秦墓出土の騎兵俑（図Ⅳ-4の8）［咸陽市文物考古研 1996］からみると、決して突出した例とはみなせない。

（4）繳射文

繳射文とは、弋で飛鳥を射る狩猟文であり、弋射とも言われる。宋兆麟［1981］氏は、繳射および繳射文についてすでに論じている。何駑［1996］氏は、発掘調査による出土の繳線軸についての論文も発表した。陝西省鳳翔県高王寺戦国時代墓出土の青銅壺（図Ⅳ-4の9）、成都市百花潭中学校戦国時代墓出土の青銅壺（図Ⅳ-4の10）、湖北省随県曾侯乙墓出土の木棺［随県擂鼓墩一号墓発掘隊 1979］はいずれも繳射文を装飾する。弋射猟は先秦時代の重要な狩猟形式の一つであり、狩猟文の一種として取り上げた。

小　結

前述したように、先秦時代の狩猟文は、徒歩狩猟・車馬狩猟・騎馬狩猟・繳射の四種に分けられる。その中では、徒歩狩猟文が圧倒的に多数を占め、しかも剣・矛・弓などの道具を用いて、野獣と直接に闘い、次には車馬狩猟文で、第三は繳射文である。騎馬狩猟文は、1点の銅鏡にしか装飾されていないので、当時の重要な狩猟文ではなかったのであろう。

第Ⅳ章　唐代金銀器の装飾文様の検討

1　東北師範大学蔵

2　古越閣蔵

3　江蘇省高庄戦国墓

4　江蘇省高庄戦国墓

5　内モンゴル自治区南山根102号墓

6　湖北省馬山1号戦国墓

7　伝河南省洛陽金村古墓

8　陝西省石油鋼管廠戦国秦墓

9　陝西省高王寺戦国墓

10　四川省百花潭中学校戦国墓

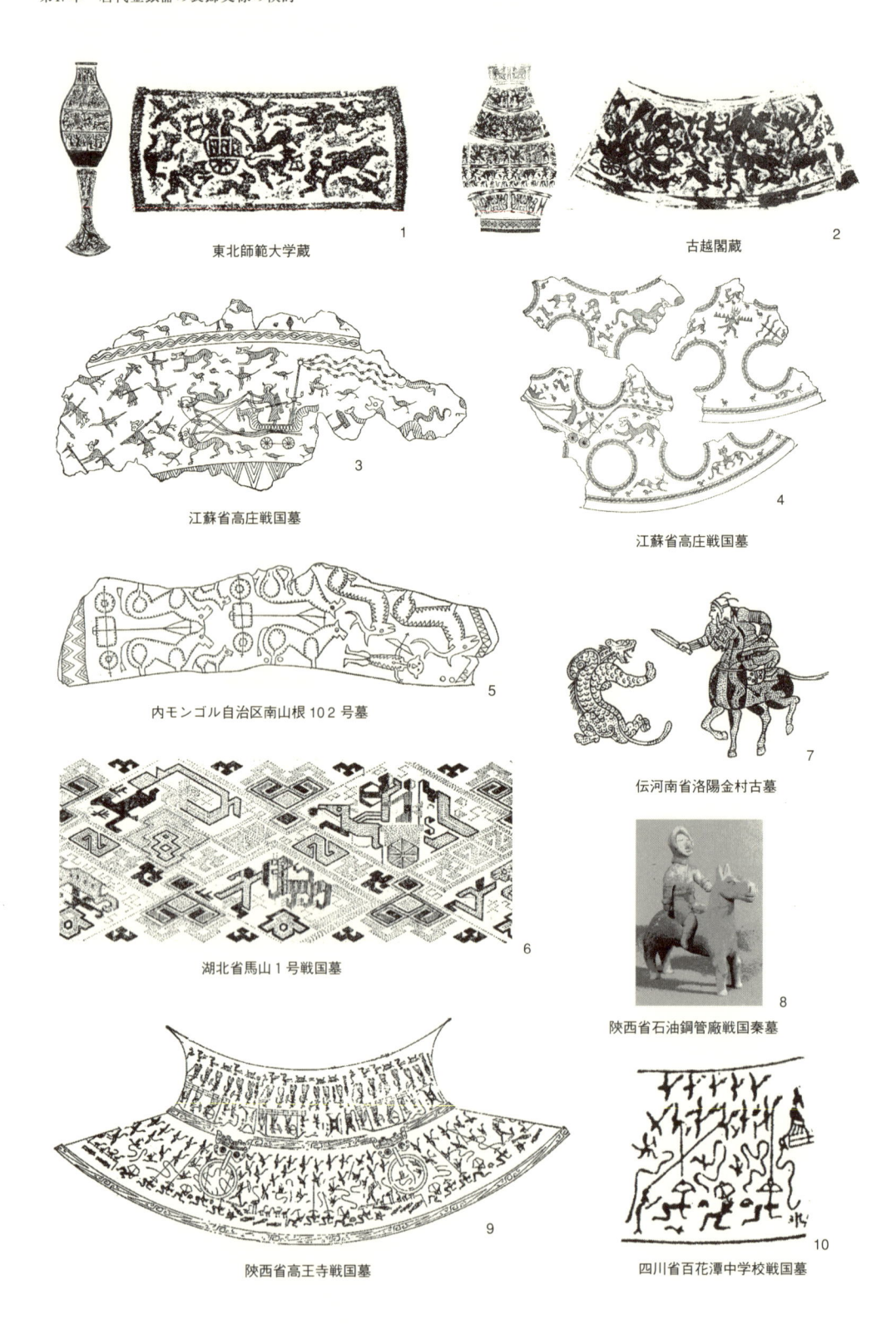

図Ⅳ-4　戦国時代の車馬・騎馬・繳射狩猟文（縮尺不同）

第1節　狩猟文

（二）秦代の狩猟文

秦王朝は、中国歴史上の短命王朝中の一つではあるが、後世の中国歴史に大きな影響を与えた王朝でもある。これまでに発見された秦代の狩猟文は、徒歩狩猟文と騎馬狩猟文の二種に分けられる。

（1）徒歩狩猟文

秦代の徒歩狩猟文は、戦国時代の伝統をそのままに継承したと見られる。例えば、陝西省鳳翔県雍城遺跡出土の瓦当には、一人の狩猟者が長矛を持ち、豹を突き刺そうとする姿（図Ⅳ-5の1）［陝西省考古研秦漢研究室　1986］を印刻している。湖北省雲夢県睡虎地秦墓（前217年前後）出土銅鏡の狩猟文（図Ⅳ-5の2）［『雲夢睡虎地秦墓』編写組　1981］は、二人の徒歩狩猟者が盾と剣を持ち、虎と熊形動物とそれぞれ闘おうとする姿を表している。

（2）騎馬狩猟文

秦代の騎馬狩猟文は、これまで発見された数が少ない。陝西省鳳翔県秦雍城遺跡出土の画像磚には、騎馬狩猟文（図Ⅳ-5の3・4）［北京汽車製造廠工人理論組ほか　1975］を印刻している。画面中の騎馬狩猟者は、いずれも馬を走らせ、前方の走鹿に向かい、矢を射ようとする姿を描写し、馬の高さより低い起伏連山、樹木などを配している。狩猟者の前方に、猟犬が走鹿に跳びかかっている画面も装飾している。画面の内容からみると、秦代画像磚の狩猟文は、同じ印型で繰り返し印刻したものである。しかも、宴楽、侍衛、苑園などの場面と組み合わせ、同一画像磚に飾り、戦国時代青銅器の狩猟文の配置方法とほぼ同じであり、戦国時代の伝統を継承する性格を明らかにしている。

（三）漢代の狩猟文

漢代の狩猟文は、画像石、画像磚、壁画、陶器、漆器、青銅器などに装飾され、戦国時代の狩猟文との大きな相違点は主に騎馬狩猟文を中心とすることである。これは、漢武帝が匈奴と戦うために、騎兵を組織したことと密接な関係を持つ。咸陽市楊家湾漢墓［陝西省文管会ほか　1977］から騎兵の陶俑が多量に発見され、当時の騎兵がすでに軍隊の主力であった証左とされ、画像石などに騎馬狩猟を中心に描くのも決しておかしくない。当時の狩猟文画面にもとづき、騎馬狩猟文・徒歩狩猟文・車馬狩猟文・繳射文・鷹狩文の五種に分けられる。

（1）騎馬狩猟文

騎馬狩猟文は、単騎狩猟・双騎狩猟・多騎狩猟に分けられる。

① 単騎狩猟文　単騎狩猟文の特徴は、一つの画面の中で、一人の狩猟者だけを描いている。狩猟者の向く方向にしたがって、いわゆるパルティアン・ショット（安息式射法）のA型と通常の前方を向く狩猟姿勢のB型の二種に分けられる。

A型：いわゆるパルティアン・ショット狩猟文。狩猟者がいずれも馬を走らせ、上半身を捩って後ろを向き、弓を引き絞って矢を射かけようとしている姿を表す。漢代の画像石、画像磚などにしばしば見える。以下、その実例を挙げよう。

第Ⅳ章　唐代金銀器の装飾文様の検討

1
陝西省秦雍城遺跡

2
湖北省睡虎地秦墓

3
陝西省秦雍城遺跡

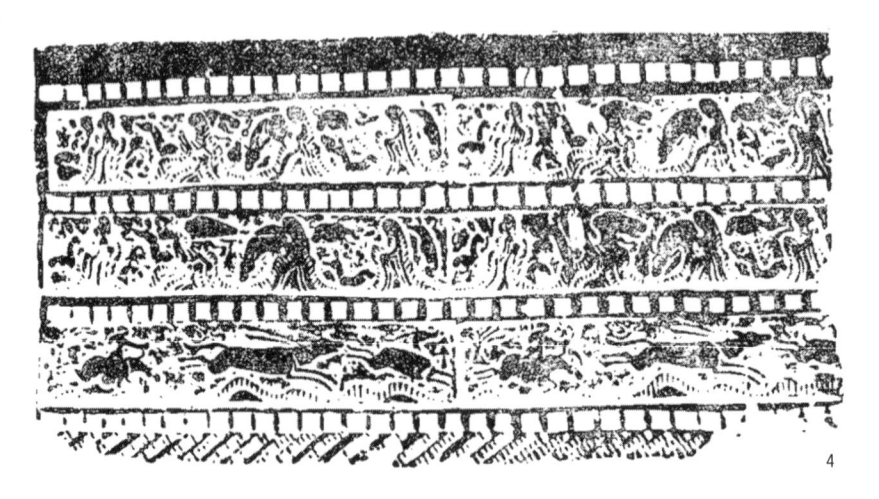

4
陝西省秦雍城遺跡

図Ⅳ－5　秦代の徒歩・騎射狩猟文（縮尺不同）

第1節　狩猟文

　河南省鄭州市出土の画像磚の単騎狩猟文は、後方の走兎あるいは襲いかかろうとする虎に向かい、矢を射ようとする姿を表している（図Ⅳ－6の1・2）［周到ほか 1985］。

　画像石、画像磚だけでなく、車馬具にも装飾される。例えば、河北省定県三盤山122号前漢墓出土の円筒形馬車金具の装飾文様（図Ⅳ－6の3）［河北省文物研 1980］は、四段に分けられ、上段から第三段目にある狩猟文では、狩猟者が馬を走らせながら上半身を捩り、後方から襲いかかろうとする虎に向かい、後ろ向きに矢を射かけようとする瞬間を描写している。周りには、熊・鹿・狼・猿・山羊・羚羊・野牛・猪・雁・鷹などの動物や、起伏した連山や、草花も配している。この車馬金具の狩猟文とよく似た作品が他に2点知られる。一つは東京芸術大学美術館所蔵の伝平壌出土の金銀象形金具［東京芸術大学 1978］、もう一つは狩猟文を装飾する漢代の車馬具がMIHO MUSEUMに所蔵されている［MIHO MUSEUM 1999］。史樹青［1972］氏は、その円筒形馬車金具の装飾文様中の騎馬・騎象・騎駱駝の人物は、いずれも鼻が高く目が深い胡人狩猟者であり、しかも揚雄の「長楊賦」および司馬相如の「子虚賦」の内容と関わり、装飾文様の全体が現実と神話の両方の特徴を持っていると指摘した。鄭灤明［2000］氏は、それについての論文も発表している。

　漢墓出土の青銅製揺銭樹にも狩猟文がある。例えば、陝西省城固県漢墓出土の青銅製揺銭樹の狩猟文（図Ⅳ－6の5）［羅二虎 1998］は、狩猟者が上半身を捩って後ろ向きに矢を射ようとする姿を表している。

　B型：通常の前射の単騎狩猟文。狩猟者が馬を走らせながら、前方の獲物に向かって、矢を射ようとしている姿を表す。例えば、河南省鄭州市出土の画像磚の狩猟文（図Ⅳ－6の4）［鄭州市博ほか 1988］は、後方を振り返りながら前方を走る鹿に向かい、矢を射かけようとする瞬間を表している。

　② 双騎狩猟文　双騎狩猟文は、漢代の画像石、画像磚、陶器などにしばしば見える。装飾文様としては単騎狩猟文中のA型とB型の要素を採り入れて組み合わせたもので、狩猟者はいずれも馬を走らせている。

　河南省登封県十里鋪村西北1kmに位置する少室東闕に装飾する狩猟文（図Ⅳ－6の6）［河南省博ほか 1990］は、二人の狩猟者が1頭の鹿を挟んで、前方の狩猟者が上半身を後ろに捩り、後方の狩猟者が前に向かい、鹿に矢を射ようとする姿を表し、鹿はすでに頸を射抜かれて倒れている。類例は、河南省鄭州市出土の画像磚にも数多く見られる［鄭州市博ほか 1988］。

　陝西省綏徳県黄家塔6号漢墓出土の画像石には、虎と鹿・狐などの群れを挟んで二人の騎馬狩猟者がいずれも馬を走らせている。前方の狩猟者は上半身を捩って後ろから襲いかかろうとする虎に向け矢を射ようとし、後方の狩猟者は弓を引き絞り虎と鹿・狐などの群れに向かって矢を射ようとしている（図Ⅳ－6の7）［戴応新ほか 1988］。

　鄭州市出土の画像磚には、二人の狩猟者を印刻し、共に1頭の鹿を挟み撃ち、前方の狩猟者が上半身を後ろに捩り、後方の狩猟者は前方に向け、いずれも矢を射ようとする姿を表している（図Ⅳ－6の8）［周到ほか 1985］。

　陶器にも双騎狩猟文が見られる。洛陽市漢墓出土の陶壺には、二人の騎馬狩猟者が彩色で描か

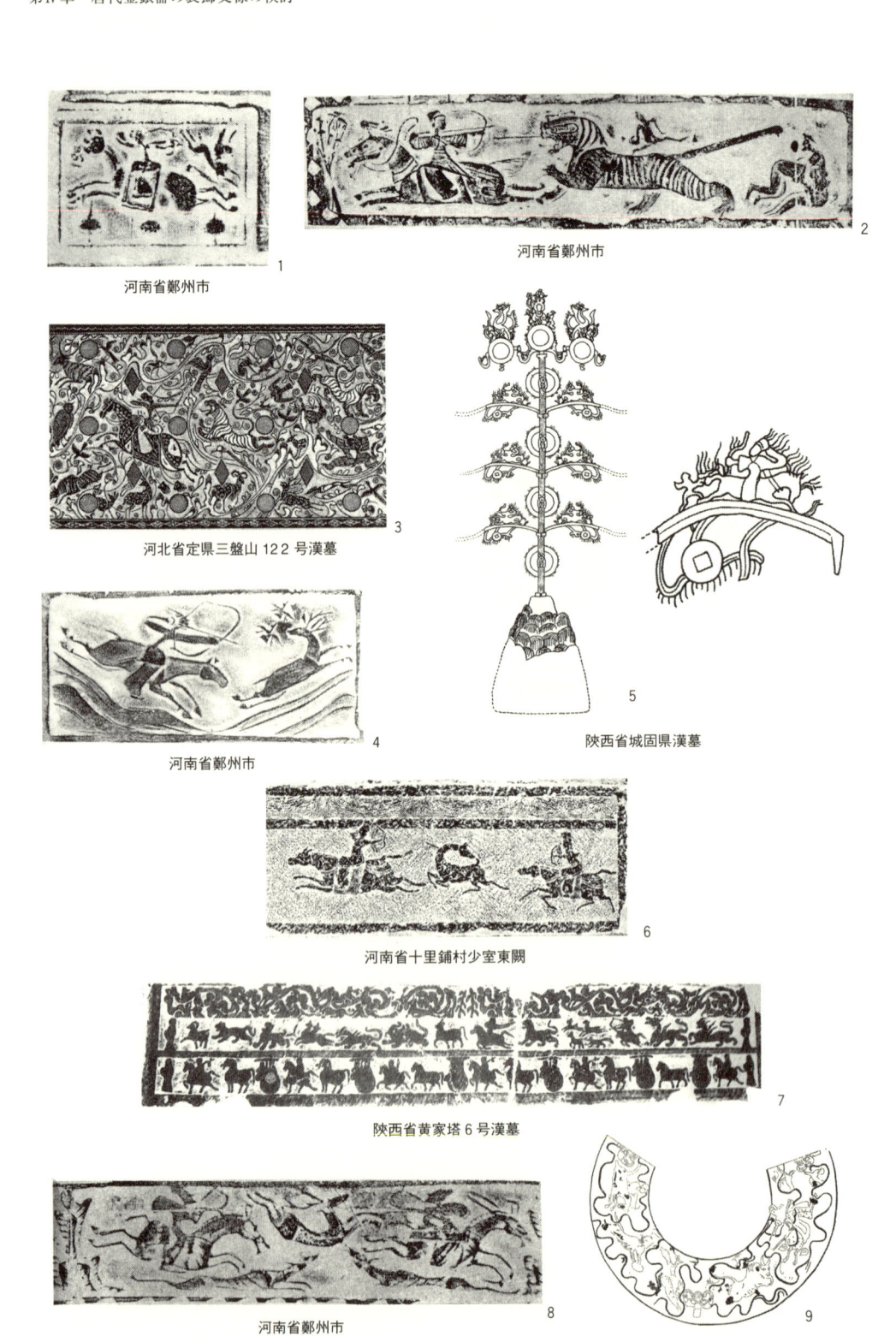

第Ⅳ章　唐代金銀器の装飾文様の検討

1　河南省鄭州市
2　河南省鄭州市
3　河北省定県三盤山122号漢墓
4　河南省鄭州市
5　陝西省城固県漢墓
6　河南省十里鋪村少室東闕
7　陝西省黄家塔6号漢墓
8　河南省鄭州市
9　河南省洛陽市漢墓

図Ⅳ-6　漢代の騎射・単騎・双騎狩猟文（縮尺不同）

第 1 節　狩猟文

れ、前の狩猟者が上半身を捩り、後ろから襲いかかろうとする牛に、もう一人の騎馬狩猟者は前方の二頭の走鹿に向かい、いずれも矢を射ようとする姿を表している（図Ⅳ－6の9）［洛陽市文物工作隊 1983］。

　③ **多騎狩猟文**　多騎狩猟文も、双騎狩猟文と同様、いずれも単騎狩猟文中のA型とB型の両方の要素を採り入れて、組み合わせたものである。画面がさらに長く、狩猟者の人数も三人以上からなる。この種の狩猟文は、画像石や漢墓壁画などに多い題材である。

　陝西省神木県大保当23号漢墓画像石（図Ⅳ－7の1）［陝西省考古研ほか 1997］には、長い画面の狩猟文が彫刻されている。画面左側から右側まで、三人の騎馬狩猟者が、いずれも同じ方向に向かって馬を走らせている。前の二人の狩猟者は走鹿に向けて矢を射ようとしており、最後の狩猟者は上半身を捩り、後ろから襲いかかろうとする虎に向かい、矢を射ようとしている。その間には、走鹿・その走鹿に跳びかかろうとする猟犬・鷹が兎を捕えようとする瞬間などの場面も配している。

　陝西省米脂県官庄村4号漢墓画像石の狩猟文（図Ⅳ－7の2）［陝西省博ほか 1972］は、画面左側から右側まで、五人の騎馬狩猟者が、いずれも馬を走らせ、第一人目、第三人目、第五人目の狩猟者はそれぞれ前方の虎あるいは逃げている鹿の群れに向かって、矢を射ようとしている。第二人目と第四人目の狩猟者はいずれも上半身を後ろに捩って、後方の逃げている鹿の群れに向かって矢を射かけようとしている。類例は、同省綏徳県黄塔9号漢墓出土の画像石（図Ⅳ－7の3）［戴応新ほか 1988］にも彫刻されている。

　西安理工大学で発見された前漢墓の墓室東壁中部には、美しい狩猟図（図Ⅳ－7の4）［国家文物局 2004］が描かれる。しかも、被葬者の出行を表す「出行図」と一緒に配されている。はっきり見える部分は、九組に分けられる。第一組は、一人の騎馬狩猟者が疾走しながら、前方を逃げている鹿に向けて矢を射ようとする姿を表している。第二組は、二人の騎馬少年が話し合いながら、轡を並べて同じ速さで駆けている。第三組は、一人の狩猟者が馬を走らせて、羚羊に向かい、矢を射ようとする瞬間を表している。第四組は、一人の騎馬狩猟者が馬を走らせながら前方に向けて、矢を射かけようとする姿を表している。第五組は、一人の狩猟者が馬を降りて、獲物を捕っている。第六組は、一人の騎馬狩猟者が馬を走らせ、そばに一人の徒歩狩猟者が獲物を追いかけている。第七組は、一人の騎馬狩猟者が馬を走らせ、長矛を持って、獲物を突き刺そうとする姿を表している。第九組は、一人の狩猟者が左側から上半身を捩り、後方を走る野牛に向かい、まさに矢を射かけようとする瞬間を描写する。

　(2) **徒歩狩猟文**

　徒歩狩猟文は、狩猟者が弓・棒・剣・矛などを執って野獣と闘い、あるいは猟犬・鷹などを使って狩猟している文様である。湖南省長沙市馬王堆3号墓（前168）から出土した狩猟文漆奩蓋の周りの文様では、徒歩狩猟者が長い矛を持って、2頭の走鹿を追いかけている（図Ⅳ－8の1）［湖南省博ほか 2004］。河南省南陽市王庄出土の画像石には、一人の徒歩狩猟者が猟犬を放って、兎に跳びかからせる場面を彫刻している［南陽市博 1985］。鄭州市出土の画像磚には、一人の徒歩狩猟者が長い矛を持って、虎に向かい、突き刺そうとする姿を印刻している（図Ⅳ－8の2）［周到ほ

115

第Ⅳ章　唐代金銀器の装飾文様の検討

陝西省大保当23号漢墓

陝西省官庄村4号漢墓

陝西省黄塔9号漢墓

陝西省西安理工大学漢墓

陝西省官庄村4号漢墓

図Ⅳ-7　漢代の多騎・混合狩猟文（縮尺不同）

第1節　狩猟文

1　湖南省馬王堆3号墓
2　河南省鄭州市 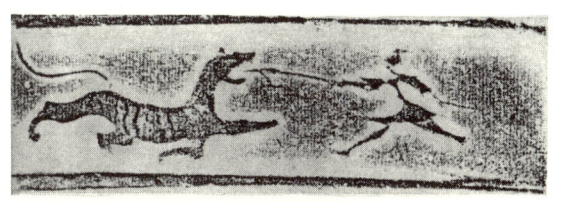
3　河南省鄭州市 
4　河南省新鄭県 
5　陝西省馬泉漢墓 
6　四川省揚子山 

図Ⅳ-8　漢代の徒歩・車馬・繳射狩猟文（縮尺不同）

か 1985］。鄭州市出土の画像磚には、徒歩狩猟者が素手で虎と闘う姿もある（図Ⅳ－8の3）［鄭州市博ほか 1988］。河南省新鄭県出土の画像磚には、徒歩狩猟者が獲物に向かい、弓を膝撃する姿を装飾している（図Ⅳ－8の4）［薛文燦ほか 1993］。

（3）車馬狩猟文

咸陽市馬泉漢墓出土の漆奩に描かれる車馬狩猟文（図Ⅳ－8の5）［咸陽市博 1979］は、狩猟者が車に乗って、後ろの走兎に向かい、弩から矢を射ようとする姿を表している。

もう一種の車馬狩猟文は、漢墓画像石や壁画などに装飾され、車に乗った生前の被葬者を中心とし、周りを騎馬狩猟者に囲まれながら狩猟に出かける画面を表し、「車馬出行図」と呼ばれる。例えば、山東省武梁祠（また、武氏祠と呼ぶ）画像石に彫刻される車馬狩猟文［朱錫録 1986］、内モンゴル自治区和林格尓漢墓壁画に描かれた車馬狩猟文［内蒙古自治区博文物工作隊 1978］などは、いずれも被葬者を中心として画面が構成される。

（4）繳射文

漢代の繳射文は、戦国時代のものと比較すれば、きわめて少ない。成都市揚子山出土の画像磚には、繳射文（図Ⅳ－8の6）［重慶市博 1957］が印刻されている。また河南省南陽市靳崗郷出土の画像石にも、繳射文が彫刻されている［南陽市博 1985］。

（5）鷹狩文

騎馬狩猟文と比較すれば、鷹狩文はあまり多くない。陝西省神木県大保当23号漢墓出土の画像石には、鷹狩文を彫刻している。同省綏徳県黄家塔9号漢墓出土の画像石には、鷹狩文と鷹を腕に止まらせている騎馬狩猟者を彫刻している。

なお、前述した狩猟文を組み合わせた文様もある。例えば、陝西省米脂県官庄村4号漢墓出土の画像石には、二人の騎馬狩猟者と二人の徒歩狩猟者を組み合わせた狩猟文（図Ⅳ－7の5）がある。

小　結

漢代の狩猟文には、いわゆるパルティアン・ショットという狩猟姿勢がよく見受けられる。通常の前射の狩猟文だけではなく、漢代画像石には胡漢戦争と呼ばれる場面を題材とし、胡人が馬を走らせ、上半身を捩って後向きに矢を射かけようとする姿態が多い。例えば、山東省滕県西戸口と万庄出土の胡漢戦争を題材とした画像石には、そうした場面が彫刻されている［孫機 1987］。その題材を創作した漢代芸術者たちは、馬を走らせて上半身を回し、後ろに向って矢を射る姿勢を十分熟知したうえで創作したのであろう。漢代狩猟文には、騎馬狩猟・徒歩狩猟などが多いが、特に騎馬狩猟が圧倒的多数を占め、しかも騎馬狩猟文の中でも上半身を捩って後ろを向き、矢を射かけようとする姿勢が数え切れないほど多い。それらの狩猟文のモチーフが、後世に強い影響を与えたことは否定できないであろう。漢代の壁画・画像石・画像磚・陶器・車馬具などを問わず、特に画像石・画像磚・墓葬壁画などに装飾される狩猟文は、ほとんど出行・宴楽などと組み合わせて装飾している。例えば、陝西省綏徳県永元八年（96）画像石墓の装飾文様は、出行図の前に二人の騎馬狩猟者が弓を引き絞って鹿や狐に向かい、矢を射ようとする姿を表し、狩猟者の後ろには車馬出行図を彫刻している［綏徳県博 1983］。その構図方式は、戦国時代にすでに出現し、

漢代に継承された。

漢代銅鏡にも狩猟文を装飾している。例えば、西安市文物管理委員会所蔵の車馬人物銅鏡には、狩猟などの文様を組み合わせて装飾している［傅嘉儀 1979］。

漢代狩猟文の流行は、国家政策と密接な関係を持ち、しかも地域によって騎馬や狩猟などを重視する程度も異なる。『漢書・地理志』には、「及安定、北地、上郡、西河皆迫近戎狄、脩習戦備、高上気力、以射猟為先」と記されている。この記載から見れば、陝西省の北部地域では、漢代に騎馬民族の戎狄と隣接する関係から、戦争に備えて、中央政府がその地域での騎馬、狩猟を重視していたのであろう。こうした事情を勘案することによって、この地域で発見された画像石に狩猟文が流行する理由を窺うことが可能となる。現実的な要請が、漢代狩猟文の流行をも促進したのである。

（四）魏晋南北朝時代の狩猟文

魏晋南北朝時代の狩猟文は、漢代狩猟文とよく似ており、漢代の伝統を継承したものと思われる。この時代のもう一つの特徴は、ソグド人墓出土の石槨や石屏風にも西・中央アジア風の狩猟文を彫刻していることである。大同市北魏封和突墓からは、1点のササン朝ペルシア狩猟文銀皿も発見された［大同市博ほか 1983］。さらに、東北地方の高句麗古墳壁画にも狩猟図が描かれている。魏晋南北朝時代の狩猟文は、騎馬狩猟文、鷹狩文、徒歩狩猟文、ソグド・ササン朝ペルシア狩猟文に分けられる。その中の騎馬狩猟文は、狩猟者の人数によって、単騎狩猟文、双騎狩猟文、多騎狩猟文に分けられる。それらは、組み合わさって、魏晋南北朝時代の狩猟文の様式を構成していた。

（1）騎馬狩猟文

① **単騎狩猟文**　魏晋南北朝時代の単騎狩猟文は、漢代のものと同じパルティアン・ショット（A型）と通常の前方騎射の狩猟文（B型）の二種に分けられる。

A型：いわゆるパルティアン・ショット狩猟文。

甘粛省嘉峪関市西晋墓壁画の狩猟文（図Ⅳ－9の1）［甘粛省文物隊ほか 1985］は、狩猟者が馬上で上半身を捩って、後方の走兎に向かい、矢を射ようとする姿を表している。一般的には、獲物は頸部を矢で射抜かれた姿を表している。この地域の狩猟文の特徴は、狩猟者と獲物を1個の磚に描いている点である。

甘粛省敦煌市仏爺廟湾西晋墓壁画の狩猟文（図Ⅳ－9の2）［甘粛省文物考古研 1998］は、一般的に狩猟対象が後ろに、狩猟者が前に描かれ、いずれも上半身を捩り、後ろの獲物に向かい、矢を射かけようとする姿を表している。この地域の狩猟文の特徴は、数個の磚に狩猟者と狩猟対象をそれぞれ別々に描き、それらを一緒に組み合わせて、一幅の完成した狩猟図に仕上げた点である。狩猟文中の狩猟対象は、虎・牛・羊が多く、しかも背中・頸部・頭部を矢で射抜かれた姿を表している。

B型：通常の前方騎射の狩猟文。

嘉峪関市西晋墓壁画の単騎狩猟文（図Ⅳ－9の3）は、狩猟者が馬を走らせて、長い矛を持って、

第Ⅳ章　唐代金銀器の装飾文様の検討

甘粛省嘉峪関市西晋墓

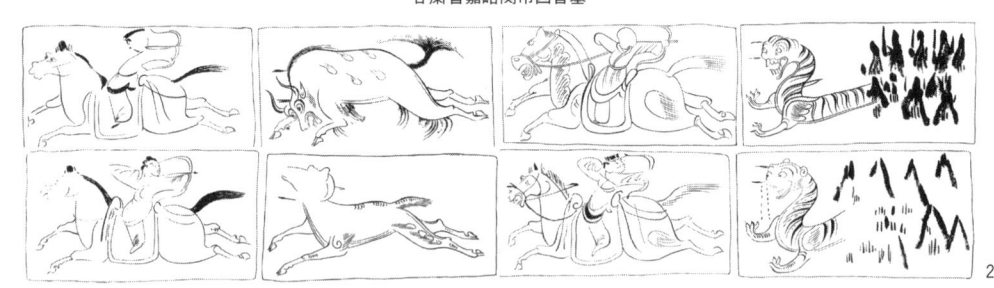

甘粛省仏爺廟湾西晋墓

甘粛省嘉峪関市西晋墓

甘粛省嘉峪関市西晋墓

図Ⅳ−9　魏晋南北朝時代の単騎・鷹狩狩猟文（縮尺不同）

120

前の走羊・走鹿などの動物を刺そうとする姿を、あるいは前の走羊・走鹿などの動物に向かい、矢を射かけようとする姿を表している。

朝陽市袁台子東晋墓前室東壁の壁画の狩猟文は、狩猟者が馬を走らせて、前の走鹿・走羊に向かい、弓を引き絞り、矢を射かけようとする姿を描いていた［遼寧省博 1988］。

朝陽市三合成前燕時代墓出土の鍍金鞍金具には、単騎狩猟文を透彫り技法で彫刻し、狩猟者が馬を走らせ、前方に向かって、矢を射かけようとする姿を表している［于俊玉 1997］。

② 双騎狩猟文　双騎狩猟文も、いずれも単騎狩猟文の中のA型とB型の両方の要素を採り入れ、組み合わせたものである。

嘉峪関市西晋墓壁画の双騎狩猟文（図Ⅳ-10の1）は、二人の狩猟者が馬を疾駆させ、同時に前方に向けて矢を射ようとする姿を表している。

甘粛省敦煌石窟249号西魏石窟壁画には、狩猟図（図Ⅳ-10の2）［敦煌文物研編輯委員会 1958］を描き、二人の騎馬狩猟者がいずれも馬を疾駆させ、その中の一人が上半身を捩って、後ろから襲いかかろうとする虎に向けて矢を射ようとする瞬間を表している。もう一人の狩猟者は逃げる3頭の鹿を追いかけて、矢を射ようとしている。

③ 多騎狩猟文　多騎狩猟文も、双騎狩猟文と同様、いずれも単騎狩猟文のA型とB型の両方の要素を採り入れ、組み合わせたものである。

朝陽市袁台子十六国後燕墓壁画には、狩猟文が描かれている。被葬者が画面の中心に置かれ、馬を走らせ、前方の逃げている鹿や羊などに向かって、矢を射かけようとしている。画面下方には、山岳文や樹木などが描かれる。被葬者以外に、三人の騎馬狩猟者も描かれる［遼寧省博文物隊ほか 1984］。

大同市智家堡北魏墓出土の漆棺には、漆で狩猟図（図Ⅳ-10の3）［劉俊喜ほか 2004］を描き、上方の騎馬狩猟者が馬を走らせ、上半身を捩り、天空を飛ぶ鴻雁に向けて矢を射かけようとする姿を表している。下方には、二人の騎馬狩猟者が向かい合って疾走し、中央の動物を挟撃している。漆絵のほかの内容は被葬者の出行図（出行するときの列）である。いずれも被葬者の生前の生活を題材としている。

固原県北魏墓出土の漆棺には、漆で狩猟図（図Ⅳ-10の4）［寧夏固原博 1988］を描いている。狩猟者はいずれも馬を走らせ、上半身を捩って後ろから襲いかかろうとする虎に向けて、あるいは前方逃げている動物に向けて、矢を射かけようとする瞬間を、あるいは長矛を持って、上半身を捩り、後方から襲いかかろうとする動物に向けて、突き刺そうとする姿を描写する。狩猟文の背景には、起伏の多い連山・走鹿・猪や飛翔する鳥を配置する。

内モンゴル自治区和林格爾の三道営郷北魏墓には、狩猟場面の壁画が残っている。この墓の壁画は、被葬者生前の出行・日常生活・狩猟・四神などのモチーフを組み合わせて描かれている。このような構図方式は、漢代画像石や壁画にすでに流行していたものである［蘇哲 1984］。

東北地方の高句麗古墳壁画にも、数多くの狩猟題材の壁画が発見された。吉林省集安市舞踊塚の狩猟図（図Ⅳ-10の5）は、狩猟が山間の平地で行われており、起伏のある山岳を平行する波状の線として描いている。猟場の右側には大きな樹木が立っており、山岳の上方には雲文を配し、

第Ⅳ章　唐代金銀器の装飾文様の検討

1
甘粛省嘉峪関市西晋墓

2
甘粛省敦煌石窟249号窟

3
山西省智家堡北魏墓

4
寧夏回族自治区固原県北魏墓

5
吉林省舞踊塚

6
吉林省長川県1号高句麗古墳

図Ⅳ-10　魏晋南北朝時代の双騎・多騎狩猟文（縮尺不同）

122

第 1 節　狩猟文

しかも山岳の稜線を境に上下二つの猟場に分けられ、上方では一人の狩猟者が馬を走らせ上半身を右から捩って、後方の反対方向に逃げる牡雌 2 頭の鹿に向けて矢を射かけようとする瞬間が描かれる。下方には二人の狩猟者がいずれも馬を疾走し、目の前の逃げる鹿、虎、兎などの動物に向かって矢を射かけようとする瞬間を表している［金基雄 1980］。

　吉林省集安市麻線溝 1 号墓の北側墓室上部壁画には、狩猟図が描かれ、二人の狩猟者がいずれも馬を走らせ、左側の狩猟者が、前の 2 頭の走鹿に向かい、矢を射ようとする瞬間を描写する［吉林省輯安考古隊 1964］。画面下方には、二人の狩猟者があり、その中の一人は左手に鷹を止まらせている。

　集安市通溝第 12 号墓には、3 頭の走鹿を追いかけて、矢を射ようとする瞬間を表し、その中の一頭の鹿は矢で射抜かれている［王承礼ほか 1964］。

　吉林省長川県 1 号墓の墓室も、狩猟図（図Ⅳ-10 の 6）［吉林省文物工作隊ほか 1982］を描いている。画面上部には伝統の行事を表し、下方には山林中での狩猟図を描く。狩猟者のほとんどが馬を走らせ、前方の逃げている鹿・猪・虎に向かい、あるいは上半身を捩って、後ろから襲いかかろうとする虎に向かって矢を射ようとする瞬間を表している。画面の中では、徒歩狩猟者が矛を持って、猪と闘う姿も描かれている。

　類似の高句麗古墳壁画は、朝鮮半島でも発見された。例えば、北朝鮮徳興里高句麗古墳の天井の狩猟図は、東側は上下二段に分けられ、狩猟者がいずれも馬を疾走させている。上段では二人の狩猟者が前方の走鹿に向かい、矢を射ようとする場面を表している。下段には三人の狩猟者を描き、左側の狩猟者が前方の逃げている猪に向かい、中央の狩猟者が右側から上半身を捩って後ろの猪に向かい、馬も顔を右に向け、右側の狩猟者が左側から上半身を捩って後方の射抜かれた鹿に向かい、いずれも矢を射かけようとする瞬間を描写している［朝鮮民主主義人民共和国社科院ほか 1985］。高句麗古墳壁画の狩猟図の検討から、高句麗民族が狩猟を好む一方、中原地域からの影響を受け入れたことが強く示唆される。

（2）鷹狩文

　単騎狩猟文の中では、鷹狩や猟犬を利用する狩猟壁画も描かれた。嘉峪関市西晋墓壁画の鷹狩図は、狩猟者が鷹を腕に止まらせながら馬を駆る姿とともに、すでに放たれた 2 羽の鷹が狩猟者の前方を飛翔する狩猟場面を描き、鷹が兎を捕えようとする場面も描いている（図Ⅳ-9 の 4）［甘粛省文物隊ほか 1985］。

（3）徒歩狩猟文

　大同市智家堡北魏墓出土の漆棺には、漆で狩猟図（図Ⅳ-10 の 3）［劉俊喜ほか 2004］を描く。画面上方には徒歩狩猟者が、正面から襲いかかろうとする猪に向かい、矢を射かけようとする姿を表している。徒歩狩猟文は、魏晋南北朝時代になると珍しくなった。

（4）魏晋南北朝時代のソグドとササン朝ペルシア狩猟文

　① ソグド人墓出土の狩猟文石刻　近年、西安市で北周時代のソグド人の墓が相次いで発見され、その中の安伽墓、史君墓は代表的なものである。それらの墓から出土した石槨には、狩猟図がよく採用されている。

第Ⅳ章　唐代金銀器の装飾文様の検討

（ⅰ）安伽墓から出土した石槨に装飾される狩猟図（図Ⅳ－11の1）［陝西省考古研 2003］は、いずれも浅浮き彫りの技法で彫刻している。左から第二番目の側壁は、上段には二人の騎馬狩猟者中の一人が棒状のものを持ち、もう一人が2頭の逃げる羚羊を追いかけている。下段には二人の騎馬狩猟者が疾走し、逃げている猪を追いかけ、1匹の猟犬が猪に跳びかかっている。画面の間には、樹木や石台座や草花を配している。

　左から第一番目の側壁は、五人の騎馬狩猟者が二組に分かれ、四人一組が左に向かい、もう一人が右に向かっている。四人組の中では二人の毛髪が長く、他の二人の毛髪が巻き毛で、いずれも馬を疾駆させ、前方の逃げている虎、兎、羚羊などを追いかけている。一人が、馬上で上半身を右から捉って、左手で棒状のものを持ち、襲いかかろうとする獅子に向けて振り下ろそうとする姿を表している。

　羽目板正面下段には、騎馬狩猟者が、前脚を広げ後脚立ちになって襲いかかろうとする獅子に向けて、真正面から矢で射かけようとする姿を装飾している。狩猟者の周りには、葦や樹木を配し、狩猟の背景場面を描写している。

（ⅱ）史君墓出土の石槨には、浅浮き彫り技法で精美な騎馬狩猟図（図Ⅳ－11の2・3）［西安市文物保護考古所 2005］を彫刻している。画面上段中央の左側には、帽子をかぶって弓を引き絞る一人の騎馬狩猟者を描く。馬の前方には5頭の動物が彫刻され、その中の1頭がすでに射抜かれて倒れ、他の4頭は鹿、羚羊、猪、兎である。画面の後部には、一人の騎馬狩猟者の顔だけが見え、左手に鷹を止まらせている。山岳文や樹木の間では、4匹の猟犬が獲物を捜している。石槨座の東側に彫刻された狩猟文は、両端に有翼飛天を、その間には狩猟文が彫刻されている。前の二人の狩猟者は、一人が弓を引き絞って、もう一人が長矛を持って、前後の2頭の羚羊を狙っている。彼らの後ろには、一人の狩猟者が地面に膝をつき、逃げている鹿に向けて矢を射かけようとしている。その間には、草花や樹木や山岳文を配している。石槨座の西側は、両端に有翼飛天を彫刻し、その間に狩猟文を配置する。前方の一人の狩猟者は花冠をかぶり、長矛を持って、襲いかかろうとする猪を突き刺していて、狩猟者と猪の間には葦を配している。後方の二人の狩猟者は、馬を走らせ、狩猟者の間には2頭の獅子の体がX字形を呈して絡み合い、いずれも後脚立ちになって前脚を広げ、二人の狩猟者に襲いかかろうとしている。一人の狩猟者は上半身を捉って後ろから襲いかかろうとする獅子に、もう一人の狩猟者は正面から襲いかかろうとする獅子に向けて、矢を射かけようとする場面を描写する。

（ⅲ）MIHO MUSEUM所蔵の北朝時代のソグド人墓から出土したと伝える石槨側壁には、狩猟文（図Ⅳ－11の4）［MIHO MUSEUM 2005］が彫刻されている。一つの側壁に彫刻された四人の狩猟者は、いずれも馬を走らせ、前方の逃げている羚羊などの動物に向けて、矢を射かけようとする姿を表している。画面下方には逃げる鹿・豹などの獲物を、狩猟者の間には猟犬を描いている。もう一つの側壁には、画面下方に二人の長髪の狩猟者が馬を並走し、前方の走鹿などの動物に向けて、矢を射かけようとする姿を表している。

②**ササン朝ペルシア狩猟文銀盤の発見**　大同市北魏封和突墓出土のササン朝ペルシアの狩猟文銀盤（図Ⅳ－11の5）［大同市博ほか 1983］は、王子とされる人物が長い矛を持ち、右側から後ろを振り

第1節　狩猟文

陝西省北周安伽墓　1

陝西省北周史君墓　2

陝西省北周史君墓　3

MIHO MUSEUM 蔵　4

山西省北魏封和突墓　5

図Ⅳ-11　魏晋南北朝時代のソグド・ペルシア狩猟文（縮尺不同）

125

返って、猪に向かって矛を突き刺そうとする瞬間を表している。これは、これまで中国で出土した唯一のササン朝ペルシアの狩猟文銀盤である。夏鼐［1983］氏と馬雍［1983］氏は、それぞれこの銀盤について論じ、ササン朝ペルシアからの輸入品と指摘した。

小　結

魏晋南北朝時代の狩猟文の分布は、地域から見れば、甘粛省に所在する河西回廊・寧夏回族自治区・山西省・陝西省および東北地方の吉林省・遼寧省などにわたる。狩猟文を装飾する遺跡と遺物から見れば、主に墓葬の壁画・石槨・石窟の壁画などである。狩猟文の特徴は、漢代の伝統を継承し、特にその組み合わせ方式は明らかに漢代の伝統に属するものである。

一方、ササン朝ペルシアの狩猟文銀盤も発見されたが、残念ながら、その狩猟者の姿勢がいわゆるパルティアン・ショットではないため、直接に影響を与えたという証左にならないと思う。しかしながら、ソグド人墓出土の石槨に彫刻された狩猟文は、いわゆるパルティアン・ショットとよく似ている。但し、ソグド人の石槨の全体的画面内容から見れば、それらはゾロアスター教の信仰と深く繋がって、被葬者の一生涯の活動（商売、狩猟、宴楽など）を凝縮して描いたものであり、狩猟文はその内容の一部である。ゾロアスター教の考えによると、人間の魂は死後、天国か地獄に赴くのであるが、善人の魂は、チンヴァット河の橋を渡ると、15歳の美しい娘によって迎えられるという。これまで、ソグド人石槨の装飾文様と類似したものはまだ見つかっていない。同時に、その狩猟文が、ソグド人の信仰とは異なる当時の中国社会にどれほどの影響を与えたのか疑問とせざるをえない。

興味深いことには、つい最近、西安市北郊で発見された北周のソグド人の康業墓［国家文物局2005a］から出土した石槨の装飾文様には、以前に発見されたソグド人石槨などに装飾されていた狩猟文などがなくなって、中国の伝統的な「出行図」と客に会う画面が中心になっている。画面の中に描かれた人物の一部が胡人であり、ほかに座っている被葬者をはじめ、周りに立つ人々は褒衣博帯の服を着用し、いずれの容貌も漢人風であり、しかもゾロアスター教と関連する行事の画面は描かれなくなった。画面に表現される芸術特徴は、洛陽出土の石棺の画像と非常に似ている。これからみると、むしろ移民としてのソグド人が漢化されたことを示している。注意すべき点は、ソグド人石槨装飾文様の構図が、漢代画像石や壁画とよく類似していることである。同じ時期の鮮卑族墓から出土した棺の装飾文様にも、狩猟文・儒家の親孝行・出行・宴楽などを題材によく使用する。鮮卑民族は、元々、遊牧民なので、中原地域に入っても、その狩猟習慣をあまり変えず、特に馬上で上半身を捩り、弓を引き絞って、後ろ向きに矢を射る射法があっても、おかしくないであろう。しかしながら、画面構成には漢代画像石などの影響を受けたことを強く感じさせる。

いずれにせよ、魏晋南北朝時代の狩猟文は、狩猟者の騎射姿勢や画面構成が漢代に存在した様式を踏襲しており、この時代に至ってから外来文化の影響を受けたと考えるよりも、中国在来の伝統を継承したとみなすほうが説得的である。

（五）隋代の狩猟文

　隋代の狩猟文は、石槨や敦煌石窟壁画などによく見られる。特に近年、山西省太原市隋虞弘墓出土石槨の狩猟図（図Ⅳ-12の1）［山西省考古研ほか 2005］は、西アジアの特徴を有することから、中国内外の研究者たちが強い関心を払っている。

　虞弘墓出土の石槨の狩猟文は、浮き彫りの技法で精美な装飾文様を彫刻し、一部の文様は、彩色されている。被葬者は西アジア人のゾロアスター教信者であることから、その狩猟文は特別の意味を持つ。

　槨壁第三幅の上段には、駱駝に乗り、頭光を飾り、頭の後ろに三本のリボンをなびかせ、目が深く、鼻が高く、毛髪が巻き毛で、後ろから襲いかかろうとする獅子に向かって矢を射かけようとする男性の姿を表している。その駱駝は、脚もとの1頭の獅子と闘い、その臀部に噛みついている。獅子の下方には1匹の猟犬が口を大きく開き、獅子に跳びかかろうとしている（図Ⅳ-12の1a）。

　同第四幅の上段には、駱駝に乗った目が深く、鼻が高く、毛髪が黒く長い男性が、左側から上半身を捩って後ろ向きに、後方から襲いかかろうとする獅子に向けて矢を射かけようとする場面が描かれている。もう1頭の獅子が後脚立ちになって前脚を広げ、駱駝前方から駱駝の頸部に噛みついている。1匹の猟犬は口を大きく開いて、駱駝の下方にいる獅子に跳びかかっている（図Ⅳ-12の1b）。

　同第六幅の上段には、象に乗り、花冠をかぶり、波状の毛髪を背中に伸ばし、目が深く、鼻が高く、鬚の長い男性が、耳飾りを着け、両手に剣をもち、右手で大きく剣を振り上げて獅子に向かい、斬り殺そうとする姿を浮き彫りする。その象は正面から襲いかかろうとする獅子を迎え撃っている。もう1頭の獅子は象の前脚を襲おうとし、獅子の後ろでは1匹の猟犬が獅子の後脚に跳びかかっている（図Ⅳ-12の1c）。

　石槨台座の左側の壁には、三幅の狩猟文を浮き彫りし、狩猟者はいずれも馬を疾走させている。第一幅は、毛髪が黒くて短く、目が深く、鼻が高い一人の狩猟者が頭光を飾り、上半身をやや前に傾け、前方に向けて矢を射ようとしており、左側後方には1頭の山羊が逃げている（図Ⅳ-12の1d）。第二幅は、一人の狩猟者が馬を走らせ、前方に向けて弓を引き絞って矢を射かけようとし、その前を1匹の猟犬が走りながら後ろを振り返って主人を窺い、狩猟者の後方右側を1羽の兎が後ろを振り返りながら逃げている（図Ⅳ-12の1e）。第三幅は、頭光を装飾し、毛髪が黒くて短く、目が深く、鼻が高く、頭の後ろをリボンで飾った一人の狩猟者が馬を走らせている。その前方には後脚立ちになった1頭の白羊がおり、1匹の猟犬がその白羊に跳びかかっている（図Ⅳ-12の1f）。

　石槨台座の右側の壁には、二幅の狩猟文を浮き彫りし、狩猟者はいずれも馬を疾走させている。第一幅は、毛髪が黒くて短く、目が深く、鼻が高い一人の狩猟者が頭光を飾り、上半身を左側から振り、振り向きざまに後ろの逃げている獅子に向かって矢を射かけようとしている（図Ⅳ-12の1g）。第二幅では、毛髪が黒くて短く、目が深い一人の狩猟者が頭光を飾り、前方の逃げてい

第Ⅳ章　唐代金銀器の装飾文様の検討

山西省隋虞弘墓（a～k）

甘粛省敦煌石窟

甘粛省天水市隋唐墓

図Ⅳ-12　隋代の狩猟文（縮尺不同）

128

る鹿に向かって、まさに矢を放とうとしている。その右側後方では1頭の猟犬が跳びかかっている（図Ⅳ-12の1h）。

石榔台座後側壁の上段には、一幅の狩猟図が彩色で描かれている。一人の徒歩狩猟者が、頭光を飾り、緑色の短い毛髪を見せ、目が深く、鼻が高く、頭の後ろにリボンを着けている。獅子は、前脚を広げ、後脚立ちになっている。狩猟者は、左手で獅子の鬣をつかみ、右手に持った剣で、獅子の頸部を突き刺している。獅子の下方には、1匹の猟犬がいて、獅子の胴部に跳びかかろうとしている（図Ⅳ-12の1i）。

石榔座の後壁の下段の格狭間の中には、彩色で二幅の狩猟図がそれぞれ描かれ、狩猟者はいずれも馬を疾走させている。第一幅目の狩猟者は、目が深く鼻が高く、頭光を飾り、毛髪が短く、長矛を持って、前方の逃げている羚羊を追いかけ、1匹の猟犬が羚羊の後ろから跳びかかろうとしている（図Ⅳ-12の1j）。第二幅の狩猟者は、毛髪が長く、前方の逃げている鹿に向けて矢を射かけようとしている（図Ⅳ-12の1k）。

敦煌石窟の隋代壁画には、連珠円の中に狩猟文（図Ⅳ-12の2）［季羨林主編 1998］を描いたものがある。騎馬狩猟者が棒を持って、襲いかかろうとする虎を撃とうとする姿を表している。

甘粛省天水市隋唐時代のソグド人墓から出土した石榔にも、狩猟図（図Ⅳ-12の3）［天水市博 1992］を彫刻する。画面の上部には冑をかぶった一人の狩猟者が矛を持って、獲物を捜している。画面中央には、一人の騎馬狩猟者が上半身を振り、後ろから襲いかかろうとする虎に向かって、矢を射かけようとする姿を表している。画面の下部には一人の騎馬狩猟者が、前方の2頭の走鹿に向かい、矢を射ようとする瞬間を表している。それぞれの狩猟図の間には山岳や樹木などを配している。

隋代狩猟文は、これまで、発見された数が少ない。それにしても、虞弘墓出土の石榔の狩猟文は、他に類例を見ないことから、当時の社会に与えた影響はあまり強くないであろう。

（六）金銀器以外の唐代狩猟文

（1）銅鏡の狩猟文

① **単騎狩猟文鏡** 上海博物館所蔵の銀平脱花鳥狩猟文鏡（図Ⅳ-13の1）［陳佩芬 1987］は、孔雀・樹木・山岳・折枝花以外にも、狩猟文を装飾し、一人の騎馬狩猟者が馬を疾駆させ、橛のような道具を高く揚げて、前方で後ろを振り返りながら逃げている野獣を追いかけている。

② **双騎狩猟文鏡** メトロポリタン美術館所蔵の狩猟文銅鏡（図Ⅳ-13の2）［梅原 1931］は、二人の狩猟者を、鈕の両側に配置し、馬上で上半身を捩って天空を飛翔している鳥に向かい、矢を射かけようとする姿を表している。鈕の上方には、山岳文を配している。

ルーブル美術館所蔵の狩猟文銅鏡（図Ⅳ-13の3）では、二人の騎馬狩猟者が、いずれも馬を走らせている。一人の狩猟者は長い矛を持ち、前方で後ろを振り返りながら熊形動物を追いかけている。もう一人の狩猟者は、前方の逃げている野獣に向け、矢を射かけようとしており、二人の狩猟者の間に折枝文・蝶が配されている。

偃師県杏園村502号唐墓出土の狩猟文銅鏡（図Ⅳ-13の4）は、二人の騎馬狩猟者が、馬を疾駆

1 上海博物館蔵
2 メトロポリタン美術館蔵
3 ルーブル美術館蔵
4 河南省杏園村502号唐墓
5 東京長尾氏蔵
6 フリーア美術館蔵
7 京都広瀬氏蔵
8 陝西省王家墳90号唐墓
9 上海博物館蔵
10 河南省扶溝
11 山西省長治市唐墓

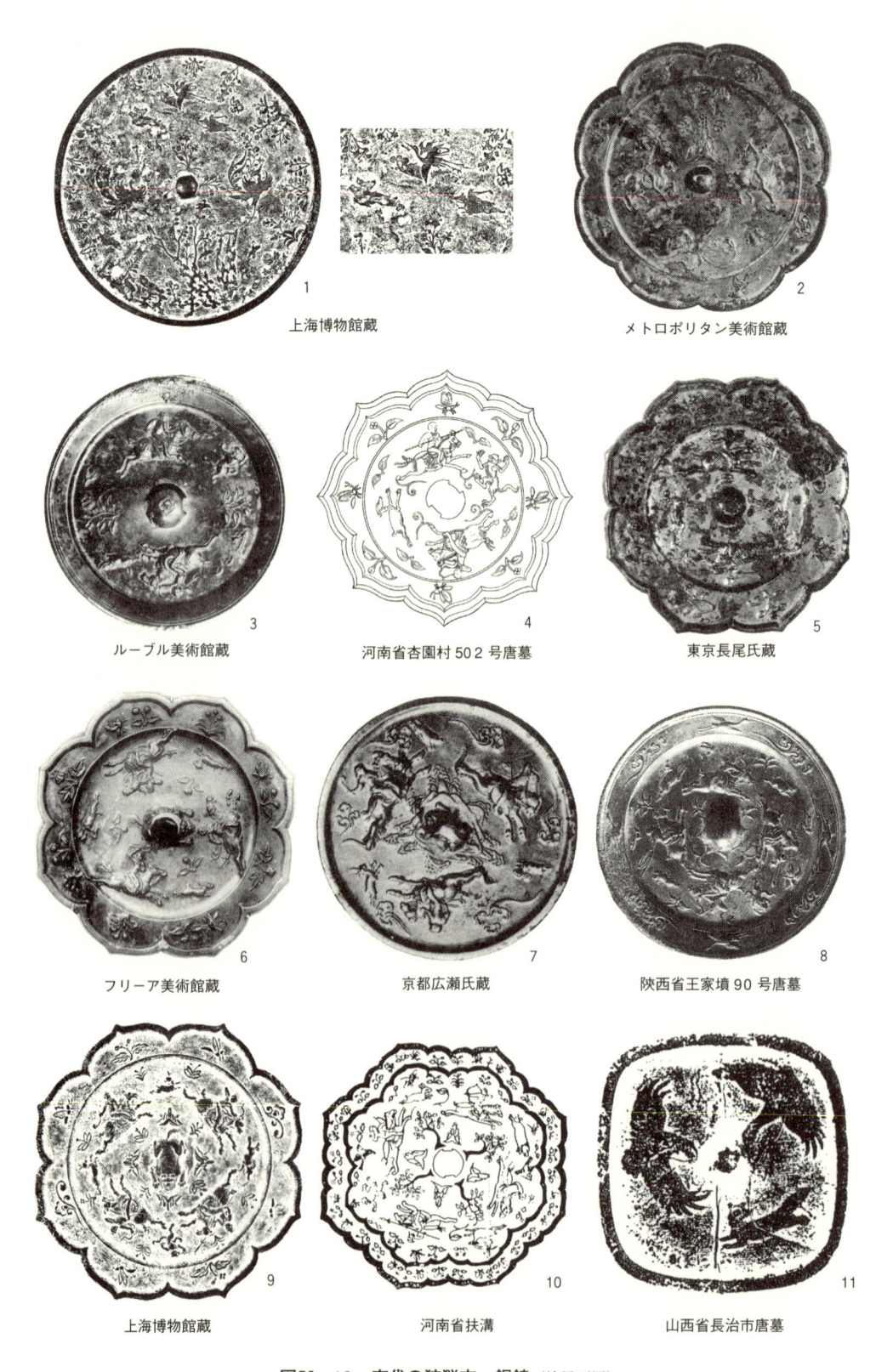

図Ⅳ-13　唐代の狩猟文　銅鏡（縮尺不同）

させ、弓や長矛をもち、それぞれ1頭の鹿形動物と1頭の熊形動物を追いかけている。熊形動物は後脚で立ち上がって、襲いかかろうとする姿を表している。銅鏡の縁には、草花文や蝶などを配している。

東京・長尾氏所蔵の狩猟文銅鏡（図Ⅳ-13の5）は、二人の騎馬狩猟者が、いずれも馬を疾走させている。一人の狩猟者が、長い矛を持って、前方の振り返る熊形動物を追いかけている。もう一人の狩猟者が、前方の逃げている野獣に向けて矢を放とうとしており、二人の狩猟者の間には折枝文・蝶が配されている。東京帝室博物館（現東京国立博物館）にもまったく同じ狩猟文銅鏡が一点所蔵されている［後藤 1977］。

③ **三騎狩猟文鏡**　フリーア美術館所蔵の狩猟文銅鏡（図Ⅳ-13の6）［梅原 1931］は、三人の騎馬狩猟者が、馬を走らせている。一人の狩猟者が前方の走鹿に向けて矢を射かけようとする瞬間を描写している。次の狩猟者は、右手を挙げて、楇という道具を前方の走兎に投げようとする瞬間を表している。第三人目の狩猟者は、右手に獣網を持って、前方の走鹿に投げようとする姿を表している。銅鏡の縁には、折枝文・蝶を配している。

京都・広瀬氏所蔵の狩猟文銅鏡（図Ⅳ-13の7）［後藤 1977］は、三人の騎馬狩猟者が、いずれも馬を走らせて、あるいは楇を高く揚げて、あるいは野獣に向かって矢を射ようとするところを表し、鈕の周りには山岳文を配している。

陝西省宝鶏市博物館所蔵の三騎狩猟文鏡は、装飾文様が鈕を境に上下両段に分けられる。上段には1軒の亭の左右に樹木を配置している。下段には三人の騎馬狩猟者が馬を走らせながら、一人の狩猟者は太刀を持ち、他の二人の狩猟者は長い矛を持って、走鹿を追いかけており、画面の間には草花を配している［高次若 1993］。

④ **四騎狩猟銅鏡**　西安市王家墳90号唐墓出土の銅鏡（図Ⅳ-13の8）［陝西省文管委 1956］は、四人の騎馬狩猟者を装飾し、いずれも馬を走らせている。一人の狩猟者は長い矛を持って熊形動物を突き刺そうとする姿を、一人の狩猟者は畢を持って1頭の走鹿を捕えようとする姿を、一人の狩猟者は前方の逃げる猪に向かって矢を射ようとする姿を、一人の狩猟者は前方の逃げる動物に向かって矢を射ようとする姿を描写している。

上海博物館所蔵の狩猟文銅鏡（図Ⅳ-13の9）［陳佩芬 1987］は、四人の騎馬狩猟者が、馬を走らせながら、矛を持ちあるいは弓を引き絞って、猛獣を追いかけている。その間には、走鹿・走兎・熊・猪などの動物文を配している。

河南省扶溝県出土の狩猟文銅鏡（図Ⅳ-13の10）［孔祥星ほか 1992］は、鈕の周りに4本の樹木と四つの山岳を配し、四人の騎馬狩猟者はいずれも馬を走らせながら、矛あるいは剣を手にして、獲物を追いかけている姿を表している。一人の狩猟者が馬上で上半身を捩って、後ろの兎に向けて矢を射ようとしている。狩猟者の間には、鹿・兎・猪・熊などの動物を配して、山林狩猟の環境を象徴させている。

そのほかに、山西省長治市唐墓出土の銅鏡（図Ⅳ-13の11）［長治市博ほか 1987］は、2隻の鷹が1匹の狐を狩っている場面を描いている。

(2) 唐墓壁画の狩猟図

これまで発掘された高位の貴族を葬った唐墓には、壁画がよく描かれている。非常に写実的な手法で描かれた大画面の狩猟図は狩猟文銀高足杯の狩猟文とよく似て、材質や大きさが異なっても、同工異曲である。大画面の狩猟図は、唐墓壁画の一つの重要なモチーフであった。以下に、主要な唐墓壁画を例に挙げて説明する。

陝西省三原県唐李寿墓（630）墓道の東西両側には、いずれも狩猟図（図Ⅳ-14の1）［陝西省博ほか 1974］を描いている。いずれも内容がほぼ同じであるので、東側の壁画を例として挙げよう。狩猟画面は、墓道壁画の上段に描かれている。山岳と峡谷の間に数十人の騎馬狩猟者が馬を走らせ、弓を引き絞り、逃げている動物に向けて矢を射ようとする瞬間を、あるいは鷹狩を、あるいは野獣を追いかけている場面を描き、狩猟者の間には逃げている猪・鹿・兎などを配している。猟犬が矢で射抜かれた猪の脚を咬んでいる場面もある。画面の左側上段では、一人の鷹匠のような騎馬狩猟者が、馬上で静かに周囲を見張っており、その狩猟者たちの指揮者である人物と見られる。

一方、章懐太子墓壁画には、具体的な狩猟場面（図Ⅳ-14の2）を描かずに、狩猟出行図を描いている。画面全体は、青山と松を背景とし、数多くの騎馬狩猟者が弓を携えて腰に矢を帯び、あるいは旗を持ち、あるいは馴豹の鞭を持ち、白馬に乗った太子を囲み、手綱を緩く持って、狩猟場へ走っている。白馬の太子の右後方の馬にはチーターが乗っている。このチーターはアジア南西部の豹と似ていて、専門の調教を経て、貴族の狩猟に使われた。古代ペルシアの挿絵にはチーターを狩猟で使った場面も見られ、おそらくこの壁画中のチーターはペルシアから輸入されたものであろう。唐代皇室の狩猟活動は、非常に盛んであり、「狩猟出行」という伝統的なモチーフは、絵画や技術における重要な題材であっただけでなく、文人たちの愛好する対象にもなったのである。

懿徳太子墓壁画には、鷹を腕に止まらせた男侍が、猟犬をともなって描かれている。明らかに東アジア産の犬ではなく、体が細くて長く、頭が小さく、西アジア系の猟犬と見受けられる。狩猟図といっても、章懐太子墓壁画のような、巻狩りのように、大勢の騎馬狩猟者が一斉に狩猟する光景ではなく、懿徳太子の場合には、狩りのための多彩な用意があることを示している。

(3) 織物の狩猟文

狩猟文を装飾する中国出土の織物は、新疆ウイグル族自治区トルファンのアスターナ古墓群から出土したものが多い。正倉院には緑地狩猟文錦を、法隆寺にも連珠獅子狩文錦を収蔵している。以下、それぞれ例をあげて検討する。

アスターナ191号唐墓出土の狩猟文﨟纈絹は赤茶色の平絹に騎馬狩猟文（図Ⅳ-14の3）［新疆族維吾尓族自治区博 1975］を装飾し、狩猟者は馬を走らせて、弓を持ち、右側から上半身を捩って、後方から前脚を高々と挙げて襲いかかろうとする獅子に向かい、矢を射ようとする姿を表している。馬の肩には、馬官を表わす印が見える。馬の下方には、1匹の猟犬が飛び跳ねる兎を追いかけ、　猟犬の下方には岩座・草花を配し、馬の前方には長尾鳥が群れて飛翔し、躍動感あふれる文様構成となっている。

第1節 狩猟文

1
陝西省唐李寿墓

2
陝西省章懐太子墓

3
アスターナ191号唐墓

4
アスターナ105号唐墓

5
法隆寺蔵

6
正倉院蔵

7
陝西省唐金郷県主墓

図Ⅳ-14 唐代の狩猟文 壁画・織物・俑（縮尺不同）

アスターナ105号唐墓出土の狩猟文緑地錦（図Ⅳ-14の5）[竺敏 1972] は、狩猟者が馬を走らせて、右から上半身を捩って後ろを向き、あるいは縄を持って投げようとする姿を表している。画面には、飛鳥・草花・岩座・走獣を配している。

法隆寺所蔵の連珠獅子狩文錦（図Ⅳ-14の5）は、連珠円文の内側に、花樹を中心として左右に有翼の天馬、その馬上から振り向きざまに、矢を射ようとする狩猟者が鮮明に織り出されている。図様はササン朝ペルシアの銀器などに見られる狩猟文を踏襲しており、人物の頭上の冠の形、馬腹に織り表された「山」「吉」の漢字などから、漢字圏で製作されたことを示している。

正倉院所蔵の赤地花唐草狩猟文錦に装飾される狩猟文（図Ⅳ-14の6）[松本 1987] は、中央にある淡茶地円圏内に、白駱駝にまたがり、前後からよじのぼってきて襲いかかろうとする緑色の獣と斑文の走獣に対して、矛をふるって応戦する胡服の人物を表し、その外側の花唐草で囲まれた内径約26.5cmの浅緑地中には、前肢を高く挙げて跳動する馬に騎乗する人物、パルティアン・ショットの騎馬人物、走鹿、山岳などを織り出している。

文化学園服飾博物館所蔵の緑地狩猟文錦は、四人の騎馬狩猟者がいずれも馬を走らせて、上半身を回して、後ろから襲いかかろうとする豹に向かい、矢を射ようとする瞬間を表しており、周りには花樹・走鹿・走羊を配している［岡山市オリエント美術館 1984］。

法隆寺、正倉院および文化学園服装博物館に所蔵されているササン朝ペルシア風の狩猟文を織り出している錦など［岡山市オリエント美術館 1984］は、中国古代文献の中にも記載されている。例えば、韋端符の「衛公故物記」（『文苑英華』巻834）には、衛公とは唐代の有名な大臣李靖のことで、彼が初唐期に蕭銑と戦い捕虜を捕まえ、高祖から一着の長衣を賞与され、「其為文、林樹於上、其下有馳馬射者、又雑為狻猊、駆橐駝者、（中略）疑非華人所為也」と記されている。それに、発見地からすれば、中原地域で実物がこれまで発見されていないことから、輸出専用品と考えられる。

(4) 狩猟陶俑

唐墓から出土した陶俑は、枚挙に暇がない。その中では、狩猟題材の陶俑も一定の比率を占めている。有名な章懐太子墓、永泰公主墓、金郷県主墓、鄭仁泰墓［陝西省博ほか 1972c］などから狩猟陶俑が数多く出土した。狩猟陶俑は、唐墓の壁画や器物の狩猟文の題材と同じだが、いくつかの陶俑を組み合わせて狩猟場面を立体的に表現するので、生き生きとしている。注意すべきなのは、狩猟陶俑が出土した墓の被葬者はほぼ貴族に限られることである。おそらく、それらは、当時の貴族たちの狩猟活動をモデルとして造ったものであろう。これまで唐墓出土の狩猟陶俑が包括的に報告されたのは、金郷県主墓出土の騎馬狩猟陶俑である。それを例として説明しよう。

金郷県主墓出土の騎馬狩猟陶俑（図Ⅳ-14の7）は、全部で8点を数える。それらは、それぞれ、馬上や手に、犬、鷹、豹などの動物が乗せられている。人物や動物の表情や肢体に見られるように、各様の形姿が活写され、躍動感あふれ生き生きとしていて、まるでいまにも動き出しそうに見える。

(5) その他の狩猟文

天理大学附属参考館所蔵の鉛胡瓶胴部の狩猟文（図Ⅳ-15の3）［天理大学附属参考館 1986］は、

第1節　狩猟文

1
河南省洛陽市

2
東京大学考古学研究室蔵

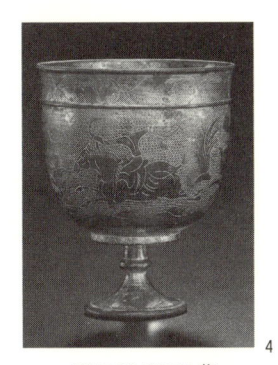

3
天理参考館蔵

4
MIHO MUSEUM 蔵

5
大和文華館蔵

6
新疆ウイグル族自治区アスターナ唐墓

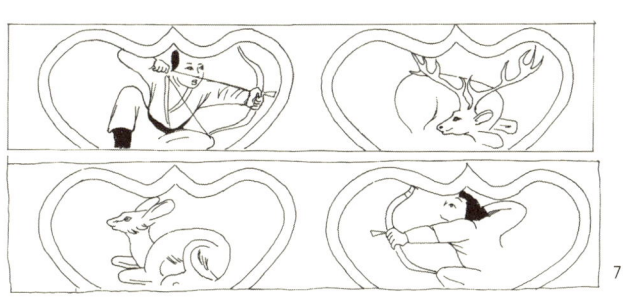

7
青海省都蘭県吐蕃墓

図Ⅳ-15　唐代の狩猟文　その他（縮尺不同）

135

第Ⅳ章　唐代金銀器の装飾文様の検討

騎馬狩猟者が上半身をやや伏せながら右側に捩って弓を上空に向け、鳥を射るところである。同館所蔵の三彩胡瓶胴部にも狩猟文があって、騎馬狩猟者が鉛胡瓶の例とよく似ている。東京大学考古学研究室所蔵の三彩胡瓶胴部の狩猟文（図Ⅳ-15の2）[駒井 1959] は、騎馬狩猟者が上半身を左側から捩って上空に向けて、鳥を射ようとするところである。白鶴美術館所蔵の三彩弁口胡瓶胴部の狩猟文は、狩猟者が上半身を捩って、振り向きざまに矢を射ようとする姿を表している [座右宝刊行会 1976]。MIHO MUSEUM所蔵の鍍金青銅高足杯（図Ⅳ-15の4）[MIHO MUSEUM 1997] の胴部には、一人の騎馬狩猟者が馬を走らせ、矢を射ようとする姿を装飾している。類例は、大和文華館所蔵の鍍金青銅高足杯（図Ⅳ-15の5）[財団法人古代オリエント博 1981] がある。洛陽市出土の三彩胡瓶（図Ⅳ-15の1）[外文出版社 1972] と上海博物館所蔵の三彩鳳頭胡瓶 [日中共同出版 1991] のいずれも胴部に一人の騎馬狩猟者を装飾し、狩猟者が馬を走らせ上半身を捩って、後ろ向きに矢を射ようとする姿を表している。

新疆ウイグル族自治区トルファンのアスターナ唐墓出土の狩猟文（図Ⅳ-15の6）[新疆維吾爾族自治区博 1975] を描いている木鞘（または矢筒）の表面には、細密な筆致により、山岳や樹木を背景として、二人の騎馬人物が狩猟する場面を丹念に描き出している。一人の狩猟者が右側から上半身を捩って後ろを振り向き、前脚を高々と挙げて襲いかかろうとする獅子に、矢を射かけようとしている。もう一人の狩猟者は手網を取って馬を走らせている。

青海省都蘭県唐代吐蕃墓から出土した木造箱の側面には、二組の狩猟文（図Ⅳ-15の7）[北京大学考古文博院ほか 2005] が描かれ、各組にはそれぞれ二つの格狭間に徒歩狩猟者と動物文がそれぞれ描かれている。

以上に述べた中国狩猟文の系譜から見ると、いわゆるパルティアン・ショットの狩猟姿勢は、早くも漢代に流行していた。魏晋南北朝時代の狩猟文は、漢代より例数が少ないものの、その文様には継続性が認められる。唐代の狩猟文は、中国の伝統的な狩猟文の要素を継承しながら、唐代独自の特徴を形成してきた。外来文化の影響を受け入れたとすれば、漢代にさかのぼると思われ、唐代は漢代に流行していた狩猟文の様式を超えなかったので（表24）、直接に、外来の影響を受け入れたとは考えにくい。

表24　唐代狩猟文と唐以前の狩猟文の継承関係表

時代＼狩猟文の形式	徒歩狩猟	車馬狩猟	単騎狩猟 普通	単騎狩猟 パ*	双騎狩猟	多騎狩猟	繳射	鷹狩
先秦	○	○	○				○	
秦代	○		○					
漢代	○	○	○	○	○	○	○	○
魏晋南北朝時代	○		○		○	○		○
隋代								
唐代			○	○	○	○		○

＊　パルティアン・ショットの略

4　古代世界の狩猟文の分布

　古代世界では、狩猟文を建物や日常生活用品に飾る現象が、いたるところで見られた。本節は、時代を問わずに主に中国古代の狩猟文と深い関係がある西アジア、中央アジアを中心に述べた後、ヨーロッパ、エジプトに至る狩猟文様の世界性を明らかにしたい。

（一）西アジア

　アッシリア後期文化のカラク西北宮殿には、狩猟図を彫刻している。狩猟図には野牛狩り、ライオン狩り、野馬狩りなどの画面がある。狩猟者は車に乗ってあるいは馬に乗って、前方の獲物に向け矢を射ようとする姿を、あるいは矛を持ち獲物を突き刺そうとする姿を表している。例えば、カラク出土の前9世紀のアッシュルナジルパル王の獅子狩彫刻（図Ⅳ-16の1）、アッシュルナジルパル二世の牡牛狩彫刻（図Ⅳ-16の2）がある。

　興味深いのは、ベルリン国立博物館に所蔵されているパルティアの騎馬武人像であり、武人が前方に向かい、矢を射ようとする瞬間を表している。ドルラ・エウルポスで発見されたパルティア時代とされるミトラ神殿遺跡の壁画に描かれた狩猟図（3世紀の初め）は、ミトラが疾走する馬上から前方の逃げる鹿、羚羊、猪などの動物に向かい、矢を射ようとする姿（図Ⅳ-16の3）［杉1960］を表している。その壁画はパルティア人の日常生活に見られる狩猟を主題とした世俗画で、宗教美術の中にも入り込んでいたという。いずれもいわゆるパルティアン・ショットの騎射姿ではなかった。

　これまで発見された数多くのササン朝ペルシアの狩猟文銀皿（図Ⅳ-16の4～7）［日本経済新聞社 1969、夏鼐 1983］には、馬上や駱駝上や象上で、あるいは徒歩で、前に向かいあるいは上半身を捩って後ろ向きに、矢を射ようとする姿が両方とも見られる。剣と矛を持ち、獲物を突き刺そうとする姿も表現されている。いわゆるパルティアン・ショットの姿だけではなく、むしろ通常の前方に向けて矢を射る姿形が多い。銀器だけではなく、イランのターク・イ・ブスタンにある有名なササン朝ペルシア時代の浮き彫りで、ホスロー二世時代のものとされる帝王狩猟図は、中央の船に乗ったホスローが、網で囲まれた広い狩場に追い込まれた猪に矢を射かけようとしている。その付近の船には歌い女や楽手が遊楽の興を添えている。岸には象隊が草を踏みしだきながら、中央の猪の群れを中央の湿地に追い立てている［深井ほか 1984］。

　シリアのアンティオキアのダフネにあった、ローマ時代からビザンティン帝国時代初期にかけての別荘の床にあるモザイクには、徒歩と騎馬狩猟の狩猟者が熊と豹を仕留めようとしている場景が描かれている［杉 1960］。

（二）中央アジアのクシャン・ソグド・キルギス人

　タジクスタンのコバディアにあるタフティ・サンギン都城址で発見された狩猟図象牙板（前1世紀から後1世紀にかけて）表面には、二人の騎馬狩猟者が馬を走らせて野生の動物を狩る場面が

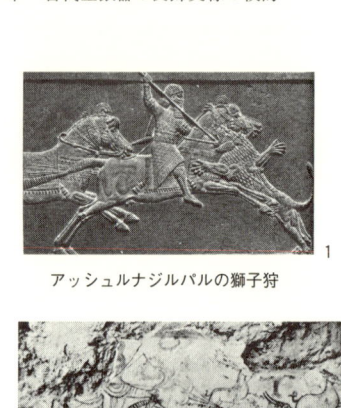

第Ⅳ章　唐代金銀器の装飾文様の検討

1 アッシュルナジルパルの獅子狩
2 アッシュルナジルパル二世の牡牛狩 
3 ミトラ神殿遺跡 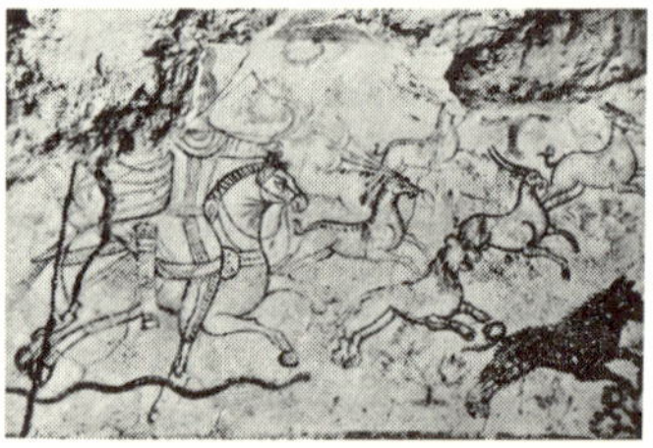
4 エルミタージュ博物館蔵 
5 エルミタージュ博物館蔵 
6 エルミタージュ博物館蔵 
7 エルミタージュ博物館蔵  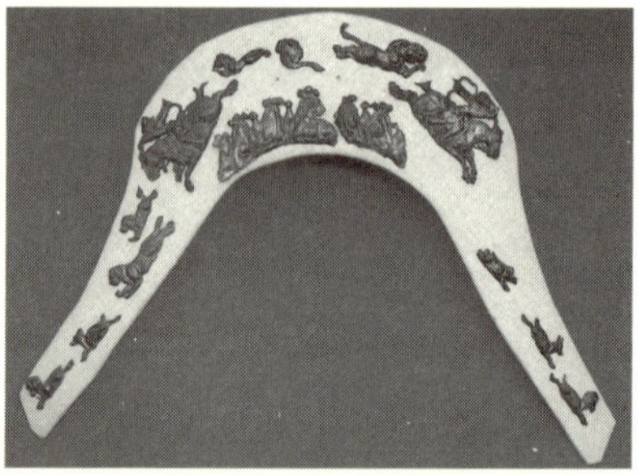
8 タフティ・サンギン都城址
9 旧ソ連ハスカ自治州コペナー
10 パキスタン
11 ロシアA．ドーニッシュ歴史研究所蔵 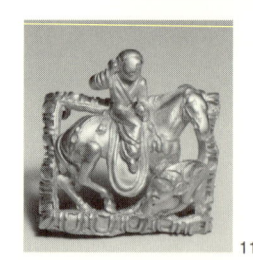
12 アフラシアブのソグド建物 

図Ⅳ-16　狩猟文　西・中央アジア（縮尺不同）

138

線刻されている（図Ⅳ-16の8）［奈良県立美術館 1988］。すでに数頭の山羊が矢で射抜かれている。画面の中央には仔ライオンを守ろうとしている手負いの雄ライオンを装飾している。背景には狩猟者から逃がれようとしている兎と狐が見える。

　古代キルギス人の狩猟文を装飾する遺物も発見された。例えば、旧ソ連のハスカ自治州のコペナーで発見された鞍飾（図Ⅳ-16の9）は、鞍橋の前輪を飾る青銅製の装飾板で、部分的に鍍金が残っている。中央アジア遊牧民の特徴的な芸術品である。図柄の中心には、互いに反対の方向へと馬を走らせている狩猟者が後ろを振り向いて、跳びかかる虎を射止めようとする姿を描写し、その間には山岳文や雲気文なども配し、また二人の狩猟者の前方には走羊・走鹿・虎などを配している。

　南タジクスタンのサクサノフルで、ロシアのA. ドーニッシュ歴史研究所に所蔵されているクシャン朝の狩猟文留金具（図Ⅳ-16の11）［京都文化博ほか 1993］（2〜3世紀）が発見され、騎乗の狩猟者が、右下の猪に対して、止めの一撃を加えようとしている。留め金の上には青色ガラスが嵌め込まれている。

　中央アジアのアフラシアブ（ソグドの都城遺跡）の建築物の壁には、狩猟図（図Ⅳ-16の12）［L.I. アルバウムほか 1980］が描かれている。画面に描かれた狩猟文中の騎馬狩猟者は、いずれも長い矛を持って、あるいは弓を引き絞って、豹のように見える猛獣を狩っている。ペンジケントで発掘されたソグドの建築遺構の壁にも狩猟文が描かれており、円形文の中には狩猟者が馬に乗って後ろ向きに、矢を射ようとする姿を表している。

　パキスタンで発見された狩猟図浮彫は、興味深いことに狩猟者が後ろ向きに馬にまたがり、弓を引き絞りあるいは矛を持って、前脚を高く挙げて襲いかかろうとする猛獣に向かい、矢を射かけようとする瞬間、あるいは突き刺そうとする場面を表している（図Ⅳ-16の10）［岡山市オリエント美術館 1984］。

(三) スキタイ・突厥

　前7世紀から前2世紀にかけて、ユーラシアで騎馬民族と呼ばれるスキタイ人が登場した。スキタイ人も狩猟文を愛用した民族であり、これまで狩猟文を装飾する遺物が数多く発見されている。例えば、南シベリアで発見された前4世紀から前3世紀にかけてのスキタイ人のものとされる銀飾板（図Ⅳ-17の1）［日本経済新聞社 1969］には、疾走する馬上で狩猟者が、前方の逃げている猪に向かい、矢を射る瞬間を表し、周囲にはほかの騎馬狩猟者と野獣も描かれている。

　これまで発見された突厥の遺物の装飾文様には、狩猟文が多く、特に馬具類によく使用されている。例えば、内モンゴル自治区布図木吉でセットで発見された突厥とされる金製帯金具には、騎馬狩猟文（図Ⅳ-17の2）［丁学芸 1997］を装飾し、狩猟者が馬を走らせ、上半身を回し、後ろから襲いかかろうとする虎などの猛獣に向かい、あるいは前方の逃げている鹿に向かい、矢を射かける姿を表している。

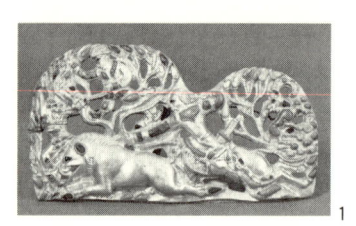

第Ⅳ章　唐代金銀器の装飾文様の検討

1　南シベリアのスキタイの銀飾板

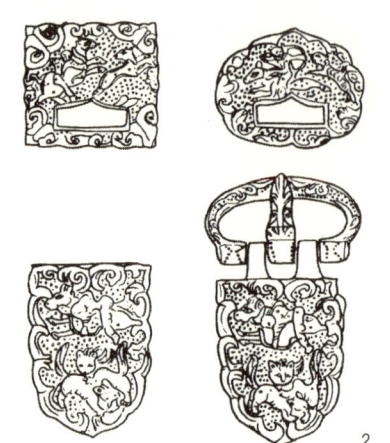

2　内モンゴル自治区布図木吉

3　テーベ第18王朝ツタンカーメン墓

4　テーベ第18王朝ツタンカーメン墓

5　クレタ文明の指輪

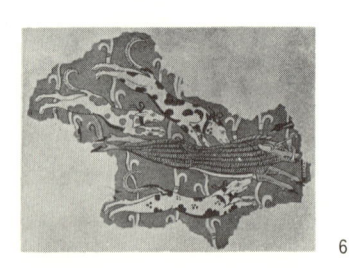

6　ミケーネ文明のティリンス城遺跡

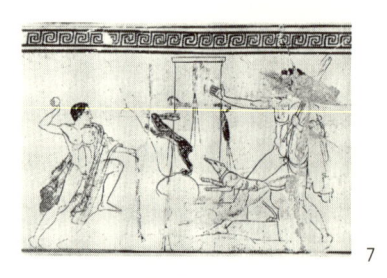

7　古典時代のギリシア

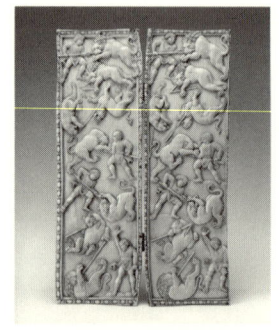

8　エルミタージュ博物館蔵

9　パルティアン・ショット

図Ⅳ-17　狩猟文　スキタイ・突厥・エジプト・ヨーロッパ・他

（四）エジプト

　エジプト新王朝時代には、豪華な狩猟、特に猛獣狩りが行われ、王は自らの勇気を人々に示す主題として、狩猟図を工芸品に採り入れたり、あるいは神殿の壁面などに刻ませた。例えば、テーベ第十八王朝ツタンカーメン王墓（前1336～前1327）から出土した櫃には、ツタンカーメン王の狩猟の姿（図Ⅳ-17の3・4）［新ほか 1960］が描かれ、王が戦車の上に立って、羚羊や駝鳥などを追いかけている。王の前には猟犬が羚羊に噛み付いているのが見える。

（五）ヨーロッパ

　主にヨーロッパ文明の発生地のギリシアを中心に述べよう。
　ギリシアのクレタ文明では、首飾、腕飾、耳飾、垂飾などの装身具は男にも女にも愛用された。そのうちの黄金指輪には、狩猟者が戦車に乗って、大角を持つ鹿に向けて、矢を射かけようとする狩猟図（図Ⅳ-17の5）［村川ほか 1960］を装飾している。
　ギリシアのミケーネ文明のティリンス城遺跡の壁画（図Ⅳ-17の6）［村川ほか 1960］には、猪狩りが描かれている。3匹の猟犬が猪を追いかけ、獲物はすでに1本の槍に突き刺され、さらに第二の槍が突き刺されようとしている。
　古典時代のギリシア人は、兵士として有事の際に役立つ身体を鍛えるため、さまざまなスポーツをおこない、狩猟もそれらのスポーツの一つとして行われていた。その光景を表わす狩猟図（図Ⅳ-17の7）［村川ほか 1960］は、前5世紀頃からもっぱら墓祭用に用いられた白地レキュトスの壺に描かれている。
　エルミタージュ博物館に所蔵されている西ローマ帝国製とされるウェナトリウス図飾札には、ウェナトリウス（猛獣立・勢子）が槍を持ち、さまざまなポーズで、獅子と豹を狩り立てる場面が描かれている（図Ⅳ-17の8）［京都文化博ほか 1993］。
　上述したように、古くから世界の各地でさまざまな形式の狩猟が行われるとともに、狩猟文も流行していたことが知られる。狩猟文は、基本的に車馬狩猟、騎馬狩猟、徒歩狩猟などに分けられるが、その中の狩猟姿勢についてはどこが起源地なのか見きわめるのがきわめて難しい。とりわけ、いわゆるパルティアン・ショットについて、相馬隆［1970］氏は、パルティアのみならず、スキタイを初めとするさまざまな騎馬民族によって創出されたものと指摘した。氏の研究成果にしたがえば、パルティアン・ショットだけではなく、狩猟文も世界各地で流行し、特定の民族の専売特許ではなかったことになる。

5　唐代金銀器狩猟文の源流と外来文化の関係

　狩猟文については、特にいわゆるパルティアン・ショットの騎射姿勢は、西アジアから世界各地に広がっていったと考えられている。本節では、狩猟文の研究史を踏まえた上で、中国狩猟文の系譜にしたがって、唐代金銀器の狩猟文を検討したい。先行研究では、いわゆるパルティア

ン・ショットが早くも漢代の狩猟文に影響を与え、さらに唐代金銀器の狩猟文もササン朝ペルシアからの影響を受けた、と認識されている。それらの説にしたがえば、中国古代の狩猟文は、それぞれの時代に、西アジア地域の狩猟文の影響を受け入れたことになる。こうした考え方は、中国古代文化の連続的な発展を無視するものである。確かに、唐代の狩猟文様は、ササン朝ペルシアのそれに似ている点があることも否めない。しかしながら、両者の間には、相違点もはっきり認められる。以下では、唐代狩猟文を西方狩猟文と詳細に比較検討する。

(一) 唐代金銀器狩猟文と西方の相違点

唐代金銀器狩猟文は、西方狩猟文と比較検討することによって、両者の共通点と相違点がより鮮明になるであろう。比較に際して、西方狩猟文として、ササン朝ペルシアを例として挙げたいと思う。

(1) 唐代金銀器狩猟文のシンボルは、ササン朝ペルシアのものと異なる。ササン朝ペルシアの場合は帝王の超人間的能力を象徴し、さらに帝王の死後楽園への昇天再生と不老不死も意味する[田辺 1984]。唐代の場合は、ほとんど現実の世界を表象したものである。墓葬壁画にしても、被葬者生前の富貴・日常生活・経歴などを表現し、戦国時代の青銅器狩猟文と同様、ほぼ遊楽や宴会と一緒に描写している。

(2) ササン朝ペルシアの狩猟者は、通常、帝王・王子・貴族であり、狩猟者が騎馬あるいは徒歩で、弓、剣、矛を使って狩猟している。一方、唐代金銀器の狩猟文の場合は、狩猟者の身分を特定できず、唐代壁画などによく見られる一般的な騎士である。

(3) 狩猟文中の狩猟対象としては、ササン朝ペルシアの場合は獅子・豹・猪・羚羊・赤鹿などを中心にして、特に獅子狩り場面が最も多い。中央アジアや西アジアでは、獅子が悪の象徴とされる。獅子狩りは王侯が百獣の王を倒し、力を誇示するデモンストレーションであったと考えられる。アッシリア王に関する記録を見れば、それがただちに理解される。一方、獅子は、仏教の中では、仏の象徴もしくは仏教の守護神であり、この影響が六朝時代・唐代にも認められる。例えば、唐皇帝陵の入り口には石獅子を置くが、これは皇帝陵を守護する意味とされる。獅子に対しての信仰がまったく異なる。それゆえ、唐代狩猟文の中には狩猟対象としての獅子が見られず、鹿・兎・猪・狐などが多く見られるのである。

(4) 古代オリエントなどにおいては、王侯貴族が肉体の鍛錬、老化防止、軍事訓練、娯楽などのために狩猟を行っていたが、帝王の狩猟は特別の象徴的、宗教的意義を持つに至った。帝王は人工の「動物園・植物園と猟場」よりなるパラダイス（楽園）を造営し、そこに多種多数の野生動物を飼育して狩りをしたり、あるいは荒野で獅子・象・駝鳥などを殺したり生け捕りにしていた。

唐代の狩猟文は、それらと異なって、ほぼ写実的な手法で狩猟の現実的な場景を描写している。中国ではいかなる王朝でも皇帝のために苑園を造営している。唐長安城の北側は、いわゆる禁苑の地であり、皇帝の狩猟場所である。洛陽にも皇帝狩猟用の禁苑がある。例えば、『旧唐書・唐倹伝』には、唐倹が民部尚書を務めていたときに、唐太宗と一緒に洛陽苑で狩猟したことが記載

されている。同時に、唐の皇帝は、狩猟するときに、御用画家を呼び、自分の狩猟の姿を狩猟現場で即座に描かせることがよくあった。例えば、『太平御覧』巻751に引く『唐画断』には、「唐韋無忝、京兆人也。(中略)

表25　『宣和画譜』に載る唐代狩猟題材絵画

番号	人　名	絵　画　名	点数	収録巻数
1	漢王李元昌	「騎猟図」	2	巻13
2	張萱	「明皇闘鶏射鳥図」	2	巻 5
3	韓滉	「雪猟図」	1	巻 6
4	韓幹	「按鷹図」、「明皇射鹿図」	3	巻13

玄宗射猟、一中両野豬、詔於玄武北門写貌、伝在人間、乃妙之極也」と記されている。同書には、「唐陳閎、会稽人也。(中略)玄宗射豬鹿兎雁等、並按舞図真容、皆受詔写貌」とも記す。『宣和画譜』に記された玄宗狩猟図の目録もそのよい証左となる (表25)。

(5) 狩猟文中の狩猟場面も異なる。ササン朝ペルシア銀器の場合は、帝王狩猟図を中心にしていて、王単独の場合が多く、ほとんど千篇一律といえる。唐代金銀器の狩猟文中では、狩猟者が相対的に多く描かれている。

(6) 唐代金銀器の狩猟文の中では、写実的な手法で背景を賑々しく飾り、遠くに見える山・天空を飛翔する鳥・草花・逃走中の動物を配して、いわゆる山水画的色彩が濃くなっている。ササン朝ペルシア銀器の場合は、狩猟図の背景が唐代金銀器のような写実的な事物ではなく、一般的に水波・魚・葦を組み合わせた写意的な表現が多い。

(7) 唐代金銀器に装飾される狩猟文には、樹木によって画面が区分されている。斉東方氏は、それが西アジアの聖樹を連想させると指摘した。しかしながら、唐代以前にも、樹木で画面を区画する事例が数多く見出される。湖北省荊門市包山2号楚墓［湖北省荊沙鉄路考古隊 1991］出土の漆奩、同省襄陽擂鼓台1号楚墓［襄陽地区博 1982］出土の漆奩のいずれにも出行図が描かれ、出行図中の人物文を樹木で区画している。江蘇省徐州市前漢宛朐侯墓出土の銅鏡には、画面を四区画に分け、各区画の間には4本の樹木を配置している［徐州博 1997］。また、漢代画像石や画像磚などにも、樹木を配して空間を区画した構図が数多く見られる。例えば、洛陽市出土の前漢画像磚には、3本の樹木が印刻され、その間には馬や鳥を装飾する［李献奇ほか 1993］。江蘇省南京市南朝墓出土の画像磚も、「竹林七賢」図を印刻して、種類が異なる樹木で画面を区分している［姚遷ほか 1981］。唐代金銀器狩猟文中の樹木文が、中国の伝統的な構図方式を踏襲した可能性も否定はできないであろう。

(二) 西方狩猟文から影響を受けた要素

唐代狩猟文の中で西方の影響を受けた要素は、いわゆるパルティアン・ショットではなく、むしろ狩猟用の猟犬、猟豹 (チーター) などの珍獣であろう。以下、唐代狩猟文中に影響を与えた西方要素を詳しく検討しよう。

(1) 宿白［1982］氏は、ペルシア猟犬・猟豹についての研究で、文献記載によるササン朝ペルシア、ソグドから朝貢したペルシア猟犬・猟豹が唐玄宗の開元・天宝期に多く、しかも8世紀以降は唐代の社会生活が贅沢になっており、唐墓壁画には西方の文物や娯楽などの内容がしばしば

見えることから、それらはいずれも西方の影響を受けたものであると指摘した。孫機 [1998] 氏は、猟豹が外国から伝来した動物であり、漢代以降の長期間にわたって文献上に記載がなく、唐代に入って再び現われるのは、東西文化交流の結果であると指摘した。唐代金銀器装飾文様の中には、ペルシア猟犬・猟豹の姿が見えない。しかしながら、唐墓の壁画・陶俑の中ではそれらの動物がしばしば見られる。ペルシア猟犬の姿が虞弘墓出土の石槨に彫刻されており、特徴がほぼ一致する。

（2）金銀器に狩猟文を装飾するのは唐代を嚆矢とする。この点から見れば、西・中央アジアの影響を受け入れた可能性がある。

（3）織物に装飾される狩猟文は、ササン朝ペルシアの影響を受けた結果と思われる。これについては、諸先学がすでに大きな研究成果を挙げている。

（4）唐墓からは数え切れない胡人狩猟俑が出土しており、それらはシルクロードを介した国際交流と深く係わる一方、唐代社会の国際的性格も反映している。

（5）唐代金銀器においては、胴部を区分して、各区に単幅画面の狩猟文を装飾している。こうした構図方式はササン朝ペルシア銀器によく見られ、その影響を受けたと思われる。

6　狩猟を尊ぶ唐代社会―狩猟文流行の背景

（一）狩猟と国家統治

古代中国では、狩猟は国家の統治と結びつき、特別な意味を持っていた。

『左伝』隠公五年には、「春、公将如棠観魚者。臧僖伯諫曰、凡物不足以講大事、其材不足以備器用、則君不挙焉。君將納民於軌物者、故講事以度軌。取材以章物、采謂之物、不軌不物、故謂之亂政。故謂亟行、所以敗也。故春搜、夏苗、秋獮、冬狩、皆於農隙、以講事也。三年治兵、入而振旅、帰而飲至、以数軍実、昭文章、明貴賤、辨等列、順少長、習威儀也。鳥獣之肉、不登於俎、皮革歯牙骨角毛羽、不登於器、則公不射、古之制也」と記されている。こうした思想は、古代中国の帝王狩猟と国家統治の理論基礎を築き、後世に大きな影響を与えた。

唐代統治者の狩猟に対する認識として、『唐会要・蒐狩』には「貞観五年正月十三日、大蒐於昆明池、夷落君長従、上（唐太宗）謂高昌王麴文泰曰:大丈夫在生、楽事有三。天下太平、家給人足、一楽也。草浅獣肥、以礼畋狩、弓不虚発、箭不妄中、二楽也。六合大同、萬方咸慶、張楽高宴、上下歓合、三楽也」と記す。

また、『資治通鑑』巻195『唐紀11』には、貞観三年（637）、太宗の狩猟活動が頻繁すぎると大臣が諫めた。太宗は、「上謂侍臣曰、上封事者皆言朕遊猟太頻、今天下無事、武備不可忘。朕時與左右猟於後苑、無一事煩民、夫亦何傷」と答えた。太宗の思想は、疑いもなく古代の思想を継承したものである。狩猟を通じ、軍事訓練の目的を達するのは、帝王として考慮しなければならないことである。そのため、唐代狩猟文には政治的要素も込められていると考えられる。

（二）狩猟を尊ぶ唐代の社会と狩猟文

　唐代社会は、皇帝から平民まで、狩猟に対する特別な興味を持っている。『大唐新語』巻1には、玄宗と房玄齢がよく鷹を腕に乗せて、狩猟をする記事がある。

　狩猟に夢中になる皇室や貴族も多かった。『新唐書・高祖諸子伝』には、斉王元吉は鷹犬が大好きで、三日間食事しなくても構わないが、狩猟は一日も停止できなかった、と記されている。さらに皇帝陵園で狩猟する人もいた。そのために、唐代皇帝は、前後に何回も繰り返し禁猟の詔を下した。例えば、『全唐文』巻2には高宗の「禁献鷹犬詔」、『全唐文』巻26には玄宗の「停諸陵供奉鷹狗詔」、『全唐文』巻32には「禁弋猟詔」、『全唐文』巻33には「禁弋猟采捕詔」、文宗の「禁弋猟傷田苗詔」などがある。いずれも、皇帝陵園内での狩猟禁止などに関する詔である。『資治通鑑』巻243によれば、敬宗の場合は不幸なことに、狩猟を行って深夜に宮殿に戻ったとき、宦官によって殺されるに至っている。

　狩猟も唐詩の重要な題材である。その数多くの唐詩は、狩猟を尊ぶ唐代社会の最適な注釈ともなっている。皇帝から普通の文人まで、狩猟題材の詩を詠んでいる。太宗、玄宗、李白、高適、岑参、杜甫、元結、李益、劉禹錫、李賀、孟浩然、韋荘、韓偓、温庭筠らの狩猟詩は、唐詩中の代表的なものである。当時の狩猟活動は、彼らの霊感を刺激して、後世に素晴らしい作品を遺した。唐代の狩猟活動が、文学創作の主要な源泉になったことが窺える。

　最も興味深いのは、杜甫の「哀江頭」と題する狩猟詩である。「哀江頭」には、「昭陽殿里第一人、同輦随君侍君側。輦前才人帯弓箭、白馬嚼齧黄金勒。翻身向天仰射雲、一箭正墜双飛翼」と詠んでいる。特に「翻身向天仰射雲、一箭正墜双飛翼」という意味は、宮中の宮女が馬上で上半身を捩って、天空に向かって矢を射たところ、飛翔する双鳥に的中したということである。宮中の宮女でもいわゆるパルティアン・ショットに近い姿勢で狩猟できることからすると、騎馬狩猟の武人たちはもっと簡単にできたはずである。現実の狩猟活動が唐詩の題材になったことを思えば、装飾文様もまた実際に行われた狩猟活動に倣ったものであろう。

　唐代社会の狩猟を尊ぶ習慣は、狩猟題材に堪能な画家を誕生させることにもなった。則天武后期の曹元廓は、「工騎猟人馬山水」とされている。また『太平広記』巻212に引く『画断』には、「唐韋無忝、京兆人也。玄宗朝、以画馬異獣擅其名、時稱韋畫四足、無不妙也。曾見貌外国所献獅子、酷似其真。後獅子放帰本国、唯画者在図、時因観覧百獣、見之皆懼。又玄宗時猟、一箭中両野豬、詔於玄武北門写貌、伝在人間、英妙之極也」と記している。また、『太平御覧』巻751に引く『歴代名画記』には、「唐李漸、善画蕃馬騎射、射鵰放牧、川原之妙、筆跡気調、今古無儔」と記す。『太平広記』巻212に引く『画断』には、「唐陳閎、会稽人。以能写真人物子女等、本道薦之。玄宗開元中、召入供奉。毎令写御容、妙絶当時。玄宗射豬鹿兎按鷹等、并按舞図真容、皆受詔写貌」と記されている。『冊府元亀』巻266『宗室・材芸』の項目には、「江都王緒、霍王元軌長子、少好学、有雋才、能書、畫騎射為一時之絶」と記す。

　ここで引用した文献史料で注意すべき点は、唐代の御用画家が、皇帝狩猟の様子を現場でよく観察・記録し、その写実的な狩猟図が唐代の狩猟文に影響を与えたとみなさなければ、唐代にお

ける狩猟文の隆盛は考えられないということであろう。したがって、唐代狩猟文は、当時の狩猟の実景を描いたもので、外来の影響は薄いと思われる。表25は、『宣和画譜』に載る唐代の狩猟を題材とする絵の目録をまとめたものである。

　要するに、唐代狩猟文は、唐代の狩猟を題材とする絵画や詩などの創作と同様、狩猟活動の実景をもとに写実的な手法で描写するなかで確立したものと考えられる。唐代狩猟文は、漢代の狩猟文とよく似通っており、漢代からの伝統を継承したものと考えられる。漢代の影響は、前漢時代から起算すれば、唐代まで実に約800年を経ており、唐代の狩猟者も芸術家も狩猟文によく馴染んでいたことであろう。西方の影響といっても、すでに成熟した唐代の狩猟文を改変するのは難しかったであろう。したがって、唐代狩猟文のモチーフの源泉は、漢代の狩猟文に求められると考える（表24を参照）。

小　結

　以上に述べたように、唐代以前にあって狩猟文はすでに流行していた。特に漢代には、いわゆるパルティアン・ショットという騎猟の姿態がよく採用され、しかも、中国における後世の狩猟文の基本的なモチーフを決定するものとなっていた。それ以降の狩猟文は、漢代に築かれた枠組を超えることはほとんどなかった。それゆえ、唐代狩猟文の基本的なモチーフは、漢代からの伝統を踏襲・継承してきたものと考えられる。

　唐代狩猟文中の一部の騎射姿勢は、ササン朝ペルシアのものと似てはいるが、その源流がササン朝ペルシアにあったとは考え難い。また、織物の狩猟文については、前述したように中国からの輸出用に織り出したものである。

　パルティアン・ショットという狩猟姿勢は、狩猟文中にはよく見かけられる。その名称で狩猟姿勢を名付けること自体に問題はないと思う。しかしながら、その名称を同類文様の起源とするには、なお検討しなければならない問題点が少なくない。例えば、これまでの研究者たちが、いわゆるパルティアン・ショットという騎射法の例を挙げるとき、狩猟者が鐙を踏んで立ちあがっている狩猟図（図Ⅳ-17の9）で説明してきた。従前の研究によると、鐙の発明は東アジアでなされたものであり、しかもそれは3世紀後半頃のことであるとされる［樋口 1971、楊泓 1984、斉東方 1993a］。鐙が発明された時点で、すでにパルティア王朝は存在していなかった。したがって、パルティア時代には、鐙の使用を考えにくいと思う。この例は、パルティアン・ショット射姿の初例としては成立しないばかりでなく、その射姿についての年代や特徴などの混乱をすっかり露見している。

　最も興味深いのは、最近の研究である。田辺勝美氏らは、パルティア式射法が馬上で振り返って後ろ向きに矢を放つ方法で、ローマ軍を悩ませた射法といわれているが、その射法を描写したパルティア人の造形作品例は知られていない。逆に、馬の背で前方に向かって矢を射る姿の描写例がよく知られている。それゆえ、パルティア人は、ローマ人が恐れ、ローマ側の文献に書きとめられた「パルティア式射法」をあまり高く評価していなかったと指摘した［田辺ほか 2000］。

研究の頭初は、中国文化の西方起源説を証明するために、ラウファー［1909］氏は西方のパルティアン・ショットが漢代の狩猟文に影響を与えたという説を唱えた。その説は、これまでほぼ100年を経てなお、強い影響を残している。しかしながら、田辺氏が述べたように、美術品であれ、発掘調査品であれ、研究者たちが興味深げに話すパルティアン・ショットの故地には、それを反映する実物がこれまで確認されていないのは皮肉なことである。この点から見れば、従来の研究成果をもう一度再検討しなければならず、本稿は多少ともその軌道修正に寄与できたのではないかと思う。

いみじくも相馬隆［1970］氏が述べたように、パルティアン・ショットについては、ペルシアに限らず、ほかの草原遊牧民もその射法の創造者とみなされるのである。

第2節　有翼動物文

本論で扱う有翼動物文は、鳥以外のあらゆる翼状のものを備えた動物を指す。伊藤秋男［1988］氏は、漢代以来の有翼動物文の翼について、簡要的に分類した論文を発表している。唐代金銀器における装飾文様の中では、有翼動物文は重要な文様の一種であり、主な有翼動物文には龍、虎、鹿、象、獅子、兎、飛廉、麒麟、天馬などがある。その中には、想像上の有翼動物として龍、麒麟、飛廉などを含む。もう一つ、実在する動物に翼を付けて有翼動物文になった虎、獅子、象、鹿、兎、馬がある。唐代以前の有翼文様と比較すると、種類が少なくなったことがわかる。

1　唐代金銀器有翼動物文の分類

（一）龍　文

これまで、有翼龍文を装飾する唐代金銀器は、4点発見された。何家村窖蔵出土の葡萄龍鳳文銀碗の外底（図Ⅳ－18の15：写真19）、丁卯橋窖蔵出土の「論語玉燭」銀籌筒の胴部（図Ⅳ－18の16）、同窖蔵出土の銀盒の外底（図Ⅳ－18の17）、江蘇省句容県塔基地宮出土の銀棺の側面（図Ⅳ－18の18）、白鶴美術館所蔵の銀碗の内底（図Ⅳ－18の19）のいずれにも、1匹の有翼龍が描かれる。法門寺塔基地宮出土の舎利容器の銀函の蓋には2匹の有翼龍（図Ⅳ－18の21）がある。河南省潁川県陳氏墓出土の銀平脱飾にも有翼龍文（図Ⅳ－18の20）がある［洛陽市文物工作隊 1999］。西安市文物倉庫にも1点の金製有翼龍飾を所蔵する［王長啓ほか 1989］。

以上の有翼龍文は、いずれも肩の両側に焔肩一本形翼を備えている。有翼龍文の起源を求めれば、漢代にさかのぼる。当時の画像石などには、有翼龍文が数多く見られ、これらは翼が鳥翼形を呈する。とりわけ四川省郫県2号石棺（図Ⅳ－18の1）［龔廷万ほか 1998］、河北省満城劉勝夫婦墓出土の銅器（図Ⅳ－18の2）、洛陽市前漢卜千秋墓の壁画（図Ⅳ－18の3）のいずれにも鳥翼形翼を持つ有翼龍文を描く。

魏晋南北朝時代になると、有翼龍文の翼が三種に分けられる。一種は、漢代の特徴を継承した

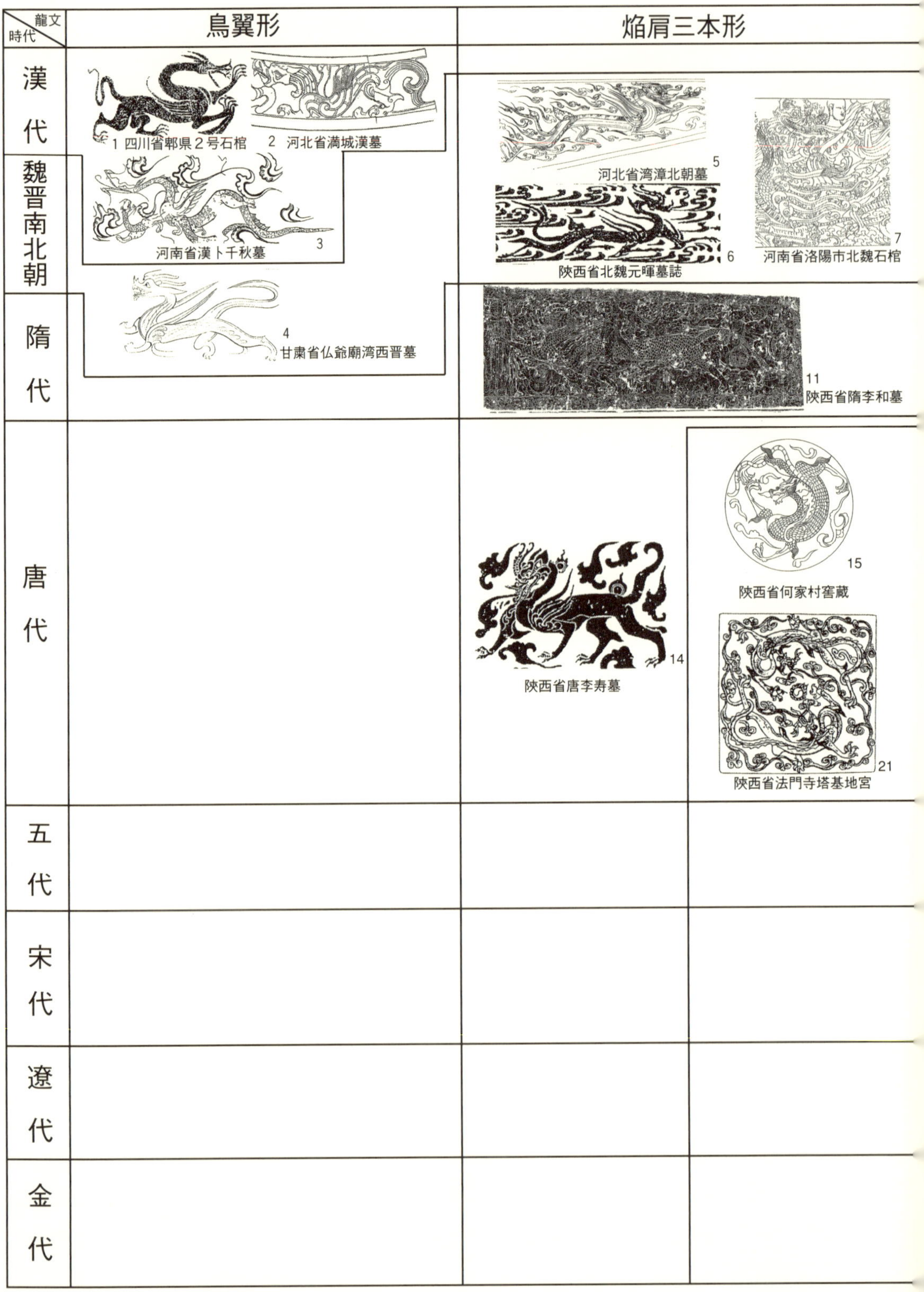

第Ⅳ章　唐代金銀器の装飾文様の検討

龍文 時代	鳥翼形		焔肩三本形	
漢代	1 四川省郫県2号石棺	2 河北省満城漢墓		
魏晋南北朝	3 河南省漢ト千秋墓		5 河北省湾漳北朝墓 6 陝西省北魏元暉墓誌	7 河南省洛陽市北魏石棺
隋代	4 甘粛省仏爺廟湾西晋墓		11 陝西省隋李和墓	
唐代			14 陝西省唐李寿墓	15 陝西省何家村窖蔵 21 陝西省法門寺塔基地宮
五代				
宋代				
遼代				
金代				

図Ⅳ-18　有翼龍

第 2 節　有翼動物文

焰肩三本形	焰肩一本形

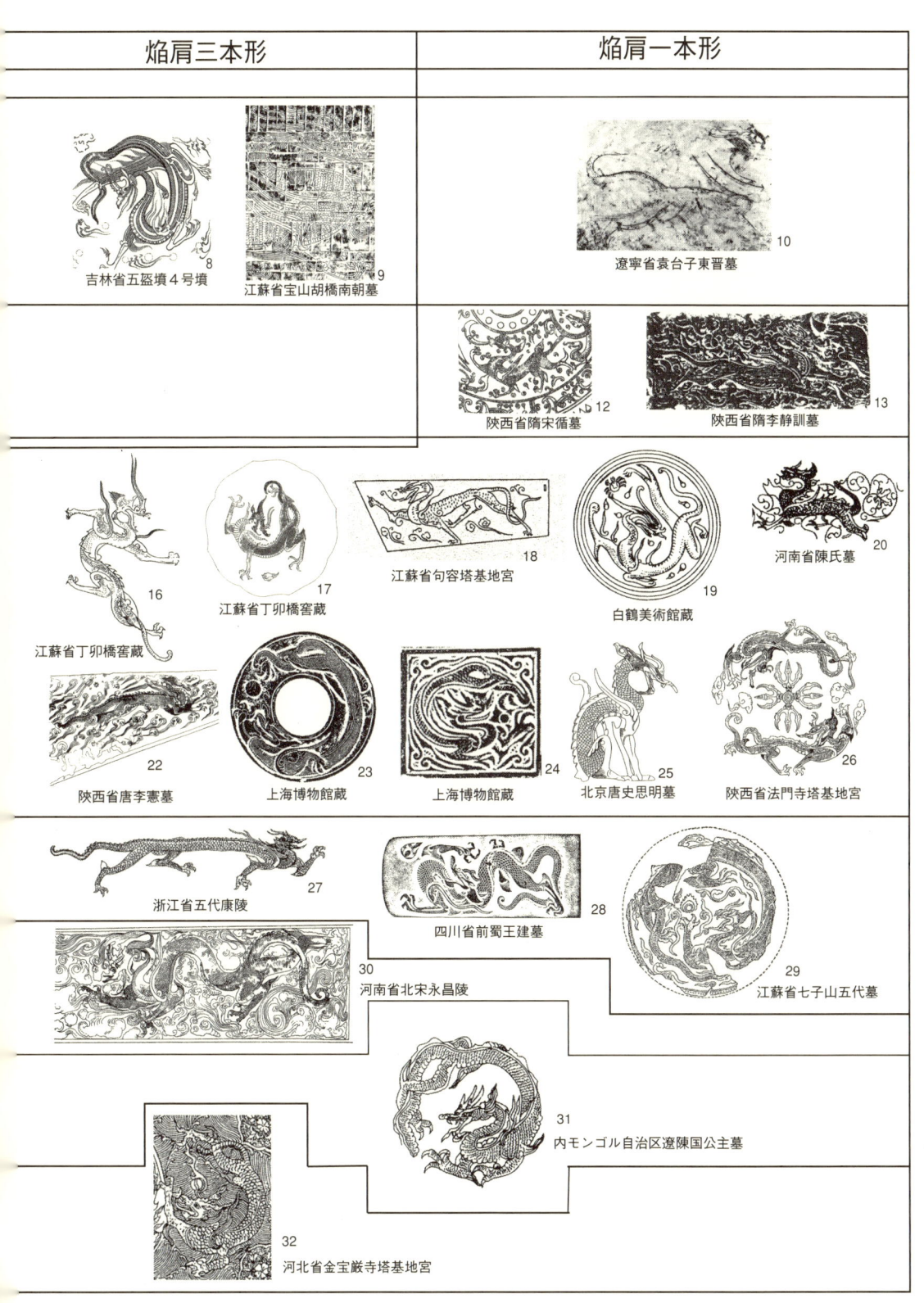

8 吉林省五盔墳 4 号墳
9 江蘇省宝山胡橋南朝墓
10 遼寧省袁台子東晋墓
12 陝西省隋宋循墓
13 陝西省隋李静訓墓

16 江蘇省丁卯橋窖蔵
17 江蘇省丁卯橋窖蔵
18 江蘇省句容塔基地宮
19 白鶴美術館蔵
20 河南省陳氏墓
22 陝西省唐李憲墓
23 上海博物館蔵
24 上海博物館蔵
25 北京唐史思明墓
26 陝西省法門寺塔基地宮
27 浙江省五代康陵
28 四川省前蜀王建墓
29 江蘇省七子山五代墓
30 河南省北宋永昌陵
31 内モンゴル自治区遼陳国公主墓
32 河北省金宝厳寺塔基地宮

縮尺不同)

鳥翼形であり、敦煌市仏爺廟湾西晋画像磚墓（図Ⅳ-18の4）からしか発見されていない。第二種は焔肩三本形を呈し、しかも圧倒的な多数を占めている。例えば、河北省磁県湾漳北朝墓の墓道東側壁画（図Ⅳ-18の5）［中国社会院考古研ほか 2003］、陝西省博物館所蔵の北魏元暉墓誌（図Ⅳ-18の6）［武伯倫 1965］、洛陽市出土の北魏石棺（図Ⅳ-18の7）［洛陽博 1980a］、吉林省集安市五盔墳4号古墳壁画（図Ⅳ-18の8）［吉林省文物工作隊 1984］、江蘇省丹陽県宝山胡橋南朝墓画像磚（図Ⅳ-18の9）［姚遷ほか 1981］、のいずれも焔肩三本形翼を持つ龍文を装飾している。もう一種の有翼龍文は、翼が焔肩一本形を呈して、発見された数はあまり多くない。例えば、朝陽市袁台子東晋墓の墓道壁画の龍文（図Ⅳ-18の10）［遼寧省博文物隊ほか 1984］、洛陽市出土北魏石棺の龍文［洛陽博 1980a］は翼が焔肩一本形を呈する。

　隋代の有翼龍文は、魏晋南北朝時代の焔肩三本形翼と焔肩一本形翼の特徴を継承した。例えば、陝西省三原県隋李和墓出土の石棺（図Ⅳ-18の11）［陝西省文管委 1966］には、焔肩三本形翼を持つ龍文を線刻している。長安県隋宋循墓出土の銅鏡（図Ⅳ-18の12）［陝西省考古研隋唐研究室 1994］、李静訓墓出土の石槨・墓誌（図Ⅳ-18の13）は焔肩一本形翼を持つ龍文を装飾している。有翼龍文の翼は漢代から唐代まで、鳥翼形翼から焔肩三本形翼に変化し、最終的には焔肩一本形翼になった。唐代様式の特徴は魏晋南北朝時代にさかのぼり、隋代を経て、唐代に継承された。同時に一部の唐代有翼龍文は、魏晋南北朝の焔肩三本形翼もそのまま継承しているが、発見された数はあまり多くない。例えば、陝西省三原県唐李寿墓出土の石棺には、焔肩三本形翼を備えた龍文（図Ⅳ-18の14）が彫刻されている［張鴻修 1998］。長安県南里王村出土の唐代銅鏡には、焔肩三本形翼を持つ青龍文を鋳出している［兵庫県博ほか 1996］。

　唐代金銀器のみならず、唐墓壁画、石槨、墓誌、銅器、玉器などにも有翼龍文が見られ、しかも焔肩一本形翼を持つ龍文が圧倒的な多数を占める。李憲墓の墓道東側の壁画に描かれた有翼龍文（図Ⅳ-18の22）は、翼が焔肩一本形を呈し、周りに雲文が配されており、先導役として墓道の先頭を飛翔している。太原市南郊唐墓壁画に描かれた有翼龍文は、翼が焔肩一本形を見せる［山西省考古研 1988］。上海博物館所蔵の唐代の玉璧・玉飾に彫刻されている龍文（図Ⅳ-18の23・24）は、焔肩一本形翼である［許勇翔 1986］。北京市唐史思明墓出土の銅龍（図Ⅳ-18の25）も焔肩一本形翼を持つ［北京市文物研 1991］。法門寺塔基地宮出土の青銅盒の蓋に装飾されている2匹の龍文（図Ⅳ-18の26）［韓金科 2001］は、いずれも焔肩一本形翼を見せる。

　唐代以降の有翼龍文は、唐代有翼龍文の特徴をそのまま継承している。例えば、新疆ウイグル族自治区トルファンのベゼクリク高昌回鶻（ウイグル）期の石窟壁画には、焔肩一本形翼を持つ有翼龍文が描かれる［孟凡人 1981］。浙江省臨安県五代呉越国康陵壁画の龍文（図Ⅳ-18の27）［杭州市文物研ほか 2000］、成都市前蜀王建墓出土の玉製帯飾の龍文（図Ⅳ-18の28）［馮漢驥 1964］、江蘇省蘇州市七子山五代墓出土の鍍金銀盒の蓋の龍文（図Ⅳ-18の29）［蘇州市文管委 1981］、河南省鞏義市北宋永昌陵石造像の龍文（図Ⅳ-18の30）［傅永魁 1982］、内モンゴル自治区遼陳国公主墓出土の銀盒の蓋の龍文（図Ⅳ-18の31）［内蒙古自治区文物研ほか 1993］、河北省固安県于沿村金宝厳寺塔基地宮出土の鍍金舎利容器の龍文（図Ⅳ-18の32）［河北省文物研ほか 1993］、黒龍江省阿城県白城金上京遺跡出土の青銅製龍［阿城県文管所ほか 1982］はいずれも焔肩一本形を呈している。その基礎を

築いたのが唐代である。

　唐代の有翼龍文は、唐代以降の中国歴代の龍文に影響を与えた（表26を参照）だけではなく、海を渡って日本にも影響を与えた。例えば、奈良薬師寺薬師如来像台座側面に彫刻される有翼龍文も、高松塚古墳壁画に描かれる有翼龍文も、いずれも翼が焔肩一本形を呈している。

（二）虎　文

　江蘇省句容県塔基地宮出土の銀棺側面には、有翼虎文がある。虎の肩両側の翼は、焔肩一本形を呈している。有翼虎文の起源

表26　翼の形に見る龍文の時期別変遷

時代＼翼の形	鳥翼形翼	焔肩三本形翼	焔肩一本形翼
漢代	○		
魏晋南北朝時代		○	○
隋代		○	○
唐代		○	○
五代			○
宋代			○
遼代			○
金代			○
遼代			○
金代			○

は漢代にさかのぼり、当時の画像石などに数多く装飾され、しかも翼が鳥翼形を呈している。四川省郫県2号石棺（図Ⅳ-19の1）、河南省南陽市唐河針織廠漢墓出土の画像石（図Ⅳ-19の2）［王建中ほか 1990］の有翼虎文がその代表的なものである。

　魏晋南北朝時代になると、有翼虎文が翼の数によって三種に分けられる。一種は、漢代の鳥翼形を持つ虎文を継承していた。例えば、敦煌市仏爺廟湾西晋墓画像磚には、鳥翼形を持つ虎文（図Ⅳ-19の3）が描かれている。第二種は、翼が焔肩三本形を呈し、しかも圧倒的な多数を占めている。例えば、陝西省博物館所蔵の北魏元暉墓誌（図Ⅳ-19の4）、山西省太原市北斉徐顕秀墓石門（図Ⅳ-19の5）［山西省考古研ほか 2003］、江蘇省丹陽県宝山胡橋南朝墓画像磚（図Ⅳ-19の6）［姚遷ほか 1981］、磁県湾漳北朝墓墓道西側壁画（図Ⅳ-19の7）、磁県東魏茹茹公主墓墓道壁画［磁県文化館 1984］のいずれも焔肩三本形を呈している。もう一種は、翼が焔肩一本形を呈するもので、発見された数は少ない。例えば、朝陽市袁台子東晋墓壁画には、翼が焔肩一本形を呈している虎文（図Ⅳ-19の8）が描かれている［遼寧省博文物隊ほか 1984］。洛陽市出土の北魏石棺に彫刻される有翼虎文は、翼が焔肩一本形を呈している［洛陽博 1980a］。

　隋代における有翼虎文の翼は、魏晋南北朝時代の焔肩三本形と焔肩一本形の特徴を継承した。例えば、陝西省三原県隋李和墓出土の石棺（図Ⅳ-19の9）には、焔肩三本形翼を持つ虎文が線刻されている［陝西省文管委 1966］。長安県隋宋循墓出土の銅鏡（図Ⅳ-19の10）、李静訓墓出土の石槨［中国社科院考古研 1980］は翼が焔肩一本形を呈する虎文を装飾している。有翼虎文の翼は漢代から唐代まで、鳥翼形翼から焔肩三本形に変形し、最後には焔肩一本形になった。

　唐代様式の特徴は魏晋南北朝時代にさかのぼり、唐代はそのままその特徴を継承してきた。唐代金銀器のみならず、例えば、李憲墓壁画に描かれた有翼虎文（図Ⅳ-19の13）は、翼が焔肩一本形を呈し、周りには雲気文を描いて、先導役として墓道の先頭に装飾されている。同時に一部の唐代有翼虎文は、魏晋南北朝の焔肩三本形翼をそのまま継承しているが、発見された数はあまり多くない。例えば、陝西省三原県唐李寿墓出土の石棺には、焔肩三本形翼を持つ虎文（図Ⅳ-19

の11）を彫刻している［張鴻修 1998］。長安県南里王村出土の唐代銅鏡には、焰肩三本形翼を持つ白虎文を装飾している［兵庫県歴博ほか 1996］。

唐代以降は、唐代有翼虎文の特徴をそのまま継承している。例えば、浙江省臨安県五代呉越国康陵壁画には、焰肩一本形翼を持つ有翼虎文（図Ⅳ－19の14）が描かれる［杭州市文物研ほか 2000］。四川省彭山県後蜀宋琳墓出土の石棺には、焰肩一本形翼を持つ有翼虎文が彫刻されている［任錫光 1958］。同省栄昌県宋墓には、焰肩一本形翼を持つ有翼虎文（図Ⅳ－19の15）［四川省博ほか 1984］が彫刻されている（表27を参照）。

表27　翼の形に見る虎文の時期別変遷

時代＼翼の形	鳥翼形翼	焰肩三本形翼	焰肩一本形翼
漢代	○		
魏晋南北朝時代	○	○	○
隋代		○	○
唐代		○	○
五代			○
宋代			○

（三）麒麟文

西安市西北工業大学窖蔵出土の銀碗には麒麟が装飾されているというが、写真や図面などの資料が公表されていないので、真相は不明である。これ以外の麒麟文は、翼が焰肩一本形を呈している。例えば、法門寺塔基地宮出土の銀茶碾の側面に装飾される一角の麒麟文（図Ⅳ－20の13）は、肩両側の翼が焰肩一本形を呈し、周りには雲気文を配し、空を飛ぶように表されている。正倉院の銀壺の台の側面に装飾される一角の麒麟文（図Ⅳ－20の16・17）は、肩両側の翼が焰肩一本形を呈し、周りに草花などを配している。

その起源を求めると、漢代に麒麟文がすでに出現しており、頭部に一角をもち、肩両側に鳥翼形翼がある。例えば、朝鮮民主主義人民共和国平壌貞柏里前漢墓出土の銀製品に打ち出された麒麟文は、馬形を呈し、肩部には鳥翼形翼をもち、頭を挙げて鳴くように見え、走る様子で表されている［駒井 1967］。西安市前漢長安城武庫遺跡出土の鹿形玉麒麟（図Ⅳ－20の4）は、振り返った頭部を表し、翼は鳥翼形を呈している［中国社科院考古研漢城工作隊 1978］。山東省沂南漢画像石（図Ⅳ－20の1）、四川省昭覚県漢石表（図Ⅳ－20の2）［龔廷万ほか 1998］、江蘇省睢寧県九女墩漢画像石（図Ⅳ－20の3）［江蘇省文管委 1959］に彫刻された鹿形・牛尾の麒麟文は、肩両側の翼が鳥翼形を呈している。偃師県寇店後漢窖蔵出土の鹿形の鍍金青銅麒麟［偃師商城博 1992］は、翼が鳥翼形を呈している。同省榮陽萇村漢墓の壁画には、馬形の麒麟文が描かれ、肩両側の翼が鳥翼形を呈し、しかも麒麟の後ろに墨書の「麒麟」の漢字が記されている［中国社科院考古研漢城工作隊 1978］。これは、漢代の麒麟文を判別する基準になっている。

魏晋南北朝時代に入ると、麒麟文の翼は、漢代の鳥翼形翼を継承する一方で焰肩三本形翼が出現し、鳥翼形翼と焰肩三本形翼が共存している。例えば、安徽省馬鞍山市三国時代の呉国の朱然墓出土の漆盤に描かれた鹿形・蹄足・牛尾の麒麟文は、翼が鳥翼形を呈している［安徽省文物考古研ほか 1986］。敦煌市仏爺廟湾西晋墓壁画に描かれた鹿形・爪脚の麒麟文（図Ⅳ－20の5）は、翼が鳥翼形を呈している。陝西省博物館所蔵の北魏元暉墓誌に彫刻される麒麟文（図Ⅳ－20の6）は、

第 2 節　有翼動物文

虎文 時代	鳥翼形	焔肩三本形	焔肩一本形
漢代	 1 四川省郫県2号石棺 2 河南省唐河針織廠		
魏晋南北朝	 3 甘粛省仏爺廟湾西晋墓	  4 陝西省北魏元暉墓誌 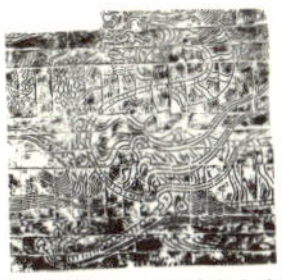 5 山西省北斉徐顕秀墓 6 江蘇省宝山胡橋南朝墓  7 河北省湾漳北朝墓	 8 遼寧省袁台子東晋墓
隋代		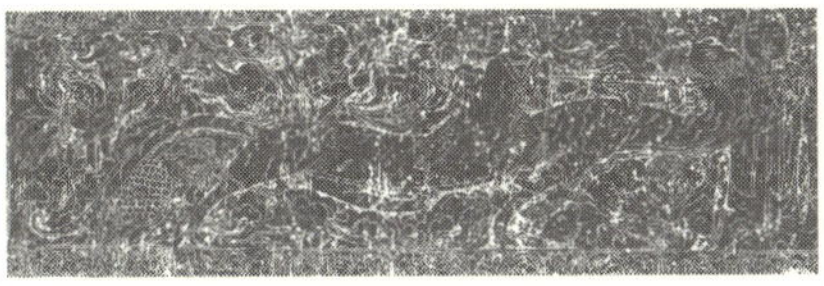 9 陝西省隋李和墓	 10 陝西省隋宋循墓
唐代		 11 陝西省唐李寿墓	 12 江蘇省句容県塔基地宮 13 陝西省唐李憲墓
五代			 14 浙江省五代康陵
宋代			 15 四川省栄昌県宋墓

図Ⅳ-19 有翼虎文（縮尺不同）

麒麟文 / 時代	鳥翼形	焔肩三本形
漢代	  1 山東省沂南画像石  2 四川省昭覚県石表 3 江蘇省九女墩画像石 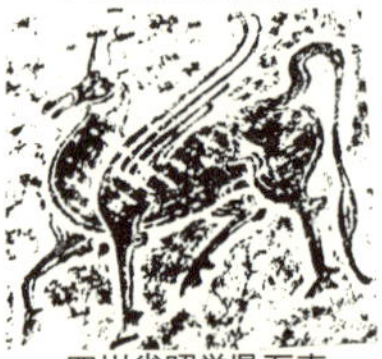 4 陝西省漢長安城武庫遺跡	
魏晋南北朝	 5 甘粛省仏爺廟湾西晋墓	 6 陝西省北魏元暉墓
唐代	 8 陝西省唐新城長公主墓  9 山西省唐薛儆墓  10 陝西省唐李憲墓  11 正倉院蔵	
宋代		

図Ⅳ-20　有翼麒麟文

第 2 節　有翼動物文

焰肩三本形	焰肩一本形
7　河南省鄧県南朝墓	
12　陝西省唐新城長公主墓	13　陝西省法門寺塔基地宮　　14　陝西省唐順陵　　15　陝西省唐興慶宮遺跡 16　正倉院蔵　　17　正倉院蔵　　18　河北省唐王元逵墓
	19　山西省西兎村宋墓

(縮尺不同)

第Ⅳ章　唐代金銀器の装飾文様の検討

表28　翼の形に見る麒麟文の時期別変遷

時代＼翼の形	鳥翼形翼	焔肩三本形翼	焔肩一本形翼
漢代	○		
魏晋南北朝時代	○	○	
唐代	○	○	○
五代			○
宋代			○
遼代			○

翼が焔肩三本形を呈している。河南省鄧県南朝墓出土の彩色画像磚に印刻される馬形・蹄脚の麒麟文（図Ⅳ-20の7）は、翼が焔肩三本形を呈し、傍らに「騏驎」の漢字を印刻している。高句麗古墳の舞踊塚や江西大墓などの壁画に描かれる麒麟文［金基雄 1980］は、いずれも走る姿で、翼が焔肩三本形を呈し、魏晋南北朝時代の麒麟の文様とよく似ている。

　唐代金銀器のみならず、ほかの遺物や遺跡にも麒麟文がよく装飾され、しかも焔肩一本形翼と鳥翼形翼が共存している。例えば、咸陽市順陵の石造像の中には、焔肩一本形翼を持つ麒麟石造像（図Ⅳ-20の14）［陝西省考古研 1964］がある。西安市唐興慶宮遺跡出土の石欄板は、透彫りの技法で、2頭の疾走する麒麟（図Ⅳ-20の15）とその周りに雲気文を彫刻している［西安碑林博 2000］。河北省正定県唐成徳軍節度使王元逵墓誌には、8頭の麒麟（図Ⅳ-20の18）を彫刻し、いずれの翼も焔肩一本形を呈し、周りに雲が線刻され、その中の2頭が二本の角を、他の6頭が一角を持ち、体の上に魚鱗形文が彫刻されている［劉友恒ほか 1983］。太原市唐薛儆墓出土の石槨に線刻される麒麟文（図Ⅳ-20の9）［山西省考古研 2000］は、鳥翼形翼を持っている。ほかに、焔肩一本形翼と鳥翼形翼を共に装飾する例も多い。例えば、李憲墓出土の石槨には、焔肩一本形翼と鳥翼形翼を持つ麒麟文（図Ⅳ-20の10）が線刻されている。正倉院の紅牙撥鏤尺に装飾される麒麟文（図Ⅳ-20の11）は、鳥翼形翼を持っている。一部の麒麟文は、魏晋南北朝時代の焔肩三本形翼の特徴を継承した。例えば、陝西省礼泉県新城長公主墓出土の石門には、焔肩三本形翼の麒麟文（図Ⅳ-20の12）と鳥形翼の麒麟文（図Ⅳ-20の8）が一緒に彫刻されている。唐代麒麟文の源流を探ると、飛廉文と同様に、魏晋南北朝時代の特徴を継承していることがわかる。

　唐代以降の麒麟文は、麒麟の造形が少しずつ変化しても、焔肩一本形翼を持つという特徴はあまり変わらなかった。例えば、山西省長治市西兎村宋代壁画墓に描かれた麒麟文（図Ⅳ-20の19）は、頭が龍首形を呈して、体の上に魚鱗形文が彫刻されており、翼は焔肩一本形を呈している［王進先 2000］（表28を参照）。

（四）天馬文

　天馬とは、翼を持つ馬を指す。唐代金銀器の天馬文は、翼の形状によって二種に分けられる。一種は翼が焔肩一本形を呈している。例えば、スウェーデン所蔵の銀碗内底には、焔肩一本形翼を持つ6頭の天馬（図Ⅳ-21の17）を装飾している。ニューヨーク山中商会所蔵の貼銀金双宝馬八花鏡は、鏡背が銀製で、2匹の天馬文（図Ⅳ-21の18）を装飾し、翼がいずれも焔肩一本形を呈している［梅原 1931］。もう一種の天馬文は、翼が鳥翼形を呈している。例えば、東京国立博物館法隆寺宝物館所蔵の鍍金銀龍首水瓶の胴部には、二組4匹の天馬（図Ⅳ-21の7）を浮き彫りの技法で彫刻し、翼が鳥翼形を呈している［毎日新聞社「国宝」委員会事務局 1968］。金銀器以外にも、天

馬文あるいは天馬造形の遺物の数が多い。

　ギリシア神話の中では、有翼馬である天馬をペガサスと呼び、ペルセウスがメデューサを殺したときに、メデューサの切り落とされた首から流れ出た血の中から生まれたとされる。ササン系美術では天馬も愛用され、死者の霊魂を天国に運ぶ役割を果たした。

　中国の古代文献によると、古代中国人の天馬に対する認識は、前漢の武帝が匈奴を打ち破るために、西方に進出した後のことである。『漢書・張騫伝』には、漢武帝が「得烏孫馬好、名曰天馬。及得宛汗血馬、益壮、更名烏孫馬曰西極馬、宛馬曰天馬云」と記されている。漢武帝は、元狩三年（前120）と太初四年（前101）にそれぞれ「天馬之歌」、「西極天馬之歌」を作った。『芸文類聚』巻93に引く「漢天馬歌」には、「天馬来、従西極、渉流沙、九夷服、天馬来、歴無草、徑千里、循東道。天馬來、開遠門、竦予身、逝崑崙。天馬來、龍之媒、遊閶闔、観玉台」と記されている。この歌の中では、明確に天馬が西方から由来したものだとしている。しかしながら、その中に含まれる意味がギリシア神話中の天馬とまったく異なり、むしろ素晴らしい馬を意味するものと理解される。

　一方、『山海経・北山経』郭璞注には、「又東北二百里曰馬成之山、其上多文石、其陰多金玉、有獣焉、其状如白犬而黒頭、見人則飛、其名曰天馬」と記されている。郝懿行の箋は、「言肉翅飛行自在」と解釈している。

　起源を求めるとすれば、有翼天馬文は、漢代に求められ、しかも画像石、画像磚、車馬具、玉器、陶器、青銅器などによく採用されており、この点から見れば、漢代には有翼天馬文が大流行していたことが知られる。

　天馬文が装飾されている漢代画像石と画像磚は、発掘調査によって数多く発見されており、翼のいずれもが鳥翼形を呈する。例えば、山東省沂南漢代画像石には、鳥翼形翼を持つ天馬を装飾している［山東省沂南漢墓博物館 2001］。洛陽市博物館所蔵の画像磚には、3頭の天馬と3本の樹木が印刻され、天馬はいずれも同じ方向を向き、樹木で界される。天馬の翼は小さく、末端が三角形を、前部が雲気文の形を呈している（図Ⅳ-21の5）。

　天馬文を装飾する精美な車馬具も発見された。例えば、河北省定県三盤山122号前漢墓出土の円筒形馬車金具の装飾文様は、四段に分けられ、上段から第一段目の左側の上部には、疾走する長い鳥翼形翼を持つ天馬文（図Ⅳ-21の4）を装飾している。天馬以外は、騎象人物・龍・熊・雁などの動物文と連山の起伏や草花も配している［河北省文物研 1980］。この馬車金具とよく似た作品は、MIHO MUSEUMに1点所蔵され、天馬文も装飾されている［MIHO MUSEUM 1999］。

　天馬文を装飾する玉器も発見された。例えば、咸陽市の前漢元帝渭陵付近出土の玉天馬（図Ⅳ-21の2）は、羽人が天馬の背中にまたがり、天馬の肩両側に鳥翼形翼を彫刻している［咸陽市博 1973］。

　天馬文が装飾される陶器も発見された。例えば、洛陽市谷園小学前漢墓出土の陶壺には、3頭の天馬が描かれ、翼は鳥翼形を呈している［洛陽市第二文物工作隊 1999］。

　天馬文が装飾される青銅器は、成都市高新区勤倹村漢墓出土の青銅耳杯が知られ、内底に疾走する天馬文（図Ⅳ-21の3）を装飾している［成都市文物考古研 2004］。

第Ⅳ章　唐代金銀器の装飾文様の検討

時代＼天馬文	鳥翼形				焔肩三本形
漢代	 1 江蘇省小李村漢画像石 	2 陝西省漢元帝渭陵 	3 四川省勤倹村漢墓  4 河北省三盤山122号漢墓 	5 河南省洛陽市博物館蔵	
魏晋南北朝	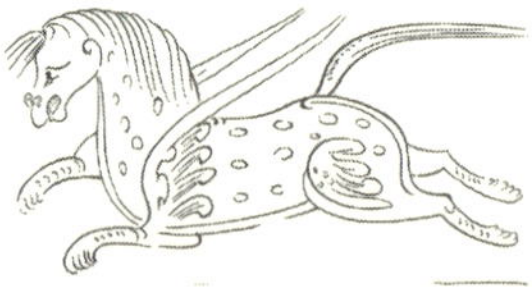 6 甘粛省仏爺廟湾西晋墓				
唐代	7 東京国博法隆寺宝物館蔵 9 江西省瑞昌県蔵	8 陝西省博物館蔵 10 陝西省乾陵			 14 陝西省金郷県主墓  15 陝西省玄宗泰陵 　16 陝西省宣宗貞陵
五代	 11 四川省臥仏院石窟				
宋代	 12 四川省宋代虞公著墓				
遼代					
金代					

図Ⅳ-21　天馬文

第2節　有翼動物文

焰肩一本形	ササン朝ペルシア・ソグド型
	25 陝西省北周史君墓
17 スウェーデン蔵　　18 ニューヨーク山中商会蔵	26 法隆寺蔵
19 上海博物館蔵　　20 正倉院蔵	27 アスターナ337号墓
21 四川省後蜀張虔釗墓　　22 陝西省老寺坪宋代画像磚	
23 遼寧省朝陽溝遼墓　　24 河北省高碑店銅鏡	

（縮尺不同）

第Ⅳ章　唐代金銀器の装飾文様の検討

　魏晋南北朝時代の天馬文を見ると、鳥翼形の翼だけでなく、ササン朝ペルシア・ソグド型の翼も当時の中国に伝えられている。例えば、西安市北周史君墓出土の石槨には、浮き彫りの技法で天馬文（図Ⅳ-21の25）を彫刻しており、翼が鳥翼形を呈するが、翼の中央に縦一列に連珠文を飾っており、これまでの天馬のイメージとはやや異なる。類似の天馬文は、ソグドの遺跡の壁画にも描かれている。本論では、そうした特徴の翼をササン朝ペルシア・ソグド型翼と名付ける。一方、敦煌市仏爺廟湾西晋墓出土の磚画には、漢代以来の鳥翼形を呈する天馬文（図Ⅳ-21の6）も描かれている。注意すべきは、朝鮮徳興里高句麗古墳壁画に描かれている翼を持つ有翼天馬文の傍らには、「天馬」の漢字が書いてあり、同類文様を呼称するに際して、きわめて高い参考価値がある［朝鮮民主主義共和国社会院ほか 1985］。伝統の天馬文の翼と外来の新型翼は、この時期に共存している。

　唐代の天馬文は、その翼の形状が複雑になってきた。しかも、金銀器のみならず、銅鏡、仏教関連遺物、皇帝陵参道の石造物、織物、墓誌、石窟壁画、磚などにも有翼有翼天馬文が装飾され、それらの翼の形状が焔肩一本形、焔肩三本形、鳥翼形、ササン朝ペルシア・ソグド型ともに共存している。

　織物の装飾文様にも、天馬文がよく採用された。例えば、新疆ウイグル族自治区トルファンのアスターナ337号墓（657）出土の騎士文錦（図Ⅳ-21の27）［武敏 1962］や法隆寺所蔵の四天王狩猟文錦（図Ⅳ-21の26）などには、ササン朝ペルシア・ソグド型翼を持つ天馬文が装飾されている。唐墓壁画以外は、錦などの織物が多く、おそらく輸出専用あるいは西方から注文されたものであろう。

　唐代皇帝陵神道（参道）両側には、石造物が数多く陳列され、その中の石造天馬像は翼が焔肩三本形と鳥翼形との二種に分けられる。鳥翼形翼を持つ石造天馬は、乾陵の石造天馬（図Ⅳ-21の10）が代表的なものである。焔肩三本形翼を持つ石造天馬は玄宗泰陵（図Ⅳ-21の15）と宣宗貞陵（図Ⅳ-21の16）などの石造天馬が代表例である。

　墓誌にも天馬文が装飾されている。例えば、西安市金郷県主墓出土の墓誌に線刻される天馬文（図Ⅳ-21の14）は、疾走する姿を表し、翼が焔肩三本形を呈する。

　銅鏡にも天馬文が装飾される。例えば、正倉院所蔵銅鏡の天馬文（図Ⅳ-21の20）は、翼が焔肩一本形を呈している。江西省瑞昌県で発見された天馬文銅鏡（図Ⅳ-21の9）［江西文物編輯部 1990］には、2頭の走る天馬があり、1頭の翼は焔肩一本形を呈し、もう1頭の翼は鳥翼形である。上海博物館所蔵の1点の銅鏡は、翼が焔肩一本形を呈する天馬文（図Ⅳ-21の19）［陳佩芬 1987］を鋳出している。

　仏教関連物としては、陝西省博物館所蔵の唐大安国寺遺跡出土の石造宝生如来像の台座が代表的なものである。その台座には、上から仰蓮を支える七頭の天馬（図Ⅳ-21の8）［西安碑林博 2000］を高浮き彫りの技法で彫刻している。7頭の天馬はこの台座の束に当たる部分を囲み、それぞれ外方に向いて前肢を屈して座る姿で、頭部と体部の前面を表す。翼は肩の付根近くに唐草風に浮き彫りされている。

　また、中国の古代文献の中では、天馬を龍馬と呼ぶ。『宋書・符瑞志（中）』には、「龍馬者、仁

馬也、河水之精。高八尺五寸、長頸有翼、傍有垂毛、鳴聲九哀（一作音）」と記されている。また、天馬が角を持つという説もある。因みに、『水経注・河水』には、「漢武帝聞大宛有天馬、遣李広利伐之、始得此馬、有角為奇。故漢賦曰：天馬來兮歷無草、徑千里兮巡東道」と記されている。

　唐代以降は、焔肩一本形翼を持つ天馬文がよく採用され、しかも圧倒的多数を占めている。以下には、五代から金代にかけて、各時代の代表的な例を挙げよう。四川省成都五代後蜀張虔釗墓出土の石棺床に彫刻される天馬文（図Ⅳ-21の21）[成都市文管処 1982]は、焔肩一本形翼を持つ。一方、五代期には鳥翼形翼を持つ天馬文もしばしば見える。例えば、四川省安岳県臥仏院石窟五代期の第54号龕に彫刻された天馬文（図Ⅳ-21の11）は、鳥翼形翼を見せる[彭家勝 1988]。同省彭山南宋虞公著夫婦墓出土の画像磚には、鳥翼形翼を持つ天馬文（図Ⅳ-21の12）が印刻される[四川省文管委ほか 1985]。陝西省旬陽県老寺坪出土の宋代画像磚には、焔肩一本形翼を持つ天馬文（図Ⅳ-21の22）が印刻される[徐信印ほか 1987]。遼寧省彰武県朝陽溝遼墓出土の鍍金銀飾には、走る天馬文（図Ⅳ-21の23）を鏨彫りし、翼が焔肩一本形を呈する[李宇峰ほか 2003]。河北省高碑店市で発見された金代銅鏡[河北省文物研 1996c]には、一対の天馬が鋳出され、いずれの翼も焔肩一本形を呈する（図Ⅳ-21の24）（表29を参照）。

（五）鹿　文

　唐代金銀器の有翼鹿文は、翼の形状によって二種に分けられる。一種は、鳥翼形を呈している。例えば、何家村窖蔵出土の銀盒の蓋には、鳥翼形翼を持つ鹿文（図Ⅳ-22の4：写真20）を装飾し、霊芝形角を持つ。もう一種の有翼鹿文は、焔肩一本形の翼を持っている。例えば、喀喇沁旗窖蔵出土の銀壺胴部には、焔肩一本形翼の有翼鹿文（図Ⅳ-22の7）を見る。何家村窖蔵出土の銀盒の側面には、走る有翼鹿文を装飾し、翼が焔肩一本形を呈する。

　源流を求めれば、漢代画像石などには有翼鹿文があり、しかもいずれも鳥翼形翼を持っている。例えば、沂南漢代画像石には、疾走する有翼鹿文（図Ⅳ-22の1）を彫刻し、翼が鳥翼形を呈している。成都市土橋漢代画像石には、臥鹿文（図Ⅳ-22の2）を彫刻し、翼も鳥翼形を呈している。漢代の飾物にも有翼鹿文がある。例えば、陝西省勉県紅廟後漢墓出土の鹿文銅飾は、鳥翼形翼を持つ鹿文である[唐金裕ほか 1983]。

　魏晋南北朝時代の有翼鹿文は、これまで発見された数が少ない。例えば、新疆ウイグル族自治区民豊県尼雅遺跡8号墓出土の錦には、鳥翼形翼を持つ鹿文（図Ⅳ-22の3）が織り出されている[新疆文物考古研 2000]。江蘇省南京市梁蕭宏墓の石碑には、焔肩三本形翼を持つ鹿文（図Ⅳ-22の5）を彫刻している[奈良県立橿原考古研 2002]。前者が漢代の伝統を継承し、後者が同時期のほかの有翼動物文の翼とよく似ている。

　唐代金銀器の有翼鹿文は、鳥翼形翼を漢代から継承したものである。一方、焔肩一本形翼が唐代の新しい造形である。このような有翼鹿文は、唐代金銀器のみならず、銅鏡や織物などにもある。例えば、正倉院の銅鏡には、焔肩一本形翼を持つ鹿文（図Ⅳ-22の8）[後藤 1977]が見られる。東京国立博物館所蔵のトルファン古墳群から将来された「花樹対鹿」錦には、リボンを巻きつけ、焔肩一本形翼を持つ一対の有翼鹿文（図Ⅳ-22の6）[駒井 1959]がある。

第Ⅳ章　唐代金銀器の装飾文様の検討

時代＼文様	鹿文		
	鳥翼形	焔肩三本形	焔肩一本形
漢代	 1 山東省沂南画像石 　　2 四川省土橋漢画像石		
魏晋南北朝	 3 新疆ウイグル族自治区尼雅遺跡8号墓 	5 江蘇省梁蕭宏墓	
唐代	 4 陝西省何家村窖蔵	 6 東京国立博物館蔵	 7 喀喇沁旗窖蔵 　　8 正倉院蔵
五代			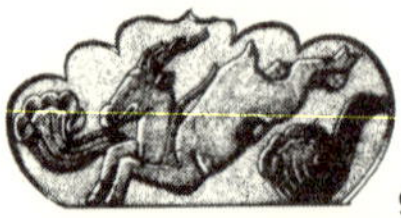 9 四川省後蜀孫漢韶墓
宋代			 10 四川省南宋虞公著墓

図Ⅳ-22　有翼文

第2節　有翼動物文

飛廉文	兎文	獅子文		象文
		鳥翼形	焔肩一本形	
		20 山東省大覚寺村2号漢墓		25 江蘇省小李村苗山漢墓
11 山西省北斉徐顕秀墓 12 河北省湾漳北朝墓	16 河北省湾漳北朝墓 17 甘粛省仏爺廟湾西晋墓	21 江蘇省南朝帝陵 22 南京市西晋井戸		26 甘粛省仏爺廟湾西晋墓
13 陝西省何家村窖蔵 14 陝西省何家村窖蔵　15 正倉院蔵	18 正倉院蔵 19 ミネアポリス美術館蔵		23 陝西省何家村窖蔵 24 陝西省何家村窖蔵	27 陝西省何家村窖蔵

亀・飛廉・兎・獅子・象（縮尺不同）

唐代以降になると、有翼鹿文は、主に翼が焔肩一本形を呈している。例えば、成都市後蜀孫漢韶墓出土の棺床側面に彫刻された有翼鹿文（図Ⅳ－22の9）は、その翼が焔肩一本形を呈している［成都市博考古隊 1991］。四川省彭山県南宋虞公著夫婦墓出土の画像磚には、走る有翼鹿文（図Ⅳ－22の10）が印刻され、その翼は焔肩一本形を呈し、口に瑞草を銜えている［四川省文管委ほか 1985］（表30を参照）。

（六）飛廉文

何家村窖蔵からは飛廉文を装飾する銀盤と銀盒がそれぞれ1点出土した。銀盤の内底に装飾される飛廉文（図Ⅳ－22の13）は、頭上に一本の角をもち、肢先が偶蹄となり、翼を広げ飛翔するように表している。この文様は当初、さまざまな報告書や論文の中では、いずれも独角異獣と呼ばれた。しかしながら、孫機氏は、その文様を詳しく分析し、いわゆる独角異獣を中国古代の風神飛廉に比定した。つい最近、同窖蔵出土の飛廉文銀盒も公表されたが、その飛廉文（図Ⅳ－22の14）は、馬頭形を呈し、ほかの部分は前述の飛廉文とよく似ている。

飛廉は、中国古代の想像上の鳥で、風をつかさどる神である。『楚辞・離騒』王逸の注によると、「飛廉、風伯也」と解釈されている。『淮南子』高誘の注によると、「蜚廉、獣名、長毛有翼」と説明している。『漢書・武帝紀』元封二年には、「応劭曰、飛廉、神禽能致風気者也」、「晋灼曰、身似鹿、頭似爵、有角而蛇尾、文如豹文」と記されている。

唐以前の飛廉文を装飾する遺物が、数多く発見された。例えば、安徽省馬鞍山市三国時代の呉国の朱然墓出土の漆盤に描かれる飛廉文は、前半身が獣形を、後半身が鳥形を、頭部が鹿形を呈している。朝陽市袁台子十六国後燕墓壁画に描かれる飛廉文は、鳥形と爪足を呈し、翼を広げ、頭部に二本の角を持ち、空を飛んでいる［遼寧省博文物隊ほか 1984］。ミネアポリス美術館所蔵の北魏王元謐画像石棺に線刻された飛廉文は、翼を広げ、口に蓮華を銜え、長尾を伸ばし、肢先が蹄足となる。磁県東魏茹茹公主墓壁画に描かれる飛廉文や太原市北斉徐顕秀墓石門に線刻される飛廉文（図Ⅳ－22の11）は、一角あるいは二角を持ち、いずれも口に蓮華を銜え、肢先が蹄足となり、翼を広げ、直立している。太原市北斉婁睿墓壁画にも徐顕秀墓石門の飛廉文とよく似た図像が描かれている。磁県湾漳北朝墓壁画の墓道両側に描かれた4匹の飛翔している飛廉文（図Ⅳ－22の12）は、いずれも二角を持ち、蹄足と鳥形を呈し、口に蓮の華を銜えている。陝西省三原県隋李和墓出土の石棺にも飛廉文が線刻される。

詳しく比較すれば、唐代金銀器の飛廉文は、北魏、北斉の飛廉文とよく似ており、その時代に飛廉文がすでに定型化していたことを窺うことができる。謝稚柳［1985］氏は、絵画史の視野から隋唐絵画の源流を検討し、隋唐の絵画は南朝と北斉の影響を強く受けたと指摘した。これは飛廉文の検討からも証明できるであろう。

もう一種の飛廉文は、馬形あるいは鹿形を呈し、翼と四つの足を持っている。例えば、敦煌石窟第249号、第285号石窟に装飾される獣形飛廉文は、焔肩三本形翼を持つ［季羨林主編 1998］。遼寧省遼陽市旧城東後漢墓壁画には、1頭の馬形飛廉が装飾されている［遼寧省博ほか 1985］。甘粛省魏晋壁画に装飾される飛廉文は、鹿形を呈している。それらは、いずれも唐代金銀器の飛廉文

第 2 節　有翼動物文

と異なるので、唐代金銀器に見える飛廉文の起源にならないであろう（表31を参照）。

　（七）兎　文

　有翼兎文は、唐代金銀器の中でミネアポリス美術館所蔵の銀盒の側面にしか見出せなかった（図Ⅳ-22の19）。源流を求めれば、河南省滎陽市萇村漢墓壁画［鄭州市文物考古研ほか 1996］、磁県湾漳北朝墓壁画（図Ⅳ-22の16）、敦煌市仏爺廟湾西晋墓画像磚（図Ⅳ-22の17）、山東省益都県北斉石室［山東省益都県博ほか 1985］、洛陽市出土の石棺［洛陽文物工作隊 1991］などに有翼兎文を描いたりあるいは彫刻したりしている。唐代金銀器の有翼兎文はそれらの特徴を継承してきたものである。したがって、唐代金銀器に見る有翼兎文の造形は、早くも漢代に完成され、そして魏晋南北朝時代を経て、唐代に伝えられたことは明らかである。

　金銀器以外には、正倉院所蔵の密陀彩絵雲兎文唐櫃の側面には、樹下動物文の手法で後脚立ちの鳥翼形翼を持つ兎文（図Ⅳ-22の18）が描かれており、唐代の作例との繋がりを示すものと思われる（表32を参照）。

　（八）獅子文

　唐代金銀器に装飾されている有翼獅子文は、数少ない。僅か2点の金銀器が確認されただけである。何家村窖蔵出土の銀盒の蓋に彫刻される有翼獅子文（図Ⅳ-22の23：写真21）は、右前足を挙げ、二本の角をもち、脚の下に雲気文のようなものを飾っている。同窖蔵出土の葡萄龍鳳文銀碗の胴部にも1頭の有翼獅子（図Ⅳ-22の24）を打ち出している。それらの有翼獅子文は、翼がいずれも焔肩一本形を呈している。唐代以前には、すでに有翼獅子文が流行していた。例えば、山東省済南市大覚寺村2号漢墓出土の獅子形石硯（図Ⅳ-22の20）［済南市考古研ほか 2004］は、肩両側の翼が鳥翼形を呈している。魏晋南北朝時代に入ると、有翼獅子が漢代より流行し、陶磁器にも装飾されている。例えば、江蘇省南京市西晋井戸出土の磁獅子形挿器（図Ⅳ-22の22）は、伏臥姿勢をとり、肩の両側に鳥翼形翼が線刻される［南京市博 2002］。南朝帝陵前の石造物の中では、翼が鳥翼形を呈する獅子像（図Ⅳ-22の21）［奈良県立橿原考古研 2002］も数多くある。それらの有翼獅子文あるいは有翼獅子造形は、唐代に影響を与えたことであろう（表33を参照）。

　（九）象　文

　有翼象文としては、何家村窖蔵出土の銀盒側面に1頭の飛翔する有翼象（図Ⅳ-22の27）があり、しかも翼が焔肩一本形を呈している。源流を求めれば、江蘇省銅山県小李村苗山漢墓画像石（図Ⅳ-22の25）［江蘇省文管委 1959］にはすでに線刻されており、それに続いて敦煌市仏爺廟湾西晋墓出土の画像磚にも翼を持つ象文（図Ⅳ-22の26）がある。これまで、発掘調査によって発見された数が少ないので、装飾文様としては、中国古代にあまり流行しなかったことが推測される（表34を参照）。

第Ⅳ章　唐代金銀器の装飾文様の検討

表29　翼の形に見る天馬文の時期別変遷

時代＼翼の形	鳥翼形翼	焔肩三本形翼	焔肩一本形翼	ササン朝ペルシア・ソグド型の翼
漢代	○			
魏晋南北朝時代	○			○
唐代	○	○	○	○
五代	○		○	
宋代	○		○	
遼代			○	
金代			○	

表30　翼の形に見る鹿文の時期別変遷

時代＼翼の形	鳥翼形翼	焔肩三本形翼	焔肩一本形翼
漢代	○		
魏晋南北朝時代	○	○	
唐代	○		○
五代			○
宋代			○
遼代			○

表31　翼の形に見る飛廉文の時期別変遷

時代＼翼の形	鳥翼形翼
魏晋南北朝時代	○
隋代	○
唐代	○

表32　翼の形に見る兎文の時期別変遷

時代＼翼の形	鳥翼形翼
漢代	○
魏晋南北朝時代	○
唐代	○

表33　翼の形に見る獅子文の時期別変遷

時代＼翼の形	鳥翼形翼	焔肩一本形翼
漢代	○	
魏晋南北朝時代	○	
唐代	○	○

表34　翼の形に見る象文の時期別変遷

時代＼翼の形	鳥翼形翼	焔肩一本形翼
漢代	○	
魏晋南北朝時代	○	
唐代		○

2　中国有翼動物文の系譜と伝統要素

　江西省新干大洋洲殷代墓（図Ⅳ-23の1）［江西省文物考古研ほか 1997］から翼を持つ玉人と見られる玉器が出土しており、これはこれまで中国で発掘調査によって出土した最古の有翼文様を有する事例である。陝西省彬県断涇殷代遺跡出土の青銅製髑髏両側には、翼を飾っている［中国社科院考古研涇渭工作隊 1998］。河北省平山県戦国時代中山王墓からは青銅製有翼獣も出土した（図Ⅳ-23の2）［河北省文物研 1995］。この青銅製翼獣と一緒に出土した遺物中には、鹿に嚙みついた虎形動物の青銅製品があり、それは草原遊牧民が愛用したモチーフなので、中山王墓出土の青銅製翼獣は、草原遊牧民のモチーフを採り入れた可能性がきわめて高い。山西省渾源県出土の戦国時代青銅器は、象嵌技法を用い、装飾された動物には翼のような表現がある。しかしながら、発掘調査によって発見された有翼動物文がきわめて少ないので、有翼文様は当時の中国で未発達であったと考えられる。それに中山国を建国した白狄族は、草原遊牧民で、草原遊牧民文化をそのままに受け入れた可能性が十分に考えられる。文献史料によると、戦国時代の趙武霊王は、北方草原騎馬民族と戦うために、自ら「胡服騎射」を採り入れており、これは草原遊牧民の影響を受け入れた一つの有力な証拠になるであろう。

　春秋戦国時代の青銅器狩猟文の中には、頭部が鳥頭形を呈し、大きな翼を持つ怪鳥が装飾されているものがある。それは、オリエントで流行していたグリフォンとよく似ている。グリフォンとは、広くオリエント文化圏に見られる幻獣、ギリシア神話では頭と翼は鷲、胴部はライオンの形をした怪物、聖書ではエデンの園の門番とされている。戦国時代の中山国の故地である河北省平山県、山西省渾源県、河北省唐山市賈各庄などの地域で発見された青銅器には、このような怪獣をたびたび装飾している。地域から見れば、いずれも草原地帯に近い所であり、草原シルクロードを経て、スキタイ文化の影響を受けた結果と考えられる。

　漢代画像石や画像磚などに装飾される各種有翼動物文には、虎、鹿、馬などの現実に実在する動物および架空動物の龍、麒麟などがある。西アジアからシルクロードあるいは草原シルクロードを経て、徐々に東に伝播するとともに、漢代の神仙思想の流行とも相俟って、有翼動物文様がその追風に乗って急速に広がったのではないかと考えられる。洛陽市出土の画像石や画像磚には有翼動物文がよく見られ、しかも翼が鳥翼形を呈している。『論衡・道虚篇』には、「好道学仙、中生毛羽、終以飛昇」と記されている。『楚辞・遠遊』の王逸の注には、「人得道、身生毛羽也」と注釈した。山東省嘉祥県武梁祠左室の画像石に見られる雲気文と共に彫刻された仙人たちは、いずれも鳥翼形翼を持ち、空中を飛翔している（図Ⅳ-23の5）［林 1989b］。

　画像石や画像磚以外の遺跡や遺物にも、常に有翼動物文が装飾されていた。例えば、洛陽市卜千秋墓壁画には、鳥翼形翼を持つ龍文が描かれる［洛陽博 1977］。河北省満城漢墓出土の銅香炉には、鳥翼形翼を持つ龍文（図Ⅳ-23の3）［中国社科院考古研ほか 1980］が装飾され、類例は咸陽市馬泉漢墓［咸陽市博 1979］、太原市尖草坪漢墓［山西省博 1985］からもそれぞれ1点が出土した。西安市十里舗村漢墓と紅廟坡村漢墓出土の陶有翼獣は、あわせて5点が出土し、いずれの翼も鳥

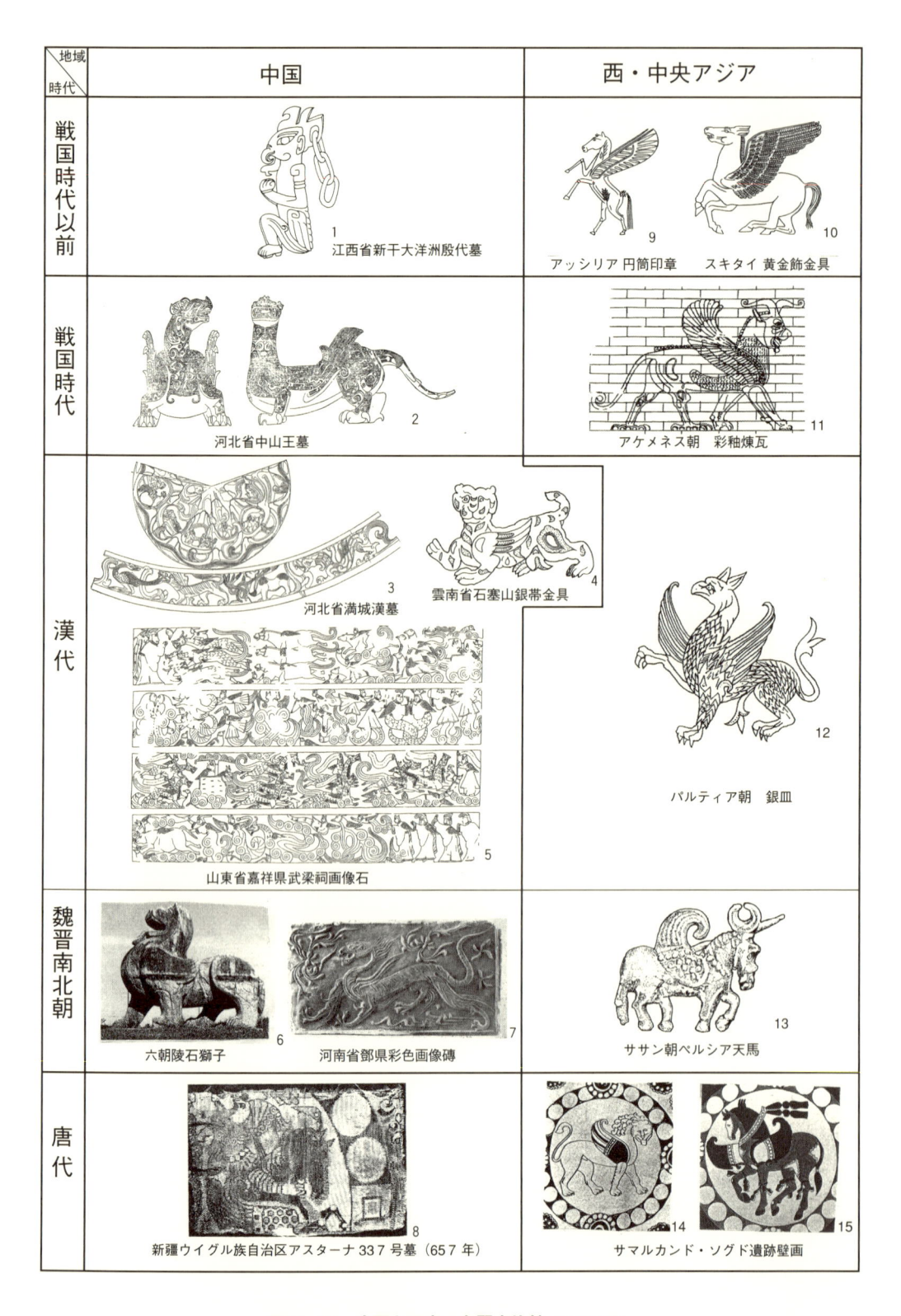

第Ⅳ章　唐代金銀器の装飾文様の検討

時代 \ 地域	中国	西・中央アジア
戦国時代以前	1　江西省新干大洋洲殷代墓	9　アッシリア　円筒印章　　10　スキタイ　黄金飾金具
戦国時代	2　河北省中山王墓	11　アケメネス朝　彩釉煉瓦
漢代	3　河北省満城漢墓　　4　雲南省石塞山銀帯金具　　5　山東省嘉祥県武梁祠画像石	12　パルティア朝　銀皿
魏晋南北朝	6　六朝陵石獅子　　7　河南省鄧県彩色画像磚	13　ササン朝ペルシア天馬
唐代	8　新疆ウイグル族自治区アスターナ337号墓（657年）	14・15　サマルカンド・ソグド遺跡壁画

図Ⅳ-23　中国と西方の有翼文比較（縮尺不同）

翼形を呈している［高曼 2002］。山東省平陰県孟庄後漢画像石墓からも石製有翼獣が出土した［済南文化局文物処ほか 2002］。江蘇省徐州市後漢墓出土の鍍金獣形銅盒硯は、地に伏す獣形を表現したものである。頭に二本の角を有し、肩部と臀部に鳥翼形翼を備え、トルコ石・青金石・紅珊瑚も象嵌されている［南京博 1979］。

東北地域の吉林省楡樹老河深に所在する前漢から後漢にかけての鮮卑墓地から出土した6点の帯金具は、いずれも有翼神獣文を飾っている［吉林省文物考古研 1987］。内モンゴル自治区札賚諾尔（ジャライノール）墓からも同類の帯金具が2点出土した［内蒙古文物工作隊 1961］。それらの神獣文は、馬形を呈し、唇の上に角のようなものがあって、翼を付けて飛ぶように走る、鮮卑族の瑞獣と見られる。『魏書・帝紀・序紀』には、「有神獣、其形似馬、其声類牛、先行導引、歴年乃出」と記されている。

魏晋南北朝時代には、有翼動物を南朝皇帝陵前の参道両側に配列する例がよく知られている。それらは辟邪・天禄・麒麟・獅子と呼ばれ、特に辟邪と天禄がよく使用されている。それらは、獅子形を呈し、肩の両側に鳥翼形翼を浮き彫りし、頭上には一本あるいは二本の角を飾っている（図Ⅳ-23の6）。同時期の青磁尊・青磁虎子・青磁鎮墓獣などにも鳥翼形翼を浅く細い線で彫りこんでおり、それらは漢代の有翼動物文と共通点を持っている。敦煌市仏爺湾西晋墓の磚画には、有翼の羊・兎・象・龍・虎などの動物文を描いた例が多い。それらは、肩部に長い翼を持ち、臀部にも短い垂毛状の翼を持つという共通点があり、その題材の内容は中国の神話伝説と深い関係を持っている。それらは、漢代画像石の有翼動物文の特徴を継承したものと言える。一方、魏晋南北朝時代には、もう一種の新しい有翼動物文が出現した。それらの翼はいずれも焔肩三本形を呈し、しかも鳥翼形翼と焔肩三本形翼が共存することも明らかである。

唐代では、金銀器のみならず、他の遺物にも有翼動物文を装飾している。唐代の金銀器の有翼動物文は、中国の先行する伝統を継承したものと考えられる。戦国時代から漢代にかけて、有翼獣文の輸入・改造・中国化がすでに完成し、そして六朝を経て唐代に伝わった。唐代金銀器の有翼動物文様は、ササン朝ペルシアや中央アジアからの影響を直接受け入れたものではなく、むしろ中国の伝統に馴染んだものを継承したとみなすのが適切であろう。特に焔肩一本形翼は、唐代金銀器有翼動物文様の大きな特徴である。

3　西方要素としての有翼動物文の検討

西方では、アッシリア、ヒッタイトなどの美術品に見るように、古くから、有翼精霊獣が創出された。これらの合成された有翼獣は、超人間的な力、自然の威力、神秘力を造形化したものである。例えば、アッシリアの円筒印章（図Ⅳ-23の9）・石彫刻・金属工芸品・象牙の浮き彫り像などの美術品のなかには、人首牛身有翼獣、人首獅子有翼獣、有翼獅子、有翼山羊・天馬文などが数多く知られている。そのほか、スキタイの黄金飾金具（図Ⅳ-23の10）、アケメネス朝の彩釉煉瓦（図Ⅳ-23の11）、パルティア朝の銀皿（図Ⅳ-23の12）などにも有翼動物文がみられる。このようなモチーフは、ギリシアやローマの有翼のエロスやニケ女神などの神々の姿に継承され、死

者の天国における再生や勝利を象徴するに至った。イラン系の民族においては、アフラ・マズダ神、あるいはxvarnah、fravashi（永遠不滅の人格）などの有翼人物像にも用いられた。ヴェレスグナやフヴァニンド女神など勝利を掌る神の表現にニケ神を借用している。

　西方の有翼動物文の翼と比較すれば、漢代有翼動物文の翼はきわめて小さい。これは、漢代の神仙思想とつながっていると考えられる。漢代の神仙思想は、神仙になれば、肩に翼を生じ、空を飛ぶことができる、あるいは鳳凰・鹿・鶴・麒麟・天馬などの聖なる動物に乗り、雲を借りて、空を飛ぶこともできる、というものである。この発想からすると、翼が小さくても、空を飛ぶことができるので、それゆえ翼の大きさに関してはあまり拘泥しなかったのであろう。この点は、西・中央アジアと大きく異なるところである。

　オリエントの古代において、神は自在に空を飛ぶことができた。エジプトでは太陽神をはじめ、多くの神々が翼を有していた。ペルシアの最高神アフラ・マズダにも翼が描かれている。古代オリエントにおいて有翼獅子文の起源と見られるものに、古代南メソポタミアで前2300余年前に栄えた都市国家ラガシュの紋章がある。古代シリアのカバラ宮殿の入口には人頭有翼像を飾っている。

　イラン国立考古学博物館に収蔵されたハマダン出土と伝えるアケメネス王朝の黄金細工の優品の一つである有翼獅子前躯飾りのリュトンは、大きくはねあげた翼を持つ獅子の前躯をゴブレットの底に斜めにとりつけたものである。ゴブレットの器体には横畝状の飾りが打ち出されており、口縁部にはロータス（蓮）花やパルメットをつなぐ唐草文をめぐらしている。この種の動物頭あるいは動物前躯飾りのリュトンは、前一千年紀初頭より、北西イラン、ウラルトゥ、さらに南ロシアで流行したもので、動物頭のものは前脚を揃えて前に出すか折り曲げる姿態で、ゴブレットを背負いながら器を安定させるように作られている。同じくハマダン出土の類品がニューヨークのメトロポリタン美術館に所蔵されているが、こちらの方がアケメネス王朝の王宮様式をよく反映している。こうしたリュトンはサルゴン時代のアッシリアの浮き彫り酒宴図にも見られるが、黄金製のものなどはおそらく儀式に使われたのではないかともいわれている［日本放送協会事業部ほか 1977］。

　ササン系美術では、天馬文（図Ⅳ-23の13）［岡山市オリエント美術館 1984］も愛用され、死者の霊魂を天国に運ぶ役割を持つ。その起源は、ペガサスやミスラ神（ヘリオス神）の四頭立ての天翔戦車にあろう。中央アジアサマルカンドのソグド遺跡の壁画にも有翼獅子や天馬文を装飾する（図Ⅳ-23の15）［L. I. アルバウムほか 1980］。

　近年、魏晋南北朝時代のソグド人墓が相次いで発見され、しかもそれらの墓から出土した石槨には、有翼動物文が彫刻され、その時代の外来要素と認められる。特に石槨に彫刻された天馬文は外来要素の代表的な文様で、天馬文の翼の縦中央には一列の連珠文があり、天馬に乗る人が空中を飛んで、死者の霊魂を天国に運ぶ情景を表わしたものであろう。青海省都蘭県の北朝時代と見られる吐蕃墓出土の金製鳳凰形飾りの翼の縦中央には、一列の連珠文が飾られ、ソグド人墓出土の石槨に彫刻される天馬文の翼とよく似ている。このような翼は中国では、それ以前には見られないので、おそらく西方からの影響を受けたものであろう。ソグド人墓出土の石槨などに彫刻

されているゾロアスター教の司祭にも、大きな鳥翼形翼をもち、しかも上半身が人間の体で、下半身が鳥形を呈しているものが見られる。しかしながら、この時代の有翼動物文の翼は、焔肩三本形を呈するものが圧倒的多数を占める反面、鳥翼形翼があまり流行しておらず、むしろ減少する傾向を見せる。それゆえ、外来要素の影響は薄いと思われる。

　有翼動物文以外に、翼を持つ天使や神も中国に伝わった。新疆ウイグル族自治区の鄯善国（2世紀から4世紀にかけて）の首都とも言われるミーランの仏教寺院遺跡から出土した壁画に、ガンダーラ美術とも密接な関係を持つヘレニズム・ローマ様式の美しい有翼天使が描かれているが、翼が鳥翼形を呈し、それは西方からの影響を受けた証左と見られる。翼を持ち、音楽を演奏している天使像は、北周史君墓出土の石槨にも彫刻されている。大谷探検隊によって将来された東京国立博物館所蔵の6世紀から7世紀とされる舎利容器の蓋には、連珠円の中に奏楽の童子が黄色の身体に暗緑色の翼をつけている像が描かれている。

　唐墓出土の東ローマ金貨にも翼を持つ勝利の女神を見る。例えば、洛陽市安菩墓出土のローマ金貨の裏面には、肩に大きな鳥翼形翼を持つ勝利女神像を鋳出している［洛陽市文物工作隊 1982］。信仰上の理由からかもしれないが、唐代の遺物にはあまり類例を見ず、中原地域では普及しなかったようである。

　中国に有翼動物文を伝えたのは、西アジアだけではなく、インドも重要な源の一つであった。例えば、雲南省晋寧県石寨山古墓群の前漢晩期とされる7号墓出土の銀帯金具には、有翼虎が装飾され、翼・目・体部などに瑪瑙を象嵌し、右前足は聖樹とされる草を掴んでいる（図Ⅳ-23の4）［雲南省博 1959］。張増祺［1990］氏は、それが西アジアからの輸入品と指摘した。童恩正［1999］氏は、有翼虎文が西アジアであまり見られず、逆に南アジアが虎の生息地であり、同時にインドの伝統美術の中にも有翼虎文がよく見られることを理由に、その銀帯金具がインドから直接輸入された可能性も否定できないと指摘した。したがって、中国の有翼動物文様は、西アジアあるいは南アジアのインドからの影響も受けた可能性がきわめて高い。

　一方、唐代の織物には、ササン朝ペルシア・ソグド型の翼を持つ動物文がよく見られる。代表的なものとして、伝世品の場合は正倉院、法隆寺の所蔵品などがあり、発掘調査による出土品の場合は新疆ウイグル族自治区アスターナ唐墓出土のもの（図Ⅳ-23の8）［武敏 1962］がある。これまでの発掘調査による出土地から見れば、唐代の長安、洛陽を中心とした中原地域ではなく、ほとんどが西域の新疆ウイグル族自治区に偏在しているので、貿易陶磁器のように輸出専用品として西方の好みに合わせて織り出されたのであろう。

小　結

　中国古代の有翼動物文は、西方からの影響を受けたことがすでに諸先学によって指摘されていた。しかし、中国での系譜から見れば、漢代と魏晋時代に有翼動物文が最も発達しており、唐代金銀器の有翼動物文は漢代以来の特徴を継承しながら、吸収・消化し、中国固有の特徴を形成していた。一方で、唐代には、西方とりわけササン朝ペルシアからの影響を再び受け入れた。そう

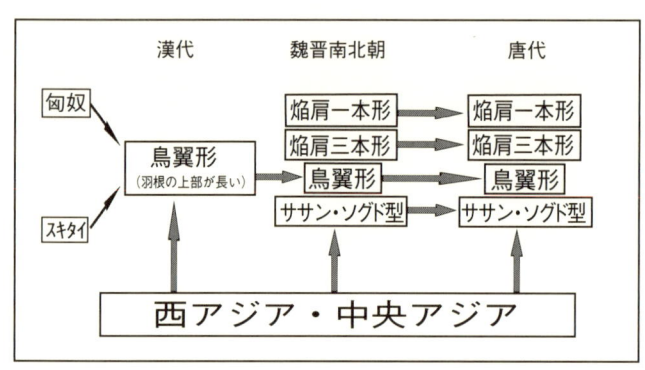

図Ⅳ-24　中国有翼動物文の変遷模式図

した外来の影響を示唆する代表的なものが連珠文を翼に装飾する天馬文であろう。

しかし、時代の流れによれば、唐代には金銀器のみならず、同時代のほかの遺物や遺構に見られる有翼動物文の流行が漢代よりも低調になったと思われる（図Ⅳ-24）。

第3節　双魚鳥獣文

双魚鳥獣文は、唐代金銀器装飾文様の中ではよく使用される文様であり、また変遷の規制が強い装飾文様の一つであり、しかも、伝統要素と外来要素とをよく融合した文様である。それゆえ、双魚鳥獣文についての研究は、唐代金銀器装飾文様の時期区分や東西文化交流に関する研究に役立つものである。

1　双魚鳥獣文の分類

（一）　魚　文

魚の頭部の向きによって、三種に分けることができる。

A型：並列式魚文。

ⅰ式；通常、主題文様となり、周囲を花葉で囲んでいる。西安市西北工業大学窖蔵出土の銀盤の内底には、2匹の魚（図Ⅳ-25の1：写真22）が並列して鏨刻されている。盧兆蔭［1986］氏の研究によると、その銀盤の進奉あるいは製作の年代は、764～767年の間とされる。西安市西郊外出土の銀長杯の内底には、2匹の魚（図Ⅳ-25の3）が蓮葉文とともに並列して鏨彫りされている。

ⅱ式；一般的に補助文様として、器物の口縁に装飾する。例えば、斉国太夫人墓（824）出土の銀茶托の口縁には、同方向に向かう2匹の魚（図Ⅳ-25の2）が彫刻されている。

B型：点対称式魚文と構図が類似している。しかし、点対称魚文と異なる点があり、一方の魚が真上から見た姿が描かれているのに対して、もう一方の魚は真横から見た姿が描かれており、点対称とはなっていない。その例は、何家村窖蔵出土の銀皿の内底の双魚文（図Ⅳ-25の4：写真23）である。

C型：点対称式魚文。

ⅰ式；マニ宝珠あるいは蓮華を中心にして、同じ方向に回転して泳ぐ姿を表している。例えば、斉国太夫人墓出土の長杯の内底には、向かい合って泳ぎ回る姿を表している2匹の魚（図Ⅳ-25の

5）が彫刻され、中央にはマニ宝珠を配している。繁峙県金山舗郷上浪澗村窖蔵出土の鍍金銀托の内底には、2匹の鯰（図Ⅳ-25の6）を彫刻して、周りには水波文や蓮華も配置し、向かい合って泳ぎ回る姿を表している。浙江省下莘橋窖蔵出土の銀匙にも向かい合って泳ぎ回る2匹の鯰（図Ⅳ-25の7）があり、中央に蓮華文を配置している。河南省三門峡市唐張宏慶墓出土の銀長杯の内底には、向かい合って泳ぎ回る姿を表している2匹の魚（図Ⅳ-25の8）が彫刻され、中央には蓮華を配している。西安市文物管理局所蔵の銀長杯にも双魚文（図Ⅳ-25の9）が装飾されている。

ⅱ式；マニ宝珠などを省略して、周りには空白あるいは水波文や蓮葉の葉脈などが彫刻されている。例えば、水邱氏墓出土の銀蓮葉形の蓋には、2匹の鯰（図Ⅳ-25の10）が向かい合い、周りには蓮葉の葉脈がはっきり見える。福建省厦門市下忠唐墓出土の銀長杯の内底には、2匹の鯉（図Ⅳ-25の12）［鄭東 2002］が向かい合っている。同墓出土の銀碗の内底には、2匹の鯰（図Ⅳ-25の11）が向き合い、周りには水波文が彫刻されている。

（二）鴛鴦文

向かう方向によって三種に分けられる。

A型：共通する特徴は、共に綬帯を銜えて向かい合っている点である。綬帯の形状によって二式に分けられる。

ⅰ式；鴛鴦が爪脚の下に蓮華を踏んで、組み合わせられた綬帯と花を銜えている。何家村窖蔵出土の銀盒の蓋には、共に嘴に飾り物を銜えて、それぞれ大きい蓮華に止まっている双鴛鴦（図Ⅳ-25の13・15）がある。

ⅱ式；綬帯の上部が花弁形を、中部が菱形を呈し、下部に綬帯が垂下する。鳥の爪脚の下に蓮華がなく、地面に立っているように見える。西安市西北国棉五廠唐韋美美墓（733）出土の銀盒の蓋（図Ⅳ-25の14：写真24）［呼林貴ほか 1992］、同65号唐墓出土の銀盒の蓋（図Ⅳ-25の16）には嘴に綬帯を銜えて向かい合う鴛鴦が装飾されている。8世紀の前半に流行したと考えられる。

B型：共通する特徴は、前後に立って同方向に向かっている点である。韋美美墓出土の銀盒の蓋（図Ⅳ-25の17：写真25）、何家村窖蔵出土の銀匜の胴部（図Ⅳ-25の18）、西安市三兆村唐墓出土の銀盒の蓋（図Ⅳ-25の19）のいずれも双鴛鴦文があり、しかも一部の双鴛鴦の爪脚が蓮華あるいは岩座の上に立って、周りには小さな草花などを配している。偃師県杏園村4206号唐墓（775）出土の漆盒にも類似した双鴛鴦文があり、周りには闊葉折枝文を飾っている。紀年銘文がある墓葬から出土した副葬品によって、B型は718年から775年にかけての間に流行していたと判断できる。

C型：共通する特徴は、同方向に向かって前後に立ちあるいは飛翔し、そのうちの1羽が後方を振り返っている点である。西安市西北国棉五廠65号墓（718）出土の銀三足壺の胴部（図Ⅳ-25の20）、偃師県杏園村唐墓（814）出土の銀盒の蓋の双鴛鴦文（図Ⅳ-25の21）は、前方の鴛鴦が後方を振り返っている。同杏園村唐墓からもう1点の双鴛鴦文の銀盒（図Ⅳ-25の22）が出土した。咸陽市西北医療器械廠出土の鍍金銀壺の胴部には、いずれも周りに唐草文を配した四対の双鴛鴦文（図Ⅳ-25の23）があるが、前方の鴛鴦が後方を振り返っている。法門寺塔基地宮出土の銀盆の

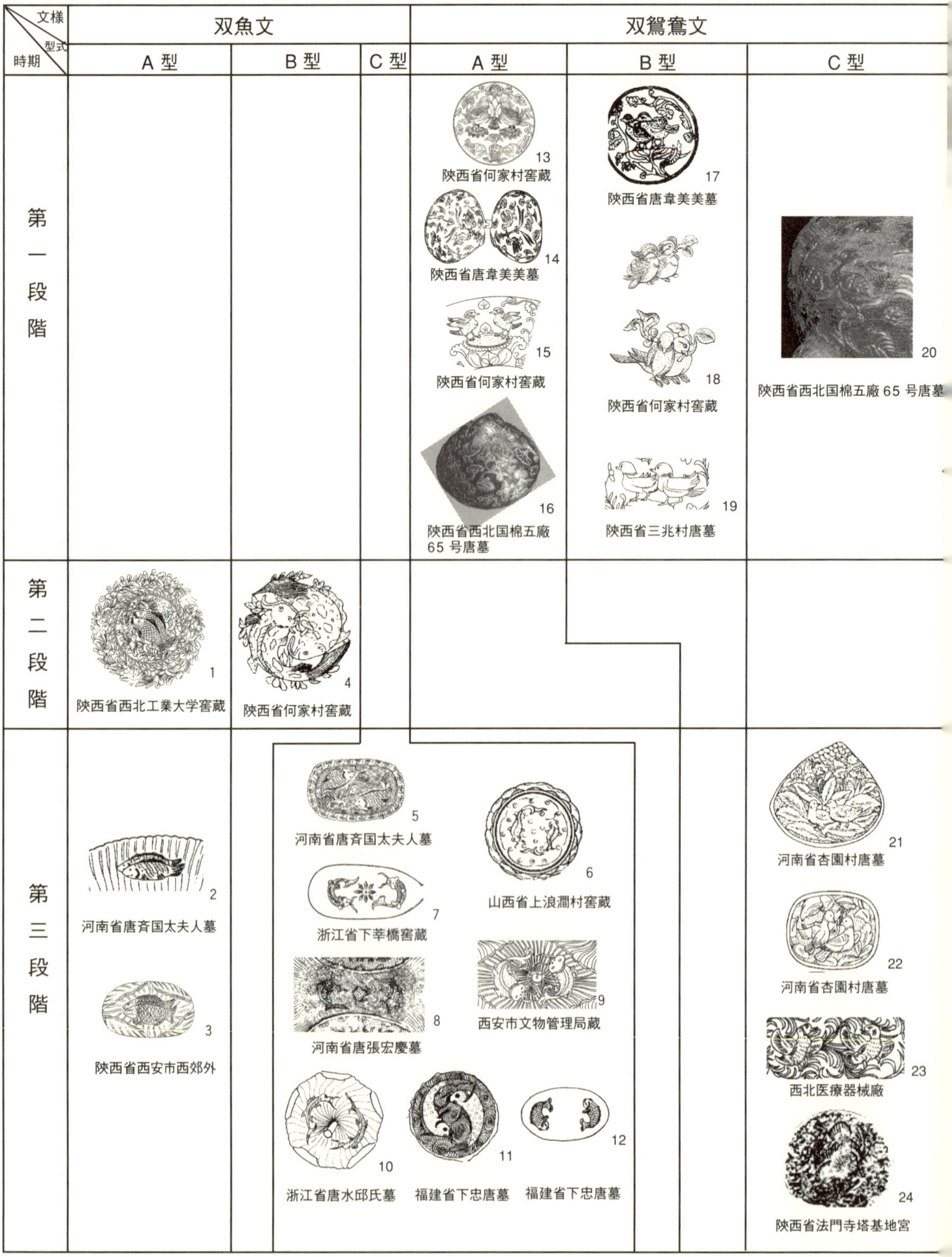

第IV章　唐代金銀器の装飾文様の検討

文様 時期 型式	双魚文			双鴛鴦文		
	A型	B型	C型	A型	B型	C型
第一段階				13 陝西省何家村窖蔵 14 陝西省唐韋美美墓 15 陝西省何家村窖蔵 16 陝西省西北国棉五廠65号唐墓	17 陝西省唐韋美美墓 18 陝西省何家村窖蔵 19 陝西省三兆村唐墓	20 陝西省西北国棉五廠65号唐墓
第二段階	1 陝西省西北工業大学窖蔵	4 陝西省何家村窖蔵				
第三段階	2 河南省唐斉国太夫人墓 3 陝西省西安市西郊外	5 河南省唐斉国太夫人墓 7 浙江省下莘橋窖蔵 8 河南省唐張宏慶墓 10 浙江省唐水邱氏墓	6 山西省上浪澗村窖蔵 9 西安市文物管理局蔵 11 福建省下忠唐墓 12 福建省下忠唐墓			21 河南省杏園村唐墓 22 河南省杏園村唐墓 23 西北医療器械廠 24 陝西省法門寺塔基地宮

図IV-25　双魚鳥獣文の変遷図（1）

第 3 節　双魚鳥獣文

双鴻雁文				
A 型	B 型	C 型	D 型	E 型
25 陝西省何家村窖蔵　26 陝西省何家村窖蔵	27 陝西省西北国棉五廠 65 号唐墓	28 陝西省何家村窖蔵		
		29 江蘇省揚州市唐墓　30 河南省唐斉国太夫人墓　31 陝西省法門寺塔基地宮	32 陝西省法門寺塔基地宮	33 陝西省建国路窖蔵

(縮尺不同)

内底の2羽の鴛鴦文（図Ⅳ-25の24）は、前方の1羽が後ろを振り返っている。

（三）鴻雁文

向かう方向によって四種に分けられる。

A型：共通した特徴は、向かい合って蓮華の上に立つ点である。何家村窖蔵出土の銀盒の双鴻雁文（図Ⅳ-25の25：写真26）は、向かい合って、共に綬帯を嘴に銜えている。同窖蔵出土の銀碗の胴部には、2羽の向かい合う鴻雁文（図Ⅳ-25の26）がある。

B型：共通の特徴は、頸部が絡まる点である。西安市西北国棉五廠65号墓（718）出土の銀盒（図Ⅳ-25の27）、雲南省大理市崇聖寺三塔主塔出土の銀盒のいずれも頸部を絡ませた双鴻雁が表現されている。

C型：前後に立ちあるいは飛翔し、前方の鴻雁が振り返って後ろの鴻雁を見る形式である。何家村窖蔵出土の銀匜（片口）の胴部（図Ⅳ-25の28）、江蘇省揚州市唐墓（839）出土の銀盒（図Ⅳ-25の29）、斉国太夫人墓（824）出土の銀盤（図Ⅳ-25の30）、法門寺塔基地宮出土の銀籠（図Ⅳ-25の31）、カル・ケープ氏所蔵の銀盒のいずれの双鴻雁文も、前方の鴻雁が振り返って後ろの鴻雁を見ている。斉国太夫人墓出土の玉製櫛にも、同じモチーフの鸚鵡や鳳凰などがある。

D型：点対称に配置している。法門寺塔基地宮出土の銀盒の蓋の双鴻雁文（図Ⅳ-25の32）は、点対称に配し、周囲は無文である。同地宮出土の銀碾の蓋の双鴻雁文も、点対称に配し、中央に蓮華を、周りに霊芝形雲気文を配している。

E型：相反する方向に飛翔し、ほぼ並列に表わされ、周りが空白となっている。西安市建国路窖蔵出土の銀碗の内底の双鴻雁文（図Ⅳ-25の33）は、その一つの例である。

（四）鳳凰文

金銀器の双鳳凰文は、二種に分けられる。

A型：線対称に配し、中央に花樹が置かれ、両側に向かい合う鳳凰文を配している。例えば、何家村窖蔵出土の銀方盒（図Ⅳ-26の1）の側面には、向かい合う双鳳凰文があり、中央に花樹が置かれ、花樹の下方に山岳文を配している。

B型：点対称に配し、団花形を呈する。嘴に銜えるものによって、四式に分けられる。

ⅰ式；嘴にそれぞれに小枝を銜えている。西安市北郊坑底寨窖蔵出土の銀盤の内底の双鳳凰文（図Ⅳ-26の2）は、それぞれに小枝を銜えて、向かい合って飛ぶように見える。

ⅱ式；嘴に綬帯あるいは小枝を銜えている。楊家溝窖蔵出土の銀盒の蓋の双鳳凰文（図Ⅳ-26の4）は、共に綬帯を銜えている。法門寺塔基地宮出土の舎利容器の金函の蓋には、双鳳凰文（図Ⅳ-26の3）があり、それぞれ嘴に小枝を銜え、周りに唐草文を配する。一緒に出土した「衣物帳」によると、この金函は咸通十五年（874）に懿宗から喜捨されたものである。同地宮出土の鍍金銀盒の蓋には、四弁花形の綬帯を共に銜える双鳳凰文（図Ⅳ-26の7）がある。

ⅲ式；双鳳凰文の周りの余白に、唐草文を装飾している。丁卯橋窖蔵出土の銀盒の蓋には、双鳳凰文（図Ⅳ-26の5）を点対称に配し、それぞれに嘴に小枝を銜え、周りに唐草文を配している。

河南省偃師県杏園村唐墓出土の銀盒の蓋にも双鳳凰文がある（図Ⅳ-26の6）。

ⅳ式；双鳳凰文の周りには地文がなく、宝珠をめぐって追いかけるように表している。丁卯橋窖蔵出土の銀盤の内底には、マニ宝珠を中心において、双鳳凰文（図Ⅳ-26の8）がめぐっていて、周りが空白である。

C型：相反する方向に飛翔し、ほぼ並列に表わされ、周りが空白となっている。水邱氏墓出土の銀盒の蓋には、双鳳凰文（図Ⅳ-26の9）が頭の向きを逆にほぼ並列して表わされる。

（五）鸚鵡文

A型：2羽の鸚鵡が、向かい合っている。代表的な例は、西安咸陽空港唐賀若氏墓出土の金製櫛で、2羽の鸚鵡が描かれ、嘴に草花を銜えて、向かい合って立っている（図Ⅳ-26の10）。楊家村溝窖蔵出土の銀盒の蓋にも、2羽の向かい合う鸚鵡が描かれ、周りに葡萄文を配置している（図Ⅳ-26の11）。

B型：2羽の鸚鵡を点対称に配し、周りに唐草文を配している。西安交通大学窖蔵からは、点対称に配する双鸚鵡文銀盒が1点出土した（図Ⅳ-26の12）。丁卯橋窖蔵出土の3点の銀盒の蓋には、双鸚鵡文を点対称に配し、それぞれ嘴に小枝を銜え、周りに唐草文を配している（図Ⅳ-26の13～15）。

（六）孔雀文

A型：線対称に配し、向かい合う2羽の孔雀が共に嘴に枝を銜えている。何家村窖蔵出土の銀方盒側面の双孔雀文（図Ⅳ-26の16）は、爪足が蓮華を踏み、片足をややあげて立っている。類例は、新疆ウイグル族自治区アスターナ48号墓出土の「貴」字文孔雀錦があり、連珠円文の中に双孔雀が向かい合って、共に花を銜え、連珠文を飾る長方形の台状のものの上に立っている。同墓出土の副葬品の中では、延昌三十年（596）、義和四年（617）などの「衣服疏」（副葬品の名称を記録するリストのようなもの）があって、7世紀初め頃のものとわかる。この織物は何家村窖蔵出土の銀方盒の双孔雀文とよく似ている。

B型：点対称の配置となっている。法門寺塔基地宮出土の鍍金銀盤内底の双孔雀文（図Ⅳ-26の17：写真27）［韓金科 2001］は、代表的な例である。

（七）鶴　文

江蘇省鎮江市甘露寺塔基地宮出土の銀函（舎利容器）の蓋には、点対称に向かい合って飛翔する2羽の鶴（図Ⅳ-26の18）があり、周りには雲気文を配している。

（八）獅子文

A型：2頭の獅子が向かい合って、共に草花を口に銜えている。何家村窖蔵出土の銀碗の内底には、向かい合って立ち上がる双獅子文（図Ⅳ-26の19）が装飾され、口に草花を共に銜えている。長安県南李王村唐韋頊墓出土の石槨には、類似する双獅子文が彫刻されている。8世紀前半に流

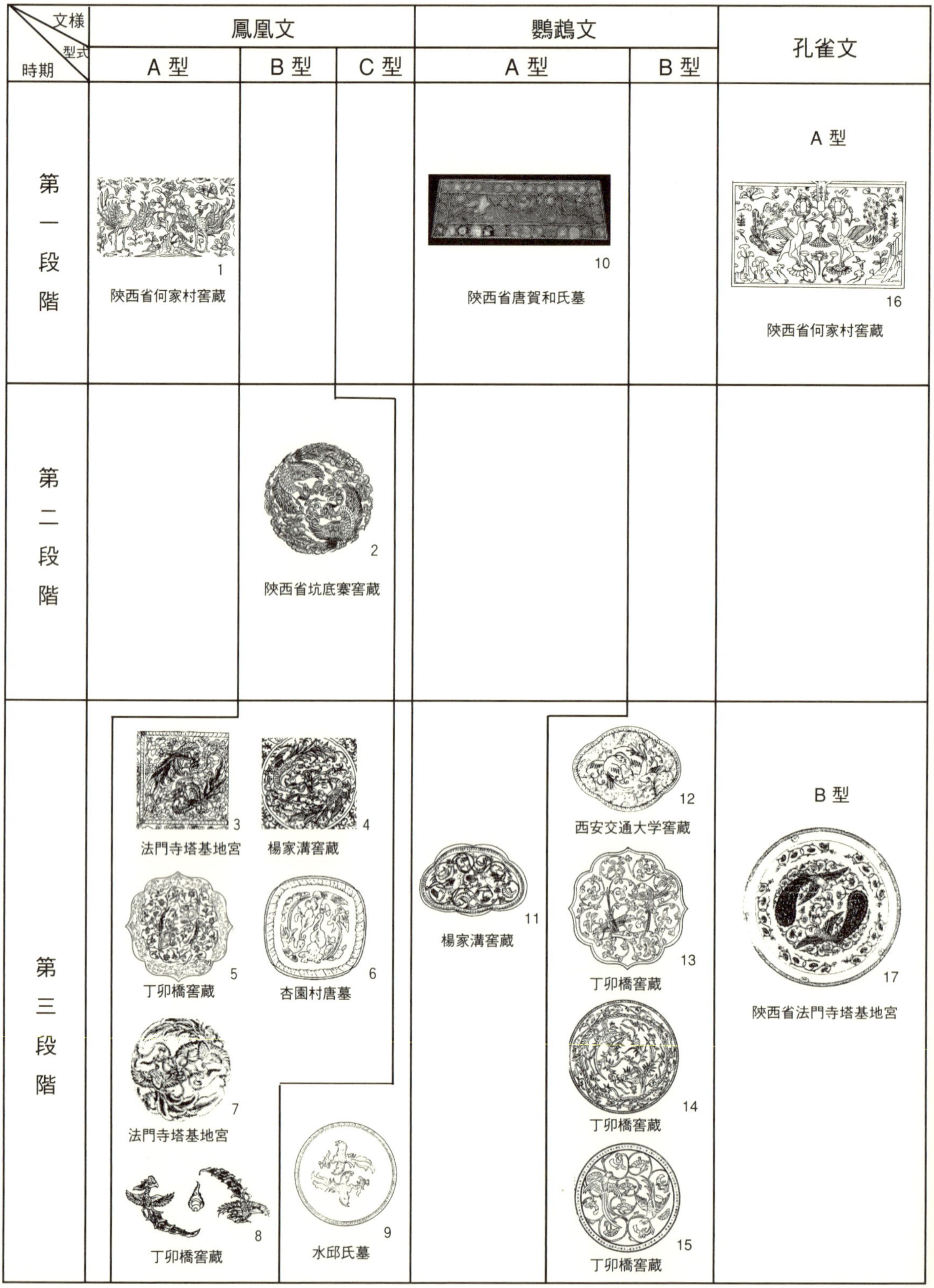

第Ⅳ章　唐代金銀器の装飾文様の検討

文様 型式 時期	鳳凰文 A型	鳳凰文 B型	鳳凰文 C型	鸚鵡文 A型	鸚鵡文 B型	孔雀文
第一段階	1 陝西省何家村窖蔵			10 陝西省唐賀和氏墓		A型 16 陝西省何家村窖蔵
第二段階		2 陝西省坑底寨窖蔵				
第三段階	3 法門寺塔基地宮　4 楊家溝窖蔵 5 丁卯橋窖蔵　6 杏園村唐墓 7 法門寺塔基地宮 8 丁卯橋窖蔵		9 水邱氏墓	11 楊家溝窖蔵	12 西安交通大学窖蔵 13 丁卯橋窖蔵 14 丁卯橋窖蔵 15 丁卯橋窖蔵	B型 17 陝西省法門寺塔基地宮

図Ⅳ－26　双鳥獣文の変遷図（2）

第3節 双魚鳥獣文

鶴文	獅子文	マカラ文	鹿文	猿文	龍文
	A型 19 陝西省何家村窖蔵		27 陝西省西北国棉五廠65号唐墓		
		A型 23 喀喇沁旗窖蔵 24 下莘橋窖蔵		29 西安市文物管理委員会蔵	
18 甘露寺塔基地宮	B型 20 陝西省法門寺塔基地宮 21 水邱氏墓 22 水邱氏墓	B型 25 丁卯橋窖蔵 26 上浪澗村窖蔵	28 丁卯橋窖蔵		30 陝西省法門寺塔基地宮

(縮尺不同)

行していたと判断できる。
　B型：2頭の獅子を点対称に配している。法門寺塔基地宮出土の銀盒の蓋（図Ⅳ-26の20）、水邱氏墓出土の銀三足壺の胴部は、いずれも点対称の双獅子文（図Ⅳ-26の21・22）が向かい合って追いかけるように装飾されている。法門寺塔基地宮出土の銀盒には、「進奉延慶節金花陸寸合壱具重弐拾両江南西道観察処置都団練使臣李進」という銘がある。『冊府元亀・巻二・帝王部』には、「懿宗以大和七年十一月十四日生、大中十三年八月即位、号延慶節」と記されており、この記載から、この銀盒は懿宗の在位中に進奉されたものと考えられる。したがって、双獅子文は9世紀後半から10世紀の初め頃にかけて流行していたと判断できる。

（九）マカラ（摩羯）文

　A型：双マカラ文は、いずれもマニ宝珠をめぐって、同じ方向に回転するように泳ぎ、周りには地文がない。例えば、喀喇沁旗蔵出土の銀盤の内底の双マカラ文（図Ⅳ-26の23）は、マニ宝珠をめぐって、同じ方向に回転するように泳いで、周りには地文がない。浙江省長興県下幸橋窖蔵出土の銀長杯には、翼のような鰭を持ったマカラ文が鏨彫りされ、マニ宝珠をめぐって泳いでおり、周りは空白である（図Ⅳ-26の24）。
　B型：双マカラ文は、いずれもマニ宝珠をめぐって、同じ方向に回転するように泳ぎ、周りに水波文などを配している。例えば、丁卯橋窖蔵出土の銀盆の内底には、双マカラ文（図Ⅳ-26の25）があり、中央にはマニ宝珠が置かれ、マカラがマニ宝珠をめぐって泳ぎ、周囲には蓮の華・魚・蓮の葉を配している。繁県金山舗郷峙上浪潤村窖蔵出土の銀碗の内底の双マカラ文（図Ⅳ-26の26）は、マニ宝珠をめぐって泳いでいる。

（十）鹿　文

　これまで知られている双鹿文は、いずれも同方向に向かい、うずくまるかあるいは走る姿態で表わされ、そのうちの1頭が後方を振り向いている。例えば、西安市西北国棉五廠65号唐墓（718）出土の銀盒の蓋には、2頭のうずくまる鹿文（図Ⅳ-26の27：写真28）があり、前方の鹿が後方を振り向いている。丁卯橋窖蔵出土の銀盒の側面（図Ⅳ-26の28）、法門寺塔基地宮出土の銀香宝子［韓金科 2001］には、いずれも走る鹿文があり、前方の1頭が後方を振り返っている。

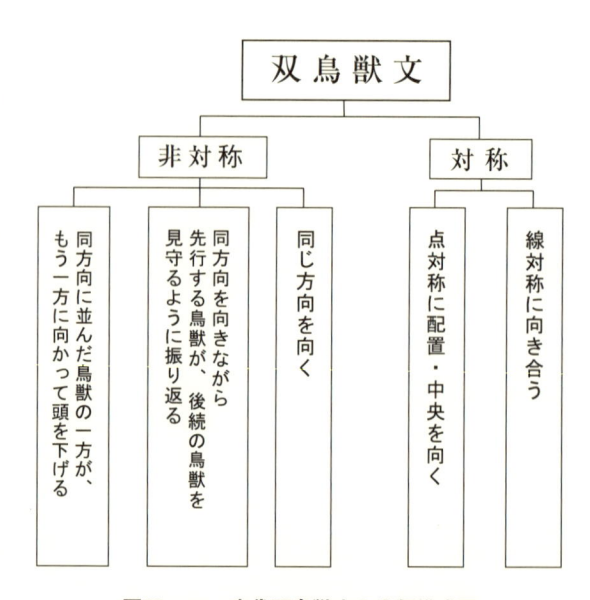

```
                双鳥獣文
           ┌──────┴──────┐
         非対称           対称
       ┌───┼───┐      ┌───┴───┐
   同方向を  同方向を  同じ方向  点対称に  線対称に
   向きなが  向きなが  を向く    配置・    向き合う
   ら並んだ  ら先行す            中央を
   鳥獣の一  る鳥獣が            向く
   方が、も  、後続の
   う一方に  鳥獣を見
   向かって  守るよう
   頭を下げ  に振り返
   る        る
```

図Ⅳ-27　唐代双鳥獣文の分類模式図

第 3 節　双魚鳥獣文

（十一）猿　文

西安市文物管理委員会所蔵の円形銀盒の蓋には、中央に大きな花弁の花樹をおいて、その下に双猿文（図Ⅳ-26の29）を配する。

（十二）龍　文

双龍文は、発掘調査による出土例が少ないが、主に点対称に配置されている。例えば、法門寺塔基地宮出土の銀函の蓋の2匹の龍（図Ⅳ-26の30）は、中央のマニ宝珠を囲んで向かい合っているように見える。同地宮出土の銅盒蓋にも類似の双龍文を飾っている。

前述したように、唐代の双鳥獣文は、対称と非対称の二種類に分けられる（図Ⅳ-27）。

対称類双鳥獣文は、線対称と点対称に分けられる。発見された金銀器の数量から見れば、点対称のものが、線対称類文様よりも多く、多数を占めている。

非対称類双鳥獣文の多くは、いずれも前方を向き、飛翔・疾走・歩行などの姿態を表し、前の鳥獣が振り返って後ろの鳥獣を見守るように見える。

2　双魚鳥獣文の時期区分

変遷図（図Ⅳ-25・26）のように、双鳥獣文は三段階に分けられる。

第一段階は8世紀中葉以前である。この段階は、線対称の文様を中心としている。

第二段階は8世紀中葉から9世紀の初め頃にかけてである。非対称文様と点対称文様が主となる。

第三段階は9世紀初め頃から10世紀の初頭にかけてである。点対称文様が圧倒的な多数を占めている。

3　文化要素の分析

（一）伝統文化要素

（1）対称の意匠

対称文様は、中国で悠久な歴史を持ち、発掘調査出土資料によって、殷代にすでに流行していたことが知られる。例えば、殷周時代の青銅器には、早くも対称する双鳥文が流行していた［陳公柔ほか 1984］。湖南省益陽県出土の殷代青銅鏡には、向かい合った象文（図Ⅳ-28の1）［益陽地区博ほか 1986］を装飾している。湖北省江陵県望山1号楚墓出土の漆座屏には、向かい合った走鹿文（図Ⅳ-28の2）［陳振裕 2003］を飾っている。同省江陵県馬山1号楚墓（前340年から前278年にかけて）出土の刺繍には、向かい合うあるいは背中合わせの双鳥獣文や踊る人物文が織り出されている（図Ⅳ-28の4）［湖北省荊州博 1985］。湖南省長沙市馬王堆1号漢墓出土の漆木棺には、向かい合った走鹿文（図Ⅳ-28の3）［陳振裕 2003］が描かれている。

（2）点対称の意匠

　点対称文様は戦国時代にすでに出現している。例えば、湖北省江陵市岳山15号戦国時代楚墓（図Ⅳ-28の5）［陳振裕 2003］と同省江陵県馬山1号楚墓（図Ⅳ-28の6）からそれぞれ出土した漆耳杯には、すでに点対称の双鳳文がある。しかしながら、それ以降、点対称文様はあまり流行しなかった。唐代に入ると、特に8世紀終末から爆発的に流行した。こうした状況から見れば、点対称文様は、唐代工匠が創造した新しい構図方式と考えられる。

（3）双魚文意匠

　双魚文は、漢代青銅洗に「富貴昌宜侯」「富貴昌宜侯王」などの吉祥文字と一緒に鋳出された。魏晋南北朝時代の青銅器は、漢代の伝統をそのままに継承し、吉祥文字も鋳出される。また、漢代・魏晋南北朝の双魚文は頭が同方向に向かっている。例えば、湖南省桃源県大池出土の漢代青銅洗の内底には、「富貴昌宜侯」「富貴昌宜侯王大好王劉氏」「富貴昌宜」などの吉祥文字とともに、その文字の両側に同方向に向かう双魚文（図Ⅳ-28の7）を配置している［高至喜 1983］。唐代金銀器の双魚文には、同方向を向くものと泳ぎ回るものの両方がある。

（4）頸部を絡ませるあるいは交差させる意匠

　頸部を絡ませる双鳥獣文は、殷代にさかのぼる。当時の青銅器には、頸部が絡まる双龍文が数多く装飾される。周代青銅器にも頸部が絡まる龍文がよく採用される。例えば、陝西省眉県楊家村窖蔵出土の青銅壺の双龍文（図Ⅳ-28の8）は、頸部が絡まっている［陝西省考古研等楊家村聯合考古隊 2003］。

　戦国時代には、そうした装飾文様が継承されている。例えば、陝西省鳳翔県秦雍城遺跡から出土した瓦当には、頸部が絡まる動物文（図Ⅳ-28の9）を印刻している。ある研究者は、秦の瓦当の頸部が絡まる動物文については、動物が季節によって交配する意味を表すと指摘した［周曉陸 2004］。

　このような文様は、漢代になるとさらに流行する。例えば、湖南省長沙市前漢馬王堆3号漢墓出土の帛画の双魚文（図Ⅳ-28の10）［湖南省博ほか 2004］、江蘇省徐州市茅村漢代画像石の双鳳凰文（図Ⅳ-28の11）［江蘇省文管委 1959］と賈汪村漢代画像石の双獣文（図Ⅳ-28の12）、山東省泰安市旧県村漢代画像石の双鳳凰文（図Ⅳ-28の18）［泰安市文管局 1988］のいずれも頸部が絡まっている。漢代陶器にも頸部が交差する鴛鴦が認められる。例えば、河南省鞏義市新華小区漢墓（100～120）出土の陶壺頸部の双鴛鴦文（図Ⅳ-28の13）は、頸部を交差させてX字形を呈している［鄭州市文物考古研ほか 2001］。

　魏晋南北朝時代になっても、引き続き流行した。例えば、湖北省漢川県厳家山西晋墓出土の青銅洗の内底の双鳥文は、頸部が絡まって、嘴にそれぞれ魚を銜え、爪脚下方に双魚文を飾って、その間には「大吉羊（祥）」の漢字が鋳造されている［湖北省漢川県文管所 1989］。四川省昭化県宝輪鎮南朝墓出土の青銅洗の内底の双鳳凰文（図Ⅳ-28の14）は、頸部が絡まって、爪脚の下方に双魚文を鋳造し、その間には「大吉」の漢字を鋳造している［沈仲常 1959］。朝陽市十二台営子前燕時代墓出土の青銅鞍に透彫りの技法で彫刻された双鳳凰文（図Ⅳ-28の15）、同省重陽県北魏劉賢墓誌の双鳳凰文（図Ⅳ-28の16）はいずれも頸部が絡まっている［曹汛 1984］。大同市北魏司馬金龍

第 3 節　双魚鳥獣文

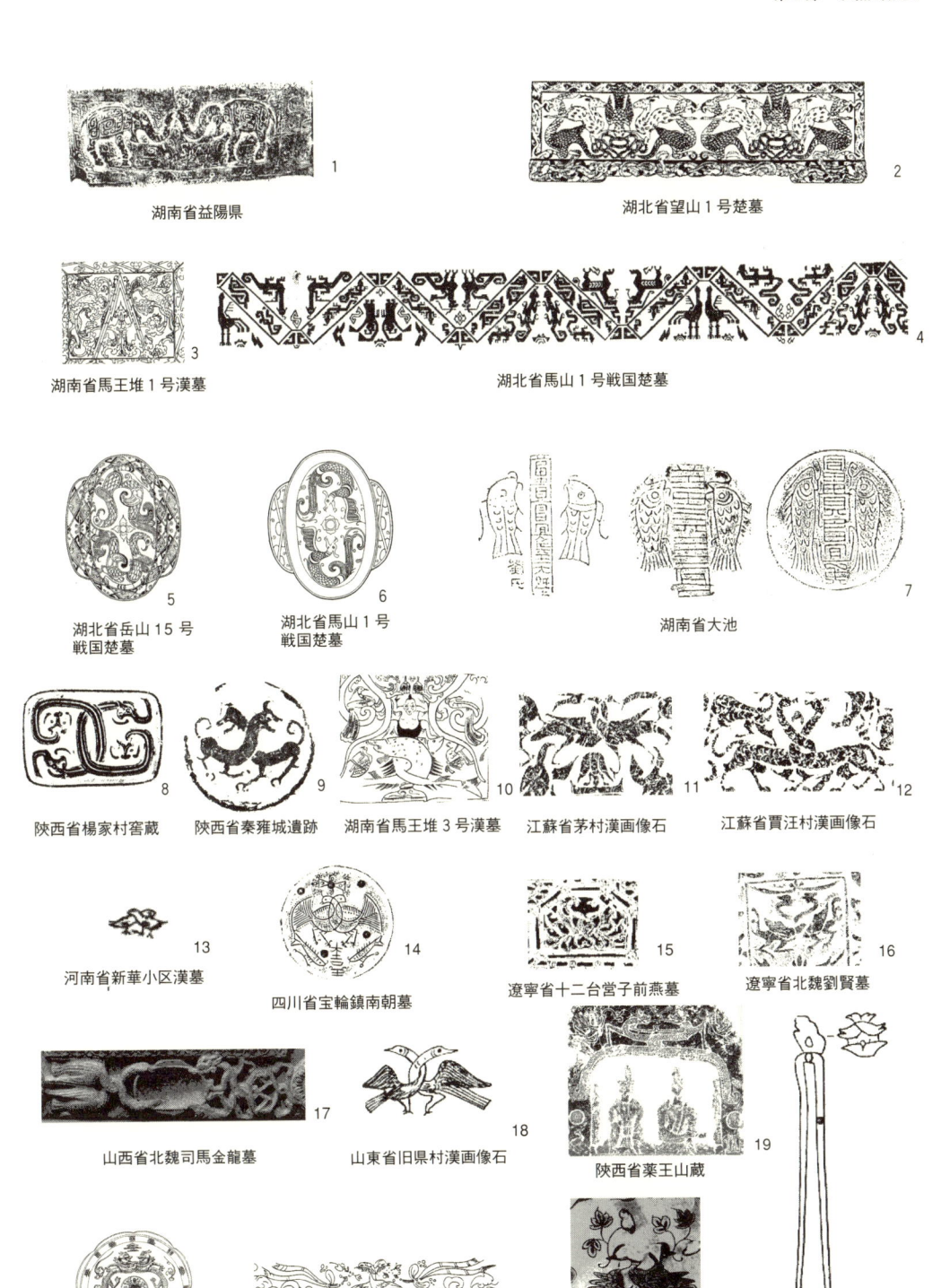

1 湖南省益陽県
2 湖北省望山 1 号楚墓
3 湖南省馬王堆 1 号漢墓
4 湖北省馬山 1 号戦国楚墓
5 湖北省岳山 15 号戦国楚墓
6 湖北省馬山 1 号戦国楚墓
7 湖南省大池
8 陝西省楊家村窖蔵
9 陝西省秦雍城遺跡
10 湖南省馬王堆 3 号漢墓
11 江蘇省茅村漢画像石
12 江蘇省賈汪村漢画像石
13 河南省新華小区漢墓
14 四川省宝輪鎮南朝墓
15 遼寧省十二台営子前燕墓
16 遼寧省北魏劉賢墓
17 山西省北魏司馬金龍墓
18 山東省旧県村漢画像石
19 陝西省薬王山蔵
20 正倉院蔵
21 河南省洛陽市唐墓誌
22 新疆ウィグル族自治区アスターナ唐墓
23 陝西省秦川機械廠 24 号唐墓

図Ⅳ－28　双魚鳥獣文（1）（縮尺不同）

183

墓出土の石硯に彫刻されている双鴻雁文と双龍文（図Ⅳ-28の17）［MIHO MUSEUM 2005］のいずれも頸部が絡まっている。耀県薬王山博物館所蔵の北朝仏像造像碑の双龍文（図Ⅳ-28の19）［耀生1965］は、頸部が絡まって、口には蓮華や草花を銜えている。

　唐代では金銀器のみならず、銅鏡や墓誌などにも頸部が絡まる文様を確認できる。例えば、黒川古代文化研究所所蔵の銅鏡の双鴻雁文、正倉院所蔵の銅鏡の双龍文（図Ⅳ-28の20）のいずれも頸部が絡まっている。洛陽市出土の唐代墓誌にも頸部が絡まる双鴻雁文（図Ⅳ-28の21）が線刻されている［洛陽文物工作隊1991］。新疆ウイグル族自治区トルファンのアスターナ唐墓出土の紙絵には、頸部を交差させてＸ字形を呈する双鴛鴦文（図Ⅳ-28の22）が描かれる［新疆維吾爾自治区博1975］。西安市東郊秦川機械廠24号唐墓出土の銅の上端には、頸部が交差してＸ字形を呈する双鴛鴦文（図Ⅳ-28の23）を飾っている［西安市文管処1992］。頸部を絡ませるあるいは交差させる文様は、吉祥の象徴であったために、時代による変化はあまりない。

（5）向かい合って共にものを銜える意匠

　向かい合って共にものを銜える文様は、すでに漢代に採用された。例えば、湖南省長沙市馬王堆3号漢墓出土の錦には、双鳳凰（図Ⅳ-29の1）が共に花を銜えて、後方を振り返っている。漢代画像石にも類似の文様がよく採用されている。例えば、沂南漢代画像石には、向かい合って共に五銖や勝や綬帯などを銜える双鳳凰（図Ⅳ-29の2・3）が数多くある。江蘇省徐州市茅村漢画像石の双鳳凰文（図Ⅳ-29の4）は、共に嘴に珠を銜えている。河南省南陽市出土の漢画像石の双鳳凰文（図Ⅳ-29の5）［王建中ほか1990］は、共に嘴に魚を銜えている。

　魏晋南北朝時代の銅鏡にも勝を共に銜える双鳥文が数多く知られる。例えば、江西省新干県西晋墓出土の銅鏡の双鳳凰文は、共に勝を銜えている（図Ⅳ-29の6）［江西省文物工作隊ほか1983］。河南省安陽市孝民屯晋墓出土の馬具（図Ⅳ-29の7）［中国社科院考古研安陽工作隊1983］、青海省西寧市北朝墓出土の骨製櫛（図Ⅳ-29の9）［盧耀光1989］は、いずれも勝や珠を共に銜えている双鳳凰文や双龍文がある。類似の金製円形飾は、魏晋南北朝時代の墓から数多く発見された。例えば、江蘇省南京市仙鶴観6号東晋墓出土の金製円形飾は、透彫りの技法で切り抜かれた双鳳凰文（図Ⅳ-29の8）が共に勝を銜えている［南京市博2001］。

　新疆ウイグル族自治区トルファンのアスターナ出土の隋代錦には、連珠円文中に双孔雀文（図Ⅳ-29の10）［竺敏1972］があり、共に草花を銜えている。

　唐代金銀器のみならず、石彫や錦や銅鏡などにも、よく採用された文様である。例えば、陝西省乾県唐永泰公主墓（図Ⅳ-29の11・12）［陝西省文管委1964］と同省長安県唐韋泂墓（図Ⅳ-29の13）［陝西省文管委1959b］から出土した石槨の双鳥文のいずれも蓮華を踏み、嘴に草花を共に銜える。洛陽市出土の唐代墓誌にも草花を共に銜える双鳥文（図Ⅳ-29の14）がある。新疆ウイグル族自治区アスターナ唐墓出土の錦には、双鴛鴦が嘴に花を銜える図柄がある。唐代の銅鏡には、このような文様が数え切れないほどあり、いずれも綬帯や花などを銜える。例えば、上海博物館所蔵の銅鏡（図Ⅳ-29の15）［陳佩芬1987］は、その代表的な例である。

第3節 双魚鳥獣文

1 湖南省馬王堆3号漢墓
2 山東省沂南画像石 
3 山東省沂南画像石 
4 江蘇省茅村漢画像石 
5 河南省南陽市画像石 
6 江西省新干県晋墓 
7 河南省孝民屯晋墓 
8 江蘇省仙鶴観6号晋墓 
9 青海省西寧市北朝墓 
10 新疆ウイグル族自治区アスターナ隋墓 
11 陝西省唐永泰公主墓 
12 陝西省唐永泰公主墓 
13 陝西省唐韋泂墓 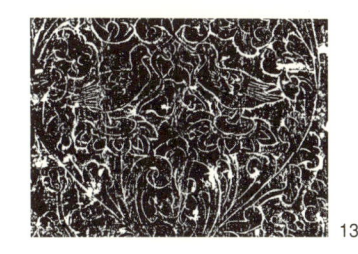
14 河南省洛陽唐墓誌 
15 上海博物館蔵 

図Ⅳ-29 双魚鳥獣文（2）(縮尺不同)

第Ⅳ章　唐代金銀器の装飾文様の検討

ウル第１王朝（前3000年紀後半）のモザイク遊戯盤　1

ササン朝ペルシアの装飾板（ベルリン美術館蔵）　2

エルミタージュ博物館蔵　3

ササン朝ペルシアの銀長杯（天理参考館所蔵）　4

図Ⅳ-30　西方の聖樹双獣文様（縮尺不同）

（二）外来文化要素の分析

　聖樹双鳥獣文は、メソポタミアでは、ジェムデット・ナスル期以降の製作とされる多数の円筒印章にある。中央に樹木、その左右に山羊、牛などの草食動物が後脚で立ち上がり、樹木にくいついている図柄がよく刻まれている。このような文様は、象牙細工やモザイクなどにも飾られている（図Ⅳ-30の１）。シュメール・アッカドからアッシリア時代に及ぶと、草食獣のほかに有翼の精霊像、怪獣、鳥などが描かれている。樹木は、死と再生という、毎年繰り返す自然現象の神格化を意味し、左右の動物は自然の恵み（動物の生命・生長の観念）を象徴する［田辺 1984］。こうした装飾意匠は、西アジアから中央アジアに及ぶ地域で愛用され、ササン朝ペルシアとソグドの装飾板や銀器にもよく見られる（図Ⅳ-30の２～４）［財団法人古代オリエント博物館 1981］。

　唐代金銀器の対称文様の中では、西方の聖樹双鳥獣文に類似する文様は、本論で線対称文様と呼ぶが、例数が少ない。前述した何家村窖蔵出土の銀方盒の側面にある双鳳凰文は、中央に山岳文が置かれ、その上に花樹がある。もう１点の、前述した西安市文物管理委員会所蔵の銀盒の蓋と底には、中央の花樹両側に２匹の猿を飾る（図Ⅳ-26の29）が、それらは対称ではなく、同じ方向を向く。それらの文様は唐代金銀器の装飾文様中にあって聖樹双鳥獣文（樹下双動物文様）に最も近い文様と言える。

　唐代金銀器以外の磁器・銅鏡・織物などの装飾文様にはいわゆる聖樹双鳥獣文がよく採用されている。例えば、湖南省望城県長沙窯焼造の磁器にも椽木を中央に置いて両側に鳥を配したものや、西アジア風の人物像と見られる文様もある（図Ⅳ-31の１・２）［長沙窯課題組 1996］。西アジアの情趣が看取されるのは、貿易用として特別に焼造したものだからであろう。洛陽市16工区76号墓出土の螺鈿鏡背の文様は、上部の中央に樹木文が置かれ、樹木の両側に一対の向かい合って立ち上がる鸚鵡文（図Ⅳ-31の３）［河南省文化局文物工作隊二隊 1956］を飾っている。新疆ウイグル族自治区トルファンのアスターナ唐墓出土の織物には、中央に樹木や花などが置かれ、両側に向か

第3節　双魚鳥獣文

1
湖南省長沙窯跡

2
湖南省長沙窯跡

3
河南省洛陽市16工区76号唐墓

4
新疆ウイグル族自治区アスターナ唐墓

5
新疆ウイグル族自治区アスターナ唐墓

6
甘粛省敦煌石窟蔵経洞

7
大谷探検隊将来

8
正倉院蔵

9
正倉院蔵

10
正倉院蔵

11
正倉院蔵

12
正倉院蔵

13
正倉院蔵

図Ⅳ-31　唐代の対称文様（縮尺不同）

い合って立つ鹿・天馬・羊などを配している（図Ⅳ-31の4・5）。甘粛省敦煌石窟蔵経洞からは円形連珠樹木双鹿文（図Ⅳ-31の6）裂が発見されている［日本経済新聞社 1969］。大谷探検隊がアスターナ墓地から発見した花樹対鹿文錦断片（図Ⅳ-31の7）は、連珠円文内に樹木を中央に置いて、向き合って立つ鹿文を表し、しかも中央には「花樹対鹿」の漢字が織り出されている［駒井 1959］。これらによれば、唐代には中央の樹木が「花樹」となり、西・中央アジアの神聖な象徴的意味と異なって、単に装飾文様として扱われている。正倉院には、錦などの織物だけではなく、樹下双鳥獣文を装飾した屏風も数多く保存されている。錦や綾などには、主に茶地連珠犀円文錦（図Ⅳ-31の8）、白橡綾几褥（図Ⅳ-31の9）、花樹双鳳双羊文白綾（図Ⅳ-31の10）、紺地夾纐絁褥（図Ⅳ-31の11）などがある［後藤 1985］。屏風には主に鳥草夾纐屏風（図Ⅳ-31の12）、鹿草木夾纐屏風（図Ⅳ-31の13）などがある［後藤 1985］。唐代錦の文様には、聖樹双鳥獣文や人物文がよく採用されている。それ以外には、正倉院所蔵の同類のものにも多い。なぜならば、それらは西方に向かって輸出目的で製作されたためであろう。

　中国における最古の双魚鳥獣文の例を求めれば、浙江省河姆渡遺跡出土の陶盆の胴部には、中央に1本の草を配し、両側には双魚文（図Ⅳ-32の1）［浙江省文管委ほか 1978］あるいは双鳥文を装飾している。その^{14}C年代は6725±140と6970±100の二つのデータがある。石興邦［1989］氏は、それがトーテムと関係がある双鳥が禾稲を護る文様であると指摘した。しかしながら、装飾文様としては、それ以降、類似したモチーフはあまり流行しなかった。それが歴史時代の同類文様の祖型になるとは考えにくい。

　戦国時代になると、この意匠の文様が突然に流行してくる。例えば、山東省臨淄市戦国時代斉国都城遺跡から出土した斉国半瓦当の装飾文様は、樹木を中央において、左右に人物や動物を配する例がよく見られ、特に樹下に双馬、双虎、双騎士、双蜥蜴、双鳥（図Ⅳ-32の2）［李発林 1990］などを配した例が多数見られる。それらの年代は、前379年から前221年にいたる間と推定されている。河北省易県燕下都遺跡から出土した同時代の燕国半瓦当の中にも樹下に双馬、双獣、双鹿、双龍、双鳥などを配し、構図方式も樹木を軸として左右対称に配置しており、斉国の半瓦当文様とよく似ている［河北省文物研 1996b］。陝西省鳳翔県秦雍城遺跡から樹下双馬文瓦当（図Ⅳ-32の3）［徐錫台ほか 1988］も出土した。小杉一雄［1959］氏は、それは西アジアからの影響を受けたものと指摘した。しかしながら、戦国時代斉国の瓦当の装飾文様は写実的な手法を用い、特に馬が樹木に繋がれたごく普通の風景であり、西・中央アジアの聖樹のように特別な意味を持たないようだ。詳しく分析すれば、西・中央アジアのいわゆる聖樹双鳥獣文の場合、向かい合う動物が後脚で立ち上がる場合が多く、これは草原地域でよく見られる光景である。一方、戦国時代の斉国瓦当の樹木双鳥獣文は、中央に樹木をおき、両側には樹木に縄で繋がれた馬などの動物文が印刻されており、これも現実生活の中でよく見られる光景である。同じ樹下双鳥獣文といっても、中身や象徴する意味が異なることは明らかである。

　湖北省雲夢県睡虎地秦墓出土の漆壺の胴部には、2羽の鳳凰文が向かい合って、中央に花形の飾りが置かれている。咸陽市前漢墓出土の空心磚に印刻されている対称文様は、中央に樹木を置き、両側に鳳凰文、虎文（図Ⅳ-32の5）［咸陽市文管会ほか 1982］などを配している。山東省平陰

第 3 節　双魚鳥獣文

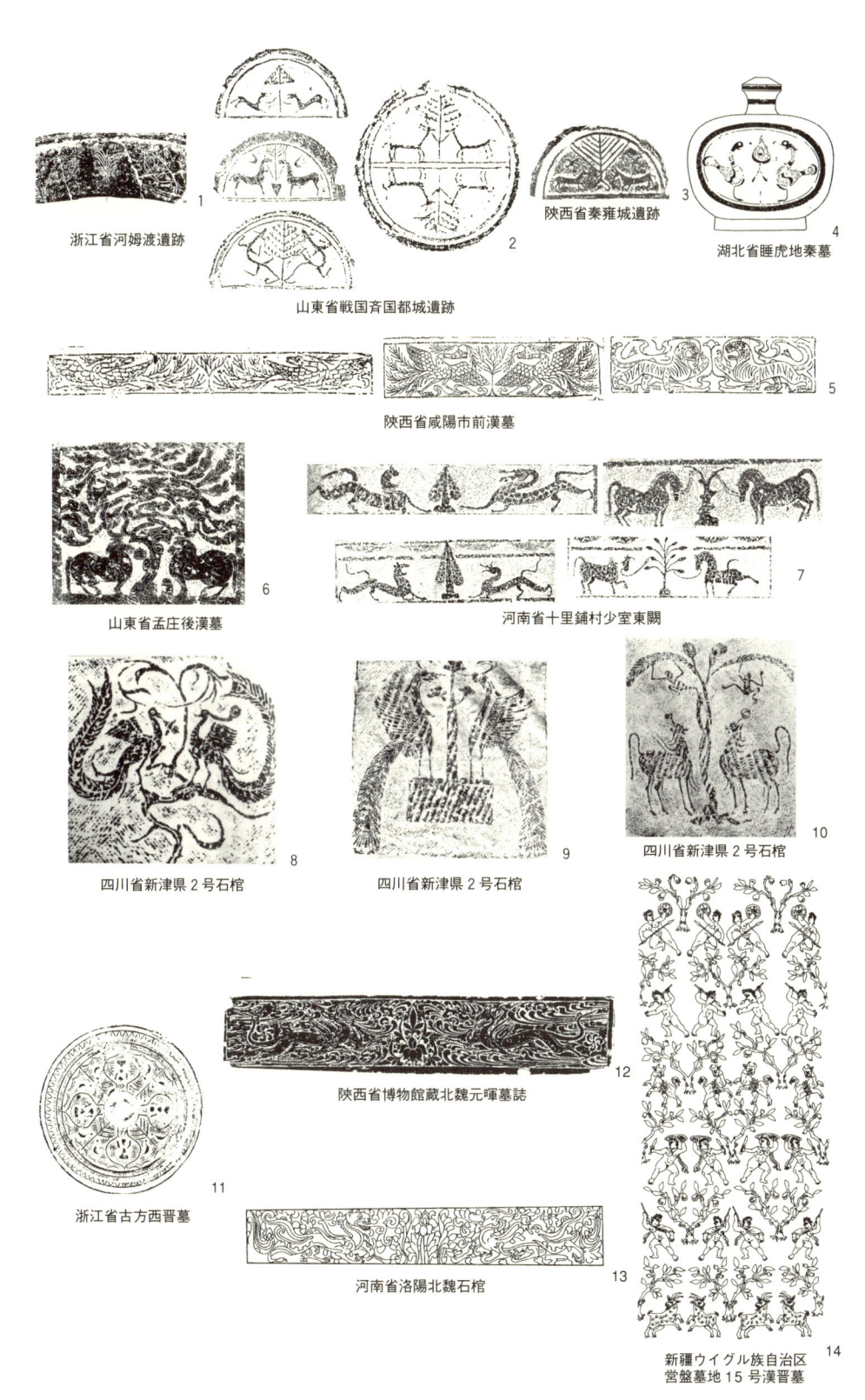

1　浙江省河姆渡遺跡
2　山東省戦国斉国都城遺跡
3　陝西省秦雍城遺跡
4　湖北省睡虎地秦墓
5　陝西省咸陽市前漢墓
6　山東省孟庄後漢墓
7　河南省十里鋪村少室東闕
8　四川省新津県2号石棺
9　四川省新津県2号石棺
10　四川省新津県2号石棺
11　浙江省古方西晋墓
12　陝西省博物館蔵北魏元暉墓誌
13　河南省洛陽北魏石棺
14　新疆ウイグル族自治区営盤墓地15号漢晋墓

図Ⅳ-32　対称文様（縮尺不同）

189

県孟庄後漢画像石には、社樹とされる樹木の両側に2頭の馬（図Ⅳ-32の6）［済南市文化局文物処ほか 2002］が向かい合って立っている。河南省登封県十里鋪村西北1kmに位置する少室東闕に彫刻される対称文様は、樹木を中央において、両側には馬文・龍文・虎文などの動物文（図Ⅳ-32の7）［河南省博ほか 1990］をそれぞれ配している。四川省新津県出土の2号石棺・石函・画像石に彫刻される対称文様は、いずれも霊芝を中央において、両側にはそれぞれ鳳凰文・天禄文（図Ⅳ-32の8～10）［曽繁模 2005］を配している。漢代の同類文様は、往々にして写実的な手法で表現されている。特にそのうちの馬文は手綱で樹木と繋がり、ごく自然の光景を写実的な手法で表現したものである。この伝統的な装飾方法は、戦国時代の斉国都城の瓦当にすでに出現していた。

魏晋南北朝時代には、樹下双鳥獣文を装飾する遺物が数多く発見されている。例えば、浙江省金花県古方西晋墓出土の銅鏡には、樹下双鳥文（図Ⅳ-32の11）［金花地区文管委 1984］がある。その趣き、特に樹木の造形は戦国以来の伝統である。陝西省博物館所蔵の北魏元暉墓誌には、蓮華文を中央に置いて、両側に白虎文（図Ⅳ-32の12）を配している。洛陽市出土の北魏石棺には、蓮華文を中央に置いて、両側にそれぞれ白虎文と青龍文を配している（図Ⅳ-32の13）［洛陽文物工作隊 1991］。蓮葉文や蓮華文を採り入れるのは、仏教の影響を受けた証左である。

新疆ウイグル族自治区尉犁県営盤墓地15号漢晋墓出土の織物には、樹下に向かい合って短い矛や剣を持ち、闘おうとする裸体人物と双牛、双羊を繰り返し織り出した図柄（図Ⅳ-32の14）［新疆文物考古研 1999］を飾っている。それは、ローマやササン朝ペルシアの影響を受け、西アジアで作られ、シルクロードを経て、輸入されたと考えられている。

詳しく比較すれば、西方の聖樹文の場合は、樹幹を強く強調し、1本の樹木と一つの葉あるいは葉の少ない木が抽象的に装飾される。一方、戦国時代の対称文様は中央に置く樹木文が幾何形を呈し、細い樹木幹と対称となる枝を表し、葉があまり見えない。漢代になると、樹木文の枝と葉がいずれも茂っている。唐代には、さまざまな樹木を採り入れ、仏教の菩提樹の意匠さえも表しており、しかも、樹木だけではなく、花も中央に置かれるようになる。両側に配される動物は、戦国以来、特定の動物ではなく、多種多様の動物が装飾文様として採用され、例えば、馬・鹿・羊・鳳凰・犀などがあった。一方、西方の動物は、信仰の制限から、羚羊・雄羊などの特定の動物が主として表わされた。

つまり、たとえ西・中央アジア特にササン朝ペルシアの聖樹動物文の影響を受け入れたとしても、唐ではその文様の象徴的意味を受け入れなかったと思われる。特に中央に置かれる樹木が、西・中央アジアの場合は聖樹とされている。しかしながら唐代の場合は「花樹」とだけ呼ばれ、それゆえに樹下動物の後脚で立ち上がる姿もあまり見られず、ほとんど向かい合って立っている。唐代の人々は、西方で聖樹の持つ宗教的意味合いを一転させ、自身の審美の情趣によって、樹木を普通の文様として扱い、美しい景色のように変化させ、より華やかにした。このことは、外来の影響を受け入れる側が、自らの文化や伝統や習慣などによって、その外来文化の要素を選択し、自らにとって都合のよい部分だけを採り入れたよい証拠になるであろう。

小　結

　唐代金銀器の双鳥獣文の中で、いくらかでも西方の影響を受けたのが樹下鳥獣文であった。それらは、中国の伝統的な基礎の上に、同時代の西方要素を採り入れ、唐代の人々の審美の趣向によって変容された。それゆえ、中国の伝統的なものと西方のものとの間に、相違がはっきりと見える。フランス人学者のMichèle Pirazzoli-ti'Serstevens［1998］氏は、中国が外来文化を受け入れるときの特徴を示す興味深い例を挙げる。清代の乾隆帝はヨーロッパからの伝教師に頼まれ、円明園にヨーロッパ式の建物を造った。しかしながら、その建物の特徴については、ヨーロッパ人からみると中国風が強いと、中国人からみると西洋風が強いと言われ、両方ともにその建物の異国情緒を満たしていると認識されていた。その意味は、中国人の審美感によって改善されたものがヨーロッパ人から見れば、異なる美と感じられるということである。それゆえ、文化交流についての研究は、意匠の伝播を重視するとともに、微細なところも重視しなければならない。むしろ、単なる類似点を探すことより、全体的に詳しく比較することが重要と思われる。唐代の織物に見られる樹下双動物文は、唐代に西方からの影響が直接に及んだ事実からみて、輸出専用品とみなされるので、西方好みの装飾文様を採り入れたと考えられる。

第4節　亀甲文

　亀甲文は、六角形繋文や蜂窩文とも呼ばれる。亀甲文について、日本人研究者がすでに多くの論文を発表している［江上 1983、勝部 1988］。斉東方［1987］氏は、藤ノ木古墳出土の馬具を検討する際に、亀甲文についても論じている。

1　唐代金銀器の亀甲文の分類

　唐代金銀器に装飾される亀甲文は、二種に分けられる。
　A型：幾何学形亀甲文で、一般的に六角形あるいは正六角形の連続を見せる。このような亀甲文金銀器は、西安市緯十八街唐墓出土の鍍金銀盒（図Ⅳ-33の1）1点しか発見されていない。亀甲文は横長の六角形を呈し、亀甲の中には花弁文がある。
　B型：亀の甲羅を模し、亀形銀器に装飾する。例えば、何家村窖蔵出土の銀盤の内底の亀文の背中には、五角形の亀甲文（図Ⅳ-33の2：写真29）があり、一つの甲羅が内から外まで五重となっている。丁卯橋窖蔵出土の銀筒の亀形座の背中には、甲羅状の亀甲文（図Ⅳ-33の3）がある。繁峙県金山舗郷上浪澗村窖蔵出土の亀形銀盒の蓋には、亀甲文（図Ⅳ-33の4）が装飾され、亀甲の中に八卦文がある。法門寺塔基地宮出土の亀形銀盒の蓋には、細い線で正六角形を呈する亀甲文（図Ⅳ-33の5：写真30）がある。西安交通大学窖蔵出土の銀盒の蓋にも六角形を呈する亀甲文

第Ⅳ章　唐代金銀器の装飾文様の検討

1

陝西省緯十八街窖蔵

2

陝西省何家村窖蔵

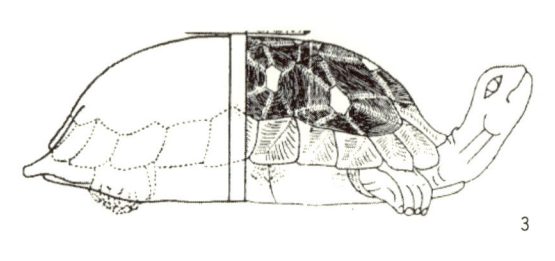

3

江蘇省丁卯橋窖蔵

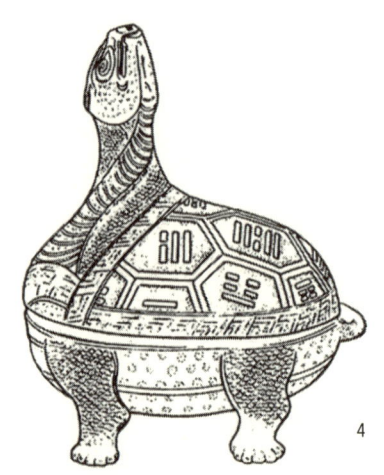

4

山西省上浪澗村窖蔵

5

陝西省法門寺塔基地宮

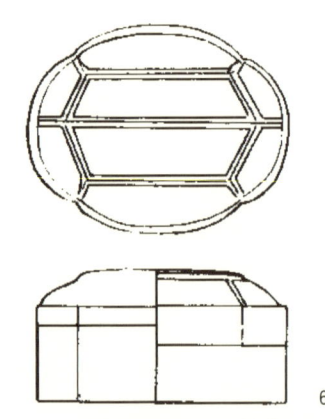

6

陝西省西安交通大学窖蔵

図Ⅳ-33　唐代金銀器の亀甲文（縮尺不同）

(図Ⅳ-33の6)を装飾している。

2　中国以外の亀甲文

中国以外では、エジプトで第十八王朝トトメス王と第十九王朝のラムセス二世の墓室壁画の人物服装に亀甲文（図Ⅳ-34の1）があり、その年代は前1400～1300年である。大英博物館に所蔵されている前1000年頃とされるアッシリアの円筒印章には、「イシュタル女神の礼拝図」が刻出され、イシュタル女神の衣装に亀甲文が見られる［上原 1989］。シリア・パルミラの三兄弟墓（1世紀～2世紀）の天井には、亀甲文（図Ⅳ-34の2）［上原 1989］が装飾されている。アフガニスタンのバーミヤン石窟には、天井や壁画に亀甲文（図Ⅳ-34の3）［樋口 1980］が上下左右に並んだ文様や同心円構図に配されたものがある。また、亀甲の中に坐仏などが描かれている。それ以外には、西アジアのガラス製品にも亀甲文の文様を飾っている。例えば、天理参考館所蔵の鍍金八曲銀長杯の裏面には、正六角形亀甲文（図Ⅳ-34の4）［天理大学附属参考館 1986］がある。江蘇省句容県春城南朝劉宋墓出土のササン朝ペルシアのものとされるガラス碗の胴部には亀甲文（図Ⅳ-34の5）［MIHO MUSEUM 2005］が研ぎ出されている。

これらからわかるように、亀甲文、特にA型の幾何学形亀甲文は、東西文化交流と密接な関係がある。中国の古い時期の亀甲文は、新疆ウイグル族自治区［新疆維吾尓族自治区博 1975］と広東省広州市前漢南越王墓［広州市文管委ほか 1991］から出土していることから、おそらく海のシルクロードと陸のシルクロードの両方を通じて、中国に影響を与えたと考えられる。

亀甲文は日本や朝鮮半島でもよく採用された。例えば、韓国公州市武寧王陵出土の木製枕や青銅剣［大韓民国文化財管理局ほか 1974］、慶州皇南大塚出土の銀碗や鞍［（韓国）文化財管理局 1985］、天馬塚出土の鞍［韓国文化財普及協会 1975］は、いずれも亀甲文を飾っている。高句麗古墳壁画にも亀甲文が装飾されている。例えば、吉林省集安市の亀甲塚と北朝鮮の天王地神塚の壁画［金基雄 1980］には、亀甲文が描かれており、特に天王地神塚の亀甲の中に蓮華を配している。藤ノ木古墳出土の鞍は、亀甲文（図Ⅳ-34の6）を透彫りの技法で彫刻し、亀甲の中にパルメット文や動物などを装飾している［奈良県立橿原考古研 1990］。それらの年代は、いずれも中国の南北朝時代に相当し、中国からの影響があったことは否定できないであろう。

3　中国古代亀甲文の伝来とその流れ

前述したように、中国では後漢以降特に南北朝時代以降、亀甲文が急速に普及した。さらに、石刻や織物や銅器などの品々にも亀甲文をよく用いた。これは、シルクロードの繁栄や仏教の普及と密接な関係を持っている。

（一）唐代以前の亀甲文

発掘調査資料にもとづく、中国最古の亀甲文は、漢代に求められる。例えば、広東省広州市南

第Ⅳ章　唐代金銀器の装飾文様の検討

エジプト壁画
(第18王朝トトメス王・
第19王朝ラムセス2世墓)

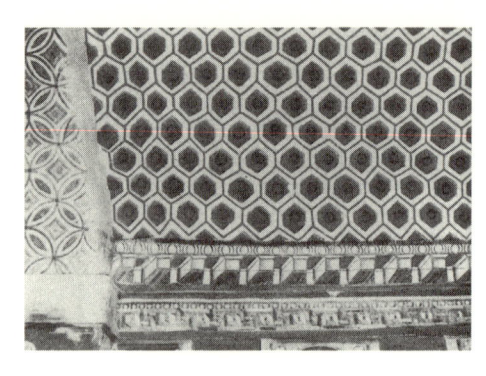

パルミラ三兄弟墓

バーミヤン石窟

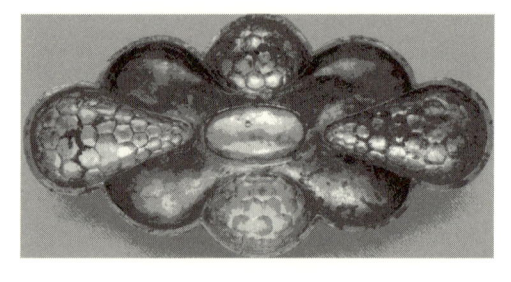

天理参考館蔵

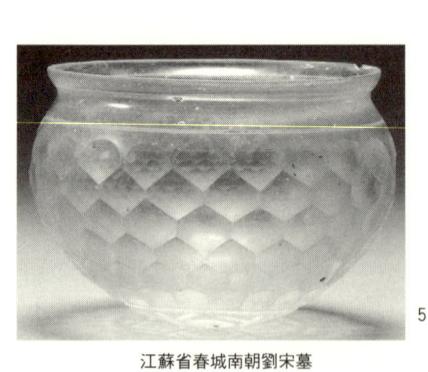

江蘇省春城南朝劉宋墓

藤ノ木古墳

図Ⅳ－34　中国以外の亀甲文（縮尺不同）

194

第4節 亀甲文

越王墓出土の銅帯鉤には、亀甲文（図Ⅳ-35の1）が装飾されている。新疆ウイグル族自治区民豊県後漢墓からは1点の亀甲文彩色絨毯（図Ⅳ-35の2）［陳維稷主編 1985］が出土した。一部の漢代印章の鈕、例えば、平壌楽浪漢墓出土の印章の亀形鈕、江蘇省出土の広陵王璽の亀形鈕［南京博 1981］のいずれにも亀甲文がある。しかしながら、漢代には亀甲文特にA型の幾何学形亀甲文はそれほど流行しなかった。

魏晋南北朝時代には、石窟・織物・馬具・虎子・棺・金銀器・画像磚・墓誌などに亀甲文がよく採用されている。以下、具体的な例を挙げよう。

甘粛省炳霊寺石窟第169号石窟、西秦建弘元年（420）石窟の中尊（図Ⅳ-35の3）［NHK取材班 1981］は、亀甲文袈裟を着て、亀甲の中にも四弁花を装飾している。同石窟西魏時期の172号石窟の菩薩像の緑色裳にも亀甲文を飾っている。山東省青州市龍興寺の北斉時代窖蔵から出土した石菩薩像の服飾には、亀甲文があり、亀甲の中には写実的な亀が装飾されている。洛陽市龍門石窟賓陽中洞（図Ⅳ-35の4）［鐘暁青 1999］、大同市雲崗石窟の床面（図Ⅳ-35の5・12）には、亀甲文が彫刻されている。鐘暁青［1999］氏は、これらは床面に絨毯を敷いた影響を受けたものと指摘した。

ほかにも、太原市婁叡墓墓道路面、磁県湾漳北朝墓墓道路面のいずれも亀甲文が施されており、その文様は絨毯を表現している。一方、江上綏［1983］氏は、これらについて、権威の象徴を意味すると指摘した。

固原県北魏墓出土の漆棺には、亀甲文（図Ⅳ-35の6）を漆で描き、亀甲文の枠を連珠で表し、その中に人物や動物を描いている。

広東省遂渓県南朝窖蔵出土の鍍金銀杯の胴部には、亀甲文（図Ⅳ-35の7）［遂県博 1986］を装飾し、亀甲の中には動物や草花文が鏨彫りされている。

江蘇省南京市富貴山東晋墓出土の銅虎子の胴部には、一列の亀甲文（図Ⅳ-35の8）［南京市博ほか 1998］がある。

敦煌石窟の第125号窟と126号窟の間から出土した北魏刺繍には、正六角形に近い亀甲文（図Ⅳ-35の9）［敦煌文物研 1972］が刺繍され、亀甲の中にパルメット文がある。新疆ウイグル族自治区トルファンのアスターナ170号墓出土の綺（綾絹）には、亀甲文（図Ⅳ-35の10）［趙豊 2005］が織り出され、亀甲の中には亀や草花文などがある。同じくアスターナ313号墓（548）出土の綺には、亀甲文が織り出され、亀甲の中には向かい合う2羽の鳥がある［武敏 1962］。

亀甲文を装飾する馬具は、朝陽市十二台郷磚廠三燕墓（図Ⅳ-35の11・15）［遼寧省文物考古所ほか 1997］と三合成前燕時代墓［于俊玉 1997］、遼寧省北票喇嘛洞三燕墓と西溝村三燕墓［陳山 2003］からそれぞれ鍍金銅鞍橋が出土し、いずれも透彫りの技法で亀甲文を彫刻し、亀甲の中には龍、鳳凰、鹿、怪獣、走兎、飛翔する鳥ないし狩猟文なども装飾している。大同市の北魏都城遺跡出土の鍍金銅飾は、透彫りの技法で亀甲文を彫刻している［大同市博 1983］。

陝西省安康市出土の南朝画像磚には、亀甲文（図Ⅳ-35の16）を印刻し、亀甲の中にはパルメットを装飾している［徐信印ほか 1987］。

亀形の墓誌もあり、しかも蓋には亀甲文が整然と彫刻されている。例えば、南京博物院所蔵の

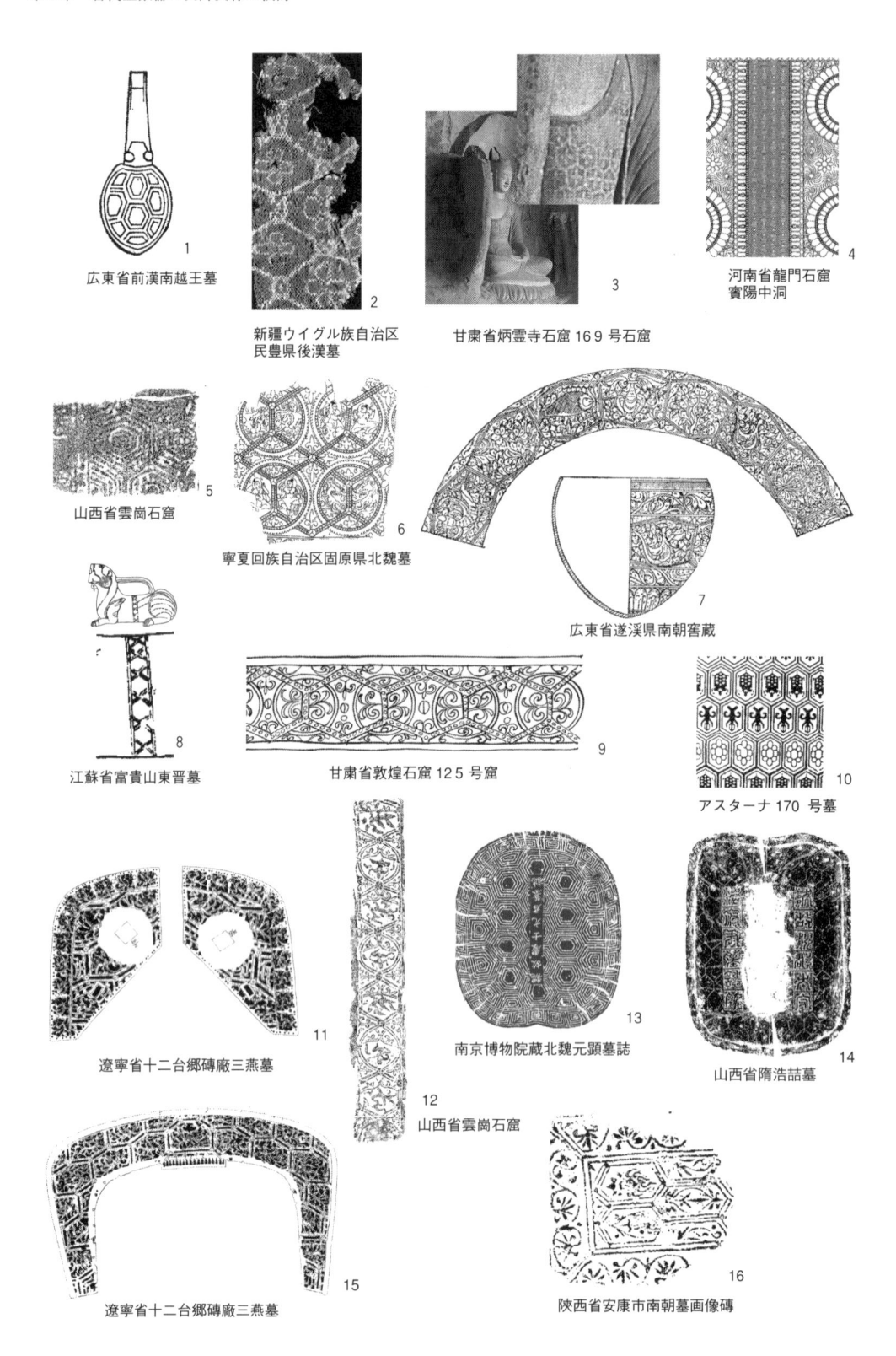

第Ⅳ章　唐代金銀器の装飾文様の検討

1 広東省前漢南越王墓
2 新疆ウイグル族自治区民豊県後漢墓
3 甘粛省炳霊寺石窟169号石窟
4 河南省龍門石窟賓陽中洞
5 山西省雲崗石窟
6 寧夏回族自治区固原県北魏墓
7 広東省遂渓県南朝窖蔵
8 江蘇省富貴山東晋墓
9 甘粛省敦煌石窟125号窟
10 アスターナ170号墓
11 遼寧省十二台郷磚廠三燕墓
12 山西省雲崗石窟
13 南京博物院蔵北魏元顕墓誌
14 山西省隋浩喆墓
15 遼寧省十二台郷磚廠三燕墓
16 陝西省安康市南朝墓画像磚

図Ⅳ-35　唐代以前の亀甲文（縮尺不同）

北魏元顕墓誌（図Ⅳ-35の13）［趙万里 1958］と太原市隋浩喆墓誌（図Ⅳ-35の14）［襄垣県文物博ほか 2004］のいずれもが亀形を呈し、蓋には亀甲文が線刻されている。

（二）唐代の亀甲文

唐代に入ると、前述した金銀器のみならず、銅鏡・陶磁器・石窟・織物・骨器・墓誌などにも亀甲文が装飾されるようになった。

銅鏡の亀形鈕も亀甲文を装飾している。例えば、上海博物館所蔵の月宮菱花銅鏡の亀形鈕（図Ⅳ-36の1）［陳佩芬 1987］は、亀甲文を装飾している。

陶磁器に装飾された亀甲文は、発見された実数はあまり多くない。例えば、長沙窯焼造の陶磁壺には亀甲文（図Ⅳ-36の2）を飾って、亀甲の中に円文や斑点を装飾している。陶磁容器以外には、亀形の三彩陶器や磁器にも整然とした亀甲文を装飾している。

敦煌石窟第9・156号窟（図Ⅳ-36の3・4）［勝部 1988］および45号石窟の天王像（図Ⅳ-36の5）［ＮＨＫ取材班 1981］の鎧にも亀甲文が描かれている。

唐代の服装にも亀甲文を用いている。『旧唐書・輿服志』には、「貞観五年七月、七品以上服亀甲、双巨、十花」と記されている。『新唐書・地理志二』によれば、蔡州汝南郡の貢物には、亀甲綾があると記されている。

発掘調査では、新疆ウイグル族自治区アスターナ301号唐墓から亀甲文錦（図Ⅳ-36の6）［夏鼐 1963］が出土した。同墓出土の貞観十七年（643）の契約文書から、初唐期のものと判断できる。同じく44号唐墓（655）出土の「王」字亀甲文錦（図Ⅳ-36の7）［竺敏 1972］は、亀甲文と「王」字を組み合わせて織り出している。同じく337号唐墓出土の錦も天馬文の翼に亀甲文（図Ⅳ-36の8）［武敏 1962］がある。同じく317号唐墓（632）墓出土の亀甲文錦は、亀甲の中に草葉文がある。青海省都蘭県吐蕃墓出土の唐代の錦には、亀甲文（図Ⅳ-36の9）が織り出され、亀甲の中には四弁花がある［許新国ほか 1991］。

正倉院には、唐代と深い関係を持つ亀甲文織物が数多く所蔵されている。例えば、亀甲亀花文黄綾（図Ⅳ-36の10）は、亀甲の中に写実的な亀文や幾何文がある。紫地亀甲仏殿文錦（図Ⅳ-36の11）は、亀甲の枠を連珠文で表し、中には仏教殿堂がある。橡地亀甲花文錦、紫地亀甲花文錦（図Ⅳ-36の12・13）の亀甲の中には、草花文を配する。

唐代墓誌にも亀甲文を装飾している。例えば、陝西省三原県李寿墓出土の墓誌（図Ⅳ-36の14）［陝西省博ほか 1974］は、亀形を呈し、蓋には亀甲文を線刻している。江蘇省蘇州平門城壁唐墓出土の磚で作った墓誌の蓋と裏面には、整然とした亀甲文（図Ⅳ-36の15）を印刻している［蘇州博ほか 1982］。

西安市唐楊思勗墓出土の石俑にかける鞘（弓袋）の口縁の外側には、亀甲文（図Ⅳ-36の17）が彫刻されている［中国社科院考古研 1980］。最近発見された、西安市唐長安城醴泉坊唐代井戸出土の骨器には、亀甲文（図Ⅳ-36の16）が線刻され、亀甲の中に花弁文がある［王望生 2005］。

第Ⅳ章　唐代金銀器の装飾文様の検討

1 上海博物館蔵
2 湖南省長沙窯跡
3 敦煌石窟9号石窟
4 敦煌石窟156号石窟
5 敦煌石窟45号石窟
6 アスターナ301号唐墓
7 アスターナ44号唐墓
8 アスターナ337号唐墓
9 青海省都蘭県吐蕃墓
10 正倉院蔵
11 正倉院蔵
12 正倉院蔵
13 正倉院蔵
14 陝西省唐李寿墓
15 江蘇省平門城唐墓
16 陝西省唐長安城醴泉坊井戸
17 陝西省唐楊思勗墓

図Ⅳ-36　唐代の亀甲文（縮尺不同）

198

第4節　亀甲文

表35　亀甲文銅鏡一覧

番号	出土・所蔵地	時代	点数	造形	西暦	出典	備考
1	湖北省随州博物館	宋代	1	円形		左徳田1995	
2	湖北省荊門博物館	宋代	1	円形		荊門市博1990	
3	河北省定州静志寺塔基地宮	宋代	1	円形		河北省文物研究所1996	図Ⅳ-37の1
4	山西省臨猗双塔寺塔基地宮	宋代	2	円形	1069年	臨猗県博ほか1997	
5	河北省保定	宋代		方形		河北省文物研究所1996	
6	湖南省	宋代		円形		湖南省博1960b	
7	遼寧省康平後劉東屯遼墓	遼代		円形		康平県文化館文物組1986	
8	遼寧省朝陽劉日泳墓	遼代		円形	1046年	王成生1987	
9	遼寧省朝陽遼耿知新墓	遼代		円形		朝陽地区博1983	
10	遼寧省喀左北嶺遼墓	遼代		円形		武家昌1986	
11	内モンゴル自治区科右中旗欽塔遼墓	遼代		円形		興安盟文物工作站1997	図Ⅳ-37の2
12	湖南省	遼代		円形		周世栄1987	
13	吉林省梨樹偏臉古城	金代		円形		張英1990	図Ⅳ-37の3
14	河北省唐県	金代		亜字形		河北省文物研究所1996	

（三）唐代以降の亀甲文

　唐代以降、亀甲文は銅鏡・陶磁器・舎利容器・石碑の石台座・建物などによく採用された。

　(1) 銅鏡の重要な装飾文様の一つとしての亀甲文は、五代から宋・遼・金時代にかけて流行した。発掘調査によって多くの亀甲文銅鏡が発見されている（表35）。

　(2) 陶磁器にも亀甲文が装飾されている。例えば、江西省宋代吉州窯焼造の磁器（図Ⅳ-37の4）［江西省博ほか1985］、河北省観台磁州窯遺跡出土の磁枕（図Ⅳ-37の5）［北京大学考古学系ほか1997］のいずれも亀甲文を装飾している。天津市では1点の宋代三彩亀甲文枕（図Ⅳ-37の6）［田鳳嶺1985］も発見された。江西省明代景徳鎮窯焼造の磁器には、亀甲文（図Ⅳ-37の7）［景徳鎮陶磁館1983］がよく採用され、しかもさまざまな形態を呈する。

　(3) 河北固安宝厳寺塔基地宮出土の銀舎利容器にも、亀甲文（図Ⅳ-37の8）［河北省文物研ほか1993］が透彫りの技法で彫刻されている。

　(4) 石碑の石台座には、亀甲文がよく採用されている。例えば、河北省定県出土の五代の石碑の石台座［郭玲娣ほか2003］、内モンゴル自治区黒山で出土した遼代石碑の石台座（図Ⅳ-37の9）［韓仁信1994］は、いずれも亀甲文が彫刻されている。

　(5) 五代から宋・遼・金時代にかけて、器物だけではなく、建物にも亀甲文を装飾している。例えば、山西省聞喜県小羅庄金代墓の壁［山西省考古研ほか1986］は、亀甲文を彫刻している。山東省章丘県元代墓（図Ⅳ-37の10）［済南市文化局ほか1992］、同省済南市司里街元代墓（図Ⅳ-37の

第Ⅳ章　唐代金銀器の装飾文様の検討

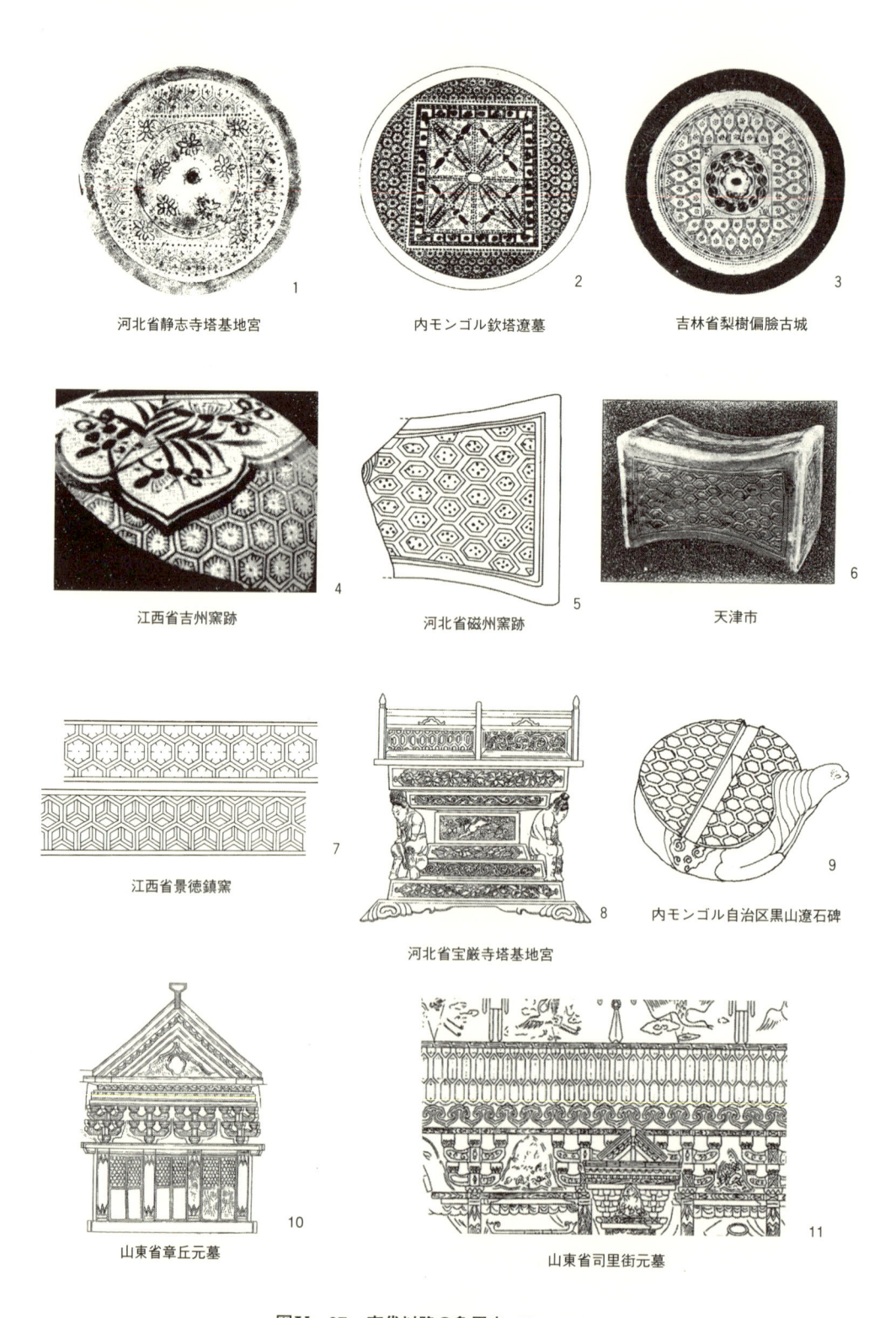

1 河北省静志寺塔基地宮	2 内モンゴル欽塔遼墓	3 吉林省梨樹偏臉古城
4 江西省吉州窯跡	5 河北省磁州窯跡	6 天津市
7 江西省景徳鎮窯	8 河北省宝厳寺塔基地宮	9 内モンゴル自治区黒山遼石碑
10 山東省章丘元墓	11 山東省司里街元墓	

図Ⅳ-37　唐代以降の亀甲文（縮尺不同）

11)［済南市考古研 2004］は、いずれの壁にも亀甲文が描かれている。

小　結

　亀甲文は、ほかの装飾文様と異なり、中国では亀崇拝があった新石器時代から始まっていた。殷代の人々は、亀甲で占って吉凶を予測した。そうした亀甲が河南省安陽市殷墟遺跡で多数発見された。同時に殷代の青銅器にも亀甲文を装飾している。
　B型の亀甲文は、おそらく古代中国の工人が亀の甲羅から学んだものと考えられる。一方、A型の亀甲文は、幾何学文であり、しかも亀の甲羅と似ていることから、西方の亀甲文と交流した結果を思わせるものである。西方の亀甲文は、中国の伝統文化とも合致したので、伝来後、たちまち魏晋南北朝時代以降に普及したのであろう。中国古代文化が外来文化と接触したときの選択性の強さが再確認される。

第 5 節　咋鳥文

　咋鳥文は、含綬鳥（文）とも呼ばれている。唐代金銀器の装飾文様の中には、綬帯・草花・小枝・昆虫などを銜える鳥が多く、一部の獣類（獅子・馬・羊など）も綬帯・小枝・草花などを銜えている。それゆえ、本節で述べる咋鳥文はモチーフの総称として扱い、鳥類だけではなく、ほかの獣類も含まれる。

1　唐代金銀器の咋鳥文の分類

　これまで発見された唐代金銀器に装飾されている咋鳥文は、嘴に銜えるものの違いによって、四種類に分けられる。
　A型：草花・小枝を銜える咋鳥文
　何家村窖蔵出土の銀盒の蓋の犀は、口に組み合わせた草花を銜えている（図Ⅳ-38の1）。同窖蔵出土の銀方盒の側面の2羽の孔雀はいずれも小枝を銜えている（図Ⅳ-38の2）。同窖蔵出土の銀匜（片口碗）の胴部には、2羽の鴛鴦を飾り、そのうちの1羽は小枝を嘴に銜えている（図Ⅳ-38の3）。同窖蔵出土の銀碗の内底には、双獅子が絡ませた草を共に銜えている（図Ⅳ-38の4：写真31）。同窖蔵出土の銀盒の蓋には、宝相華の中に小枝を銜えて飛翔する鳥を配している（図Ⅳ-38の5）。沙坡村窖蔵の銀碗の胴部には、1羽の鴛鴦が翼を広げ、嘴に小枝を銜えて、爪脚の下に蓮華を踏んでいる（図Ⅳ-38の6）。同窖蔵の銀盒の蓋には、飛翔する鳥が嘴に小枝を銜えている（図Ⅳ-38の7）。西安市三兆村唐墓出土の銀盒の蓋には、小枝を銜えて飛翔する鴻雁文（図Ⅳ-38の8）がある。西安市北郊坑底寨窖蔵出土の銀盤の内底の双鳳凰文と2羽の鳥（図Ⅳ-38の9・10）、法門寺塔基地宮出土の銀盤の内底の双孔雀文（図Ⅳ-38の11）のいずれも嘴にそれぞれ小枝を銜え

第Ⅳ章　唐代金銀器の装飾文様の検討

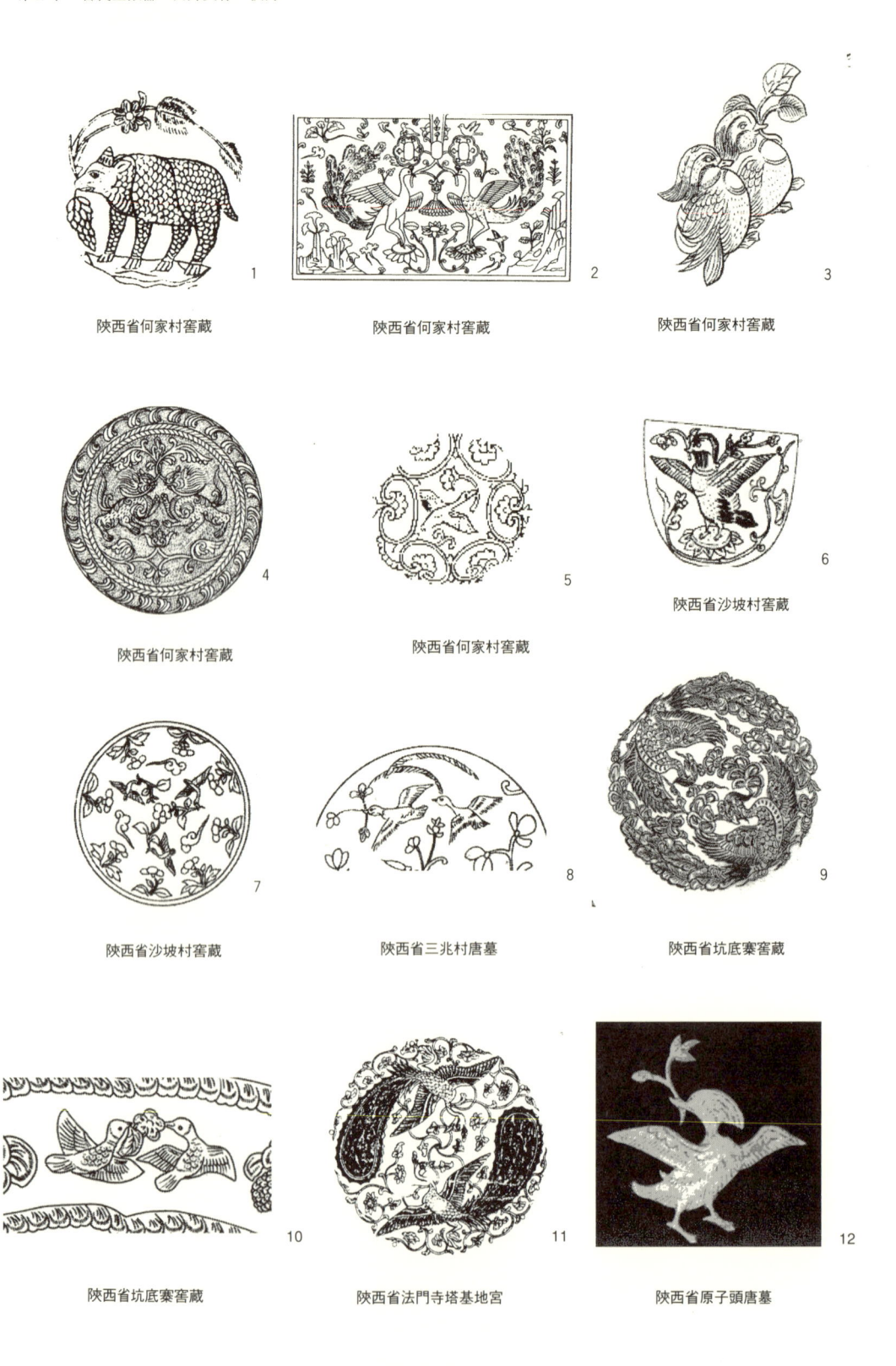

1 陝西省何家村窖蔵	2 陝西省何家村窖蔵	3 陝西省何家村窖蔵
4 陝西省何家村窖蔵	5 陝西省何家村窖蔵	6 陝西省沙坡村窖蔵
7 陝西省沙坡村窖蔵	8 陝西省三兆村唐墓	9 陝西省坑底寨窖蔵
10 陝西省坑底寨窖蔵	11 陝西省法門寺塔基地宮	12 陝西省原子頭唐墓

図Ⅳ-38　唐代の咋鳥文（1）（縮尺不同）

第5節　咋鳥文

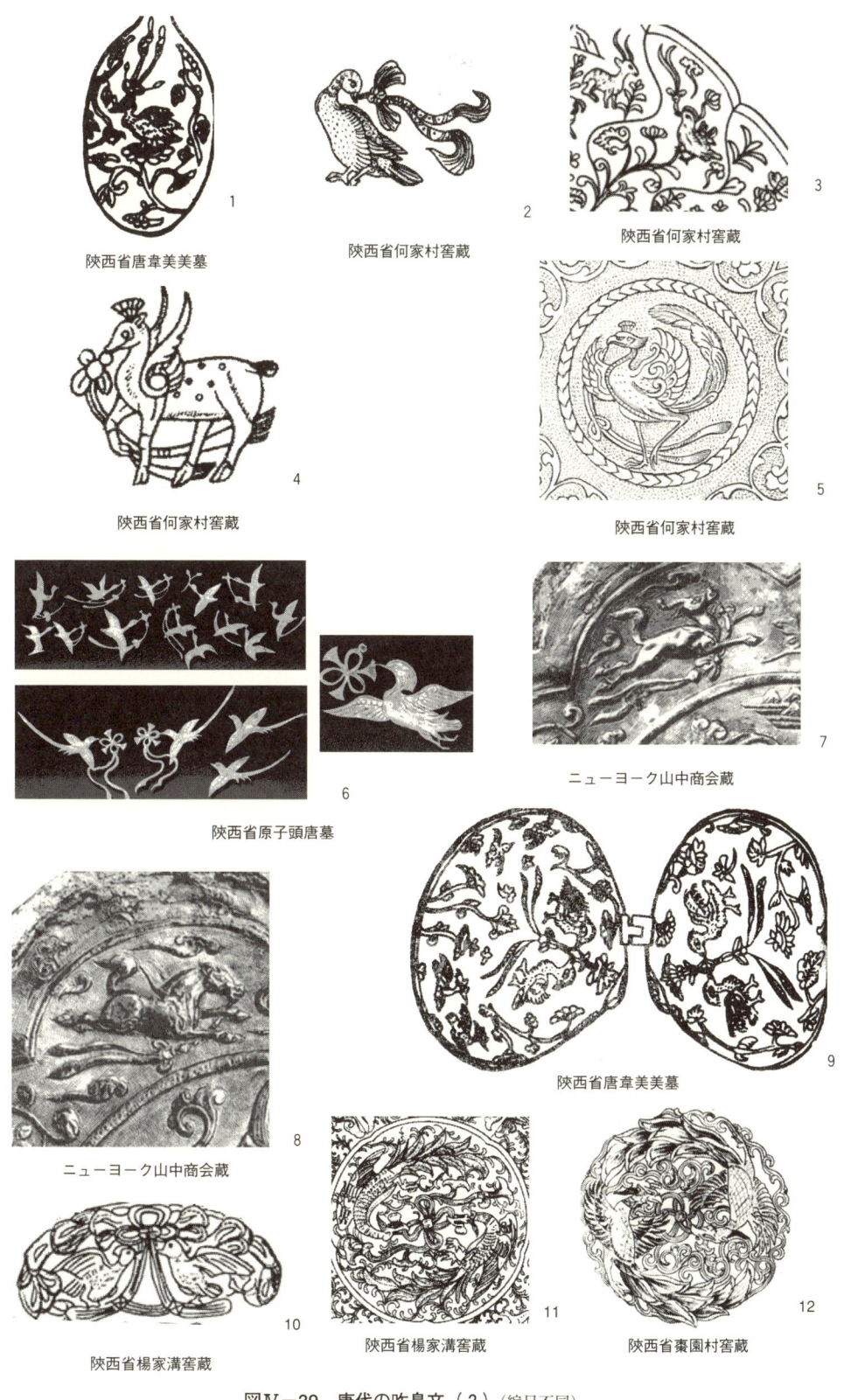

1　陝西省唐韋美美墓
2　陝西省何家村窖蔵
3　陝西省何家村窖蔵
4　陝西省何家村窖蔵
5　陝西省何家村窖蔵
6　陝西省原子頭唐墓
7　ニューヨーク山中商会蔵
8　ニューヨーク山中商会蔵
9　陝西省唐韋美美墓
10　陝西省楊家溝窖蔵
11　陝西省楊家溝窖蔵
12　陝西省棗園村窖蔵

図Ⅳ-39　唐代の咋鳥文（2）（縮尺不同）

203

ている。陝西省隴県原子頭唐墓出土の銀平脱飾物の中にも小枝を銜える鴛鴦文（図Ⅳ-38の12）がある。

B型：綬帯を銜える咋鳥文

綬帯を銜える咋鳥文は、1羽あるいは2羽の鳥が嘴に綬帯を銜えている文様である。

韋美美墓出土の銀匙には、1羽の鴻雁（図Ⅳ-39の1）が綬帯を嘴に銜えて、綬帯が上方になびいている。何家村窖蔵出土の銀匜の胴部には、1羽の鴛鴦（図Ⅳ-39の2）が振り返って、長い綬帯を嘴に銜え、綬帯が後方になびいている。同窖蔵出土の銀碗の胴部には、1羽の鴛鴦（図Ⅳ-39の3）が綬帯を嘴に銜えて、綬帯が上方になびいている。同窖蔵出土の銀盒の蓋と外底には、それぞれに綬帯を銜える鹿文・鳳凰文（図Ⅳ-39の4・5）を装飾し、口や嘴に銜える綬帯がいずれも垂れ下がっている。陝西省隴県原子頭唐墓出土の銀平脱飾物の中にも、綬帯を銜える鴻雁・鴛鴦・鵲（図Ⅳ-39の6）［宝鶏市考古工作隊ほか 2004］など数多く見出される。ニューヨーク山中商会所蔵の貼銀鎏金双鸞八花鏡は、銀鏡背に麒麟・天馬（図Ⅳ-39の7・8）［梅原 1931］を装飾し、いずれも口に長い綬帯を銜えている。

韋美美墓出土の銀盒の蓋には、2羽の向かい合う鴻雁文（図Ⅳ-39の9）を装飾し、一緒に綬帯を嘴に銜えている。綬帯を共に銜えて向かい合う鳥文は、8世紀前半に流行した。楊家溝窖蔵出土の銀盤の胴部と銀盒の蓋には、綬帯を銜える線対称および点対称に配置する双鳳凰文（図Ⅳ-39の10・11）がある。西安市新築鎮棗園村窖蔵出土の銀盤の内底には、点対称に配置する双鳳凰文（図Ⅳ-39の12）［保全 1984ｂ］が共に四弁花形の綬帯を銜えている。

C型：勝を銜える咋鳥文

勝は菱形を呈し、中央に十字を、上あるいは左右には花のようなものを、下には綬帯を付けている。2羽の鳥が向かい合って、一緒に銜える場合が多い。何家村窖蔵出土の銀鐺の胴部には、共に長い綬帯を付けた二つの勝を銜えて飛翔する2羽の鳥（図Ⅳ-40の1）がある。この勝は上に蓮葉と石榴形の花があり、下に綬帯が付いている。同窖蔵出土の銀盒の蓋には、2羽の鴛鴦（図Ⅳ-40の2）が一緒に嘴に勝を銜えている。同窖蔵から文様の類似する銀盒（図Ⅳ-40の3）が1点出土した。沙坡村窖蔵出土の銀碗の胴部には、下に長い綬帯が付いた勝を銜えている鴻雁文（図Ⅳ-40の4）がある。

D型：蝶や虫を銜える咋鳥文

主に金銀器の口縁に装飾される。通常、一対の鳥が一緒に蝶や虫を嘴に銜えた姿形で表される。例えば、西安市北郊坑底寨窖蔵出土の銀盤の口縁には、蝶を銜えた三組の鳥文（図Ⅳ-40の5）を装飾している。

2　意匠の発生と系譜

前述の分類にしたがって、古代文献の記載と発掘出土品から、四種の咋鳥文のそれぞれの淵源を探ることにする。

第 5 節　咋鳥文

1
陝西省何家村窖蔵

2
陝西省何家村窖蔵

3
陝西省何家村窖蔵

4
陝西省沙坡村窖蔵

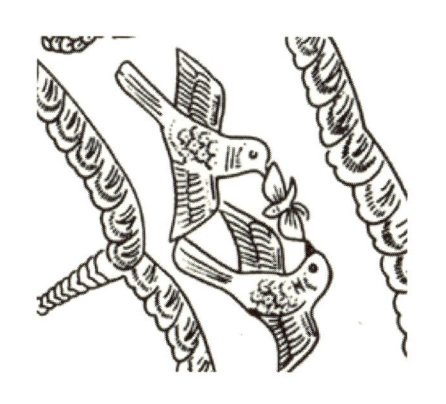

5
陝西省坑底寨窖蔵

図Ⅳ-40　唐代の咋鳥文（3）(縮尺不同)

（一）中国古代文献に見える啣鳥文の意匠

『太平広記』巻463に引く『博物志』には「有鳥如烏、文首白喙赤足、名曰精衛。昔赤帝之女名婧、往遊於東海、溺死而不返、其神化為精衛。故精衛常取西山之木石、以塡東海」、また『芸文類聚』巻92に引く『山海経』には、「炎帝之女、名曰女娃、遊於東海、溺而不返、是為精衛。常取西山之木石、以塡東海」と記されている。晋の郭璞は、「炎帝之女、化精衛。沈形東海、霊爽西邁、乃銜木石、以塡攸害」と解釈している。

『太平御覧』巻43『地部八』の「玄扈山」に引く『春秋合成図』には、「黄帝遊玄扈、上洛、与大司馬容光、左右輔周昌等百二十人臨之、有鳳銜図以置帝前」と記されている。

『墨子』には「赤鳥銜珪、降周之岐社」と、『芸文類聚』巻98に引く『呂氏春秋』には「赤鳥銜丹書、集於周社」と記されている。また、『海内十洲記』には「祖洲、近在東海之中、地方五百里、去西岸七万里、上有不死之草、草形似菰苗。（中略）昔秦始皇大苑中多柱死者、有鳥如烏状、銜此草覆蓋死人面、當時起坐而自活也」と、『太平広記』巻4『徐福』には「秦始皇時、大宛中多柱死者横道、数有鳥銜草、覆死人面、皆登時活。有司奏聞秦始皇、秦始皇使使者齎此草、以問北郭鬼谷先生、云是東海中祖洲上不死之草、生瓊田中、一名養神芝、其葉似菰、生不叢、一株可活千人」と記されている。

（二）発掘調査資料に見る啣鳥文の意匠とその系譜

発掘調査によって発見された、ものを銜える文様には、鳥獣が草花・小枝（瑞草）、方勝、魚、玉璧、綬帯および綬帯と玉璧を組み合わせたものなどが多く、それに神話伝説の丹書、河図、洛書などもある。例えば、河南省臨汝県閻村仰韶文化遺跡出土の陶甕には、鸛が魚を銜える「鸛魚石斧図」（図Ⅳ-41の1）を描いている［臨汝県文化館 1981］。その図柄に含む象徴的意義は、厳文明［1981］氏がすでに詳しく論じている。しかし、象徴的意味を問わず、実物から見ても、鸛が魚を銜える意匠は、ものを銜える文様の祖型の一つになるであろう。以下、発掘調査資料によって、各種のものを銜える意匠の淵源を求めよう。

（1）草花・小枝を銜える意匠

草花・小枝を銜える意匠は、中国では、古くから延々と続いてきた。例えば、山西省襄汾県陶寺新石器時代遺跡出土の彩色陶盤の内底には、1匹の龍（図Ⅳ-41の2）が描かれ、その龍は口に草を銜えている［中国社科院考古研山西工作隊ほか 1983］。これは、中国古代の小枝・草花を銜える意匠の祖型となるであろう。この文様は、漢代に入ると、盛んに流行した。例えば、咸陽市漢墓出土の空心磚に印刻された玄武（図Ⅳ-41の3）は、口に瑞草を銜えている［咸陽市文管会ほか 1982］。四川省新津県崖墓出土の石函の鳳凰（図Ⅳ-41の4）は、霊芝を銜えている。

魏晋南北朝時代に入ると、瑞草などを銜える鳥や動物文は急激に増え、しかも、動物が口に銜えるのは蓮華やパルメットなどが中心になっていった。例えば、磁県湾漳北朝墓の壁画には、蓮華やパルメットを銜えている鳥・有翼兎（図Ⅳ-41の5）などが見える。磁県東魏茹茹公主墓墓道東側の壁画では、鳳凰が蓮華を銜えている。太原市北斉徐顕秀墓石門の龍・鳳・虎・飛廉などの

第 5 節　咋鳥文

河南省閻村仰韶遺跡

山西省陶寺遺跡

陝西省咸陽市漢墓

四川省新津県崖墓

河北省湾漳北朝墓

山西省北斉徐顕秀墓

上海博物館蔵銅鏡

『中国銅鏡図典』収載銅鏡

陝西省唐李憲墓

陝西省唐李憲墓

陝西省唐李憲墓

陝西省唐李憲墓

山西省唐薛儆墓

図Ⅳ－41　唐代以前の咋鳥文（1）(縮尺不同)

207

動物文（図Ⅳ-41の6）は、いずれも蓮華やパルメットを銜えている。成都市万仏寺遺跡出土の南朝造像碑の龍文は、口に蓮華や蓮葉を銜えている。山東省青州市龍興寺北斉窖蔵出土の仏教造像の中では、蓮華や蓮葉を銜えている龍文が数多く浮き彫りされている［青州市博 1999］。蓮華を銜える文様の流行は、仏教の影響を受けたのであろう。

　前述した金銀器のみならず、銅鏡をはじめとする唐代の遺物の中には、小枝・草花などを銜える動物文様が多い。例えば、上海博物館所蔵の舞馬双雁葵花鏡には、蓮葉の小枝を銜えた双鴻雁文（図Ⅳ-41の7）がある。『中国銅鏡図典』［孔祥星ほか 1992］に収録された双鸞瑞獣花鳥鏡には小枝を銜える霊獣文（図Ⅳ-41の8）がある。李憲墓出土の石槨（図Ⅳ-41の9～12）、太原市唐薛儆墓出土の石槨（図Ⅳ-41の13）には、小枝を銜えた鴛鴦や鴻雁が彫られている

　自然界では、鳥が小枝や花枝を銜えてきて巣を造る光景はよく観察されるため、小枝や草花を銜える図柄の起源とも認識されている。鳥が泥や小枝を銜えて巣を造る様子は、文献にも記されている。例えば、『太平広記』巻461『禽鳥』に引く『酉陽雑俎』には、「鵲窠中必有棟、崔円相公妻在家時、与姉妹於後園見一鵲構窠、共銜一木、大如筆管、長尺余、安窠中、衆悉不見。俗言見鵲上樑必貴」「大暦八年、乾陵上仙観之尊殿、有双鵲銜柴及泥、補葺隙壊十五処。宰臣表賀之」と記されている。それに、鵲が泥や小枝を銜えるのは、祥瑞をも意味している。鳥が泥や小枝を銜えて巣を造る場景を詠んだ唐詩も多い。例えば、貫休の「感懐寄盧給事二首」のその二には「童扮隣杏墮墻瓦、燕啄花泥落砌莎」、劉元淑の「妾薄命」には「陽春白日照空暖、紫燕銜花向庭満」と詠んでいる。また、中国の伝統文化は、小枝や草花などを銜える意匠が祥瑞や長寿などを象徴する。例えば、徐夤の「贈東方道人」には、「旧放長生鹿、時銜瑞草還」と詠んでいる。

(2)　綬帯を銜える意匠

　綬帯は、中国古代の玉璽・官印および幔幕に飾るものである。『周礼・天官』には「幕人掌帷幕、幄、帟、綬之事」、『礼記』には「天子佩白玉玄組綬」と記されている。湖北省江陵県馬山1号楚墓（前340～前278）出土の鳳凰文刺繍には、鳳凰（図Ⅳ-42の1）が長い綬帯を嘴に銜えており、これは発掘調査による中国最古の綬帯を銜える文様であろう。湖南省長沙市砂子塘前漢墓出土の木棺には、双鳳凰文（図Ⅳ-42の2）が描かれ、共に璧と組み合わされた綬帯を嘴に銜えている。沂南漢代画像石には、綬帯を銜える霊獣（図Ⅳ-42の3～6）が数多く彫刻され、その綬帯は後方になびいている。四川省新津県出土の3号石棺の龍文・虎文（図Ⅳ-42の7）、同省合江県1号石棺の龍文・虎文（図Ⅳ-42の8）のいずれも璧と組み合わされた綬帯を銜えている。同省蘆山県王暉石棺の龍文（図Ⅳ-42の9）は、口に帯を銜えている。山東省莒県沈劉庄漢代画像石墓には、綬帯を銜えている鳳凰文（図Ⅳ-42の10）［蘇兆慶ほか 1988］がある。山西省離石県馬茂2号後漢画像石墓にも、綬を銜えている鳥文（図Ⅳ-42の11）［山西省考古研ほか 1992］がある。敦煌市仏爺廟湾西晋墓画像磚には、綬帯を銜える虎文（図Ⅳ-42の12）が描かれている。洛陽市出土の石棺の昇仙図には、口に長い綬帯を銜えている龍文（図Ⅳ-42の13）［洛陽文物工作隊 1991］を線刻する。

　唐代に入ると、前述した金銀器のみならず、石彫や銅鏡などにも綬帯を銜えた動物文がよく採用された。李憲墓出土の石槨（図Ⅳ-43の1～4）、太原市唐薛儆墓出土の石槨（図Ⅳ-43の6～8）のいずれも長い綬帯を銜えている鳥が彫られ、しかもこの綬帯は小枝や円環などと組み合わせる

第5節　咋鳥文

1　湖北省馬山1号楚墓
2　湖南省砂子塘漢墓 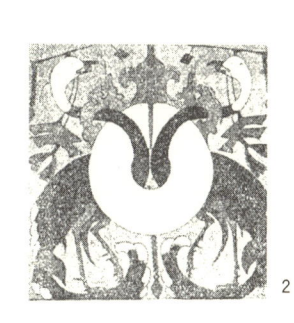
3　山東省沂南画像石 
4　山東省沂南画像石 
5　山東省沂南画像石 
6　山東省沂南画像石 
7　四川省新津県3号石棺 
8　四川省合江県1号石棺 
9　四川省蘆山県王暉石棺 
10　山東省沈劉庄漢墓 
11　山西省馬茂2号後漢墓 
12　甘粛省仏爺廟湾西晋墓 
13　河南省洛陽市北魏石棺 

図Ⅳ-42　唐代以前の咋鳥文（2）（縮尺不同）

第Ⅳ章　唐代金銀器の装飾文様の検討

1　陝西省唐李憲墓
2　陝西省唐李憲墓
3　陝西省唐李憲墓
4　陝西省唐李憲墓
5　河南省関林唐墓
6　山西省唐薛儆墓
7　山西省唐薛儆墓
8　山西省唐薛儆墓

図Ⅳ-43　唐代の咋鳥文（金銀器以外）（縮尺不同）

210

場合が多い。銅鏡の文様の中にも、非常に複雑な綬帯を銜える鳥・馬・麒麟・鹿などの動物文が数多くある。例えば、洛陽市関林唐墓出土の金銀平脱銅鏡には、4羽の鳳凰（図Ⅳ-43の5）がそれぞれ組み合わせられた複雑な綬帯を銜えている［洛陽博 1980b］。同類の意匠は西方ではあまり見られない。たとえ唐代に西方からの影響を受け入れたとしても、唐代工匠の優れた創造力を否定できないであろう。

　唐詩の中でも綬帯を銜えることについて詠った詩が数多くある。例えば、李遠の「剪彩」には「双双銜綬鳥、両両渡橋人」、李商隠の「飲席代官妓贈両従事」には「願得化為紅綬帯、許教双鳳一時銜」、白居易の「初除官蒙裴常侍贈鵲銜草緋袍魚袋因謝恵貺兼抒離情」には「魚綴白金随歩躍、鵲銜紅綬繞身飛」と詠んでいる。

（3）「勝」を銜える意匠

　勝とは、伝説中の西王母の髪飾りである。例えば、沂南漢代画像石の西王母像の勝を着けた髪飾りが、その例の一つである（図Ⅳ-44の1）。それを銜える鳥は吉祥を象徴している。『宋書・符瑞志』には、「国平盗賊、四夷賓服」すれば、「金勝」という祥瑞のものが出現すると記されている。勝を銜える意匠は漢代から継承されてきた。江蘇省南京仙鶴観東晋墓出土の円形金飾は、透彫りの技法で、一対の翼を広げて向かい合う鳳凰文を飾っており、共に勝を嘴に銜えている（図Ⅳ-44の3）。河南省安陽市孝民屯晋墓出土の馬具には、共に勝を銜えた一対の向かい合う鳳凰（図Ⅳ-44の4）を彫刻している。青海省西寧市北朝墓出土の象牙製櫛には、双鳳凰が向かい合って、共に勝を嘴に銜えている文様が描かれている（図Ⅳ-44の5）。漢代と魏晋南北朝時代の勝は、図柄を分解すれば、上下が三角形を呈し、中央が円形を呈している。同様な形態の玉勝は、平壌市郊外楽浪漢代古墳から1点出土した（図Ⅳ-44の2）［駒井 1959］。唐代の勝は、菱形を呈し、中央に十字を配し、上下にそれぞれ綬帯や花などを飾っている。唐代の勝を銜える鳥を中心する動物文様は、ほぼ2羽の向かい合う鳥が共に嘴に銜える姿態をとる。魏晋時代の伝統を継承した証左である。正倉院所蔵の紅牙撥鏤尺には、勝を銜える鴻雁文（図Ⅳ-44の6）があり、その勝は菱形を呈し、中央に十字を描き、上下にそれぞれ綬帯を付けている。銅鏡には、勝を銜える鴻雁文などを数多く装飾している。例えば、『中国銅鏡図典』に収録されている双雀銜綬荷花鏡（図Ⅳ-44の7）、双鵲銜綬鸚鵡鏡（図Ⅳ-44の8）、双鵲月宮盤龍鏡（図Ⅳ-44の9）などに描かれた鳥類は、菱形を呈し、中央に十字を描き、上下にそれぞれ綬帯を付けた勝を銜えている。

（4）蝶を銜える意匠

　鳥類が蝶や虫を銜える光景は、日常生活の中でごく一般的に観察されることであり、それをモチーフとしてさまざまなものに装飾するのは、純粋に自然の観察から学んだものであろう。

3　外来文化要素の検討

　前述したように、古代中国の咋鳥文は、各種の意匠それぞれに祖型がある。外来文化がどのような影響を唐代の文化に与えたのかという問題は検討する価値があるだろう。

　田辺勝美［1984］氏は、鳥が嘴で、垂飾を付けた首飾り、花文で飾った冠ないし首飾りを銜え

第Ⅳ章　唐代金銀器の装飾文様の検討

1　山東省沂南画像石
2　平壌楽浪古墳 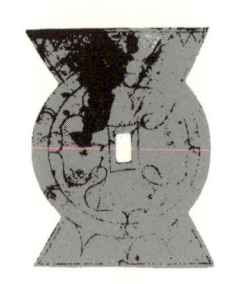
3　江蘇省仙鶴観東晋墓 
4　河南省孝民屯晋墓 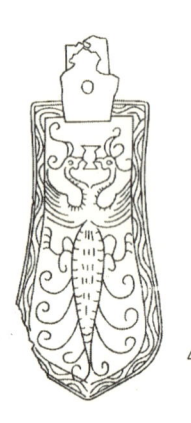
5　青海省西寧市北朝墓 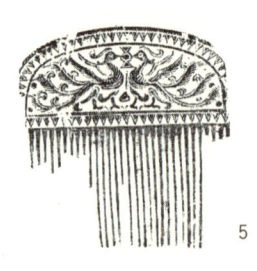
6　正倉院蔵 
7　『中国銅鏡図典』収載鏡 
8　『中国銅鏡図典』収載鏡 
9　『中国銅鏡図典』収載鏡 

図Ⅳ-44　勝・咋鳥文（縮尺不同）

212

ているモチーフは、ササン系美術からソグド美術に典型的に見られるが、その前段階としては、古典ギリシアの壺絵やアルサケス朝パルティアの銀貨に表現された「ディアデム＝国王の鉢巻を銜えた鳥」が挙げられる。これは、ヘレニズム美術における有翼のニケ女神がディアデムや棕櫚の枝を授ける図像と同じく、王権神授や勝利を意味している。イラン系の美術では、このような鳥は吉祥、幸運、財産などを表象する化身と考えられた。インド系の美術では、いわゆるハムサ鳥が花網、小枝を銜えているが、おそらく、このシヴァルナーの化身とハムサ鳥のイメージが中央アジアで習合して、六朝から唐代にかけて中国で唐草を銜える咋鳥文が完成したのであろうと指摘した。

一方、井口喜晴［1981］氏は、含綬鳥の淵源は中国前漢時代の鳳凰や亀・蛇などの文様に見出され、南北朝時代には花喰鳥文が登場し、唐代に入ってイラン地方に古くからあった鳥や動物にリボンや真珠の首飾りをつける意匠がササン朝ペルシアからシルクロードを通してもたらされ、本来の中国の伝統的文様と結びついて完成したと指摘した。

西方の要素が唐代咋鳥文の祖型になったとは考えず、むしろ西方の習慣が唐代の咋鳥文の展開を促進したと考えるほうがより適切であろう。

小　結

唐代金銀器の咋鳥文を見れば、少なくとも、四つの要素を含んでいる。

一つは、前述したように、すでに伝統文様として、古代の文献記載に存在していた要素である。

二つは、仏教と一緒に古代中国に伝わった花網の要素、いわゆるインド要素が、仏教の影響とともに中国にもたらされた。例えば、東京国立博物館に所蔵されている舎利容器は、新疆ウイグル族自治区で大谷探検隊によって発見され、日本に将来されたものであるが、円錐形の蓋には共に宝綬帯を嘴に銜えている双孔雀文が描かれている［桑原1983］。仏像や石窟壁画には、飛天などの肩掛や瓔珞などがなびく様子が描かれ、それが唐代の咋鳥文に影響を与えたことも否定できないであろう。

三つは、西・中央アジアから伝わった真珠を飾るリボンや葡萄の小枝を銜える要素。西・中央アジアの咋鳥文は、常に嘴に真珠の首飾りを銜えている。真珠を飾るリボンのモチーフは唐代にはあまり見られないが、葡萄の小枝を銜えるモチーフが唐代の小枝を銜える文様に影響を与えた可能性がある。

四つは、自然界で鳥たちが巣を造るときに小枝、草花を銜える姿態の影響も否定できない。

いずれにせよ、これまでの発掘調査による出土品から見れば、西方からの直接的な影響は薄かったと考えられる一方、間接的な影響も否定できない。

第6節　頸部にリボンを飾る動物文様

1　唐代金銀器に装飾される頸部にリボンを飾る動物文様

　唐代金銀器の装飾文様の中では、鳥類や馬などの頸部にリボン（中国では綬帯と呼称する）を巻きつける文様が数多く認められる。例えば、何家村窖蔵出土の鍍金銀壺の胴部両側には、それぞれ1頭の舞馬文（図Ⅳ-45の1）があり、舞馬の頸部には長いリボンが巻かれ、後方になびいている。同窖蔵出土の銀匜（片口鉢）の胴部には、頸部にリボンを飾る鴛鴦の姿（図Ⅳ-45の2）があり、リボンが後方になびいている。沙坡村窖蔵出土の銀碗の胴部にも鴻雁（図Ⅳ-45の3）が装飾され、頸部に巻きつけたリボンが後方になびいている。ニューヨーク山中商会所蔵の貼銀鎏金双鸞八花鏡の銀製鏡背に天馬・鹿（図Ⅳ-45の4・5）［梅原1931］を描いているが、頸部に飾ったリボンがいずれも後方になびいている。陝西省隴県原子頭唐墓出土の銀平脱飾に見られる鴻雁の頸部にもリボンが巻き付いている。

2　中国での系譜とその要素の分析

　この意匠の起源は、漢代までしかさかのぼることができない。沂南漢代画像石には、神獣の頸部にリボン（図Ⅳ-45の6）を飾っているが、非常に不自然であり、頸部に引っ掛けるように表現している。類似するリボンは、江蘇省睢寧県九女墩漢代画像石の鳳凰文の頸部にも彫刻されている（図Ⅳ-45の7）［江蘇省文管委1959］。リボンが後方になびいているものだけではなく、前方になびいている例もある。しかも、いずれも頸に巻きつけている状態ではなく、引っ掛けるように表現されている。装飾文様としては、あまり整っていない。これらの点から見れば、中国の伝統的な装飾文様ではなかろう。敦煌市仏爺廟湾西晋墓壁画に描かれている龍文の頸部にもリボン（図Ⅳ-45の8）を引っ掛けるようになびかせており、これは漢代の伝統を継承したものであろう。
　つい最近、中国では南北朝時代から隋代にかけてのソグド人墓が相次いで発見された。彼らの墓から出土した石槨には、線刻や浮き彫りの技法で彫刻された図像が施され、頸部にリボンを飾る鳥や動物がよく見られる。そのリボンは直線的に後方になびき、しかも、リボンの末端が断ち切られたような直線形を呈している。同時代の仏教造像の服装に飾る綬帯と比較すれば、生硬な印象を受ける。山東省益都県北斉石室出土の石刻（図Ⅳ-45の9）および山西省太原市隋虞弘墓出土の石槨（図Ⅳ-45の10）では、いずれも描かれた鳥の頸部に巻きつけられたリボンが後方になびいている。
　唐代のリボンは、魏晋南北朝時代以来の伝統を継いでいるが、異なる点も明確に存在する。動物や鳥に飾られるリボンは、頸部の後ろに結び目を作り、あるいは円環を通して結び目とし、後ろに柔らかくなびき、しかもリボンを長く表現するなど、当時の人々の好みに応じて改変された

第6節　頸部にリボンを飾る動物文様

陝西省何家村窖蔵

陝西省何家村窖蔵

陝西省沙坡村窖蔵

ニューヨーク山中商会蔵

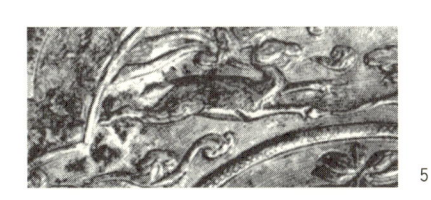

ニューヨーク山中商会蔵

山東省沂南漢画像石

江蘇省九女墩漢画像石

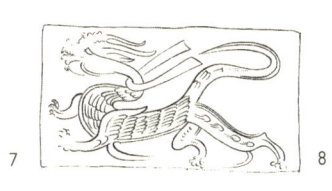

甘粛省仏爺廟湾西晋墓

山東省益都県北斉石室

山西省隋虞弘墓

図Ⅳ-45　リボン文（1）（縮尺不同）

215

第Ⅳ章　唐代金銀器の装飾文様の検討

1 陝西省唐李憲墓	2 陝西省唐李憲墓	3 陝西省唐李憲墓

4 山西省唐薛儆墓

5 甘粛省三危山老君堂唐代建物

6 『中国銅鏡図典』収載鏡

7 新疆ウイグル族自治区アスターナ唐墓

8 新疆ウイグル族自治区アスターナ唐墓

図Ⅳ-46　リボン文（2）（縮尺不同）

216

ものである。この文様は金銀器のみならず、同時に石造物・画像磚・銅鏡・織物などにも流行していた［殷光明 1990］。

　唐墓出土の石造物には、リボンを付けた鳥などの動物文がよく彫刻されている。例えば、李憲墓（図Ⅳ-46の1～3）、太原市唐薛儆墓出土の石槨（図Ⅳ-46の4）に彫刻された鴻雁文や鴛鴦文は、いずれも頸部にリボンを飾っている。

　画像磚にもリボンを付けた動物文が印刻されている。例えば、敦煌市三危山老君堂唐代建物から出土した画像磚には、頸にリボンを巻きつけて走る麒麟文（図Ⅳ-46の5）がある。

　唐代銅鏡の装飾文様の中にも頸部にリボンを巻きつけた鳳凰文を中心とした鳥文が多数見え、同じく動物文も多い。しかも、リボンが長く、柔らかくなびいている。その中には、一部のリボンが円環を介して、二つの部分に分かれるものもある。『中国銅鏡図典』に収録された双鷺荷葉文銅鏡（図Ⅳ-46の6）を例として挙げる。

　類例は織物にも多い。新疆ウイグル族自治区トルファンのアスターナ唐墓出土の織物には、頸部にリボンを巻きつけた山羊文（図Ⅳ-46の7）が織り出されている。同じくアスターナ唐墓出土の連珠円文を飾る鹿文織物には、鹿の頸部に付けたリボンが頸の後ろへなびいており、そのリボンの形は連接した三角形（図Ⅳ-46の8）を呈している。このリボンの特徴は、首輪が付いておらず、じかに山羊や鹿の頸に縛ったように見える。

　中央アジアのソグド人の建物や遺物には、頸部に首飾りを巻きつけ、後ろに綬帯のようなものがなびいている意匠がよく見られる。例えば、ウズベク共和国アフラシアブのソグド建築物の壁画に描かれた山羊文・天馬文（図Ⅳ-47の1）のいずれも頸部にリボンが付いた首輪を巻きつけ、いくぶん柔らかい表現をとっている。一方、エルミタージュ博物館所蔵のソグド銀器とされる銀盤・銀杯などには、リボンを巻きつけた羚羊文が数多く装飾されているが、柔らかい表現ではなく、直線状に後方になびいており、しかもリボンの末端が二股に分かれ鋭く尖り、断ち切るような形となっている（図Ⅳ-47の2～4）。新疆ウイグル族自治区拝城県キジル石窟壁画には、アヒルの頸部にはためくように後ろになびいているリボンを引っ掛けている（図Ⅳ-47の5）。これは漢代画像石に彫刻された頸部に引っ掛けるように見える綬帯と似ている。

　前述のように、魏晋南北朝時代以降のリボンが西・中央アジアの例と異なる点は、環状の首飾りがなく、直接にリボンを頸部に巻きつけていることである。

　中国の諸例（図Ⅳ-45）から見れば、動物の頸部を飾るリボンは、漢代では首に引っ掛けるだけで縛らないものが流行した。魏晋南北朝時代になると西方からの要素を採り入れ、さらに唐代に入ると動物の頸部を飾るリボンは柔らかい表現となって、末端が房状を呈する。西・中央アジアのリボンと比較すれば、より整った形となる。所謂「青は藍より出でて藍より青し」という言葉が唐代のリボンの評価にとって最も相応しいであろう。

小　結

　唐代金銀器にあって頸部にリボンを飾る動物文の意匠は、早くも魏晋南北朝時代において西・

第Ⅳ章　唐代金銀器の装飾文様の検討

アフラシアブのソグド建物壁画

エルミタージュ博物館蔵　　　　　エルミタージュ博物館蔵

エルミタージュ博物館蔵　　　　　新疆ウイグル族自治区キジル石窟

図Ⅳ－47　ソグドのリボン文（縮尺不同）

218

中央アジアの要素を採り入れていたことがわかる。近年相次いで発見されたソグド人の石槨に彫刻された文様が、そのよい証左である。唐代に入ると、リボンの特徴が大きく変化した。特に長くて柔らかくはためくようになびいているリボンが玄宗期の石槨、墓誌、銅鏡などによく見られることから、その流行年代は8世紀前半と判断できる。こうした特徴は西・中央アジアにはあまり見られない。おそらく、唐代の職人たちは漢代の伝統を継承しながら、外来の要素を吸収し、唐代の特別な風格のリボン文を生み出したものと思われる。彼らの創造力はリボン文からも窺い知ることができる。

第7節　七宝繋文

　七宝繋文とは、各円の円周の四分の一が隣接する円の円周と重なり合って連続するもので、円を左右上下に並べてつないだ文様を指す。中国では、連銭錦文とも呼ばれている。しかも、東西の文化交流を議論するうえで重要な文様である。江上綏［1983］氏は、日本の七宝繋文の源流についてすでに総括的に論じている。私は、江上氏が論じた内容にしたがって、唐代金銀器の七宝繋文にアプローチし、さらに中国の七宝繋文の源流について検討したいと思う。

1　唐代金銀器の七宝繋文

　唐代金銀器における七宝繋文の例として、3点が知られる。何家村窖蔵出土の銀杯の胴部の下部には二組一列の七宝繋文（図Ⅳ-48の1）がある。法門寺塔基地宮出土の鍍金銀籠（図Ⅳ-48の2）は、七宝繋文が透彫りの技法で彫刻されている。カル・ケープ氏所蔵の鴻雁銜綬文銀盒の蓋にも七宝繋文（図Ⅳ-48の3）［韓偉 1989b］がある。

2　中国以外の七宝繋文

　中国以外のインド、エジプト、西・中央アジアおよびヨーロッパでも、七宝繋文が流行し、しかも年代が中国よりはるかに古くさかのぼるので、七宝繋文が西方から東方へ徐々に広がっていったというのが一般的な考え方である。
　インドのインダス文明時期の陶器には、すでに七宝繋文（図Ⅳ-49の1）［高見 1987b］が描かれている。
　エジプトの壁画に描かれた人物衣服には、七宝繋文（図Ⅳ-49の2）［高見 1987a］を装飾する。
　バグダッド博物館所蔵のハトラ出土のパルティア時期のハトラ王サナトルグ大理石立像には、衣服に七宝繋文（図Ⅳ-49の3）［奈良県立美博 1988］を彫刻している。
　ギリシアのクレタ文明の黄金製飾りには、七宝繋文（図Ⅳ-49の5）［村川 1960］が透彫りの技法で彫刻されている。

第Ⅳ章　唐代金銀器の装飾文様の検討

陝西省何家村窖蔵

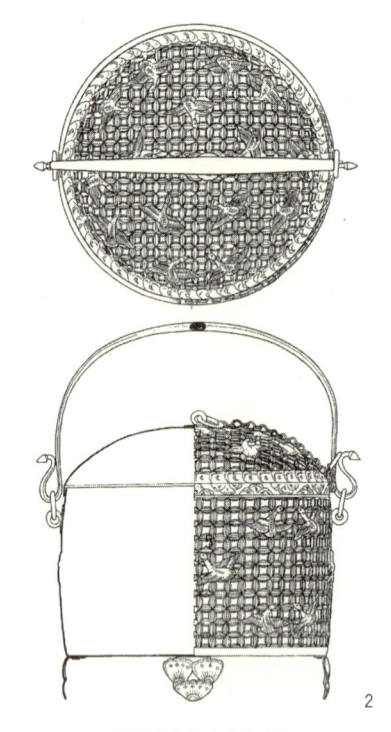

陝西省法門寺塔基地宮

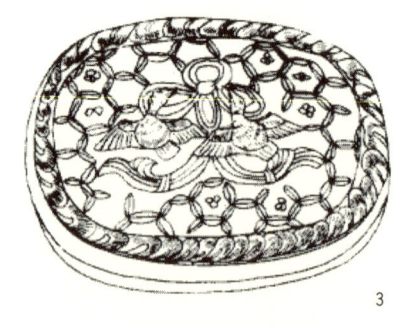

カル・ケープ氏蔵

図Ⅳ-48　七宝繋文（１）（縮尺不同）

220

第7節　七宝繋文

1　インドのインダス文明
2　エジプト
3　ハトラ王サナトルグ大理石立像
4　パルミラの三兄弟墓
5　ギリシアのクレタ文明
6　ペンジケントのソグド建物
7　エルミタージュ博物館蔵
8　ターク・イ・ブスタン磨崖（イラン）
9　インドネシア

図Ⅳ-49　七宝繋文（2）（縮尺不同）

221

第Ⅳ章　唐代金銀器の装飾文様の検討

　パルミラの三兄弟墓（1世紀～2世紀）の墓室天井には、七宝繋文（図Ⅳ-49の4）が描かれている。タジクスタンのペンジケントにあるソグド遺跡28号建物のアーチ天井にも七宝繋文が飾られている（図Ⅳ-49の6）［Turner 1996］。

　バルティモアのウォルター美術館に所蔵されているササン朝ペルシアの銀盤は、人物文様の上部に七宝繋文がある［江上 1962］。イランの北西部のケルマンシャーにある有名なターク・イ・ブスタン磨崖の彫刻にも、七宝繋文（図Ⅳ-49の8）を彫刻している。

　エルミタージュ博物館に所蔵されている506年の作とされるコンスル図飾札には、コンスルの華やかな衣装の上に七宝繋文（図Ⅳ-49の7）［京都文化博ほか 1993］が線刻されている。

　前述したように、エジプト、インド、西・中央アジアおよびヨーロッパの七宝繋文は、いずれも中国の七宝繋文に先行して流行していた。中国だけではなく、日本［江上 1983］やインドネシア（図Ⅳ-49の9）［安志敏 1965］や朝鮮半島でも七宝繋文が流行したことが知られる。朝鮮半島の高麗時代には、七宝繋文が描かれた銅鏡もある［後藤 1933］。

3　中国古代七宝繋文の系譜とその流れ

（一）唐代以前の七宝繋文

　新石器時代の青蓮崗文化出土の彩色文様は、七宝繋文とよく似ている。しかしながら、その後、それを継承した文様が見つからないので、中国の歴史時代における七宝繋文の直接の源流とは見なし難い。これまで中国で発見された最古の七宝繋文は、魏晋南北朝時代にさかのぼる。例えば、山東省鄒城県西晋劉宝墓出土の銅奩には、二列の七宝繋文（図Ⅳ-50の1）［山東鄒城文化局 2005］が装飾されている。従来、このような文様は銭文と呼ばれていた。しかしながら、この銅奩に装飾されている文様は外側が円く、中央の穴が正四角形ではなく変形した四角形で、七宝繋文の特徴と一致している。同時代の銭文は、一般的に外側は円形で、中央の穴が正四角形で、しかも穴の四隅からそれぞれ1本の直線を引いている。両方を比較すれば、異なる点があるので、前者に限って七宝繋文と呼ぶべきであろう。ほかには、敦煌石窟第27号石窟仏座の背もたれにも七宝繋文が描かれている［ＮＨＫ取材班 1981］。河南省安陽市修定寺塔基礎出土の画像磚にも七宝繋文（図Ⅳ-50の2）［鐘曉青 1999］が印刻されている。隋代に入ると、七宝繋文を装飾した遺物の発見例が少ない。例えば、陝西省麟遊県隋仁寿宮遺跡出土の銅飾には、七宝繋文（図Ⅳ-50の3）［中国社科院考古研西安唐城隊 1995］が装飾されている。出土した実例から見れば、唐代以前には七宝繋文はあまり流行しなかったことが明らかになった。

（二）唐代とその以降の七宝繋文

　唐代に入ると、金銀器のみならず、別の材質の遺物にも七宝繋文がよく採用されている。例えば、陝西省銅川市黄堡窯跡出土の陶磁盤（図Ⅳ-50の4）［陝西省考古研 1992］、湖南省長沙市長沙窯跡出土の陶磁枕（図Ⅳ-50の5）、河南省洛陽市唐斉国太夫人墓出土の玉櫛（図Ⅳ-50の6）［洛陽

第 7 節　七宝繋文

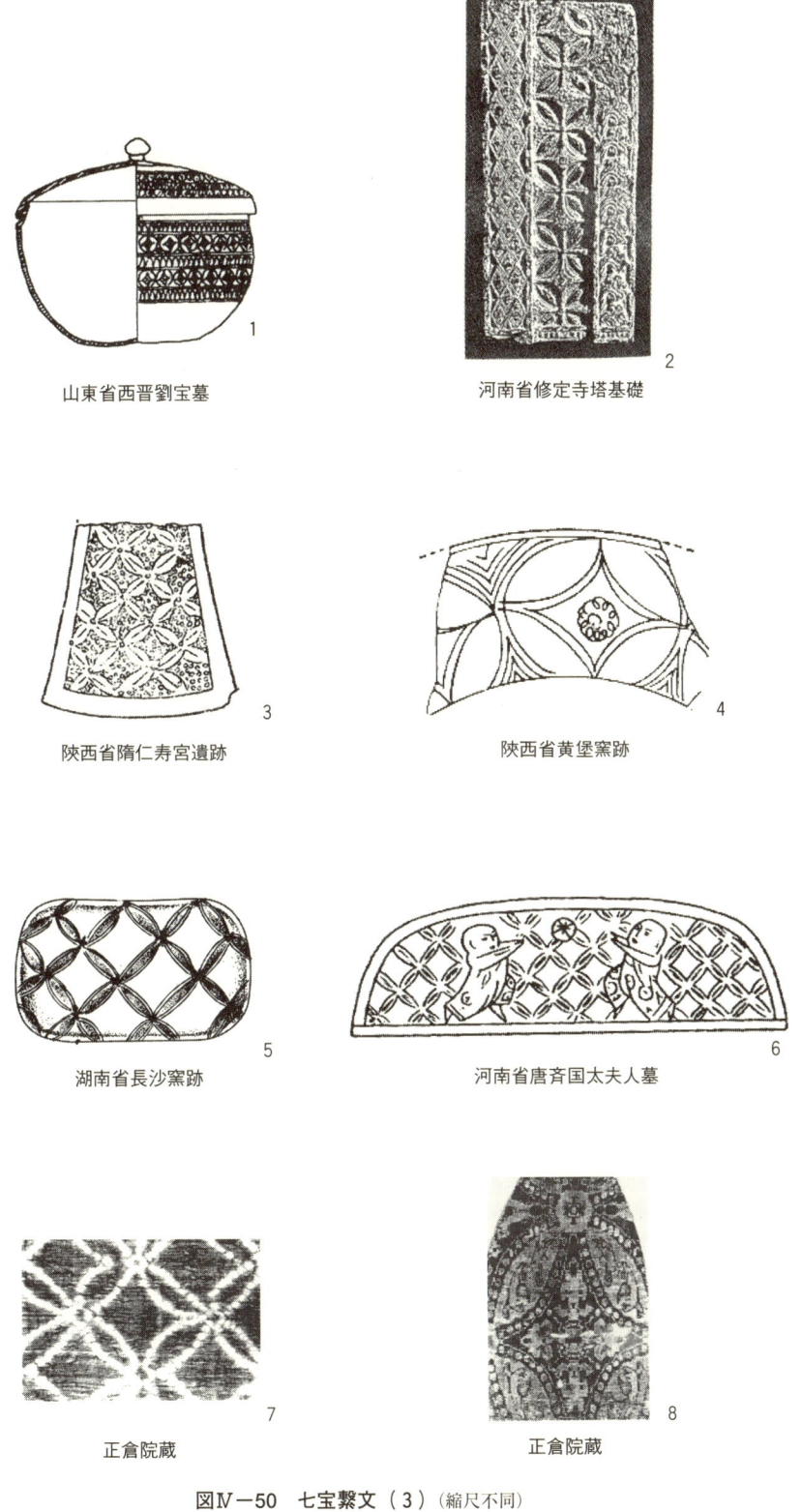

1　山東省西晋劉宝墓

2　河南省修定寺塔基礎

3　陝西省隋仁寿宮遺跡

4　陝西省黄堡窯跡

5　湖南省長沙窯跡

6　河南省唐斉国太夫人墓

7　正倉院蔵

8　正倉院蔵

図Ⅳ-50　七宝繋文（3）（縮尺不同）

第Ⅳ章　唐代金銀器の装飾文様の検討

表36　唐代以降の七宝繋文銅鏡一覧

番号	出土・所蔵地	時　代	造形	西暦	出　　典	備　考
1	湖南省	五代	円形		周世栄 1987	
2	湖南省長沙広済橋墓	五代～北宋	円形		周世栄 1987	
3	江蘇省連雲港市墓	五代末～北宋初	円形		南京博ほか 1987	図Ⅳ-51の1
4	山東省長清霊岩寺羅漢像体内	宋代	円形		済南市文管委ほか 1984	図Ⅳ-51の2
5	河南省鄧州福聖寺塔基地宮	宋代	円形	1032年	河南省古代建築保護研ほか 1991	
6	河南省泌陽宋墓	宋代	円形		駐馬店市文物考古管理所 2005	
7	江西省九江県宋墓	宋代	方形	1104年	呉水存 1993	
8	江西省九江県宋墓	宋代	亜字形	1092年	同上	図Ⅳ-51の5
9	江西省九江県文管所	宋代	方形		劉暁晴 1993	
10	四川省成都市沙河堡	宋代	円形		四川省博ほか 1960	
11	河北省保定市	宋代	亜字形		河北省文物研 1996	
12	河北省張家口市	宋代	亜字形		同上	
13	湖南省博物館	宋代	円形		鄧秋玲 1994	
14	陝西省城固県文化館	宋代	円形		鄭栄 1993	
15	不明	宋代	円形		孔祥星ほか 1992	
16	不明	宋代	円形		同上	
17	内モンゴル自治区敖漢旗大横溝1号遼墓	遼代	円形		敖漢旗文管所 1987	図Ⅳ-51の3
18	内モンゴル自治区昭盟駙馬贈衛国王墓	遼代	円形		前熱河省博物館籌備組 1956	
19	湖南省	遼代	亜字形		周世栄 1987	
20	山西省汾陽県金代墓	金代	菱花形		山西省考古研ほか 1991	
21	山東省聊城市	金代	円形		聊城地区文化局文物研究室 1993	

市第二文物隊 1995] のいずれにも七宝繋文が装飾されている。正倉院には、唐代と深い関係を持つ黄地七宝文夾纈薄絹（図Ⅳ-50の7）［後藤 1985］、紫地七宝花鳥文錦（図Ⅳ-50の8）などが所蔵されている。

　唐代以降、七宝繋文が盛んに流行した。宋代の有名な建築に関する著作『営造法式』には、七宝繋文について詳しい説明を載せる。七宝繋文がよく採用される遺物は、銅鏡・織物・棺・金銀器・陶磁器・冠・仏教関連遺物・建物などが中心となる。

　(1) 七宝繋文を重要な装飾文様とした銅鏡は、五代から宋・遼・金時代まで盛んに流行した。これまで、発掘調査によって数多くの七宝繋文銅鏡が出土している（表36）。

　(2) 織物には、七宝繋文がよく採用される。例えば、内モンゴル自治区遼耶律羽之墓出土の織物には、七宝繋文（図Ⅳ-51の6）［内蒙古文物考古研ほか 1996］が織り出されている。河北省隆化県鴿子洞元代窖蔵からは七宝繋文を連結した織物（図Ⅳ-51の4）［隆化県博 2004］が出土した。

　(3) 通常の棺にも、七宝繋文が装飾される。例えば、四川省楽山市出土の五代陶棺の蓋には、

整然とした七宝繋文（図Ⅳ-51の7）［沈仲常ほか1983］が施されている。

（4）金銀器には、七宝繋文がよく採用されている。例えば、浙江省衢州南宋史縄祖墓出土の八角形銀杯の口縁の内外面（図Ⅳ-51の8）［衢州市文管会 1983］、同省湖州三天門宋墓出土の金製飾物（図Ⅳ-51の9）［湖州市博 2000］、同省寧波天封塔塔基地宮出土の銀盒の側面（図Ⅳ-51の10）［林士民 1991］に七宝繋文が装飾されている。

（5）陶磁器にも七宝繋文が採用されている。例えば、内モンゴル自治区陳巴尓虎旗西烏珠尓契丹早期墓出土の陶壺の胴部には、七宝繋文（図Ⅳ-51の11）［白勁松 1989］を装飾している。江蘇省溧陽県竹簀北宋李彬夫婦墓（図Ⅳ-51の12）［鎮江博ほか 1980］と四川省成都市東郊張確夫婦墓（図Ⅳ-51の13）［成都市博物館考古隊ほか 1990］から出土した陶香炉の胴部には透彫りの技法で彫刻された香気を出す穴の形が七宝繋文を呈している。河北省観台県磁州窯跡出土の磁枕（図Ⅳ-51の14）［北京大学考古学系ほか 1997］も七宝繋文を描いている。

（6）明器としての陶製品も七宝繋文が装飾されている。例えば、成都市保和郷東桂村宋墓出土の陶製机（図Ⅳ-52の1・2）［成都市文物考古研 2002］、山西省大同東郊元代崔瑩李氏墓［大同市文化局文物科 1987］出土の陶製屏風は、いずれも七宝繋文を装飾する。

（7）冠にも七宝繋文が装飾される。例えば、内モンゴル自治区哲里木盟遼陳国公主墓［内蒙古自治区文物研ほか 1993］出土の鍍金銀冠は、透彫りの技法によって七宝繋文（図Ⅳ-52の3）が彫刻されている。

（8）仏教関連遺物にも七宝繋文が装飾されている。例えば、山西省応県遼代仏宮寺木塔内出土の「薬師瑠璃光説法図」（図Ⅳ-52の4）［国家文物局文物保護科学研 1982］には、七宝繋文が描かれている。山東省長清県霊岩寺千仏殿の宋代羅漢泥塑像の袈裟縁にも七宝繋文（図Ⅳ-52の7）が描かれている［『霊岩寺』編集委員会 1999］。河南省鄧州市宋代福勝寺塔基地宮出土の銀槨の蓋には、七宝繋文（図Ⅳ-52の6）がある［河南省古代建築保護研ほか 1991］。13世紀晩期に建築され、14世紀に再建された西蔵（チベット）日喀則夏魯寺仏殿にも七宝繋文（図Ⅳ-52の5）［宿白 1992］が描かれている。

（9）五代から宋・遼・金・元時代にかけて、器物だけではなく、建築物、とりわけ墓葬の装飾に整然とした七宝繋文がよく採用されている（表37）。

小　結

前述のように、七宝繋文様は、西方から中国に伝えられた可能性がきわめて高い。しかしながら、魏晋南北朝時代から唐代以前にかけての長い期間にあってはあまり普及していなかった。唐代以降、特に宋代に入ると、七宝繋文が爆発的に流行し、装飾された遺物から見れば、当時のあらゆる材質のものに七宝繋文を装飾したことが知られる。七宝繋文から見ると、古代中国が外来文化と接触したときに、即座に影響を受けたのではなく、フランス人学者のMichèle Pirazzoli-ti'Serstevens［1998］氏が指摘したように、外来文化を受け入れる際の強い選択性が七宝繋文にも反映されているように思われる。

第Ⅳ章　唐代金銀器の装飾文様の検討

1 江蘇省連雲港五代墓
2 山東省霊岩寺
3 内モンゴル自治区大横溝1号遼墓
4 河北省鴿子洞元代窖蔵
5 江西省九江県蔵
6 内モンゴル自治区遼耶律羽之墓
7 四川省楽山市五代陶棺
8 浙江省南宋史縄祖墓
9 浙江省三天門宋墓
10 浙江省天封塔基地宮
11 西烏珠尓契丹墓
12 江蘇省北宋李彬夫婦墓
13 四川省宋張確夫婦墓
14 河北省磁州窯跡

図Ⅳ-51　七宝繋文（4）（縮尺不同）

第 7 節　七宝繋文

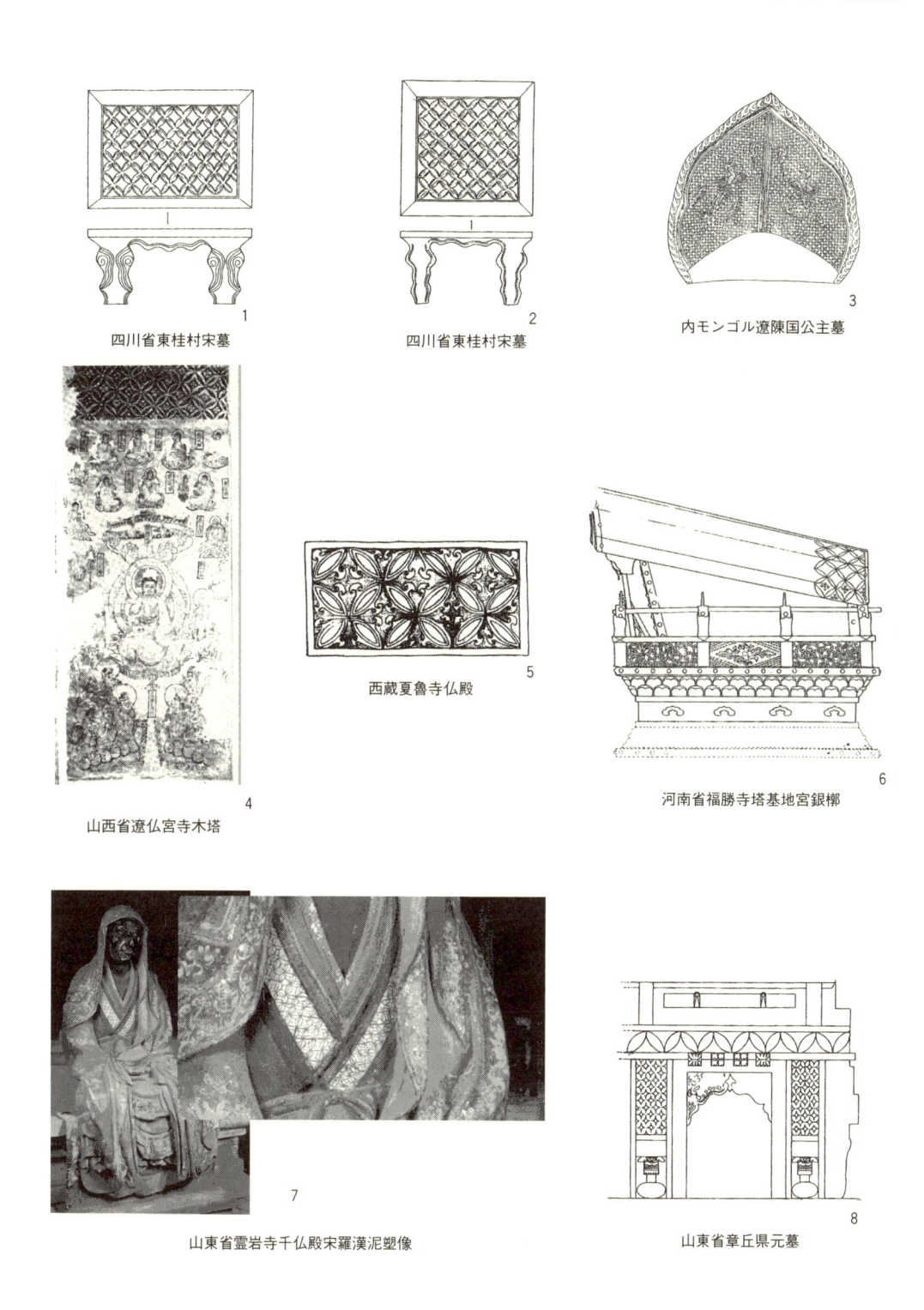

1　四川省東桂村宋墓
2　四川省東桂村宋墓
3　内モンゴル遼陳国公主墓
4　山西省遼仏宮寺木塔
5　西蔵夏魯寺仏殿
6　河南省福勝寺塔基地宮銀槨
7　山東省霊岩寺千仏殿宋羅漢泥塑像
8　山東省章丘県元墓

図Ⅳ-52　七宝繋文（5）（縮尺不同）

第Ⅳ章　唐代金銀器の装飾文様の検討

表37　唐以降の墓葬に装飾される七宝繋文

番号	墓葬	装飾部位	性格	年代	出典	備考
1	河南省洛陽澗西墓	門	彫刻	宋代	洛陽博 1983	
2	河南省新安古村	壁	彫刻	宋代	洛陽市文物工作隊 1992b	
3	河南省鄧州趙栄墓	壁	彫刻	宋代	南陽市文物研ほか 1997	
4	河南省南召雲陽墓	壁	彫刻	宋代	南陽地区文物隊ほか 1982	
5	河南省鄭州南関外墓	壁	彫刻	宋代	河南省文化局文物工作隊第一隊 1958	
6	内モンゴル自治区耶律羽之墓	石門	壁画	遼代	蓋之庸 2004	
7	山東省高唐虞寅墓	壁	壁画	金代	李方玉ほか 1982	
8	河南省洛陽伊川墓	壁	彫刻	金代	洛陽市第二文物工作隊 2005	
9	河南省洛陽澗西墓	壁	彫刻	金代	劉振偉 1959	
10	山西省聞喜小羅庄墓	門	彫刻	金代	山西省考古研ほか 1986	
11	山東省済南市司里街墓	壁	彫刻	元代	済南市考古研 2004	
12	山東省章丘墓	壁と門	彫刻	元代	済南市文化局ほか 1992	図Ⅳ-52の8

第8節　メダイヨン文様

　メダイヨン文様は、唐代金銀器装飾文様の中で、東西文化交流と緊密な関係をもつ文様の一つである。これについて、斉東方・張静［1994］氏は、西方の影響を受けたもので、8世紀以降にはあまり流行しなかったと指摘した。しかしながら、この文様を詳しく比較すると、唐代金銀器の装飾文様として、変形したメダイヨン文様が8世紀以降になっても、まだ使われ続けていたことがわかる。

1　メダイヨン文様の分類

　A型：円形を呈し、縄状の幾何学文で外側の枠を表し、内側には一つの動物を飾る。例えば、何家村窖蔵出土の飛獅子六出石榴花結文銀盒の蓋には、メダイヨンがあり、その中には有翼獅子文（図Ⅳ-53の1）を装飾している。鳳鳥翼鹿文銀盒の蓋と外底には、それぞれメダイヨンがあり、その中には有翼鹿文・鳳凰文（図Ⅳ-53の2・3）が描写されている。同窖蔵出土の独角獣宝相文銀盒は、蓋にあるメダイヨンの中には犀を、外底にあるメダイヨンの中に団花を装飾している（図Ⅳ-53の4・5）。同窖蔵出土の2点の銀碗の内底にも類似するメダイヨン文がある（図Ⅳ-53の6・7）。フリーア美術館にも類似するメダイヨン文が装飾された銀盒が1点所蔵されている（図Ⅳ-53の8）［韓偉 1989b］。
　B型：円形を呈し、小さな連珠円文で外側の枠を表し、メダイヨンの中には1羽の鳥を飾る。例えば、陝西省耀県柳林背陰村窖蔵出土の銀碗の内底に装飾されたメダイヨン文には、メダイヨ

第8節 メダイヨン文様

1 陝西省何家村窖蔵	2 陝西省何家村窖蔵	3 陝西省何家村窖蔵	4 陝西省何家村窖蔵
5 陝西省何家村窖蔵	6 陝西省何家村窖蔵	7 陝西省何家村窖蔵	8 フリーア美術館蔵
9 陝西省柳林背陰村窖蔵	10 陝西省柳林背陰村窖蔵	11 内モンゴル自治区喀喇沁旗窖蔵	
12 カル・ケープ氏蔵	13 メトロポリタン美術館蔵	14 アナポリス美術館蔵	
15 西安市文物管理委員会蔵	16 西安市文物管理委員会蔵	17 河南省唐斉国太夫人墓	18 陝西省太乙路窖蔵

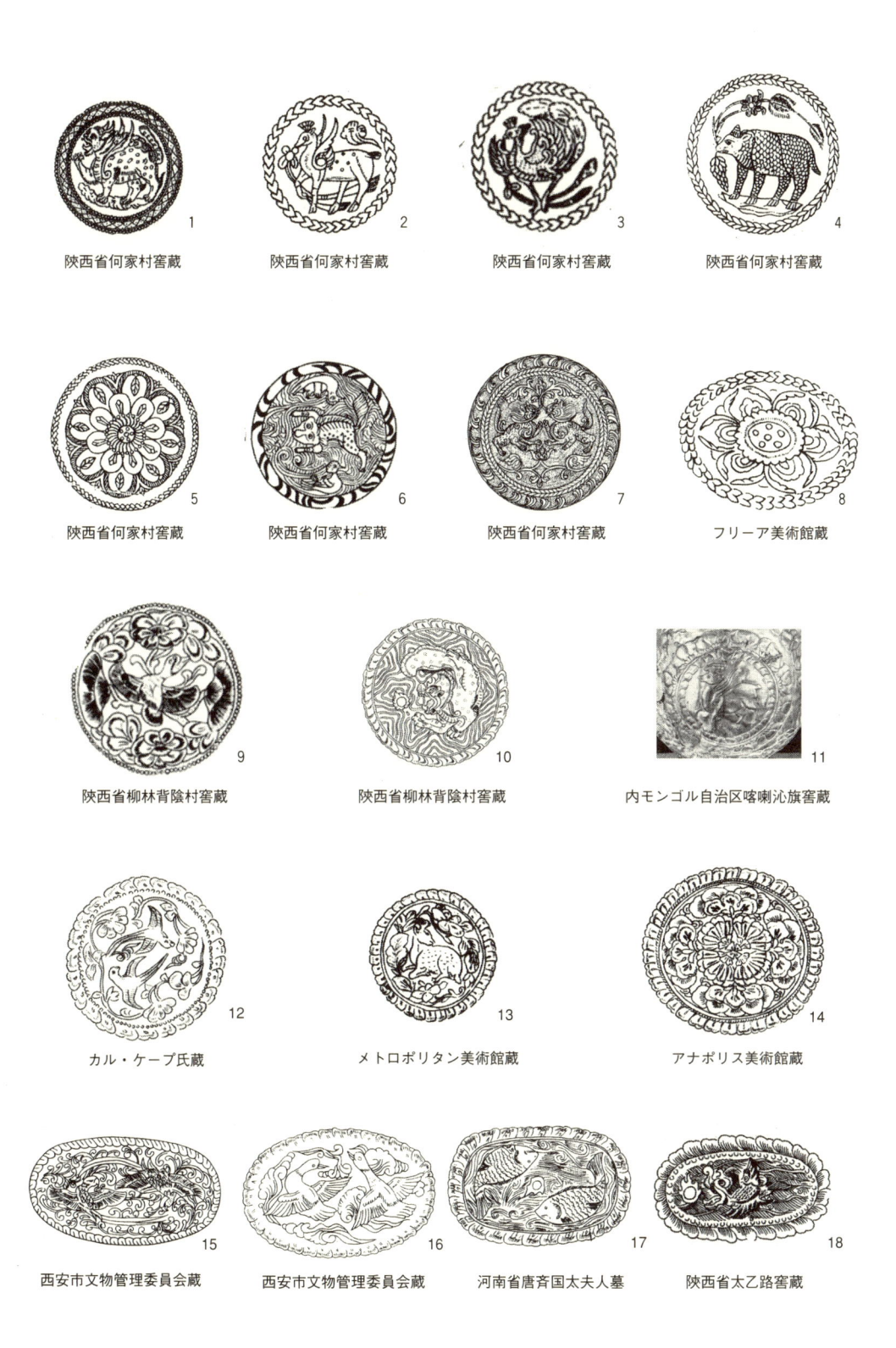

図Ⅳ-53　唐代のメダイヨン文様（縮尺不同）

ンの中に1羽の飛翔する鳥（図Ⅳ-53の9）がいる。
　C型：円形を呈し、蓮弁文で外側の枠を表し、メダイヨンの中には単独の動物文あるいは点対称に配置された2羽の鳥などがいる。例えば、柳林背陰村窖蔵出土の銀碗の蓋には、蓮弁文の枠のメダイヨンの中に1匹の怪獣がマニ宝珠を追いかけている図案を見せる（図Ⅳ-53の10）。内モンゴル自治区喀喇沁旗窖蔵出土の銀壺の胴部には、蓮弁文でメダイヨンの枠を表し、内側に1頭の有翼鹿を装飾している（図Ⅳ-53の11）。アメリカ人のカル・ケープ氏蔵（図Ⅳ-53の12）［韓偉1989b］、メトロポリタン美術館蔵（図Ⅳ-53の13）［韓偉1989b］、アナポリス美術館蔵（図Ⅳ-53の14）［韓偉1989b］のいずれも、蓮弁文でメダイヨン文の枠を表した銀碗が1点ずつ所蔵されている。
　D型：楕円形を呈し、花弁で外側の枠を表し、メダイヨンの中に装飾されている動物の数によって二種類に分けられる。
　i式；メダイヨンの中に点対称の動物文を彫刻し、主に2羽の鳥が互いに追いかけるように飛翔している。例えば、西安市文物管理委員会所蔵の2点の銀長杯（図Ⅳ-53の15・16）、斉国太夫人墓出土の銀長杯（図Ⅳ-53の17）のいずれの内底には、2羽の鳥あるいは2匹の魚を点対称に配置している。
　ii式；メダイヨンの中に一つの動物を装飾する。例えば、西安市太乙路窖蔵出土の金長杯の内底には、口先のマニ宝珠を追いかける1匹のマカラを装飾し、周りに水波文を彫刻している（図Ⅳ-53の18）。

2　メダイヨン文様の変遷

　A型のメダイヨン文様は、斉東方・張静［1994］氏が指摘した通りに、8世紀の前半に流行している。同時に、東ローマやササン朝ペルシアやソグド銀器のメダイヨン文様によく似ているので、それらの影響を受けた事実を否定できない。しかしながら、氏はA型以外のメダイヨン文について言及しなかった。
　一方、B・C型のメダイヨン文様は8世紀以降に流行し、しかも、メダイヨン文様の中には、点対称や線対称に配置する装飾が数多く見られる。D型は9世紀後半から流行する。いずれにせよ、B・C・D型のメダイヨン文様は、A型から変化したものであり、唐代の人々の審美観に合致した部分があったので、西方の文様が吸収され、流行したと見られる。

3　メダイヨン文様の伝来とその系譜

　メダイヨン文様は、中国にさきがけてヨーロッパおよび西・中央アジアで流行していたものである。特にササン朝ペルシア、ソグドなどで愛用されていた。中国では、発掘調査によって出土したメダイヨン文様を装飾する金属器の発見例は多い。例えば、大同市北魏都城遺跡出土の銀碗の胴部（図Ⅳ-54の1）、同市南郊北魏墓出土の銀碗の胴部（図Ⅳ-54の2）［山西省考古研ほか1992］のいずれもメダイヨン文様を装飾し、中には人物の胸像もある。それらのいずれも東ローマ製と

第 8 節　メダイヨン文様

1　山西省北魏都城跡

2　山西省大同市南郊北魏墓

3　陝西省北周独孤蔵墓

4　河北省静志寺塔基地宮

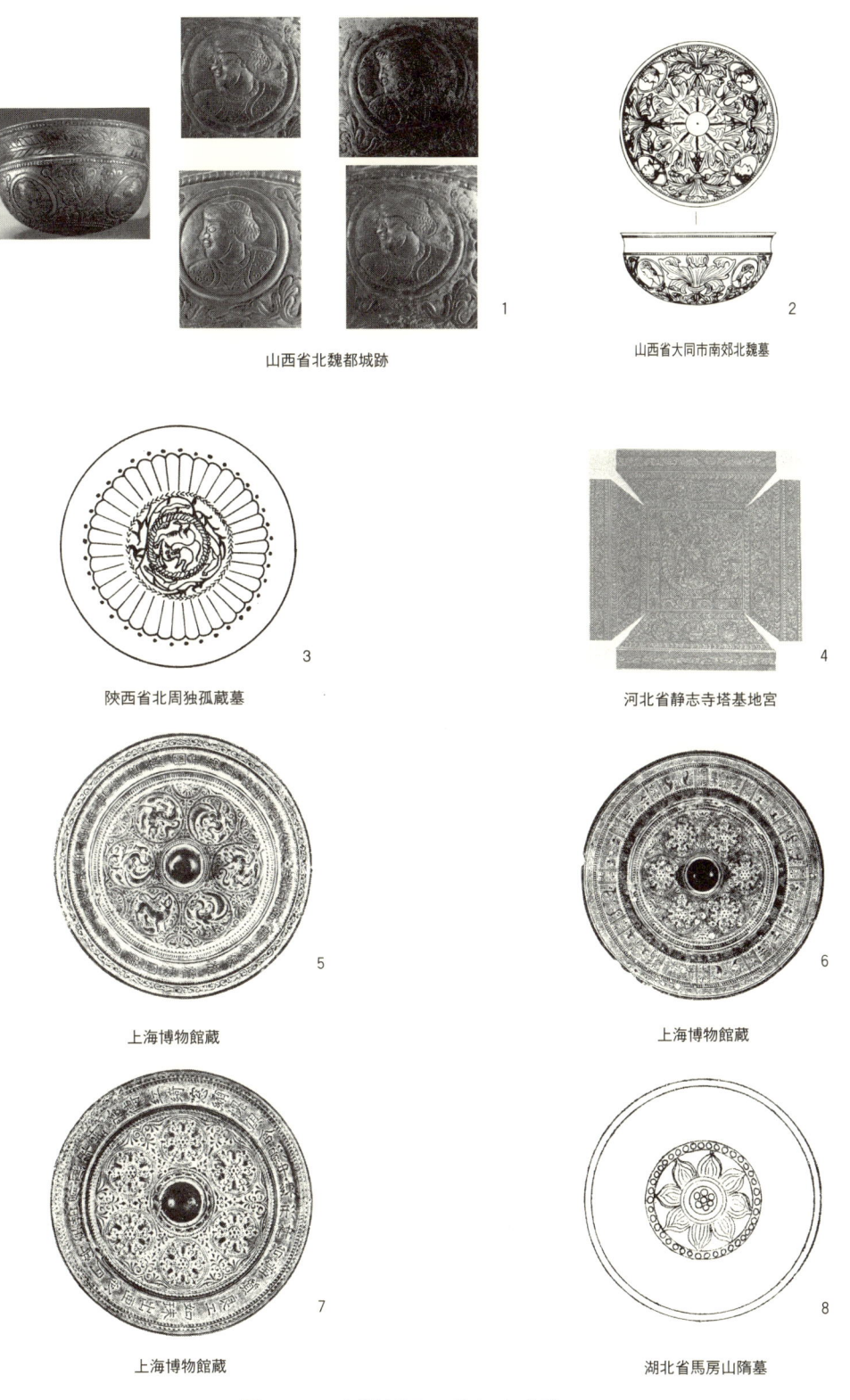

5　上海博物館蔵

6　上海博物館蔵

7　上海博物館蔵

8　湖北省馬房山隋墓

図Ⅳ－54　唐代以前のメダイヨン文様（縮尺不同）

され、古代中国のメダイヨン文様の祖型と考えられている。その影響を受けて、南北朝時代の陶磁器にもメダイヨン文様がある。例えば、西安咸陽空港北周独孤蔵墓出土の青磁皿の内底のメダイヨン文様（図Ⅳ-54の3）［負安志 1992］は、二重のメダイヨンであり、外側の枠を連続的な折れ線で、二重目の枠を連珠文で表しており、その間には唐草と3頭の獣を配置し、中央には虎が羊を噛む図柄を装飾している。

　河北省定県静志寺塔基地宮出土の隋代銅函（603）の蓋と側面には、メダイヨン文様があり、中には菩薩像などが彫刻されている（図Ⅳ-54の4）［藤田ほか 1973］。上海博物館に所蔵されている隋代銅鏡には、六つの円形メダイヨン文様があり、中にはそれぞれに鳳凰文と一角獣を配している（図Ⅳ-54の5）。同様の隋代銅鏡は上海博物館にそのほかにも2点所蔵され、いずれもメダイヨンの中に団花文がある（図Ⅳ-54の6・7）。隋代の陶磁器にもメダイヨン文様がある。例えば、湖北省武漢市武昌馬房山隋墓出土の青磁盞の内底には、メダイヨンの枠を連珠円文で表し、中には蓮華文と小さな団花文がある（図Ⅳ-54の8）［武漢市博 1994］。

　中国に影響を与えたのは、前述した東ローマ製とされる銀器や銅器だけではなく、ササン朝ペルシアやソグドからの可能性も高い。そのほかに、インドから伝わった可能性もある。

　エルミタージュ博物館所蔵のソグド銀器とされる銀胡瓶・銀盤・銀杯などには、メダイヨン文様も採用されており、通常、メダイヨンの中の文様は一角の羚羊、獅子と鹿の闘争、馬、駱駝、有翼駱駝、楽器を演奏する人物などの文様が中心となっている（図Ⅳ-55の1～6）［ПЛЕТНЕВА 1981］。

　ササン朝ペルシアの銀器には、メダイヨン文様がしばしば採用された。例えば、エルミタージュ博物館所蔵のササン朝ペルシア銀器とされるセムル文銀胡瓶の胴部には、2個のメダイヨンの中に犬と鳥を合成した想像上の動物セムルが表現されている。イラン北西部のケルマンシャーにある有名なターク・イ・ブスタンの磨崖に浮き彫りされた人物の衣服には、メダイヨン文様が装飾されているが、そのメダイヨンの枠は縄索形文で表され、中にはセムル獣文が配されている（図Ⅳ-54の7）。

　インドからの影響も否定できない。インドの仏教題材の浮き彫りの中には、メダイヨン文様も数多く見られるからである。西・中央アジアのメダイヨン文様と異なる点は、インドでは彫刻文様として用いられる場合が多く、仏教と一緒に中国に影響を与えた可能性を否定できない。

　連珠円文は、メダイヨン文様の構成要素の一種であり、しかも7世紀の唐代に流行していた。技術面から見れば、連珠円文は織物や石彫刻などに相応しかったが、唐代金銀器の装飾文様としては発見された事例は少なく、主に小さな連珠をメダイヨンで表して、中には1羽の鳥を装飾している。しかし、連珠文が金銀の口縁あるいは台付の縁によく採用されている。

　唐代金銀器のメダイヨン文様については、唐代以前のメダイヨン文様の影響を受けたことを否定できない。しかしながら、唐代工匠の創造力によって、一つの動物文を二つに変えたうえに対称文様にするなど、いずれも唐代の審美・情趣によって変質した。

第8節 メダイヨン文様

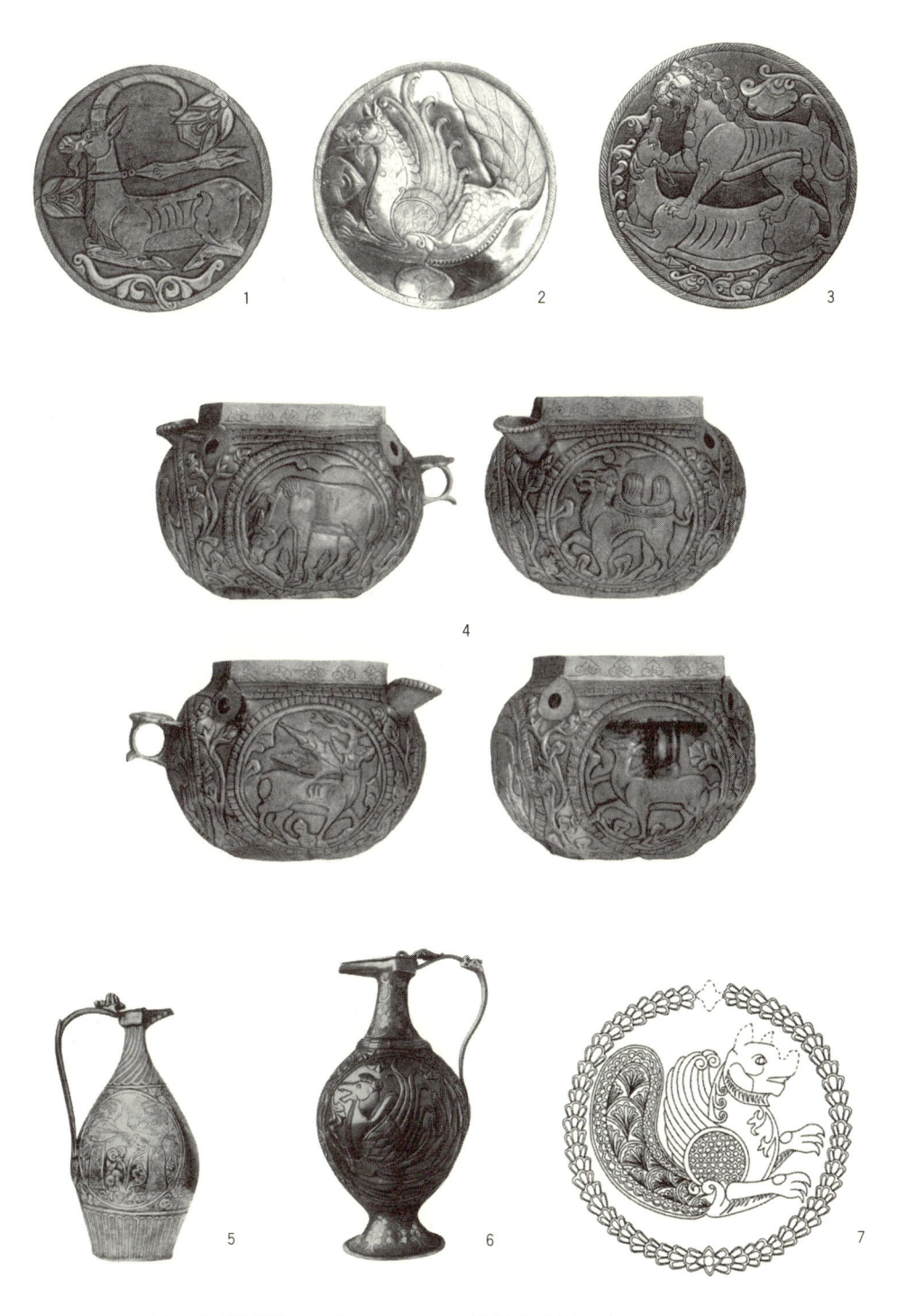

1〜6 エルミタージュ博物館蔵　7 ターク・イ・ブスタン磨崖（イラン）

図Ⅳ-55　ソグド・ササン朝ペルシアのメダイヨン文様（縮尺不同）

小　結

　メダイヨン文様は、西方から中国に伝わった後、一部が吸収されて、外側の縄文形が花弁形に改変され、しかもメダイヨンの中の文様も一つの動物文様から点対称文様に変化してきた。西方からの新しい装飾文様として伝来したものが中国化されたものの代表と見られる。また、連珠円文は、一種のメダイヨン文様であり唐代の織物によく採用されていたが、金銀器にはあまり採用されなかった。

第Ⅴ章　唐代金銀器文様のシンボル

　中国古代の人々は、漢代以来、天人感応思想と讖緯思想の流行にしたがって、自然界の変化やある種の動物の出現などが人間の幸・不幸につながるものと考えていた。中国古代の祥瑞思想である。それらの思想にもとづいて装飾された文様には、民族的な心理や精神などが反映されている。中国系アメリカ人の張光直氏は、装飾文様を研究するときに、思想的に装飾文様の意義を解釈するのが非常に重要な原則の一つであり、換言すれば、文様そのものには当時の人々の思想が含まれており、文様の意義を解釈するためには、当時の人々の心理を理解しなければならないと指摘した［唐際根ほか 1997］。確かに、張光直氏の言う通りである。『新唐書・車服志』には、唐徳宗期に、「賜節度使時服、以雕銜綬帯、謂其行列有序、牧人有威儀也」と記されている。また、『唐会要』巻32には、「頃来賜衣、文彩不常、非制也。朕今思之、節度使文以鶻銜綬帯、取其武毅、以靖封内。観察使以雁銜儀委、取其行列有序、冀人人有威儀也」「太和六年六月、勅三品以上、許服鶻銜瑞草、雁銜綬帯、及対孔雀綾袍襖。四品五品、許服地黄袍交枝綾」と記されている。いずれも、衣服に装飾された動物文様を身分秩序などと結びつけて、封建社会にとっての適切な秩序を維持しようとしたものである。

　唐代には祥瑞思想にもとづき、祥瑞を大瑞、中瑞、下瑞に分け、祥瑞が出現した場合、官員がどのように対応すれば適切なのかも詳しく規定されていた。例えば、『唐六典』巻4には、「若大瑞、随即表奏、文武百僚詣闕奉賀。其他並年終員外郎具表以聞、有司告廟、百僚詣闕奉賀。其鳥獣之類有生獲者、各随其性而放之原野。其有不可獲者、若木連理之類、所在案験非虚、具図画上」と記されている。唐代の銅鏡にも、当時の祥瑞思想を反映する文様を装飾している。具体的な事例として、この種の唐代銅鏡が、福岡県観世音寺（図Ⅴ-1の1）・個人の守屋孝氏（図Ⅴ-1の2）のところにそれぞれ1点所蔵され、『金索』にも1点を載せている（図Ⅴ-1の3）。それらの装飾文様の傍らには、「比目魚、鳳凰、同心鳥、連理枝、連理竹、嘉麦、嘉瓜、嘉禾、比翼、合璧、金勝」などの漢字が鋳造されており、いずれも祥瑞と見られる文様である。

　唐代金銀器の装飾文様は、そうした祥瑞思想の影響を受け、装飾されている文様が特別な象徴的意味を持っていると考えられる。本章では、その象徴的意味が明確にわかる文様を取り上げて検討する。

第1節　仲むつまじい夫婦のシンボル文様

1　並蒂花

　並蒂花とは、1本の茎に並んで咲く花で、中国では仲のよい夫婦のシンボルとされる。唐代金銀器装飾文様中にはこのような並蒂花がある。例えば、シカゴのステファン・ジャック氏所蔵の銀碗の胴部（図Ⅴ-1の4）、法門寺塔基地宮出土の銀盒の蓋には、いずれも並蒂の蓮華文がある。西安市西北工業大学窖蔵出土の銀盤・銀碗（図Ⅴ-1の5・6）、楊家溝窖蔵出土の銀盤（図Ⅴ-1の7）、内モンゴル自治区喀喇沁旗窖蔵出土の銀盤（図Ⅴ-1の8）のいずれも並蒂花がある。類似の文様は、玉器にも見える。例えば、西安市南郊茅坡村唐墓出土の玉製櫛（図Ⅴ-1の9）には、並蒂花が彫刻されている［西安市文物保護考古所 2004b］。

　同心蓮は、並蒂蓮と同じ意味を持ち、仲のよい夫婦を象徴するものである。徐彦伯の「採蓮曲」には、「既覓同心侶、復採同心蓮」と詠んでいる。

　また、並蒂花の中の並蒂蓮は、祥瑞の象徴でもあり、前述した福岡県観世音寺・守屋孝氏個人所蔵の銅鏡には、並蒂蓮が合歓蓮と呼ばれ、数多くの祥瑞の一つとして扱われる。文献にも類似の記載がある。『文苑英華』巻563には、権徳輿の「中書門下賀神龍寺渠中瑞蓮表」を収録し、その内容は神龍寺殿前渠中の蓮の華が「一茎両房」の祥瑞として扱われ、大臣が賀表を奉じて祝賀したことを記載している。

2　連理枝

　唐代銅鏡の装飾文様から見れば、装飾文様としての連理枝は枝を絡ませたような植物文である。例えば、前述した守屋孝氏個人・福岡県観世音寺所蔵の銅鏡には、明確な連理竹、連理樹が枝を絡ませたように表されている。連理枝は、古代中国歴史上、祥瑞とされていた。しかも白楽天の有名な「長恨歌」には、玄宗と楊貴妃の愛情の物語にもとづいて、「在天願為比翼鳥、在地願為連理枝」と詠んでいる。白楽天の詩によれば、連理枝は夫婦の恩愛も象徴していたことがわかる。何家村窖蔵出土の銀碗の内底には、絡んだ花枝を口に銜えた双獅子文を装飾し、その花枝（図Ⅴ-1の10）は唐代金銀器装飾文様中の連理枝と思われ、双獅子とともに夫婦の恩愛を表しているのであろう。西安市新築鎮棗園村窖蔵出土の銀唾壺の胴部にも連理枝文（図Ⅴ-1の11）がある。法門寺塔基地宮出土の銀香炉の銀台の内底には、蔓先を絡ませた五組の折枝文（図Ⅴ-1の12）が鏨彫りされている。

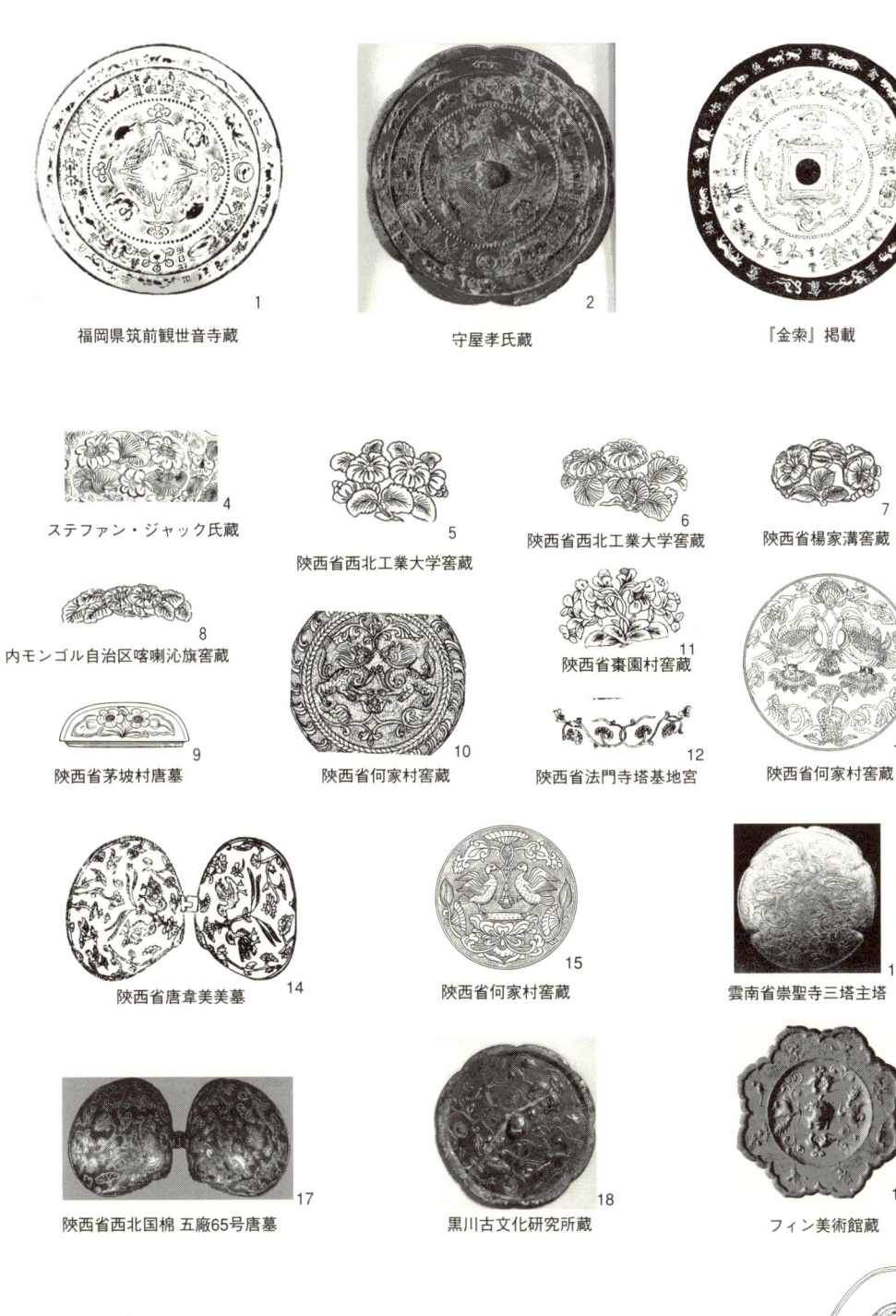

第1節　仲むつまじい夫婦のシンボル文様

1 福岡県筑前観世音寺蔵
2 守屋孝氏蔵
3 『金索』掲載
4 ステファン・ジャック氏蔵
5 陝西省西北工業大学窖蔵
6 陝西省西北工業大学窖蔵
7 陝西省楊家溝窖蔵
8 内モンゴル自治区喀喇沁旗窖蔵
9 陝西省茅坡村唐墓
10 陝西省何家村窖蔵
11 陝西省棗園村窖蔵
12 陝西省法門寺塔基地宮
13 陝西省何家村窖蔵
14 陝西省唐韋美美墓
15 陝西省何家村窖蔵
16 雲南省崇聖寺三塔主塔
17 陝西省西北国棉 五廠65号唐墓
18 黒川古文化研究所蔵
19 フィン美術館蔵
20 四川省宝輪鎮南朝墓 
21 陝西省韓森寨唐墓 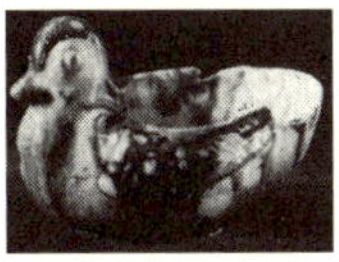
22 河南省芝田鎮唐墓 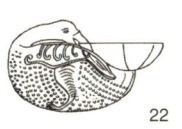
23 河南省唐李景由墓 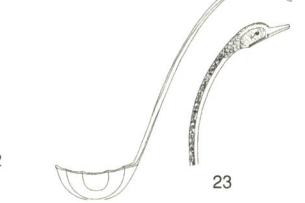

図Ⅴ-1　シンボル文様（1）（縮尺不同）

3　鴛　鴦

　唐代金銀器装飾文様の中では、特に鴛鴦文が愛用された。例えば、何家村窖蔵出土の銀盒の蓋（図Ⅴ-1の13）、韋美美墓出土の銀盒の蓋（図Ⅴ-1の14）のいずれにも2羽の鴛鴦を見る。

　中国古代から、常に鴛鴦は仲むつまじい夫婦にたとえられる。『太平御覧』巻925に引く晋崔豹の『古今注』には「鴛鴦、水鳥鳧類也。雌雄未相離、人得其一、則一思而至死」、『芸文類聚』巻92に引く『鄭氏婚礼謁文賛』には「鴛鴦鳥、雌雄相類、飛止相匹」と解釈している。『芸文類聚』巻92に引く『列異伝』には「宋康王埋韓馮夫妻、宿夕文梓生、有鴛鴦雌雄一、恒棲樹上、晨夕交頸、音声感人」という挿話もある。

　『玉台新詠』には、「焦仲卿の妻の為に作る」（別名は「孔雀東南に飛ぶ」）という物語の詩がある。女主人公の劉蘭芝が焦仲卿に嫁したが、姑のいびりに遭い離婚させられる。しかし、二人の熱い思いは絶ちがたく、実家に戻った劉蘭芝が再婚を強いられて、命を断ち、やがて焦仲卿も後を追う。いずれの家族も、二人の夫婦愛をようやく悟り、同じ墓に合葬した。墓の東西に松と柏、左右に青桐が植えられた。大きく育った木々に、一対の鳥が棲みつき、「鴛」、「鴦」と鳴き交わしたことから、その鳥は「鴛鴦」と名付けられたと伝える。鴛鴦についての物語は、いずれも夫婦の情愛を示すものである。

　『開元天宝遺事・被底鴛鴦』には、「五月五日、明皇避暑、遊興慶池、與妃子昼寝於水殿中。宮嬪輩凭欄倚檻、争看雌雄二鴛鴦戯於水中。帝時擁貴妃於綃帳内、謂宮曰：尓等愛水中鷄鵣、争如我被底鴛鴦」という記事がある。この記事には、玄宗が鴛鴦を自らと楊貴妃のことにもたとえる。唐詩の中では、鴛鴦を愛情のシンボルとする詩が多い。例えば、陳子昂の「鴛鴦篇」では「聞有鴛鴦綺、復有鴛鴦衾」、王勃の「秋夜長」には「繊羅対鳳凰、丹綺双鴛鴦、調砧乱杵思自傷」、温庭筠の「偶遊」には「與君便是鴛鴦侶、休向人間覓往還」、孟郊の「列女操」には「梧桐双待老、鴛鴦会双死。貞婦貴殉夫、捨生亦如此」と詠んでいる。

　『太平広記』巻237『奢侈二』の「同昌公主」の項目には、咸通九年（868）、同昌公主が嫁ぐときに、絹で作った掛け布団に三千の鴛鴦を刺繍し、鴛鴦の間には珍しい草や花を飾りつけ、非常に精巧で華麗であるとの記事を載せる。結婚用の布団に鴛鴦文を刺繍するのは、仲のよい夫婦になろうという願望を込めたのと同時に、唐代に鴛鴦が愛情のシンボルとなった証左ともなる。

　唐代の日常生活用品の中では、陶磁器の造形も鴛鴦形を呈している。例えば、西安市東郊韓森寨唐墓からは1点の三彩鴛鴦形杯（図Ⅴ-1の21）［王仁波 1982］が出土した。

4　鴻　雁

　唐代金銀器文様中には、鴻雁文が少なくない。何家村窖蔵出土の銀盒の蓋の双鴻雁文（図Ⅴ-1の15）は、その代表的な例である。鴻雁は、季節を告げる鳥という扱いとともに、婚礼を行う時期を示している。『芸文類聚』巻91に引く『儀礼』には「婚礼下達、納采用雁」、『鄭氏婚礼謁

文賛』には「雁候陰陽、待時乃挙。冬南夏北、貴其有処」と記されている。『旧唐書・孝敬皇帝弘伝』には、唐高宗は太子李弘に裴居道の娘を嫁がせるときに、所司に苑中で白雁を捕獲させた。高宗はその吉報を聞いて大いに喜び、「漢獲朱雁、遂為楽府。今獲白雁、得為婚贄」と言ったという記事がある。

　鴻雁には、情報を伝えるものの象徴としての意味もある。いわゆる「雁信」である。前漢の蘇武は匈奴に長期間拘留されていた。昭帝は匈奴と講和したく使節を派遣したとき、使節が蘇武のことを匈奴にたずねたが、匈奴は蘇武を帰したくなかったので、知らぬふりをしていた。一方、蘇武は、漢に戻る心が強く、使節が訪れたという情報を知ると、夜に使節と会って、天子が上林苑で狩猟したときに1羽の雁を獲物にし、その脚に縛られた帛の手紙から蘇武が匈奴に拘留されていることがわかったと単于に伝えさせた。単于はそれを聞いて驚き、これ以上隠し通すこともできないと悟り、蘇武を帰還させた。情報を伝えるメッセンジャーとしての鴻雁もまた唐詩に収める。例えば、李白の「千里思」には「鴻雁向西北、飛書報天涯」、盧照隣の「関山月」には「寄言閨中婦、時看鴻雁天」、喬知之の「従軍行」では「宛転結蚕書、寂寥無雁使」と詠んでいる。これらの唐詩は、いずれも夫婦を含め離別している人が鴻雁に託して、思慕の念を相手に伝えたい心情を詠んでいる。

　また、鴻雁は常に整然とした列を見せて飛翔することから、唐代の鴻雁文は封建社会の厳しい身分秩序のシンボルとしての意味も持ったのであろう。

　装飾文様のみならず、一部の金銀器造形も鴻雁形を呈し、特に銀匙の柄端はほとんど雁首形となっている。例えば、偃師県杏園村唐李景由墓出土の銀匙の雁首形柄端（図Ⅴ-1の23）は、これまで発見された類品の中で最も美しいものである。ほかにも、鴻雁形の容器も多数知られる。例えば、河南省鞏義市芝田鎮唐墓出土の三彩鴻雁形杯（図Ⅴ-1の22）がある。鴻雁の象徴的意味は、唐代の人々の日常生活に強い影響を与えていたのである。

5　同心鳥

　向かい合って立つ鳥は、「同心鳥」と呼ばれている。例えば、前述した福岡県観世音寺・守屋孝氏個人所蔵の唐代銅鏡には、向かい合って立つ鳥の傍らに、「同心鳥」の漢字を鋳造している。「同心」とは、主に夫婦の仲睦まじさあるいは恩愛を意味する。例えば、西安市洪慶村窖蔵出土の銀盒の外底には、男女二人の人物像を線刻し、彼らの傍らに長方形枠が線刻され、中には「二人同心」の漢字を鏨彫りして、夫婦の恩愛を表している。

　唐代金銀器において、同心鳥という文様に数多く採用された鳥には、鴛鴦・鴻雁・鸚鵡などがある。それらの中には、種類が同定できない鳥もあるが、その文様の配置から見れば、種類が同定できなくても、夫婦恩愛のことを象徴していることがわかる。それは前述した祥瑞文様が装飾されている唐代銅鏡からも窺える。

　鳥の頸部が絡まる形も一種の同心鳥であろうことは、文献史料や唐詩などから推定される。例えば、『芸文類聚』巻92に引く『列異伝』には、「宋康王埋韓弘夫妻、宿夕梓文生、有鴛鴦雄雌各

一、恒棲樹上、晨夕交頸、音声感人」と記されている。李郢の「與妻作生日寄意」には、「鴛鴦交頸期千歳、琴瑟諧和願百年」と詠んでいる。いずれも、頸部を絡ませた鴛鴦を夫婦愛にたとえている。このような装飾意匠は唐代金銀器や銅鏡などによく採用された。例えば、雲南省大理市崇聖寺三塔主塔出土の銀盒の蓋（図Ⅴ－1の16）［雲南省文物工作隊 1981］、西安市西北国棉五廠65号唐墓出土の銀盒の蓋（図Ⅴ－1の17）にも頸部を絡ませる鴛鴦文などがある。黒川古文化研究所（図Ⅴ－1の18）、ボストンのフィン美術館（図Ⅴ－1の19）［梅原 1931］に所蔵されている銅鏡には、頸部を絡ませた鴛鴦文などが表現されている。

　一方、これらは吉祥（めでたい事柄）のシンボルでもある。湖北省漢川県厳家山西晋墓出土の青銅洗には、頸部を絡ませた双鳥文を装飾し、しかも嘴にそれぞれ１匹の魚を銜えており、「大吉羊（祥）」「大吉」の漢字を鋳出している。青銅洗の類例は、四川省昭化県宝輪鎮南朝墓からも出土しており、鳳凰文の傍らには「大吉羊（祥）」「大吉」の漢字を鋳出している（図Ⅴ－1の20）。唐代金銀器の同類文様は、そのモチーフと吉祥のイメージをそのままに踏襲するが、異なる点は「大吉羊（祥）」「大吉」などの字句を打ち出さなかったことである。

第２節　長寿を象徴するシンボル文様

１　亀と桃

　何家村窖蔵出土の桃形亀文銀盤の内底には、１匹の亀（図Ⅴ－2の1）が打ち出されている。咸陽市出土の鍍金銀壺把手の上部には、１匹の亀を飾り、しかもその頭を回転することができるように作られている。江蘇省鎮江市唐墓（846）出土の鍍金銀櫛には、４匹の亀と蓮の葉を装飾している。法門寺塔基地宮出土の銀香炉には、五つの蓮華文の上にそれぞれ１匹の亀が臥せ、草を銜え、後ろを振り返っている。亀文と蓮華・蓮葉を組み合わせる文様は、越州窯焼造の磁器にもよく見られる。特に碗内底には、蓮葉の筋目を入念に線刻し、中央には１匹の亀（図Ⅴ－2の2）をその上に装飾した例がよく見られる。宋代金銀器にも見られ、例えば、四川省彭州市窖蔵出土の宋代銀杯の内底には、蓮葉文を鏨彫りして、その上に亀文を装飾する［成都市文物考古研ほか 2003］。

　唐代金銀器の亀文は、神聖で長寿を象徴するシンボルである。中国古代には、亀は神聖な動物とされ、古代文献に数多くの記載がある。『礼記』には、麟・鳳・亀・龍を四霊と記している。『宋書・符瑞志（中）』の「霊亀」には「霊亀者、神亀也。王者徳沢湛清、漁猟山川従時則出。五色鮮明、三百歳遊於葉之上、三千歳常遊於巻耳之上。知存亡、明於吉凶」、『芸文類聚』巻96に引く『抱朴子』には「（玉）巣記曰：千歳之亀、五色具焉、其額上両骨起、似角。解人言、浮出蓮葉之上、或在叢蓍之下」、同書巻99に引く『孫氏瑞応図』には「亀者神異之介虫也、玄采五色、上隆象天、下平象地。生三百歳遊於葉之上、三千歳尚在蓍叢之下、明吉凶、不偏不黨、唯義是従。王者無偏無党、尊用耆老、不失故旧、則出」と記されている。亀を装飾文様とするのは、早くも殷代青銅器に始まった。例えば、陝西省清澗県出土の殷代後期の青銅器の内底には、やや変

第2節　長寿を象徴するシンボル文様

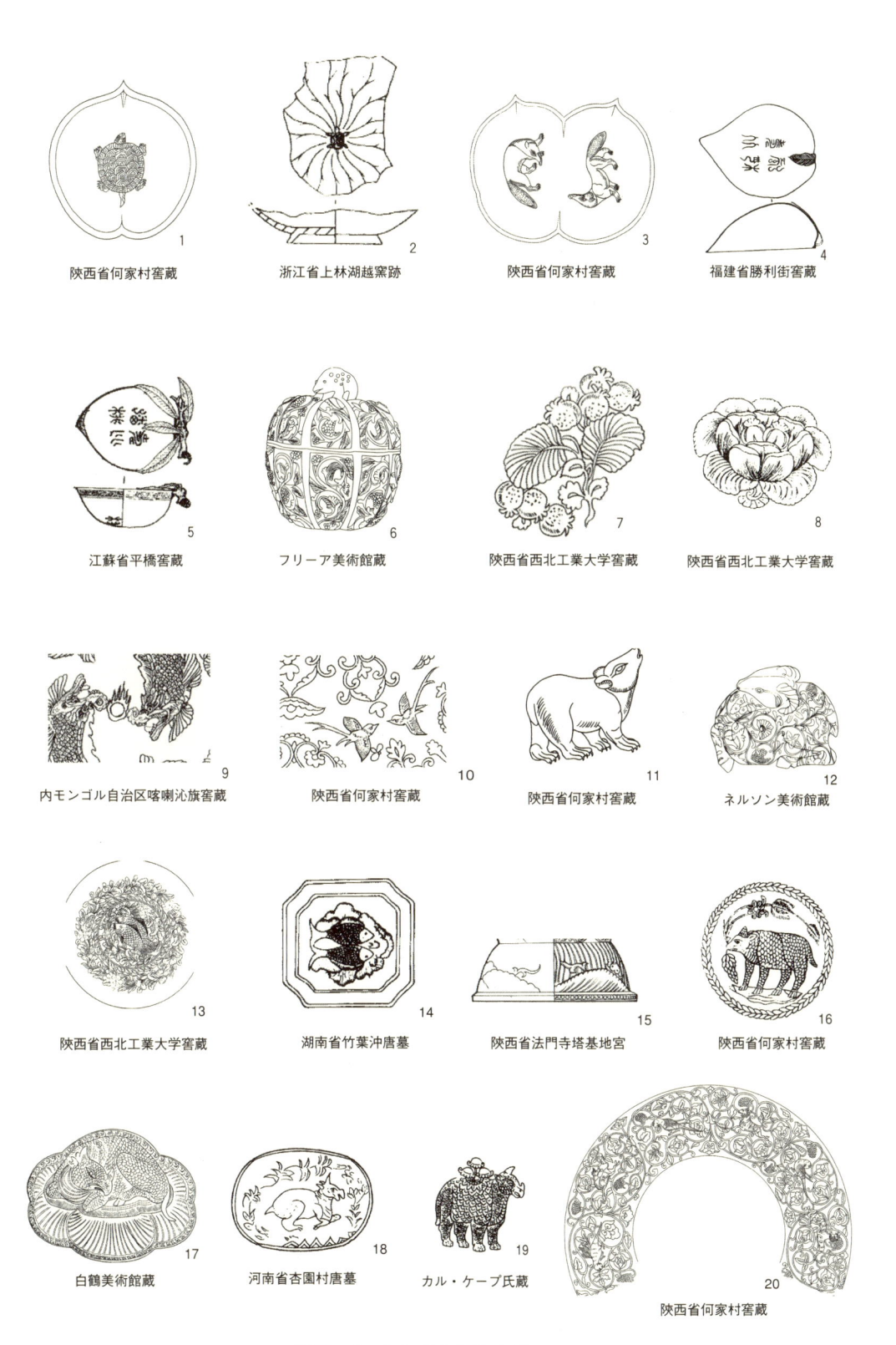

1 陝西省何家村窖蔵	2 浙江省上林湖越窯跡	3 陝西省何家村窖蔵	4 福建省勝利街窖蔵
5 江蘇省平橋窖蔵	6 フリーア美術館蔵	7 陝西省西北工業大学窖蔵	8 陝西省西北工業大学窖蔵
9 内モンゴル自治区喀喇沁旗窖蔵	10 陝西省何家村窖蔵	11 陝西省何家村窖蔵	12 ネルソン美術館蔵
13 陝西省西北工業大学窖蔵	14 湖南省竹葉沖唐墓	15 陝西省法門寺塔基地宮	16 陝西省何家村窖蔵
17 白鶴美術館蔵	18 河南省杏園村唐墓	19 カル・ケープ氏蔵	20 陝西省何家村窖蔵

図Ⅴ－2　シンボル文様（2）（縮尺不同）

241

形した亀文を装飾している［清澗県文化館ほか 1983］。

　唐代には、亀の名をつけた人が多い。例えば、音楽学者の李亀年は、名前に亀と年を組み合わせ、長寿を願ったことがわかる。そのほか、崔亀従、劉崇亀などの人名も見える。『旧唐書』巻10には、武則天が天授元年（690）九月、魚符を亀符に代えた記事がある。そのほか、亀をあしらった亀硯、亀符、亀座などが数多くある。

　唐代金銀器の中には、桃文を見ないが、桃形の銀器がある。何家村窖蔵出土の亀文銀盤、双狐文銀盤（図Ⅴ-2の3：写真32）のいずれも桃形を呈し、その桃形を呈すること自体が興味深い。古代中国では、桃も長寿のシンボルであった。例えば、『太平広記』巻3『神仙三』に引く『漢武帝内伝』には、漢武帝が西王母に出会ったときに、「（西王母）命侍女更索桃果、須臾、以玉盤盛仙桃七顆、大如鴨卵、形円青色、以呈王母。母以四顆与帝、三顆自食。桃味甘美、口有盈味。帝食輒収其核、王母問帝、帝曰：欲種之。母曰：此桃三千年一生実、中夏地薄、種之不生」と記されている。唐代以降の宋代銀器の中には、桃形の銀器が数多く発見され、しかも一部に吉祥の文字を打ち出している。例えば、福建省泰寧県勝利街窖蔵出土の桃形銀杯（図Ⅴ-2の4）の外底にも「寿比仙桃」「寿比南山」などの吉祥漢字が打ち出されている［李建軍 2000］。江蘇省溧陽県平橋窖蔵出土の桃形銀杯（図Ⅴ-2の5）の外底には、「寿比蟠桃」の吉祥句が打ち出されている［肖夢龍 1986］。したがって、桃形も長寿を願うことを表象することが、宋代銀器から直接に証明される。それが、亀文と組み合わさると、いっそう長寿を願うシンボルとなったのかもしれない。

2　綬　帯

　綬は、中国語では寿と同音であるので、長寿のシンボルになっている。玄宗以降は、綬帯文が流行した。玄宗は、自分の誕生日を千秋節と名づけ、しかも、その日に大臣に授帯を飾った銅鏡を下賜している。同時に、玄宗は、「千秋節賜群臣鏡」「千秋節宴」などの詩を詠み、その中には「更衙長綬帯、留意感人深」「瑞露垂花綬、寒氷徹宝輪。対茲台上月、聊以慶佳辰」という詩句があり、長い綬帯が長寿のシンボルとして扱われた傍証となる。

　綬帯は長寿のシンボルのみならず、唐代服装の装飾品にも使われている。例えば、毛震の「浣渓沙」には「雲薄羅綬帯長」と、薛昭蘊の「小重山」には「憶昔在昭陽、舞衣紅綬帯、繍鴛鴦」と詠む。

　綬帯は、愛情を表すシンボルでもある。孫光憲の「遐方怨」には、「紅綬帯、錦香嚢、為表花前意、殷勤贈玉郎」と詠んでいる。

3　蟾　蜍

　フリーア美術館に1点の蟾蜍鈕を持つ銀盒（図Ⅴ-2の6）が所蔵される。それは、唐代金銀器の中にあっても非常に珍しい造形である。これまで、唐代金銀器の中では、この1点だけしか知られていない。『太平御覧』巻986に引く『抱朴子』には、「肉芝者、謂万歳蟾蜍、頭上有角、頷

下有丹書八字、以五月五日日中時取之陰乾百日、以其足畫地（中略）此二物得陰乾、末服之、令人壽四萬歳」と記す。蟾蜍を金銀器の造形に採り入れたのは、長壽への願意を示すのであろう。

第3節　ほかのシンボル文様

1　石　榴

　石榴は、西域から中国へ輸入されたものであり、柘榴、安石榴などの名称でも呼ばれる。張衡の「南都賦」の中で初めて「石榴」という言葉が現われる。『芸文類聚』巻86に引く『博物志』には、「張騫使西域還、得安石榴」と記し、前漢代に張騫が西域から将来したとされる。魏晋南北朝時代になると、石榴は中国で広く普及してきた。『芸文類聚』巻86によると、当時の文人の潘尼、張協、張載、応貞、範堅、傅玄などは、いずれも「安石榴賦」を残した。西安市西北工業大学窖蔵出土の銀碗には、石榴文（図Ⅴ-2の7）がある。

　石榴は種子が多いので、多子多孫のシンボルとして扱われる。『北史』には、「斉安徳王延宗納趙郡李祖収女為妃、後帝幸李宅宴、妃母宋氏薦二石榴於帝前、問、諸人莫知其意、帝投之。収曰：石榴房中多子、王新婚、妃母欲子孫衆多。帝大喜、詔収卿還将来、仍賜収美錦二匹」と記されている。後世の「榴開百子」「榴開百子福」の思想もそれと同じである。これらの思想は、基本的に儒家思想の孝にもとづいた思想である。儒家の孝における基本思想では、祖先の血筋を継承することが重視され、しかも、それを実践するためには子孫を繁栄させなければいけない。それゆえ、種子の多い石榴が多子多孫の象徴として扱われている。外来の植物である石榴がすぐに中国の古代思想に取り込まれたことからみると、東西文化交流に関連して外来文化がどのように輸入地で扱われたのかを知る上で、この石榴の象徴性は一つの例として考究する価値があるであろう。

　ササン朝ペルシアの銀盤装飾文様の中で、王妃の頭に牡羊角と石榴を飾って豊穣の意味を象徴していることは、古代中国の多子多孫のシンボルと相い通じる。

　また、石榴は、祥瑞のシンボルともされた。『宋書・符瑞志（下）』には、「晋安帝隆安三年、武陵臨沅献安石榴、一蒂六実」と記されている。

　唐代女性の裳は石榴裳と呼ばれた。例えば、武則天の「如意娘」には「不信比来長下涙、開箱験取石榴裙」、万楚の「五日観妓」には「眉黛奪将萱草色、紅裙妬殺石榴花」と、さらに羊士諤の「暇日適値澄霽江亭遊宴」には「今来強携妓、酔舞石榴裙」と詠んでいる。それらは、いずれも女性の裳が石榴の花の真紅にたとえられたことを意味する。

　牡丹は、唐代では一部の貴族階層の間で愛でられた贅沢な花だったようだ。その花は、唐代では豪華な花で、「花王」と称され、富貴のシンボルであった。牡丹と石榴を組み合わせた文様は、富貴と多子多孫のシンボルであったと考えられる。例えば、西安市西北工業大学窖蔵出土の銀碗の胴部には、牡丹と石榴を組み合わせる文様（図Ⅴ-2の8）が装飾され、花の芯を2個の石榴で

表しており、富貴と多子多孫を象徴したものと思われる。

2 マニ宝珠

　唐代金銀器装飾文様中では、マニ宝珠が、通常、マカラ・魚・龍などと組み合わされている。例えば、喀喇沁旗窖蔵出土の銀盤の内底には、マニ宝珠とマカラを組み合わせた文様（図V－2の9）がある。その形は、丸い球状を見せ、上が火焔形を呈する。マカラ・魚・龍などの動物は、口を開き、マニ宝珠を追いかけるように表現されている。そのシンボル的な意味について、『大智度論』巻95には、「問曰、摩尼宝珠、於頗梨、金銀、硨磲、瑠璃、珊瑚、琥珀、金剛等中、是何等宝。答曰：有人言、此宝珠従龍王脳中出、人得此珠、毒不能侵害、入火不能焼、有如是等功徳。有人言、是帝釈所執金剛用、與阿修羅闘時、砕落閻浮提。有人言、諸過去久遠仏舎利、法既滅尽、舎利変成此珠、以益衆生。有人言、衆生福徳因縁故、自然有此珠。譬如罪因縁、故地獄中自然有治罪之器。此宝珠名如意、無有定色、清徹軽妙。四天下物皆悉照現。如意珠義如先説。是宝常能出一切宝物。衣服飲食随意所欲尽能與之。亦能徐諸衰悩病苦等、是宝珠有二種、有天上如意宝、有人間如意宝。諸天福徳厚故珠徳具足、人福徳薄故珠徳不具足。是珠所著房舎函篋中、其処亦有威徳、般若波羅蜜亦如是者、如如意宝珠」と記している。

　マニ宝珠文を銀盒に装飾するのは、前掲の『大智度論』の内容と深い関係がある。金銀器に装飾されたマニ宝珠文は、「是珠所着房舎函篋中、其処有威徳」という思想を採り入れたものと考えられる。

　また、唐代金銀器の龍文は、龍の頭部の後ろに決まってマニ宝珠を装飾し、それは「此宝珠従龍王脳中出」の記載と深い関係を持つものと思われる。

3 鵲

　唐代金銀器には鵲文も使用される。何家村窖蔵出土の鍍金銀盒の蓋には、向かい合って飛翔する一対の鵲（図V－2の10）がいる。同窖蔵出土の銀皿の内底にも3羽の鵲がいる。陝西省隴県原子頭唐墓出土の銀製飾物の中にも、鵲文が透彫りの技法で切り抜かれている。金銀器のみならず、正倉院に所蔵されている紅牙撥鏤尺、唐代銅鏡にはいずれも鵲文がある。

　鵲は、「喜鵲」とも書かれる。中国では、古くから鵲のイメージが、吉報、嬉しい客の来訪、久しく別れていた肉親との再会が間近いことを知らせる予兆と信じられたほか、その鳴き声も同様に解釈された。このような伝統的な民族の心理習慣は、『西京雑記』巻3には「干鵲噪而行人至」と記されている。鵲が鳴けば、久しく音信が途絶えていた肉親との再会が可能になるであろうという意味である。唐代も例外ではなく、唐代金銀器の鵲文も同じ意味を持ち、唐詩の中にもそのような類の詩が多数知られている。例えば、劉希夷の「代秦女贈行人」には「今朝喜鵲傍人飛、応是狂夫走馬回」、女詩人魚玄機の「迎李近仁員外」には「今日喜時聞喜鵲、昨宵灯下拝灯花。焚炉出戸迎潘岳、不羨牽牛織女家」、韓溉の「鵲」には「幾度送風臨玉神、一時伝喜到粧台」

と詠んでいる。いずれも鵲の鳴き声や人間の近くで飛ぶことを、久しく音信が途絶えていた肉親や友人と再会できる予兆にたとえている。

4 童子

　唐代金銀器の童子文は、装飾文様の中で一定の比率を占める。いずれも童子の可憐な姿をほぼ忠実に装飾している。『孩児詩』に詠まれている童子のかわいさと同じである。一方、仏教思想の影響を受けて、童子の姿で西方世界で化生できるという思想を反映したものでもある。仏教の壁画では、化生図がいずれも蓮華に座るか立っている童子の姿で表わされている。

　童子にはもう一つの意味がある。薛能の『三体詩語』に引く『唐歳時紀事』には、「七夕、俗以蝋作嬰児形、浮水中以戯、為婦人宜子之祥、謂之化生。本出於西域、謂之摩睺羅」と記されている。薛能の『呉姫』には、「芙蓉殿上中元日、水拍銀盤弄化生」と詠まれていることから、こうした民俗風習が、宋代にも継承されていたことがわかる。『東京夢華録』には、「七月七夕、潘楼街東宋門外瓦子、州西梁門外瓦子、北門外南朱雀門外街及馬行街内皆売磨喝楽、乃小塑土偶耳。悉以彫木彩装欄杆座、或用紅紗碧籠、或飾以金珠牙翠、有一対直数千者。（中略）又有小児須買新荷葉執之、蓋効顰磨喝楽」と記されている。また、『夢梁録』には、「市井童子、手執荷葉、効顰「磨喝羅」之状、此東都流伝、至今不改、不知何文記也」と記されている。『武林旧事』には、「小児女多衣荷葉半臂、手持荷葉、効顰「摩睺羅」、大抵皆旧俗也」と記されている。浙江省衢州市宋代墓から1点の金製摩睺羅像が出土した。長さ2cm、重さ6g、裸姿で匍匐し、右手に円環を持ち、左手に蓮葉を持ち肩にかけている。出土時には銀盒の中に収められていた。

　こうした摩睺羅の祖型は、文献上では遡源できない。発掘調査資料によると、長沙窯焼造の磁器には、手に蓮葉を持ち、背中に蓮葉を負っている童子文が数多く描かれている。故宮博物院に所蔵されている銅鏡には、頭に蓮葉をかぶり、蓮華の上に立っている童子文を表現している。それらに、いわゆる摩睺羅の祖型を求められるかも知れない。

5 熊

　熊を装飾する唐代金銀器には、何家村窖蔵から出土した1点の銀盤がある。銀盤の内底には、熊文（図Ⅴ-2の11：写真33）が打ち出されている。熊は、中国古代において男子出産・長寿・瑞獣のシンボルとして知られる。『詩経・小雅・斯干』には、「維熊維羆、男子之祥。維虺維蛇、女子之祥」と記され、鄭玄は「熊羆在山、陽之祥也、故為生男」と解釈している。『三国志・魏書・高柔伝』には、「陛下聡達、窮理尽性、而頃皇子連多夭逝、熊羆之吉祥又未感応」と記す。『新唐書・五行志』には、韋皇后の妹が男子を産むために、夜に頭を熊形の枕に置いて寝たことが記載されている。『穆天子伝』には、「春山百獣所聚也、爰有赤熊羆、瑞獣也」と、また『太平御覧』巻908に引く『抱朴子』には、「玉策記稱熊壽五百歳、五百歳則能化」と記されている。

　熊を器物の造形や装飾文様として使用することは漢代に始まり、魏晋南北朝時代に入ると、ま

すます盛んになった。例えば、江蘇省南京清涼山呉墓出土の甘露元年（265）の銘文を刻む青磁熊形灯、南京秣陵橋南村西晋墓出土の青磁熊尊、蘇州博物館所蔵の青磁伏熊水注などの青磁器がある［南京博 1980］。いずれにせよ、熊文は、祥瑞・長寿・男子出産などの象徴であり、唐代金銀器に熊文を装飾するのは、それらと密接な関係を持っているのであろう。

6 羊

唐代金銀器装飾文様の中では、羊文をほとんどの狩猟文中の狩猟対象として描いている。ネルソン美術館所蔵の羊形銀盒（図Ⅴ－2の12）は、唐代金銀器のなかではきわめて珍しい造形である［韓偉 1989b］。

装飾文様としては、漢代銅器にも羊文を装飾しており、常に「宜子孫」「大吉羊（祥）」などの文字と一緒に鋳造されており、吉祥のシンボルとして扱われていた。『説文解字』には、羊は祥であると解釈している。したがって、唐代金銀器の羊文は以前の象徴的意味を継承しながら、また吉祥のシンボルとしても用いられた。

7 魚

古代中国では、魚を装飾文様とする歴史はいたって長い。仰韶文化期の半坡遺跡や姜寨遺跡から魚文を装飾する陶器が数多く発見された。漢代銅器には、魚文が常に「宜子孫」「大吉羊（祥）」「大宜子孫」などの吉祥句と一緒に鋳出されており、吉祥のシンボルでもある。唐代はその伝統的な象徴的意味を継承しており、改変された部分は、魚文と一緒に鋳造された吉祥句の部分である。唐代金銀器の双魚文には「宜子孫」などの吉祥句を見なくなるが、その吉祥のシンボルとしての意味はほとんど変わらなかった。その出土例は、西安市西北工業大学窖蔵出土の銀盤（図Ⅴ－2の13）がある。金銀器のみならず、滑石器までも装飾されている。例えば、湖南省郴州市竹葉沖唐墓出土の滑石盒の蓋には、双魚文（図Ⅴ－2の14）がある［郴州市文管処ほか 2000］。

唐代以前の双魚文が、唐代金銀器などに影響を与えた証拠としては、文献にも記載されている。例えば、『文苑英華』巻642には、張九齢の「賀衢州進古銅器状」を収録し、その内容は衢州出土の古代魚文銅器を賛美して、それを祥瑞として扱うべきだと主張するにとどまらず、史官に記録させて、万世長存にしようと記している。

さらに、唐代には、魚文が特別な意味を持っていた。唐王朝創始者の李淵は、李姓である。「李」は「鯉」と同音であり、鯉を吉祥のシンボルとして扱うのも、不思議ではない。それにしたがって、唐王朝は身に帯びる飾り物を魚形にさせた。

魚を装飾文様として採用するのは生殖などにも繋がっている。聞一多［1982］氏の研究によると、魚は生殖力の強い生物で、それゆえ、魚文が生育力の象徴と密接な関係を持っている、とされる。民族誌から見れば、現在、雲南省に住む布依族は、葬具としての石棺に常に2匹一対の魚を対称的に彫刻する。それは生殖を意味し、被葬者の家族が力強く生きることを象徴していると

一方、審美的な観点からすれば、魚文を装飾する杯は、杯中に酒やお茶といった液体を満たしたときに、その底に魚文が見え隠れし、あたかも水中の魚を愛でるかのような趣向となるのが、とりわけ好まれたためであろう。

8　蓮　葉

唐代金銀器の装飾文様中の蓮葉文は、ほとんどが魚と組み合わせ、特に鯰と一緒に飾る例が最も多い。例えば、法門寺塔基地宮出土の銀香宝子の高台には、蓮葉文と鯰を組み合わせる文様（図Ⅴ-2の15）が彫刻されている。それらは、工人が自然現象を詳しく観察した日常的な経験にもとづいて、考案された文様である。例えば、『芸文類聚』巻82には、「江南客採蓮、蓮葉何田田、魚遊荷葉東、魚遊荷葉西、魚遊荷葉南、魚遊荷葉北」と記す。漢語の中では蓮と連、鯰と年、魚と余がいずれも同音で、組み合わせると、「連年有余」すなわち毎年裕福になれることを意味する。当時の人々には、その組み合わせ方式が富貴満足できる生活を祈ることや吉祥のシンボルと扱われていたのであろう。金銀器台付側面に線刻された蓮葉の上には鯰やマカラまでも彫刻されている。いまでも、年始にあたって、門戸に鯉や蓮と元気な童子とを組み合わせた年画を飾る風習があるが、これは悠久の昔から継続してきたものであろう。

9　麒　麟

中国古代の文献には、麒麟が祥瑞動物の一つと記されている。『芸文類聚』巻98に引く『孫氏瑞応図』には「(麒麟) 一角獣者、六合同帰則至。一本曰：天下太平則至」、『春秋感精符』には「麟一角、明海内共一主也」、『孝経・援神契』には「徳至鳥獣、則麒麟臻」、『説苑』には「帝王之著、莫不致四霊焉。徳盛則以為畜、治平則至矣。麒麟麋身牛尾、圓頭一角。含信懐義、音中律呂、歩中規矩、択土而践、彬彬然、動則有容儀」、『毛詩義疏』には「麟、麕身、馬足、牛尾、黄色、円蹄、一角、角端有肉、音中律呂、王者至仁則出」と記されている。『宋書・符瑞志 (中)』にも「麒麟者、仁獣也。牡曰麒、雌曰麟。不剗胎剖卵則至。麕身而牛尾。狼項而一角、黄色而馬足、含仁而戴義、音中鍾呂、歩中規矩、不践生虫、不折生草、不食不義、不飲洿池、不入坑阱、不行羅網。明王動静有儀則見。牡鳴曰「逝聖」、牝鳴曰「帰和」、春鳴曰「扶幼」、夏鳴曰「養綏」」と記されている。いずれも帝王の徳政と関わっている。武則天から玄宗までの間に流行して、当時の唐王朝の国力が強盛となり、天下も太平となり、麒麟がその国力および平和を示すシンボルになった。その一方、「安史の乱」の後は、麒麟に関する記載などが減少する。

10　犀

犀文は、唐代金銀器の文様の中にはあまり多くない。何家村窖蔵出土の銀盒（図Ⅴ-2の16）、

白鶴美術館所蔵の銀盒（図Ⅴ－2の17）、偃師県杏園村唐墓出土の銀盒（図Ⅴ－2の18）、カル・ケープ氏所蔵の銀盤（図Ⅴ－2の19）のいずれにも犀文がある。

唐王朝は、犀を友好交流や懐柔政策のシンボルとして扱い、その証拠が唐詩の中にも見られる。例えば、儲光羲の「述昭応画犀」には、「遐方献犀牛、万里随南金。大邦柔遠人、以之居山林」と詠んでいる。唐高祖陵の参道両側には、石造犀を配置している。その石造犀の石台座には、「高祖有懐遠之徳」という文字を刻んでおり、友好交流のシンボルとした傍証となる。唐代以前には、外国から犀を献上した記載が多く、いずれも朝貢品として中国の歴代王朝に献上され、文化交流のシンボルとされた。唐王朝も、その伝統をそのままに継承した。以下には、文献に記載された例を挙げよう。

『漢書』には、「元始二年、黄支国献犀牛」、「尉他献文帝犀角十」と記されている。

『冊府元亀・外臣部・朝貢第一』には、「永平六年正月、永昌徼外夷敦忍乙王莫延慕義遣使訳献犀牛、大象」「大同五年八月、扶南国遣使献生犀及方物」と記されている。

『旧唐書・林邑伝』には、「貞観初、遣使貢馴犀」と記されている。

『冊府元亀・外臣部・朝貢第四』には、「（天宝五年）七月、波斯遣呼慈城主李波達僕献犀牛及象各一」と記す。

また、犀は祥瑞の象徴でもある。『宋書・符瑞志』には、「鶏駭犀、王者賤難得之物、則出」と記されている。『唐六典』巻4には、鶏駭犀が現われれば、上瑞であると記されている。

第三は、中国の伝統文化の中では、犀の角に解毒作用があると認識されていた。例えば、『太平広記』巻441に引く『抱朴子』には、「通天犀角、有一白理如綖者、以盛米、置群鶏中、鶏欲往啄米、至輒驚却、故南人名駭鶏也。得其角一尺、刻以為魚而銜以入水、水常為開、方三尺、可得気息水中。以其角為叉導者、将煮毒薬為湯、以此叉導攪之、皆生白沫、無復毒矣」と記されている。韓偉［1989b］氏は、その資料を用い、解毒する目的で銀盒に犀文を装飾したと解釈した。

白楽天と元稹は、ふたりとも同じ題の「馴犀」という詩で、いずれも馴犀になぞらえて唐王朝の朝廷腐敗を皮肉っている。

11 葡　萄

何家村窖蔵出土の銀碗の胴部には、波状葡萄文（図Ⅴ－2の20）が飾られ、唐代金銀器の代表的な葡萄文と言える。葡萄文は、古代エジプト、アッシリア、ギリシア、ローマ、イラン、インド、中央アジアの美術品によく描かれている。しかも、葡萄は農作物の代表的な種で、豊穣、再生、不老長寿などを象徴する。古代ギリシアでは、いわゆるディオニソス・バッカス祭的な「豊穣再生」の祭儀の典型的な意匠となり、ガンダーラの仏教彫刻の極楽、ササン朝ペルシア銀器の酒宴図などにも装飾されている。オリエント、ヨーロッパでは、葡萄文を装飾するのは、多くの場合、宗教的な意味を持っている。

エジプト第十八王朝の壁画には、葡萄の収穫と葡萄酒を醸造する絵が描かれ、右手の二人は葡萄園で葡萄を摘み、左手の大きな槽の中では、五人の男が足で葡萄を踏み、下の小さな容器に搾

第 3 節　ほかのシンボル文様

1
エジプト第18王朝の壁画

2
新疆ウイグル族自治区尼雅漢墓

3
山西省北魏都城跡

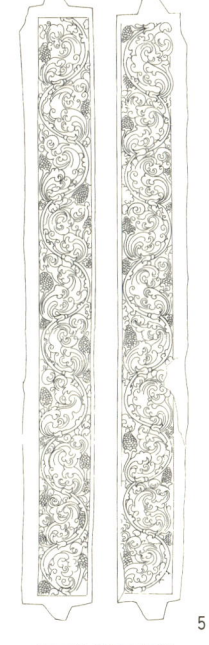

4
陝西省北周安伽墓

5
陝西省北周安伽墓

6
陝西省北周史君墓

7
ボストン美術館蔵

図Ⅴ-3　葡萄文（縮尺不同）

った液を流し込んでいる（図Ⅴ-3の1）［八幡 1960］。

　豊穣といえば、大同市の北魏都城跡から出土した東ローマ製品とされる銅高足杯（図Ⅴ-3の3）の胴部には、葡萄を収穫する裸体の童子を装飾しており、豊穣を象徴する文様が中国に伝播した物証とされる。新疆ウイグル族自治区民豊県尼雅後漢墓出土の棉（綿）織物（図Ⅴ-3の2）には、豊穣角杯を持つ女神が織り出され、しかも龍文などと組み合わせて画面を構成し、豊穣思想が中国に伝えられた最古の例である［新疆維吾尔族自治区博 1975］。しかしながら、信仰上の理由でそれらの思想はあまり流行しなかったようである。

　再生といえば、パルミラ墓出土の石像の衣服には葡萄文を彫刻して、再生を願っている。北周のソグド人安伽墓（図Ⅴ-3の4・5）、史君墓（図Ⅴ-3の6）出土の石槨とボストン美術館所蔵の河南省安陽市から出土したと伝えられる石槨（図Ⅴ-3の7）には、いずれも葡萄文が彫刻されている。それらは、再生思想にもとづいて装飾したものであろう。特に史君墓の石槨には、波状葡萄文を彫刻し、葡萄茎の間には鳥翼形翼を持つ天使像が彫刻され、琵琶・法螺貝・笛・排簫・箜篌などの楽器を演奏し、ほかの三人の天使はそれぞれリュトンあるいは長杯を持ち、そのうちの一人は胡瓶を手にする。その場景は死後の楽園を象徴し、被葬者の天国での再生を祈願するように見える。

　文献上、葡萄という果物が、西域を経て中国に伝わったのは前漢武帝時代のこととされる。『漢書』巻96には、「漢使采蒲陶目宿種還、天子以天馬多又外国来衆、益種離宮別館旁、極望焉」と記されている。また、『芸文類聚』巻87に引く『博物志』には、「張騫使西域還、得葡萄」と記されている。しかしながら、別の文献記載によると、前漢高祖時代には葡萄文錦も出現していたようだ。例えば、『西京雑記』巻3には、「尉佗献高祖鮫魚荔枝、高祖報以蒲桃錦四匹」と記されている。また同書の巻1には、「霍光妻遺淳于衍蒲桃錦二十四匹、散花菱二十五匹」と記されている。モンゴルのノイン・ウラ匈奴人墓（紀元前後）出土の刺繍には、葡萄文がすでに装飾されており、文献記載の正しさが証明された。新疆ウイグル族自治区民豊県尼雅後漢墓出土の織物には、葡萄文と動物文を組み合わせた図案が見える［新疆維吾尔族自治区博 1975］。

　また、唐代には葡萄酒で送別している。例えば、王翰の有名な「涼州詞」には、「葡萄美酒夜光盃、欲飲琵琶馬上催。酔臥沙場君莫笑、古来征戦幾人回」と詠む。葡萄酒を飲みながら、親友と別れる、その情景が眼前に浮かぶようである。

　なお、葡萄は房が多く蔓も長く伸びるので、石榴と同様に多子多孫の意味も象徴している。

12　狐

　何家村窖蔵出土の銀盤の内底には、2匹の狐（図Ⅴ-2の3）が打ち出されている。『太平広記』巻447に引く『朝野僉載』には、「唐初以来、百姓多事狐神、房中祭祀以乞恩。食飲與同之、事者非一主、當時有諺曰：無狐魅、不成村」と記されている。初唐の時代から狐が神として身近に祀られ、「狐がいなければ、村にならない」という諺もあったほどであるから、狐の文様が吉祥の象徴として唐代金銀器に装飾されてもなんの不思議もないであろう。

第Ⅵ章　唐代金銀器文様の影響

　唐代金銀器は、唐代以降の金銀器にも強い影響を与えたことが発掘調査によって明らかになった。これまでに発見された唐代以降の金銀器は、唐代金銀器と比較すれば、その造形や装飾文様は唐代金銀器にその源流を求められる。特に五代・宋代・遼代金銀器の装飾文様の中には、明瞭に唐代的要素がしばしば認められる。一方、唐代金銀器の装飾文様は、五代～遼代の金銀器に影響を与えたばかりでなく、同時代の陶磁器にも影響を与えた。唐代金銀器を模倣した陶磁器は少なくない。本章では、概略的に唐代金銀器装飾文様が後世の金銀器と唐代陶磁器に与えた影響を中心に論を進めたい。論述に際しては、個々の文物を比較検討して、筆者の考えを示したい。

第1節　五代金銀器への影響

　五代金銀器は、唐代金銀器と比較すれば、発掘調査によって発見された数がさほど多くない。その中の一部の装飾文様は、唐代金銀器のそれを継承したことは明らかである。一方、すでに発表された五代金銀器の中の一部の図柄は鮮明ではなく、報告書などの説明が簡略すぎて、詳細に比較できない。例えば、浙江省臨安県板橋五代墓出土の金銀器［浙江省文管委 1975］がその一つの例である。本節では、唐代金銀器装飾文様とよく類似する獅子文、鳳凰文、鴛鴦文、鸚鵡文、蝶文などを中心に、比較検討したい。

1　双獅子文

　成都市前蜀王建墓出土の鏡奩に装飾されている銀平脱飾（図Ⅵ－1の2）は、双獅子文を透彫りして、点対称式に配置している［馮漢驥 1964］。それは、法門寺塔基地宮出土の銀盒の双獅子文（図Ⅵ－1の1：写真34）や水邱氏墓出土の銀壺胴部の双獅子文と共通点がある。

2　双鳳凰文

　浙江省杭州市雷峰塔塔基地宮出土の銀盒の蓋には、点対称の双鳳凰文が装飾され、鳳凰の嘴にはそれぞれ牡丹唐草が銜えられている（図Ⅵ－1の4）［浙江省文物考古研 2002］。前蜀王建墓出土の金銀質漆皿（図Ⅵ－1の5）の内底には、銀地の上にきわめて薄い金箔を貼り、その上に点対称の双鳳凰文を飾り、周りに唐草文を配している。同墓出土の冊匣に装飾されている金銀平脱飾は、

第Ⅵ章　唐代金銀器文様の影響

双鳳凰文・双鴨文・双孔雀文を透彫りし、点対称式に配置している。このような双鳳凰文は、唐代金銀器によく認められる。例えば、丁卯橋窖蔵出土の銀盒の蓋の双鳳凰文（図Ⅵ－1の3）とよく類似する。地域からすれば、同じ長江流域に属するので、唐代金銀器装飾文様から影響を受けたとしても不思議ではないと思われる。

3　双鴛鴦文

雷峰塔塔基地宮出土の銀飾（図Ⅵ－1の7）は透彫りの技法で製作され、2羽の鴛鴦が向かい合って共に綬帯を銜えている。同地宮から出土したもう1点の銀飾（図Ⅵ－1の8）は向かい合う2羽の鴛鴦が共に蓮華の上に立っている。何家村窖蔵出土の銀盒の蓋の双鴛鴦文（図Ⅵ－1の6）とよく似ている。

4　蝶形銀器

前蜀王建墓出土の銀盒（図Ⅵ－1の10）の造形は、蝶を模倣した蝶形を呈し、丁卯橋窖蔵出土の蝶形銀盒（図Ⅵ－1の9）とよく似ており、両者を比較すれば、唐代金銀器からの影響を受けたことがわかる。

5　樹下双鳥文

前蜀王建墓出土の蝶形銀盒（図Ⅵ－1の12）の蓋には、中央に花樹が置かれ、両側に2羽の向かい合った鳥を配している。類似している湖南省長沙市五代墓出土の青銅盒（図Ⅵ－1の13）の外底には、花樹が置かれ、2羽の向かい合った鴛鴦が鏨彫りされている［湖南省文物考古研ほか 2004］。こうしたモチーフは、唐代金銀器だけではなく、織物にもよく採用されており、唐代の影響を受けたことが確実である。このような樹下双鳥文は、何家村窖蔵出土の銀方盒の側面の樹下双鳳凰文（図Ⅵ－1の11）とよく似ている。

6　花弁文

前蜀王建墓出土の銀鉢の口縁と外底に装飾されている花弁文（図Ⅵ－1の16・17）は、唐代金銀器の装飾文様によく採用され、しかも金銀器の口縁・胴部・高台縁などに装飾されている。咸陽市西北医療器械廠窖蔵出土の金壺の胴部に配された花弁文（図Ⅵ－1の14・15）は、唐代の代表的な例の一つである。

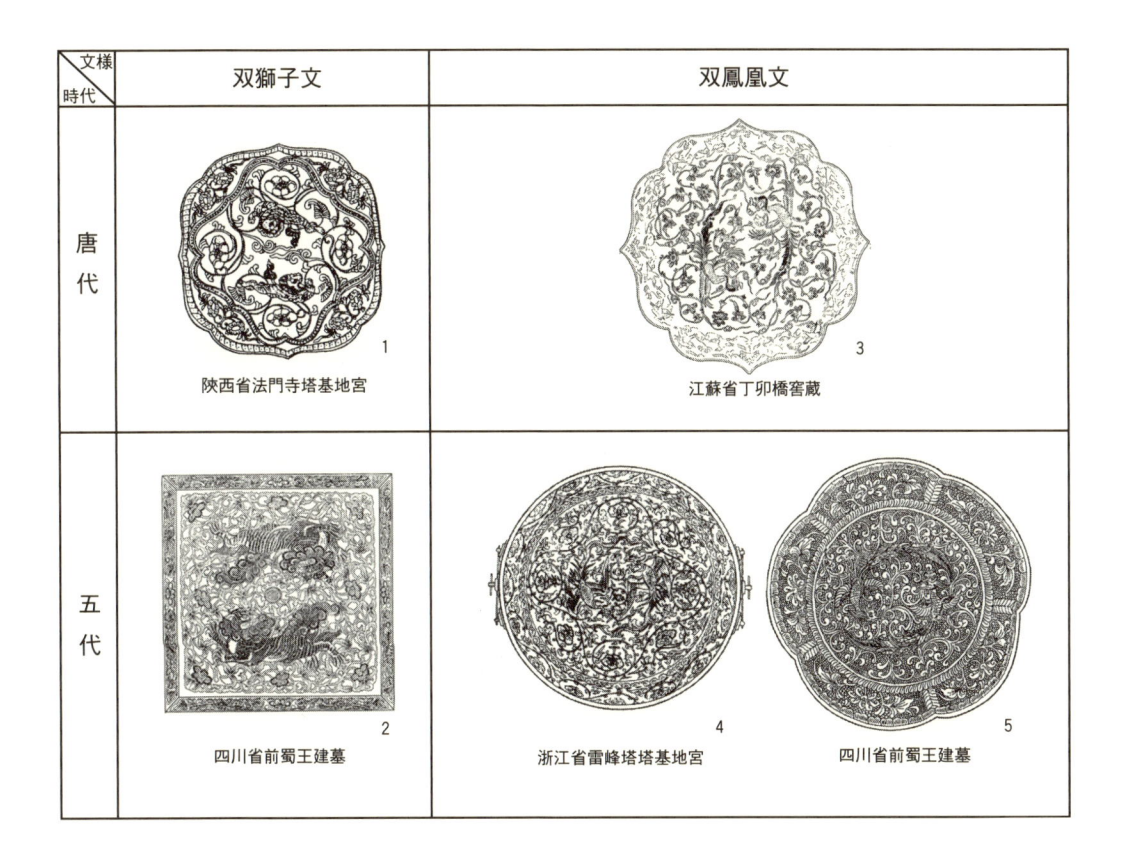

第1節　五代金銀器への影響

文様＼時代	双獅子文	双鳳凰文	
唐代	1　陝西省法門寺塔基地宮	3　江蘇省丁卯橋窖蔵	
五代	2　四川省前蜀王建墓	4　浙江省雷峰塔塔基地宮	5　四川省前蜀王建墓

文様＼時代	双鴛鴦文	蝶形銀盒	樹下双鳥文	花弁文
唐代	6　陝西省何家村窖蔵	9　江蘇省丁卯橋窖蔵	11　陝西省何家村窖蔵	14／15　陝西省西北医療器械廠窖蔵
五代	7／8　浙江省雷峰塔塔基地宮	10　四川省前蜀王建墓	12　四川省前蜀王建墓／13　湖南省長沙市五代墓	16／17　四川省前蜀王建墓

図Ⅵ－1　唐・五代金銀器文様（縮尺不同）

253

小　結

　これまで発掘調査によって出土した五代金銀器の数は少ない。唐王朝が滅亡したあと、五代十国という時代に入った。当時、幾多の王朝や国々が乱立し、社会が不安定となり、戦乱もしばしば起こった。そうした政治・社会環境は、経済にも悪影響を与え、唐代のように金銀器を多量に製造することが困難になった。にも関わらず、発見された五代金銀器は唐代金銀器の一部の特徴を継承してきた。その理由として二つのことが挙げられる。

　一つは、五代十国時代の皇帝たちの一部が元々、唐王朝の大臣を務めていたため、唐代金銀器の遺風が残ったのは彼らの好みによるものであった可能性がある。

　もう一つは、呉国をはじめとする五代十国時代の江南では、黄河流域に比較して戦乱があまり起こらなかったという事情がある。丁卯橋窖蔵から出土した多量の金銀器から見れば、長江下流域が唐代から金銀器の製造中心地の一つであったことが証明される。この点を勘案すると、五代十国時代に入っても、金銀器を作る伝統がまだ継続していたのであろう。それゆえに、前蜀王建墓、雷峰塔塔基地宮から出土した五代金銀器は、丁卯橋窖蔵出土の唐代金銀器と共通点が多いのであろう。

第2節　宋代金銀器への影響

　これまで、発掘調査によって発見された宋代金銀器の装飾文様の中では、唐代金銀器のそれとよく似ている点が指摘される。主に双魚文、水波怪獣文、双鳳凰文、柳斗文、唐草文、芭蕉葉形の銀杯などがある。それらは、いずれも唐代金銀器にその源流をたどれる。

1　双魚文

　浙江省寧波市天封塔宋代塔基地宮出土の銀匙（図Ⅵ-2の2）［林士民 1991］には、点対称の双魚文を鏨彫りしたものがあり、同省長興県下莘橋窖蔵出土の銀匙の双魚文（図Ⅵ-2の1）［長興県博ほか 1982］とよく似ている。繁峙県金山舗郷上浪澗村唐代窖蔵出土の銀托の内底にも類似した双魚文が鏨彫りされている。

2　水波怪獣文

　四川省遂寧県窖蔵出土の宋代銀盤（図Ⅵ-2の4）［楊伯達 1987］の内底には、水波怪獣文を装飾し、その特徴は何家村窖蔵出土の銀杯の内底に描かれたマカラ文（図Ⅵ-2の3）の意匠とよく似ている。ネルソン美術館所蔵の唐代の7世紀末から8世紀初め頃にかけての銀碗の内底には、マ

第2節　宋代金銀器への影響

文様\時代	双魚文	水波怪獣文	双鳳凰文	柳斗文	
唐代	1 浙江省下莘橋窖蔵	3 陝西省何家村窖蔵	5 江蘇省丁卯橋窖蔵	7 大英博物館蔵	8 浙江省朱塔村窖蔵
宋代	2 浙江省天封塔塔基地宮	4 四川省遂寧県窖蔵	6 四川省清真寺窖蔵	9 浙江省三天門宋墓	10 江西省星子県窖蔵

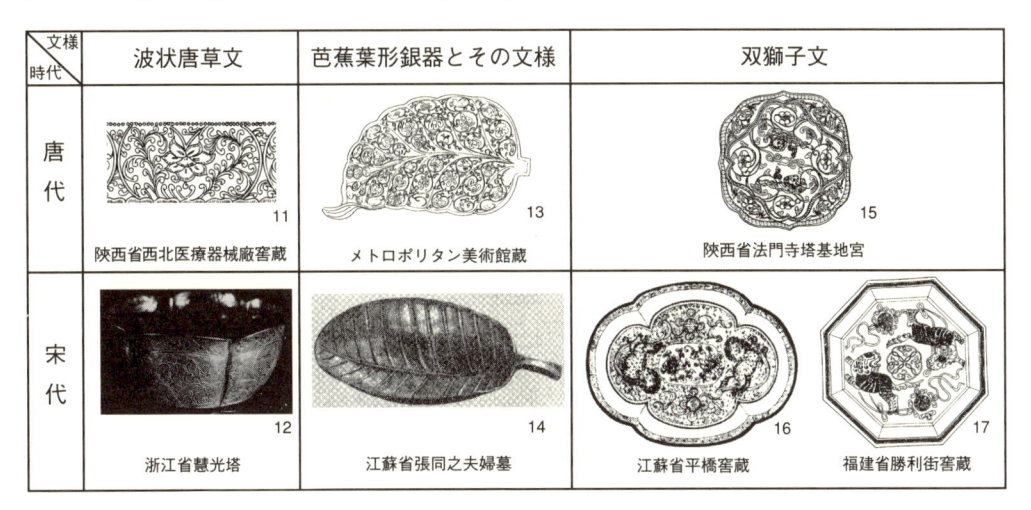

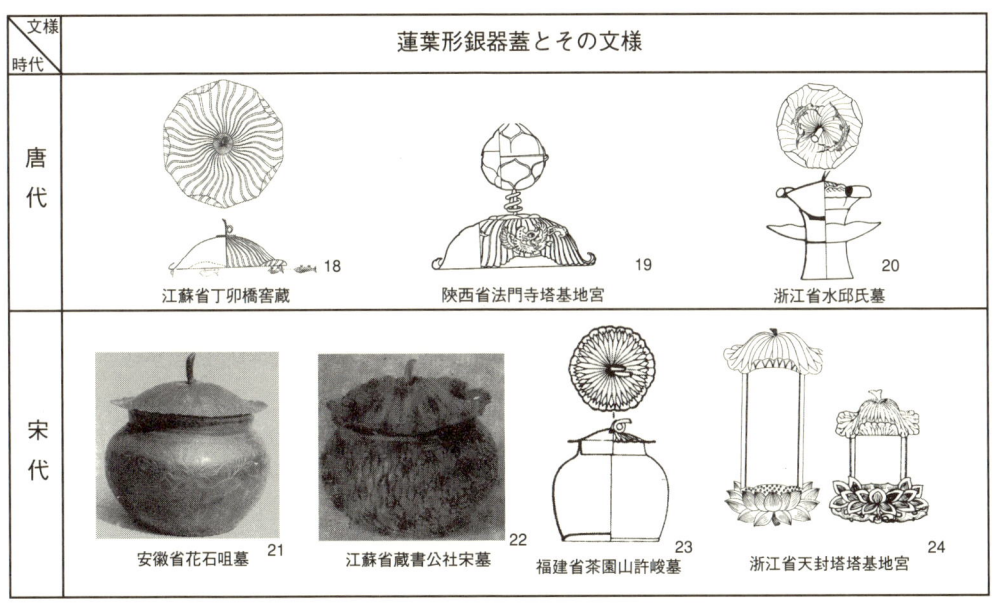

文様\時代	波状唐草文	芭蕉葉形銀器とその文様	双獅子文	
唐代	11 陝西省西北医療器械廠窖蔵	13 メトロポリタン美術館蔵	15 陝西省法門寺塔基地宮	
宋代	12 浙江省慧光塔	14 江蘇省張同之夫婦墓	16 江蘇省平橋窖蔵	17 福建省勝利街窖蔵

文様\時代	蓮葉形銀器蓋とその文様			
唐代	18 江蘇省丁卯橋窖蔵	19 陝西省法門寺塔基地宮	20 浙江省水邱氏墓	
宋代	21 安徽省花石咀墓	22 江蘇省蔵書公社宋墓	23 福建省茶園山許峻墓	24 浙江省天封塔塔基地宮

図Ⅵ-2　唐・宋代金銀器文様（縮尺不同）

カラ文と魚文が打ち出されている［岑蕊 1983］。宋代銀器の装飾文様は、それらとよく似ている。また、宋代には復古潮流があったため、なおさら唐代金銀器装飾文様の特徴を採り入れたと考えられる。

3　双鳳凰文

宋代金銀器の中には、双鳳凰文を装飾するものが多い。例えば、四川省徳陽県孝泉鎮清真寺窖蔵出土の宋代銀盒の蓋には、点対称の双鳳凰文（図Ⅵ－2の6）を装飾し、いずれも嘴に小枝を銜えている［沈仲常 1961］。そのモチーフは唐代金銀器によく採用されていたものである。例えば、丁卯橋窖蔵出土の銀盒（図Ⅵ－2の5）の蓋には、それがいくつか見られる。

4　柳斗文

宋代金銀器の中では、柳斗文の銀杯が数多く発見されている。例えば、江蘇省呉県蔵書公社宋墓［葉玉奇ほか 1986］、浙江省湖州市三天門宋墓（図Ⅵ－2の9）［湖州市博 2000］、江西省星子県西郊窖蔵（図Ⅵ－2の10）［胡丹 1996］、安徽省六安県花石咀宋代墓［安徽六安県文物工作組 1986］からそれぞれ1点出土した。これらと酷似する銀杯は、浙江省淳安県朱塔村窖蔵（図Ⅵ－2の8）［浙江博 1984］から1点出土し、大英博物館（図Ⅵ－2の7）［韓偉 1989b］にも1点所蔵され、いずれも晩唐のものとされる。同時に、陝西省銅川市の五代期耀州窯遺跡から、柳斗文の陶磁杯が数多く発見されている。また、安徽省合肥市西郊五代南唐墓からも1点の白磁柳斗文高足杯が出土した［石谷風ほか 1958］。それは、晩唐の金銀器の影響が、そのまま五代・宋代金銀器に及んだと考えられる。類似する宋代陶器も発見された。例えば、洛陽市南郊皂角樹村宋墓から1点の柳斗文の陶製杯が出土した［洛陽文物工作隊 1995］。

5　波状唐草文

浙江省瑞安県北宋慧光塔出土の鍍金銀鉢の胴部に装飾されている唐草文（図Ⅵ－2の12）は、1本の曲がりくねった主茎を中心にして、両側から細く短く曲がった葉を伸ばしている［浙江省博 1973］。このような造形は、咸陽市西北医療器械廠から出土した金壺の胴部の唐草文（図Ⅵ－2の11）と非常に似ている。その類似する度合いから見れば、唐代金銀器からの影響を受け入れたことは明白である。

6　芭蕉葉形銀杯とその文様

江蘇省江浦県南宋張同之夫婦墓から1点の芭蕉葉形銀杯（図Ⅵ－2の14）［南京市博 1973］が出土した。この銀杯は、楕円形を呈し、葉脈がはっきりと打ち出されている。類例は、メトロポリタ

ン美術館（図Ⅵ-2の13）［韓偉 1989b］に 1 点が所蔵されている。両者の造形はよく類似しており、唐代金銀器の特徴を継承したことを否定できないであろう。

7　双獅子文

双獅子文を装飾する宋代金銀器は、数点発見されている。例えば、江蘇省溧陽県平橋宋代窖蔵から出土した 1 点の楕円形銀盤（図Ⅵ-2の16）の内底［肖夢龍ほか 1986］、福建省泰寧県勝利街窖蔵から出土した 1 点の八角形銀盤（図Ⅵ-2の17）［李建軍 2000］の内底のいずれにも双獅子文が装飾されている。それらは、法門寺塔基地宮出土の銀盒の蓋にある双獅子文（図Ⅵ-2の15）と共通点がある。唐代金銀器の双獅子文と比較すれば、宋代の双獅子文は繡球（刺繡を施した絹の布で作った毬）を追いかけ、向かい合って跳び回るように描写されている。獅子の造形から見れば、獅子本来の様子とは異なり、現在の獅子舞の獅子に見られる姿形を取る。

8　蓮葉形銀器蓋とその文様

宋代金銀器の中では、蓮葉形銀器蓋がよく見られる。前述した蔵書公社宋墓出土の柳斗文銀杯には、銀製の蓮葉形蓋（図Ⅵ-2の22）が付いている。安徽省六安県花石咀宋代墓出土の銀壺蓋（図Ⅵ-2の21）、福建省福州市茶園山宋許峻墓出土の銀壺蓋（図Ⅵ-2の23）［福建省博 1995］、浙江省湖州市三天門宋墓出土の銀壺の蓋のいずれも蓮葉形を呈しており、筋目も丁寧に鏨彫りされている。それ以外には、浙江省寧波市天封塔塔基地宮出土の銀牌（図Ⅵ-2の24）の上にも、蓮葉形文が装飾されている。類似した蓮葉形蓋付きの銀器は、丁卯橋窖蔵・法門寺塔基地宮・水邱氏墓（図Ⅵ-2の18～20）からそれぞれ 1 点出土した。陝西省三原県唐李寿墓出土の石槨の彫刻にも、一人の仕女が蓮葉形蓋付きの壺を手にしている［孫機 1996c］。それらは、宋代の銀器だけではなく、陶磁器・石造物・玉器などにも影響を与えた。例えば、浙江省杭州市烏亀山窯跡は、南宋官窯であり、その遺跡から数点の青磁の蓮葉形蓋（図Ⅵ-3の3）が発見された［中国社科院考古研ほか 1996］。四川省江油県宋代窖蔵から出土した石製墨洗の蓋（図Ⅵ-3の2）も蓮葉形を呈している［江油県交物保護管理所 1984］。浙江省衢州市宋代墓からは 1 点の白玉蓮葉形杯（図Ⅵ-3の1）［衢州市文管委 1983］が出土した。いずれも唐代の蓮葉形銀器の流れを汲むものであろう。しかも、宋代以降の歴代の器物にもその影響が残っている。例えば、江西省高安県元代磁器窖蔵から 2 点の蓮葉形蓋付きの雲龍文青花壺（図Ⅵ-3の6）［江西省高安県博ほか 1982］、河北省石家庄市後太保元代史氏墓から 1 点の青磁蓮葉形蓋（図Ⅵ-3の5）［河北省文物研 1996a］がそれぞれ出土した。江蘇省蘇州市元代末年張士誠の母曹氏墓出土の銀壺の蓋（図Ⅵ-3の4）［蘇州市文管委ほか 1965］も蓮葉形を呈している。

第Ⅵ章　唐代金銀器文様の影響

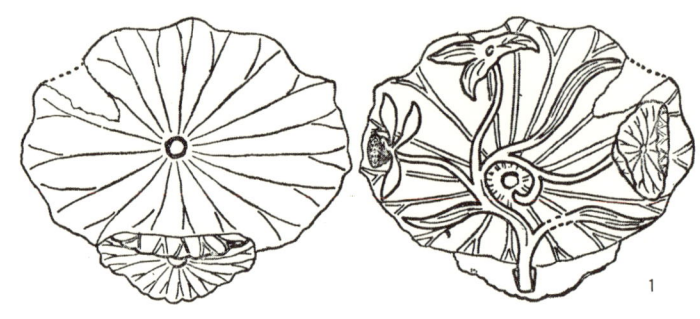

浙江省衢州市宋墓

1

四川省江油県宋代窖蔵

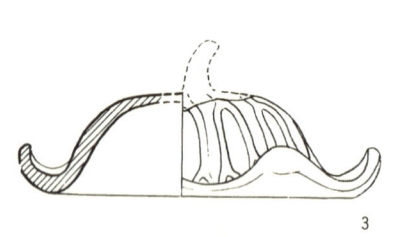

2

浙江省烏亀山南宋官窯跡

3

江蘇省元代張士誠の母曹氏墓

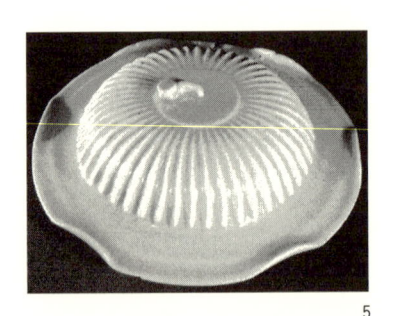

4

河北省後太保元代史氏墓

5

江西省元代磁器窖蔵

6

図Ⅵ-3　宋代の玉・石・銀・陶磁・石製蓮葉形器（縮尺不同）

258

小　結

　宋代は、五代十国時代の戦乱が収束し、社会の安定と繁栄を迎えていた社会である。唐代社会とは異なり、宋代の商業貿易はきわめて発達し、そのため、金銀器はすでに宋代社会にあっては商品として扱われ、日常生活にも金銀器、特に銀器をよく使用したことが、文献史料から窺われる。例えば、『東京夢華録』巻5には、「其正酒店戸見脚店三両次打酒、便敢借與三五百両銀器。以至貧下人家、就店呼酒、亦要銀器供送、有連夜飲者、次日取之。諸妓館只就店呼酒而已、銀器供送亦復如是。其闊略大量、天下無之也」と記されている。

　宋代金銀器は、唐代金銀器の上品で華麗な特徴から一転して、商品化とともに庶民化が促進され、実用の方向に大きく踏み出していた。しかしながら、上述したように、宋代金銀器は唐代金銀器の遺風をなお残していたのである。

第3節　遼代金銀器への影響

　遼代金銀器と唐代金銀器との間にも密接な関係があることが、相次ぐ発掘調査によって出土した遺物から判明した。また文献記録からもそれを窺うことができる。『旧唐書・契丹伝』には、開元二十三年（735）、玄宗李隆基が契丹の過折を北平郡王に封じ、「賜錦衣一副、銀器十事、絹綵三千匹」と記されている。また、『資治通鑑』巻214にも、開元二十三年、玄宗李隆基が李過折を北平郡王に封じて、「賜錦衣一副、銀器十事、絹綵三千匹」と記す。これらの記載によって、唐代金銀器が確かに契丹に流出したことが知られる。1960年代に、内モンゴル自治区昭盟で「大唐営州都督許公徳政之碑」という1基の石碑の上部が発見されていたが、つい最近、西安市で契丹王の墓誌が発見された［葛承雍 2003］。これらの発掘調査は、唐王朝と契丹の密接な関係を出土品から証明するものであった。斉曉光［1997］氏は、遼代金銀器中の外来文化要素を検討し、インド、ソグド、ササン朝ペルシアの要素が認められることを指摘した。遼代金銀器を唐代金銀器と比較すれば、遼代金銀器中にあっては唐代要素が強いように思われる。これらの要素が、遼代金銀器に影響を与えたとしてもおかしくないと思われる。報告者は、遼耶律羽之墓出土の雁衡綬錦袍も唐王朝からの贈物あるいは中原で略奪したものと指摘している［内蒙古博ほか 2002］。どちらかと言うと、遼王朝は唐王朝と密接な関係を持っていたので、唐代金銀器が遼代金銀器に影響を及ぼしても不思議ではない。

　遼代金銀器中に含まれる唐代文化要素については、韓偉［2001］氏、朱天舒［1998］氏、張景明［2005］氏が検討している。これまでに発見された遼代金銀器の装飾文様は、唐代金銀器と強い共通点を見せており、本節では唐代金銀器の装飾文様が遼代金銀器に与えた影響を中心に検討したい。

第Ⅵ章　唐代金銀器文様の影響

1　双獅子文

　遼耶律羽之墓出土の鍍金銀盒の蓋［内蒙古文物考古研ほか 1996］には、点対称の双獅子文（図Ⅵ－4の2）がある。2頭の獅子が互いに追いかけるように見え、周りには折枝文、連珠、昆虫、雲気文などを配している。この双獅子文は、法門寺塔基地宮出土の銀盒の蓋に装飾されている双獅子文（図Ⅵ－4の1）に類似し、しかも両者の年代とも近く、唐の影響がはっきりわかる。

2　双魚形銀壺とその文様

　内モンゴル自治区赤峰市城子窖蔵出土の2点の鍍金銀双魚形（中国で双魚龍とも呼ばれる）壺（図Ⅵ－4の4）［項春松 1985］は、一対の魚形を仕立て、口を壺の口縁部にあて、尾が壺の脚台となっており、造形と文様のいずれの点から見ても秀逸な工芸品である。その造形は喀喇沁旗窖蔵出土の唐代双魚形銀壺（図Ⅵ－4の3）［喀喇沁旗文化館 1977］とよく似ている。また、唐代の磁器や三彩陶器の中にもしばしば見うけられる。ある研究者は、城子窖蔵出土の鍍金銀双魚形壺は唐代製品であるとしている［張松柏ほか 1991］。

3　双鸚鵡文

　内モンゴル自治区克什克騰旗28地1号遼墓出土の銀碗の内底には、双鸚鵡文（図Ⅵ－4の6）が装飾されている［項春松 1992］。その特徴は、一対の鸚鵡が向かい合って飛び回っているように見え、唐代金銀器装飾文様の中によく採用された意匠である。例えば、アメリカ人のカル・ケープ氏所蔵の銀碗内底には、一対の向かい合って飛び回る鸚鵡文（図Ⅵ－4の5）が装飾されている［韓偉 1989b］。

4　綬帯文

　遼耶律羽之墓出土の鍍金銀盒［内蒙古文物考古研ほか 1996］の蓋には、四弁の花弁形を呈する綬帯文（図Ⅵ－4の9）が装飾されている。その形状は楊家溝窖蔵出土の銀碗（図Ⅵ－4の7）、斉国太夫人墓出土の銀碗（図Ⅵ－4の8）、偃師県杏園村唐墓出土の銀盒の綬帯文と類似しており、唐代金銀器の影響を受けた証拠になるであろう。

5　曲弁文

　遼代金銀器の中で、胴部に曲がった花弁形を呈する文様は、曲弁文あるいは水波文とも呼ばれている。こうした文様は、朝陽市北塔天宮出土の龍文銀皿（図Ⅵ－4の11）［朝陽北塔考古隊 1992］、

第3節 遼代金銀器への影響

文様＼時代	双獅子文	双魚形銀壺とその文様	双鸚鵡文	綬帯文	
唐代	1 陝西省法門寺塔基地宮	3 内モンゴル自治区喀喇沁旗窖蔵	5 カル・ケープ氏蔵	7 陝西省楊家溝窖蔵	8 河南省斉国太夫人墓
遼代	2 内モンゴル自治区遼耶律羽之墓	4 内モンゴル自治区城子窖蔵	6 内モンゴル自治区28地遼墓	9 内モンゴル自治区遼耶律羽之墓	

文様＼時代	曲弁文	蓮葉形銀器とその文様	双鳳凰文	
唐代	10 陝西省何家村窖蔵	12 西安市文物管理委員会蔵	14 江蘇省丁卯橋窖蔵	15 江蘇省丁卯橋窖蔵
遼代	11 遼寧省北塔天宮	13 内モンゴル自治区巴林右旗窖蔵	16 内モンゴル自治区遼耶律羽之墓	17 『中国古代御用金銀器』 18 『中国古代御用金銀器』

文様＼時代	柳斗文	双マカラ文	双鴛鴦文	双魚文	
唐代	19 浙江省朱塔村窖蔵 20 大英博物館蔵	22 江蘇省丁卯橋窖蔵	24 陝西省何家村窖蔵 25	28 河南省斉国太夫人墓	
遼代	21 内モンゴル自治区巴林右旗窖蔵	23 遼寧省水泉1号遼墓	26 『中国古代御用金銀器』 27 内モンゴル自治区遼耶律羽之墓	29 内モンゴル自治区遼耶律羽之墓	30 遼寧省朝陽溝遼墓

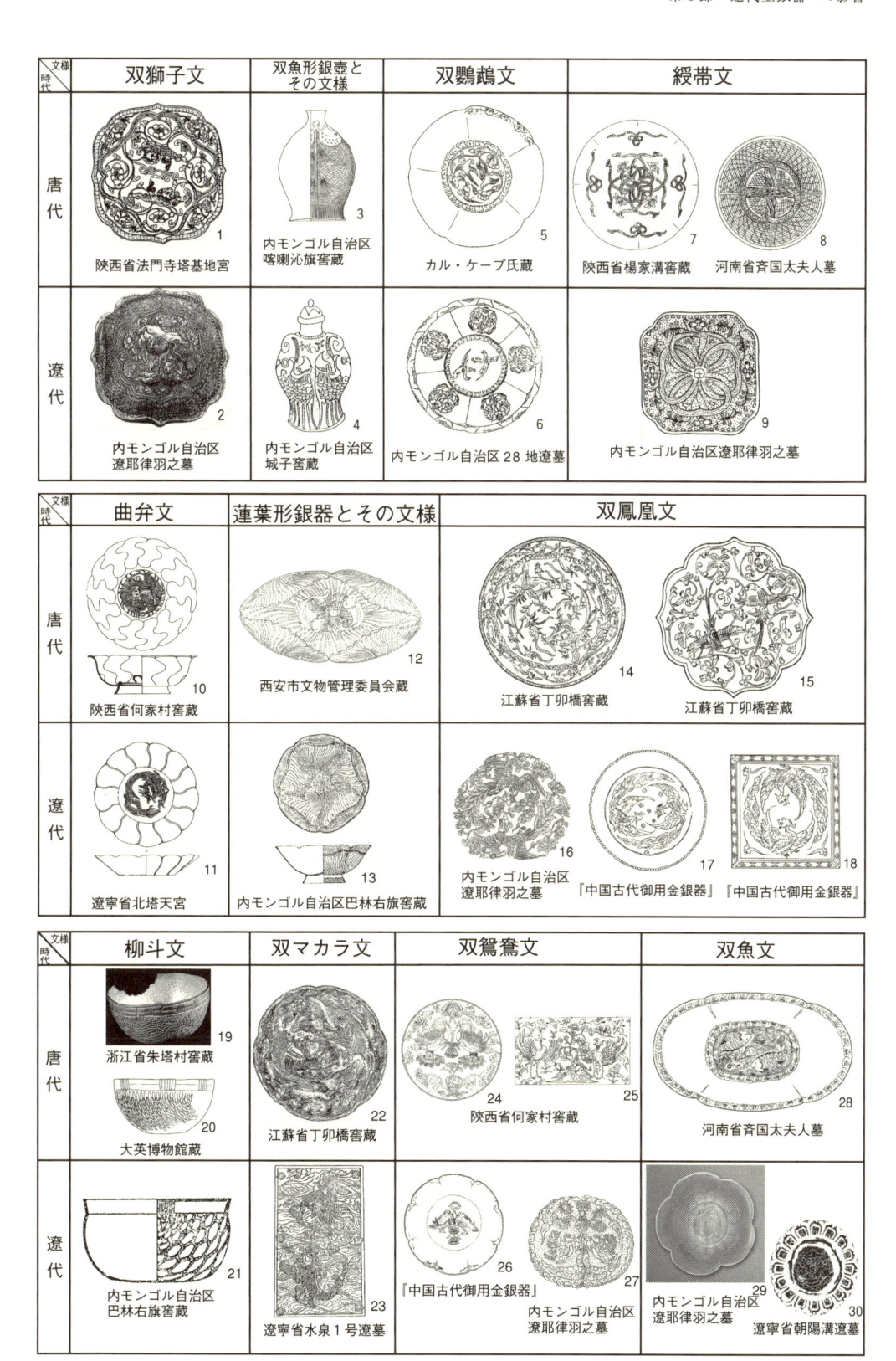

図Ⅵ-4　唐・遼代金銀器文様（1）（縮尺不同）

第Ⅵ章　唐代金銀器文様の影響

同省建昌県亀山1号遼墓出土の銀杯［靳楓毅ほか 1985］のいずれも胴部に曲弁文を施している。何家村窖蔵出土の海獣水波文銀碗の胴部（図Ⅵ-4の10）や金鐺の胴部の造形とよく似ている。その祖型は、河北省賛皇県東魏李希宗墓出土の銀杯胴部の曲弁文に求められる。孫機［1996a］氏は、この曲弁文銀器について論じ、それはササン朝ペルシアとサルマタイからソグドを経由して、中国に伝えられたと指摘した。くわえて、唐代曲弁文銀器も後の遼代金銀器に影響を与えたと思われる。

6　蓮葉形銀器とその文様

　内モンゴル自治区巴林右旗窖蔵出土の蓮葉形銀碗（図Ⅵ-4の13）［巴右文ほか 1980］は、上から見れば、五弁の蓮葉形を呈し、胴部には葉の筋目を線刻していて、銀碗の造形と文様が完璧に組み合わされたものである。西安市文物管理委員会所蔵の1点の蓮葉形長杯（図Ⅵ-4の12）には、この遼代の蓮葉形銀碗のモチーフの祖型が求められる。ほかにも、丁卯橋窖蔵出土の蓮葉形銀蓋、法門寺塔基地宮出土の蓮葉形銀蓋、水邱氏墓出土の銀碗の蓋などがある。
　蓮葉形文は、金銀器高台側面にも線刻されている。遼耶律羽之墓出土の金杯高台の側面、彰武県朝陽溝遼墓出土の鍍金銀托の口縁には蓮葉形文が線刻されており、いずれも葉の筋目がはっきりと見える。この装飾意匠は、唐代金銀器装飾文様の特徴の一つでもある。例えば、法門寺塔基地宮出土の銀香宝子の高台、水邱氏墓出土の銀杯の高台には、それぞれ蓮葉形文と鯰や鳥文からなる構図が線刻されており、葉の筋目までもはっきりと見える。唐代金銀器の中には、前述したように蓮葉形の金銀器も数多く発見され、比較すれば、唐代金銀器の影響を受けたことは明らかである。

7　双鳳凰文

　遼代金銀器の中には、点対称に配する双鳳凰文が数多くある。例えば、内モンゴル自治区遼耶律羽之墓出土の鍍金銀盤（図Ⅵ-4の16）［内蒙古文物考古研ほか 1996］の内底、河北省易県浄覚寺塔基地宮出土の銀盒の蓋［河北省文管処 1986］のいずれにも点対称の双鳳文が装飾されている。『中国古代御用金銀器』に収録された遼代銀杯・銀盒（図Ⅵ-4の17・18）にも点対称の双鳳凰文がある［韓偉 2001］。こうした意匠は丁卯橋窖蔵出土の銀盒の蓋（図Ⅵ-4の14・15）に求められる。

8　柳斗文

　昭烏達盟巴林右旗の遼代窖蔵出土の柳斗文銀杯（図Ⅵ-4の21）［巴右文ほか 1980］は、外壁に柳斗形文様が打ち出され、造形は真に迫る。浙江省淳安県朱塔村唐代窖蔵から1点出土した柳斗文銀杯（図Ⅵ-4の19）とよく似ている。類例は、大英博物館にも1点所蔵されている（図Ⅵ-4の20）［韓偉 1989b］。遼代の柳斗文銀杯とその柳斗文は、いずれも唐代の影響を受けたものであろう。遼

代金銀器のみならず、陶磁の柳斗文杯もしばしば発見されている。例えば、北京市遼韓佚墓から白磁柳斗文杯が1点出土した［北京市文物工作隊 1984］。

9 マカラ文

　マカラ文は、遼代の金銀器、銅鏡、陶磁器などに装飾される重要な文様の一つである。点対称のマカラ文は、遼代金銀器にもよく見られる。例えば、遼寧省北票県水泉1号遼墓出土の銀飾（図Ⅵ－4の23）は、一対のマカラが向かい合って泳ぎ、マカラの間にはマニ宝珠が置かれ、周りには連弁文を鏨彫りし、水波文が地文として鏨彫りされている［遼寧省博物館 1977］。遼寧省彰武県朝陽溝遼墓出土の鍍金銀鞴［李宇峰ほか 2003］、内モンゴル自治区吐尔基遼墓出土の銀盤内底［内蒙古文物考古研 2004］にも類似するマカラが鏨彫りされている。このような装飾意匠は、唐代金銀器にしばしば見られる。例えば、丁卯橋窖蔵出土の銀盆の内底には、一対の点対称のマカラ（図Ⅵ－4の22）を彫刻しており、周りに蓮華や魚などを配し、マカラ同士が追いかけ合っているように見える。繁峙県金山舗郷上浪澗村窖蔵出土の銀碗の内底には、一対のマカラ文とその周りに水波文が鏨彫りされており、中央に一つのマニ宝珠が置かれている。

10 双鴛鴦文

　遼耶律羽之墓出土の鍍金銀唾壺の胴部の双鴛鴦文（図Ⅵ－4の27）は、一対の鴛鴦が向かい合って配され、花樹を中央に置き、それらは線対称に配置されている。こうした意匠は、何家村窖蔵出土の銀方盒の側面の双孔雀文の構図（図Ⅵ－4の25）とよく似ている。『中国古代御用金銀器』に収録された遼代銀碗は、向かい合った鴛鴦文（図Ⅵ－4の26）を装飾し、両方とも綬帯を嘴に銜えている。こうしたモチーフは、何家村窖蔵出土の銀盒の蓋の双鴛鴦文（図Ⅵ－4の24）によく見られる。

11 双魚文

　遼耶律羽之墓出土の金碗や金杯（図Ⅵ－4の29）も朝陽溝遼墓出土の鍍金銀托（図Ⅵ－4の30）［李宇峰ほか 2003］も一対の鯰や鯉を鏨彫りしており、鯰や鯉の間には蓮弁文やマニ宝珠が置かれ、鯰や鯉は向かい合って泳ぎ回っている。こうしたモチーフは、唐代金銀器にしばしば見られる。例えば、斉国太夫人墓出土の銀長杯の内底（図Ⅵ－4の28）、丁卯橋窖蔵出土の銀碗の蓋、カル・ケープ氏所蔵の銀匙の内底［韓偉 1989b］、西安市文物管理委員会所蔵の双魚荷葉銀長杯［韓偉 1989b］の内底、繁峙県金山舗郷上浪澗村窖蔵出土の銀托［李有成 1996］の内底に、いずれにも向かい合って泳ぎ回る鯰や鯉を鏨彫りしており、それらは遼代金銀器の同類文様の祖型になったと考えられる。

12　双鴻雁文

　遼耶律羽之墓出土の五弁花形金碗・鍍金銀唾壺（図Ⅵ-5の2・3）の胴部には、一対の鴻雁が向かい合って配置され、いずれも嘴に小枝を銜え、あるいは蓮華の上に立つ双鴻雁文が装飾されている。このような装飾意匠は、唐代金銀器によく採用されている。例えば、何家村窖蔵出土の銀盒の蓋の双鴻雁文（図Ⅵ-5の1）がその代表的な例であり、遼代金銀器の同類文様の祖型と考えられる。

13　天馬文

　遼代金銀器装飾文様の中には、天馬文がしばしば見える。例えば、遼寧省彰武県朝陽溝遼墓出土の鍍金銀飾には、疾駆する天馬文（図Ⅵ-5の5）の彫刻があり、天馬文の翼は焔肩一本形を呈している。内モンゴル自治区敖漢旗沙子溝遼墓からは鍍金銅馬具が24点出土しており、それらの上に装飾されている天馬文［敖漢旗文管所 1987］は翼が焔肩一本形を呈する。これらの天馬文は、唐代金銀器や銅鏡の天馬文とよく似ている。例えば、ニューヨーク山中商会所蔵の唐代鏡の銀背には、焔肩一本形翼を持つ天馬文（図Ⅵ-5の4）がある。遼代の天馬文は、唐の影響を受けたものといえるであろう。

14　鹿　文

　遼代金銀器には、鹿文が数多く装飾されており、しかも枝角が霊芝形を呈する鹿文は、唐代金銀器のみならず、壁画や墓誌や石碑などにもよく見られる。赤峰市城子窖蔵出土の鍍金銀鶏冠壺の両側には、枝角が霊芝形を呈した臥鹿文（図Ⅵ-5の7）を装飾している［項春松 1985］。遼寧省彰武県朝陽溝遼墓出土の銀飾（図Ⅵ-5の8）には、円座の上に2頭の臥鹿を装飾しているが、この姿態は唐代壁画などにもよく見られる。例えば、陝西省富平県唐墓壁画［井増利ほか 1997］では、1頭の獅子が円座の上に臥せている。その鹿文は、喀喇沁旗窖蔵出土の銀盤の内底に装飾された臥鹿文（図Ⅵ-5の6）と類似している［喀喇沁旗文化館 1977］。

　立鹿文もよく見られる。彰武朝陽溝遼墓出土の鍍金銀飾には、霊芝形枝角を持つ立鹿文（図Ⅵ-5の11）が彫刻されているが、鹿の頭は後方を振り返っており、魚々子を地文とし、周りに唐草を配している。個人所蔵の金鶏冠壺の側面には、振り返って歩くように見える立鹿文（図Ⅵ-5の12）がある［張景明 2005］。その装飾意匠は、正倉院所蔵銀盤（図Ⅵ-5の9）や河北省寛城県大野峪村窖蔵出土の銀盤（図Ⅵ-5の10）の鹿文とよく似ており、相互の関係を明らかにすることができる。

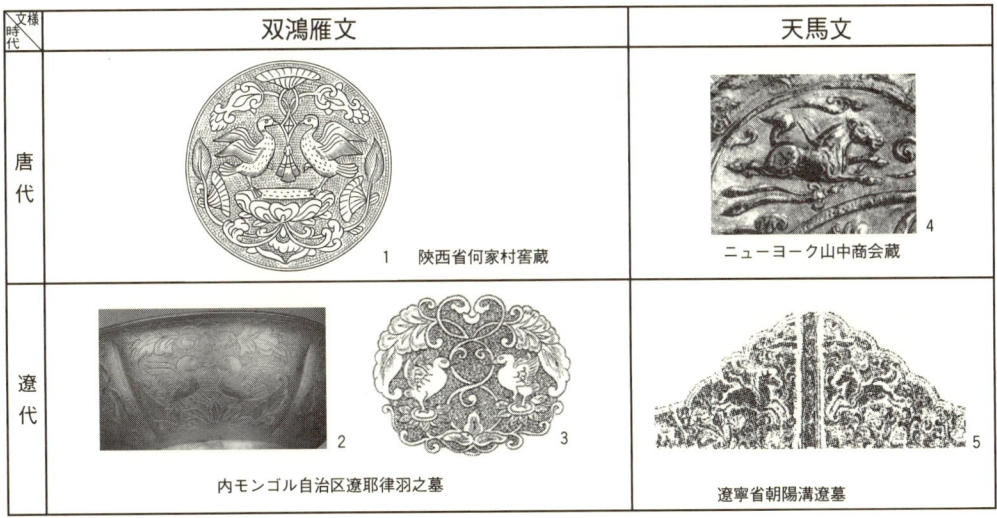

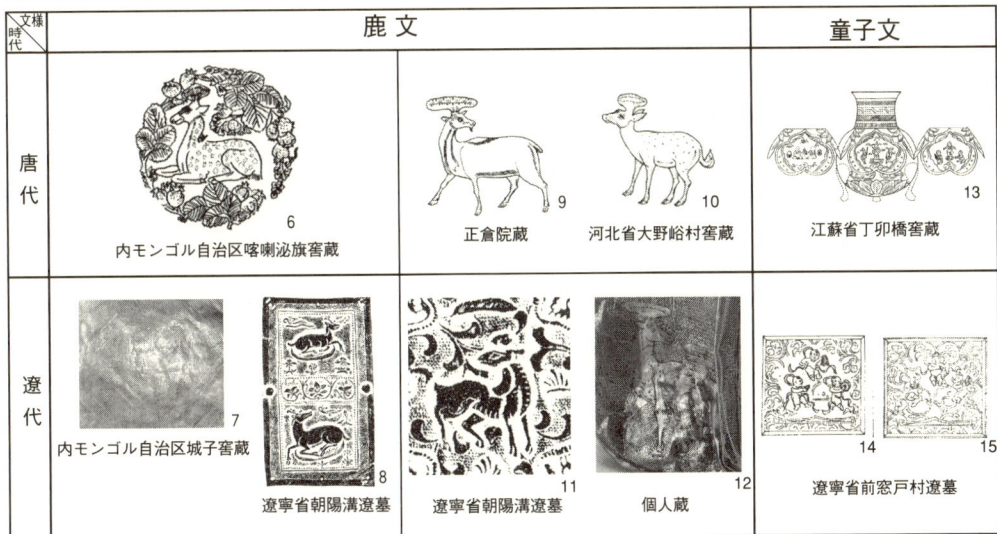

第3節 遼代金銀器への影響

文様 時代	双鴻雁文		天馬文
唐代	1 陝西省何家村窖蔵		4 ニューヨーク山中商会蔵
遼代	2 3 内モンゴル自治区遼耶律羽之墓		5 遼寧省朝陽溝遼墓

文様 時代	鹿文			童子文
唐代	6 内モンゴル自治区喀喇沁旗窖蔵	9 正倉院蔵	10 河北省大野峪村窖蔵	13 江蘇省丁卯橋窖蔵
遼代	7 内モンゴル自治区城子窖蔵　8 遼寧省朝陽溝遼墓	11 遼寧省朝陽溝遼墓	12 個人蔵	14 15 遼寧省前窓戸村遼墓

図Ⅵ-5　唐・遼代金銀器文様（2）(縮尺不同)

1 内モンゴル自治区遼耶律羽之墓　　2 内モンゴル自治区沙子溝遼墓　　3 遼寧省葉茂台遼墓

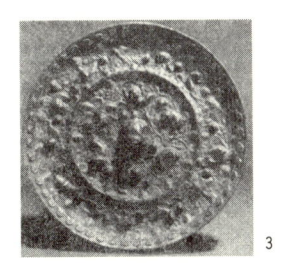

図Ⅵ-6　遼代銅器 (縮尺不同)

265

第Ⅵ章　唐代金銀器文様の影響

15　童子文

　朝陽市前窓戸村遼代墓出土の鍍金銀金具［靳楓毅 1980］に装飾された童子の遊ぶ様子（図Ⅵ－5の14・15）は、丁卯橋蔵窖蔵出土の銀壺の胴部の童子文（図Ⅵ－5の13：写真35）とよく似ている。両者の間には深い関係があると考えられる。唐代の影響を受け入れたものであることは明らかである。

16　魚々子文

　魚々子文は、唐代金銀器装飾文様の特徴の一つであり、一般に地文として採用されている。遼代金銀器だけではなく、銅器にも魚々子地文が打ち出されている。例えば、耶律羽之墓出土の鍍金銅飾（図Ⅵ－6の1）は、いずれも魚々子地文が打ち出されている。この装飾意匠は、唐代金銀器の特徴であり、遼代の魚々子文は唐代金銀器の影響を受けたと言えるであろう。

17　花弁文

　一般に金銀器口縁や高台縁などに装飾されている。その形状は一つ一つの花弁状を呈し、蓮華弁とも呼ばれ、補助文様としてしばしば採用される。唐代金銀器に花弁文は数多くある。

小　結

　前述したように、遼耶律羽之墓出土の遼代金銀器には、唐代金銀器の装飾文様との類似点が多く、しかも金銀器の造形も唐代金銀器とよく似ている。発掘調査によると、被葬者の耶律羽之本人は941年に埋葬されており、この年は唐王朝の滅亡から僅か30年を経たにすぎない。そのため、唐王朝と密接な関係を有する遼王朝が唐代金銀器の要素を採り入れた可能性はきわめて高い。金銀器だけではなく、遼墓から出土した唐代銅鏡あるいは唐式銅鏡も多い。例えば、内モンゴル自治区敖漢旗沙子溝遼墓（図Ⅵ－6の2）と哲里木奈林稿盟遼墓［内蒙古文物工作隊 1981］から出土した銅鏡は、その造形と文様がいずれも唐代銅鏡の特徴とよく符合する。なお、遼寧省法庫県葉茂台遼墓からは1点の典型的な唐代海獣葡萄銅鏡（図Ⅵ－6の3）が出土した［遼寧省博ほか 1975］。いずれにせよ、遼代金銀器装飾文様の中には、唐代金銀器文様の要素が色濃く残存していると見てよい。
　遼代金銀器と宋代金銀器とを比較すると、むしろ遼代金銀器のほうが唐代の要素をより強く受けたように見える。おそらく、唐王朝が滅亡した後、中原地域が戦乱に陥ったため、唐代の工匠が契丹に亡命し、さらに唐代文化が契丹に伝えられた。こうした事実からすれば、唐代文化が遼代文化に与えた影響の強さが窺い知れるであろう。

第4節　陶磁器への影響

　唐代金銀器の装飾文様は、五代・北宋・遼代に影響を与えただけではなく、同時代の陶磁器にも強い影響を与えた。これまでの発掘調査を経て出土した、金銀器を模倣した陶磁器の発見例は決して少なくない。唐代には陶磁器の製造も盛んになり、かつてなく優れた造形や文様が数多く出現した。この二つの異なる製造業は、唐代文化を象徴する文化要素として、世界に大きく貢献した。何故、唐代に至って陶磁器の造形や装飾文様が大きく変化してきたのかという理由を考えると、もちろん、陶工自身の創造力と技術の発展も考慮しなければならないが、同時代の別材質のもの、例えば、金銀器の造形から優れたところを採用し、想像力を活発化させ、素晴らしい陶磁工芸品が誕生したと考えれば、理解しやすくなるであろう。

　これまで唐墓・窯跡・窖蔵等から出土した陶磁器の造形を金銀器と比較すると、類似する例がしばしば認められ、同時代の金銀器を模倣したことが、近年の発掘調査と比較研究によって明らかになってきた。金銀器の新たな造形は、人々を魅了し、同時に陶磁器にも強い影響を与え、陶磁焼造業の発展を大きく促した。特に三彩陶器は、金銀器の造形だけでなく、金銀器特有の魚々子文さえも忠実に模倣しており、金銀器からの影響を受けた証拠と見なされてきた。残念ながら、金銀器と陶磁器の造形関係を正面から取り扱った論文は少なく、たとえあっても、別の研究テーマに付随するかたちで取り上げられ、あまり詳しく論じられることはなかった。論文のほかに、さまざまな図録において、金銀器と陶磁器の造形関係についてすでにふれたものがある。例えば、近年出版され、金銀器を中心に扱った『花舞大唐春』［陝西歴史博ほか 2003］には、金銀器を説明する際、同形の陶磁器の図面や写真も横に並べられ、双方の関係を明示するような新しい視点が導入された。最近、金銀器から玉石器への影響について述べた論文も発表されている［盧兆蔭ほか 2004］。それらの検討もあわせて、本節では唐代金銀器とその陶磁器の造形関係を中心に論を進めたい。

1　陶磁器造形への影響

　金銀器からの影響を受けた陶磁器の種類は、少なくない。本節では、その中の高足杯、胡瓶（水差し）、多曲長杯、把手付杯、花弁形碗、折腹碗（胴部中ほどで直線的に折れる）などを主として取り上げ、論じることにしたい。以下、個々の文物について検討する。

（一）高足杯

　唐代金銀高足杯は、中国の伝統的な造形ではなく、それに類似する鍍金青銅高足杯が魏晋南北朝時代に中国に輸入されていた。例えば、大同市北魏都城跡では東ローマ製とされる鍍金青銅製高足杯（図Ⅵ－7の1）が発見されている［出土文物展覧工作組 1973］。湖南省長沙市隋墓からは1

点の銅高足杯（図Ⅵ-7の4）も出土した［湖南省博 1959b］。陶磁高足杯で、金・銀高足杯を模倣し始めたのは、東晋時代にまでさかのぼる。例えば、湖南省長沙市東晋墓から出土した1点の陶高足杯が報告されている［湖南省博 1965］。また、山東省臨県北斉李氏墓から1点の白磁高足杯も発見された［李建麗ほか 1991］。スウェーデン人学者のBo. Gyllensvard［1957］氏は、唐代金銀器と陶磁高足杯との関係をすでに指摘していた。桑山正進［1970］氏は、唐時代金銀器の編年研究において、陶磁高足杯と金銀器との関係に注目し、陶磁器の編年を用いて、高足杯の中国への輸入時期を推定した。斉東方［1994］氏は、中国で発見された高足杯が東ローマの影響を受けたと指摘した。筆者も、これまでの研究成果にくわえて、金・銀高足杯は陶磁器だけでなくガラス、青銅器、滑石器、錫器などへも影響を与えたことを指摘した。

青銅製の高足杯としては、河南省鞏義市芝田鎮88ＨＧＺＮ66号唐墓出土の1点（図Ⅵ-7の9）［鄭州市文物考古研 1999b］、黒川古文化研究所蔵の2点［大阪市立博 1978］、サンフランシスコ美術館所蔵の1点が知られている［韓偉 1989b］。黒川古文化研究所には、滑石高足杯も1点所蔵されている［大阪市立博 1978］。広東省欽州市唐墓（図Ⅵ-7の5）［ＮＨＫ大阪放送局ほか 1992］と西安市郊区唐墓（図Ⅵ-7の6）［中国社科院考古研 1966］からそれぞれ1点ずつガラス高足杯が出土した。なお、湖南省長沙市赤峰2号唐墓からは錫高足杯が1点発見された［湖南省博 1960a］。唐代陶磁高足杯の造形は、同時代の金銀高足杯と類似していると言える。

隋代金銀高足杯は、胴部がやや浅い碗形を呈し、高足がラッパ形を呈するとともに、高脚中部と胴部中央に細い節状の突帯があり、これらが隋代金銀高足杯の特徴となる。特に細い節状の突帯が、金銀器と共通する大きな特徴となっている。その典型的な例として、李静訓墓から金・銀高足杯がそれぞれ1点ずつ出土した［中国社科院考古研 1980］。陶磁高足杯が、同形の金銀高足杯の細い節状の突帯を取り除いただけで、他の部分は金銀高足杯と同じ特徴を持っているということは、金・銀高足杯造形の影響を受けた証拠になるであろう。例えば、太原市隋斛律徹墓から青磁高足杯（図Ⅵ-7の7）［山西省考古研ほか 1992］が1点、江西省清江県隋墓から白磁高足杯（図Ⅵ-7の8）［範鳳妹ほか 1991］が1点発見され、いずれも金・銀高足杯の特徴を採り入れたものであった。

唐代金銀高足杯は、隋代の作例とやや異なる点がある。第一は胴部が深くなって、丸い筒形を呈し、第二は高脚中部に算盤玉状の装飾が付加され、第三は胴部と高足部の間に丸い皿形の托があり、第四は口縁部の直下に節状の突帯をめぐらす。以上の四つの点が、唐代金・銀高足杯の重要な特徴となる。典型的な例は、沙坡村窖蔵から1点出土した（図Ⅵ-9の1）［鎮江市博ほか 1985］。一方、陶磁高足杯は、金銀高足杯の造形をそっくりそのまま模倣して、各地の窯場で焼造された。また、これまで発見された陶磁高足杯は、唐代のものが圧倒的多数を占めている。これまで中国国内で発見・発表された主要なものを表38に掲げる。

唐代陶磁高足杯においては、湖南省長沙市唐墓から発見されたもう一種の双胴形の高足杯［周世栄 1982］にも注意すべきである。これも金・銀高足杯造形の影響を受け入れ、中国の伝統文化と結合し独自の考え方によって創造されたものと思われる。このような陶磁高足杯は、脚の上に双胴部を載せた器形から考えると、中国における伝統的な婚礼儀式の際、夫婦の契りを固めるた

第 4 節　陶磁器への影響

表38　陶磁製高足杯一覧

番号	出　土　地	材質	法量(cm)	時　代	点数	出　典
1	山西太原斛律徹墓	磁器	口径7.7、高7.2	隋(587)	1	山西省考古研ほか 1992
2	江西省清江隋墓	磁器	口径10、高9	隋	2	江西省文管委 1960
3	湖南省長沙野坡4号墓	陶器	口径6.5、高8	隋	1	湖南省博 1965
4	広東省英徳洽洸24号墓	陶器	口径10.4、高12	隋末唐初	1	徐恒彬 1963
5	湖南省長沙咸嘉湖唐墓	磁器	口径6.5、高6.5	初唐	1	湖南省博 1980
6	河南省鞏義北窯湾6号墓	三彩	口径6、高7	盛唐	1	河南省文物考古研ほか 1996
7	湖南省長沙黄土嶺024号墓	陶器	口径6.5、高7	初唐	1	周世栄 1982
8	湖南省長沙糸茅冲38号墓	磁器	不明	唐	1	同上
9	湖南省長沙左家塘36号墓	磁器	不明	唐	1	同上
10	湖南省長沙35号墓	陶器	口径6.5、高7.8	唐	1	湖南省博 1966
11	山西省太原金盛村唐墓	三彩	不明	唐	1	山西省文管委 1960
12	江西新干塔下窯址	磁器	不明	唐	1	文物編集委員会 1984
13	江西省豊城羅湖窯	磁器	口径7.4-10.6、高7-10	唐	3	同上
14	広西桂林窯址	磁器	口径6.5-7.2、高7.1-7.9	唐	17	桂林博 1994
15	湖南省長沙窯址	磁器	口径8.5、高8	唐	9	長沙窯課題組 1996
16	四川省江油青蓮窯址	磁器	口径6.6、高7.5	唐	1	黄石林 1990
17	江蘇省鎮江唐墓	磁器	口径10.4、高10.8	唐	1	鎮江博 1985
18	陝西省唐節愍太子墓	白磁	口径4.1、高さ3.6	唐(710)	1	陝西省考古研ほか 2004

めに使用された杯と考えられる［王子今 1986］。それは、中国の伝統文化と外来文化が結び付いた典型的な例であろう。

（二）胡瓶（水差し）

　胡瓶は、日本で「水差し」と呼ばれ、ヨーロッパおよび西・中央アジアで愛用されたものである。また多くの学者達が、研究上最も興味を抱く器種でもある。中国古代文献によると、魏晋南北朝時代にすでに中国に輸入されていたことがわかる。例えば、『太平御覧』巻758に引く『前涼録』には、「張軌時、西胡致金瓶、皆拂林作、奇状、並人高、二枚」と、『十六春秋』巻72にも、「是時西胡致金瓶、皆拂林作、奇状、並人高、二枚」と記されている。正倉院に所蔵されている『東大寺献物帳』にも、「漆胡瓶一口、銀平脱花、鳥形、銀細鏤連系鳥頭蓋、受二升半」と記録されている［京都国立博 1981］。なお、漆胡瓶（図Ⅵ-7の11）は、現在、正倉院に所蔵されている。唐墓壁画や石槨の線刻画にも胡瓶を持つ人物がしばしば見える。また、胡瓶を持つ胡人俑も多量に発見され、それは胡瓶が外国からの輸入品であることを如実に物語っている。例えば、陝西省乾県永泰公主墓出土の石槨には、胡瓶を持つ仕女像（図Ⅵ-7の12）が彫刻されている［陝西省文管委 1964］。陝西省礼泉県安元寿墓壁画には胡瓶を持つ男性像（図Ⅵ-7の13）が描かれている［昭陵博 1988］。これまでに知られる中国で最古の胡瓶は、固原県北周李賢夫婦墓から出土したササン朝ペルシア製とされる優れた造形の銀胡瓶（図Ⅵ-7の16）［寧夏回族自治区博ほか 1985］　であ

第Ⅵ章　唐代金銀器文様の影響

1　山西省大同市北魏都城跡
2　陝西省隋李静訓墓
3　陝西省隋李静訓墓
4　湖南省長沙市隋墓
5　広東省欽州唐墓
6　陝西省西安市郊区唐墓
7　山西省隋斛律徹墓
8　江西省清江県隋墓
9　河南省芝田唐墓
10　湖南省長沙唐墓
11　正倉院蔵
12　陝西省永泰公主墓
13　陝西省唐安元寿墓
14　河南省鄭州市19中学校唐墓
15　天理参考館蔵
16　寧夏回族自治区北周李賢墓
17　東京国博法隆寺宝物館蔵
18　河北省五代定窯跡

図Ⅵ－7　高足杯・胡瓶（縮尺不同）

る。唐代銀胡瓶は、李家営子墓から1点発見されている（図Ⅵ-9の5）。もう1点の把手を欠く銀胡瓶が河北省寛城県大野峪村窖蔵から出土した（図Ⅵ-9の6）。後二者は、いずれもソグド製とされる［斉東方 1999b］。

　陶磁胡瓶と銀胡瓶を詳しく比較すれば、類似する点もあるが異なる点もある。それは、確かに胡瓶という意匠が西・中央アジアから伝来し、陶磁器に強い影響を与えた。しかしそれだけでなく、陶磁胡瓶は銀胡瓶を模倣する際、陶磁器の工芸的な特徴と中国の伝統的な美を見分ける観点の両方を考慮して新たに創造された造形と考えればよいであろう。まず把手部が龍形あるいは枝形になる。その後、想像力の乏しいソグドとササン朝ペルシアの千編一律のアヒル嘴形の口縁部を、鳳首形や竜首形あるいは花弁形に変化させ、台付部が幅広く算盤玉のような隆起を持ったものが少なくなる。陝西省富平県唐李鳳墓から発見された1点の白磁胡瓶（図Ⅵ-9の7）［富平県文化館ほか 1977］には、口縁部にまだアヒル嘴形の影響をいくぶん残しているが、中国歴史博物館（現中国国家博物館）に所蔵されている1点の白磁胡瓶（図Ⅵ-9の8）［李知宴 1972］の口縁部は、完全な鳳首形になっている。西安市西郊三橋出土の三彩胡瓶（図Ⅵ-9の9）の口縁部は、鳳首形を呈している［東京国立博ほか 1998］。日本にも、胡瓶が数点所蔵されている［大阪市立美術館 1978］。東京国立博物館法隆寺宝物館にも口縁部が竜首形で、胴部がササン朝ペルシア風の卵形で、台付部が幅広い隆起を持つ銀竜首胡瓶が1点所蔵されている［毎日新聞社「国宝」委員会事務局 1968］。

　しかしながら、陶磁器以外の胡瓶は、銀胡瓶の造形を受け入れたとき、忠実に模倣したことも明らかである。例えば、河南省鄭州市19中学校唐墓から明器とされる1点の鉛胡瓶（図Ⅵ-7の14）が発見されており［鄭州市文物考古研 1999a］、それはササン朝ペルシアの造形とほぼ同じである。天理参考館には、1点の鉛胡瓶（図Ⅵ-7の15）が所蔵されており、波形把手が中国の特徴を持っているとされる以外は、口縁部から筒形台付まで、いずれもソグド風である［岡山市オリエント美術館 1984］。前述した正倉院の唐代（8世紀）のものとされる漆胡瓶の造形は鳳首胡瓶と異なる点を持ち、造形としてはむしろソグド風である。胡瓶は、唐王朝滅亡後の五代陶磁器にも影響を与えた。例えば、河北省五代定窯から1点の白磁胡瓶（図Ⅵ-7の18）［張立柱 1999］が発見されているが、その出土量は唐代に比べてはるかに減少する。

（三）把手付杯

　把手付杯は、唐代の墓葬・窯跡等から多数発見されており、このような器種が陶磁器の中で初めて出現したのは、唐代である。杯胴部の造形を基準として、筒形、碗形、缶形に分けられ、それぞれ金銀器の中に祖型をたどることができる。唐代金銀把手付杯は、さまざまな造形を見せており、その中の筒形・碗形・缶形の把手杯が陶磁器に影響を与えた。この三種の陶磁把手付杯は、金銀器を模倣する際の特徴にもとづいて、次の四種に分けられる。

　(1) 陶磁筒形把手付杯が同形の金銀杯をそっくりそのまま模倣したもの。杯胴部が筒形を呈し、把手が「6」字形を呈する。典型的な例が、江西省豊城県羅湖洪州窯跡から発見された1点の磁把手付杯（図Ⅵ-9の11）である［文物編輯委員会 1984］。その造形は西安市唐姚無陂墓出土の銀把手付杯（図Ⅵ-9の10）［西安市文物保護考古所 2002a］に類似する。

(2) 陶磁筒形把手付杯は、同形の金銀杯の胴部を模倣しながらも、把手の「6」字形を円環形に変えたもの。何家村窖蔵から出土した銀把手杯（図Ⅵ-9の12）を見れば、金銀器に把手を付けるために、リベット締め（鋲留め）を用いている。陶工が金銀器を模倣する際、材質による造作を考慮して変化させる場合もあり、これは、陶磁器が金銀器を模倣した証拠とみなすべきであろう。例えば、偃師県杏園村2603号唐墓（738）から発見された1点は、把手部に金銀器のリベット締めの様子が明瞭に認められる（図Ⅵ-9の13）。類例は、河南省鞏義市芝田鎮唐墓（図Ⅵ-9の14）［鄭州市文物考古研 1999b］・同市黄冶三彩窯跡［河南省鞏義市文物保護管理所 2000］から数点発見されている。

　(3) 金銀碗形把手付杯は、何家村窖蔵から1点発見された。胴下半部が直線的に折れており、把手には指掛けが付いている。陶磁碗形把手付杯の一部は胴部が碗形金銀把手付杯を忠実に模倣しているが、ほかの一部の陶磁製碗形把手付杯は同形の金銀杯とやや異なり、胴部が弧形で、把手を円環形に変えている。その典型的な例は、河南省鞏義市黄冶三彩窯跡（図Ⅵ-9の16）、西安市熱電廠唐墓［西安市文管処 1991］、西安市郊区（図Ⅵ-9の17）［王仁波 1982］からそれぞれ1点ずつ発見された。日本にも出土地不明の類例1点が所蔵されている［大阪市博 1978］。

　(4) 陶磁器の中では、壺形把手付杯の出土例が筒形より少ない。西安市郊区唐墓から1点の陶壺形把手付杯（図Ⅵ-9の19）が出土した［中国社科院考古研 1966］。日本にも、1点の三彩壺形把手付杯が所蔵されている［大阪市博 1978］。それと類似する金銀器が、何家村窖蔵（図Ⅵ-9の11）［韓偉 1989］と李家営子墓［敖漢旗文化館 1978］からそれぞれ1点ずつ発見されている。そのほか、日本には類品1点が所蔵されている［大阪市博 1978］。これらの杯について、斉東方［1998b］氏は、ソグドからの影響を受けたものと指摘した。一方、孫機［1996b］氏は、李家営子墓から出土した銀把手付杯は突厥の影響を受けたものと指摘した。いずれの場合も、金銀器が陶磁器の造形に影響を与えた明白な実例となる。

(四) 長　杯

　長杯はササン朝ペルシアからもたらされた代表的な輸入品の一種と考えられている。因みに斉東方氏らは、金銀長杯の中国における流行と変化に関する論文を発表し、さらに金銀長杯が陶磁器にも影響を与えたことを指摘した［斉東方ほか 1998］。これまで、中国で発見された最も古い長杯は、北魏のものである［出土文物展覧工作組 1973］。唐代金銀器の中には、銀長杯が数多く散見され、日本にも唐製と見られる長杯が数点所蔵されている。陶磁器の中には、金銀長杯の造形を採り入れており、陶磁器の斬新な造形としたものもある。金銀製長杯には、十二・八・四曲長杯と楕円形長杯があり、なかでも四曲長杯が最も多い。銀長杯から陶磁長杯に影響を与えたものには、八曲・四曲長杯と楕円形長杯の三種がある。

(1) 多曲長杯
　陶磁八曲長杯は多量に発見されている。その造形が銀長杯を模倣して焼造されたことは明白である。これまでに発見された陶磁八曲長杯は、高台付長杯が中心であった。例えば、長沙窯跡から18点（図Ⅵ-9の22）、水邱氏墓から1点（図Ⅵ-9の23）［明堂山考古隊 1981］が発見された。大

第4節 陶磁器への影響

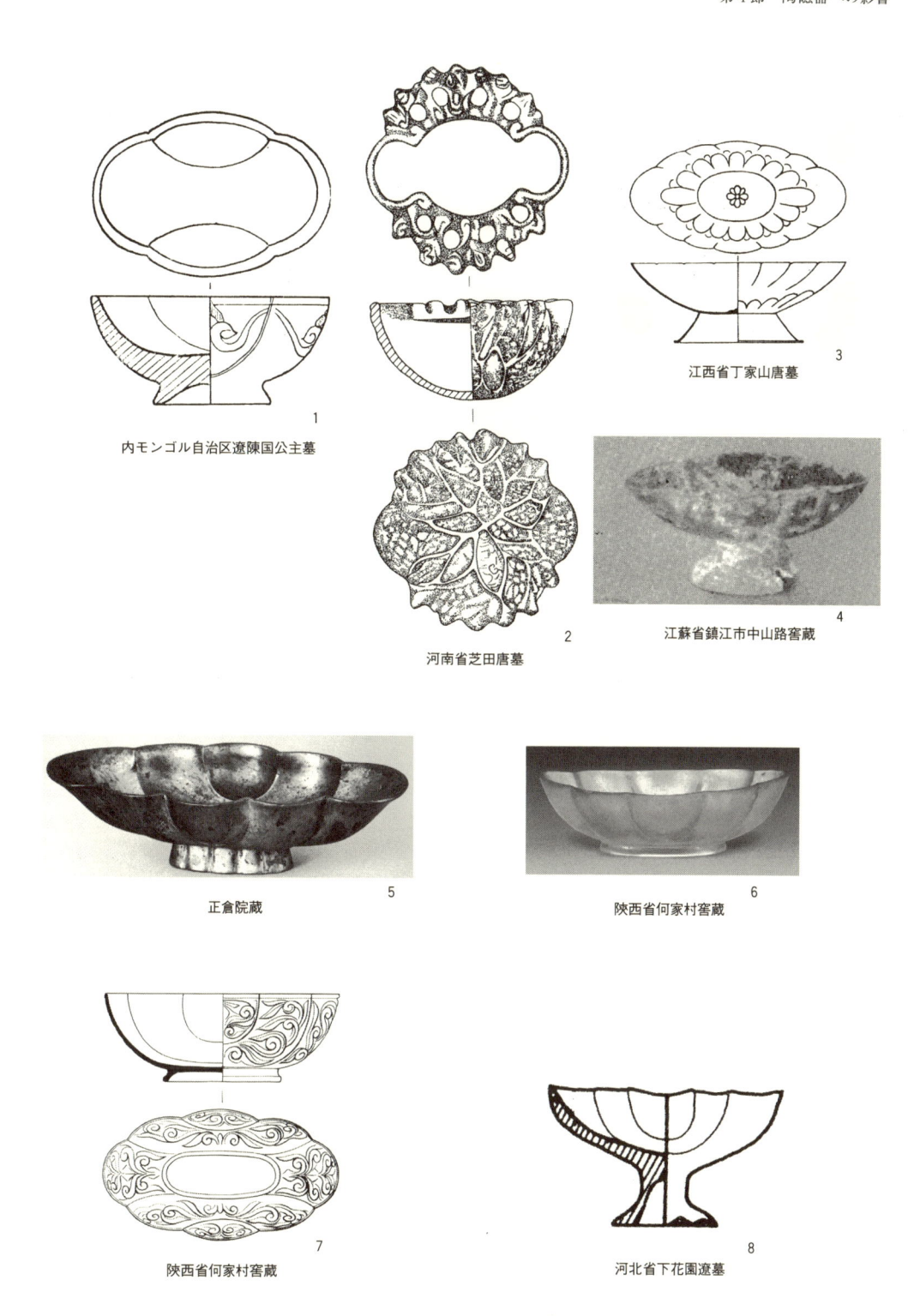

1 内モンゴル自治区遼陳国公主墓
2 河南省芝田唐墓
3 江西省丁家山唐墓
4 江蘇省鎮江市中山路窖蔵
5 正倉院蔵
6 陝西省何家村窖蔵
7 陝西省何家村窖蔵
8 河北省下花園遼墓

図Ⅵ-8 長杯（縮尺不同）

第Ⅵ章　唐代金銀器文様の影響

名称＼材質	高脚杯	胡瓶	
金銀器	1 陝西省沙坡村窖蔵	5 内モンゴル自治区李家営子墓	6 河北省大野峪村窖蔵
陶磁器	2 河南省北窯湾6号唐墓 / 3 陝西省節愍太子墓 / 4 湖南省咸嘉湖唐墓	7 陝西省唐李鳳墓 / 8 中国国家博物館蔵	9 陝西省三橋

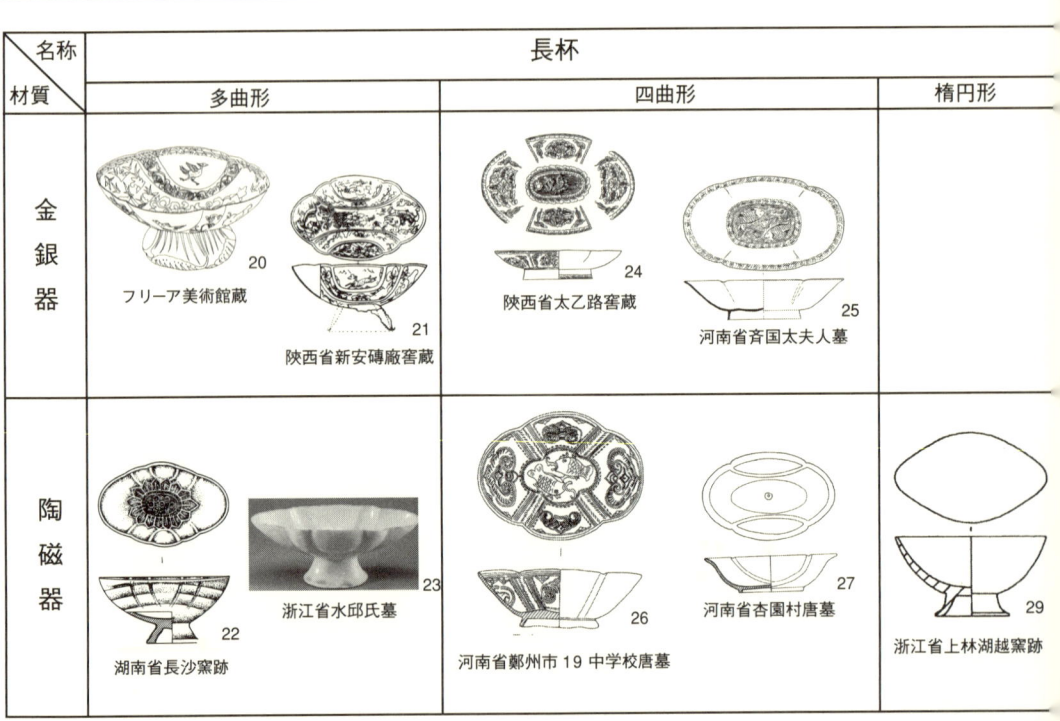

名称＼材質	長杯		
	多曲形	四曲形	楕円形
金銀器	20 フリーア美術館蔵 / 21 陝西省新安磚廠窖蔵	24 陝西省太乙路窖蔵	25 河南省斉国太夫人墓
陶磁器	22 湖南省長沙窯跡 / 23 浙江省水邱氏墓	26 河南省鄭州市19中学校唐墓 / 27 河南省杏園村唐墓	29 浙江省上林湖越窯跡

図Ⅵ-9　唐代金銀器と

第4節　陶磁器への影響

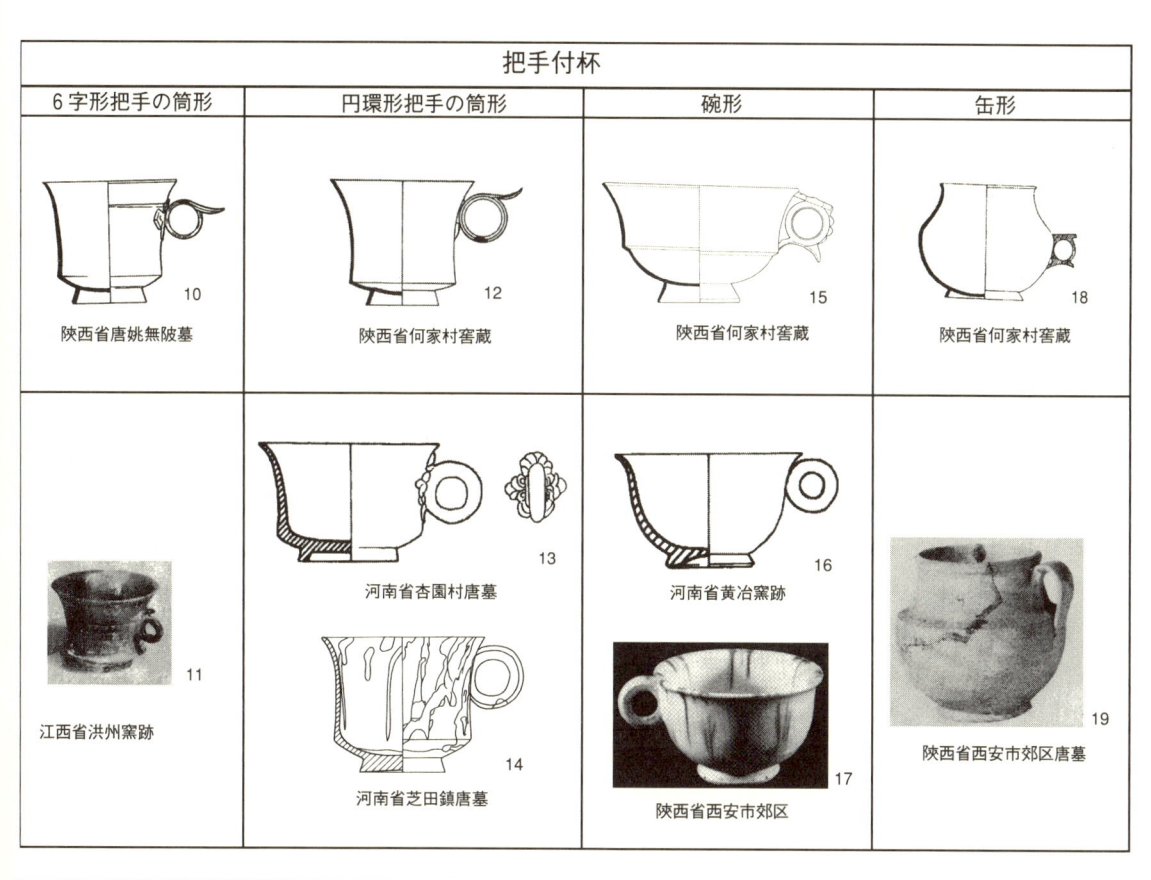

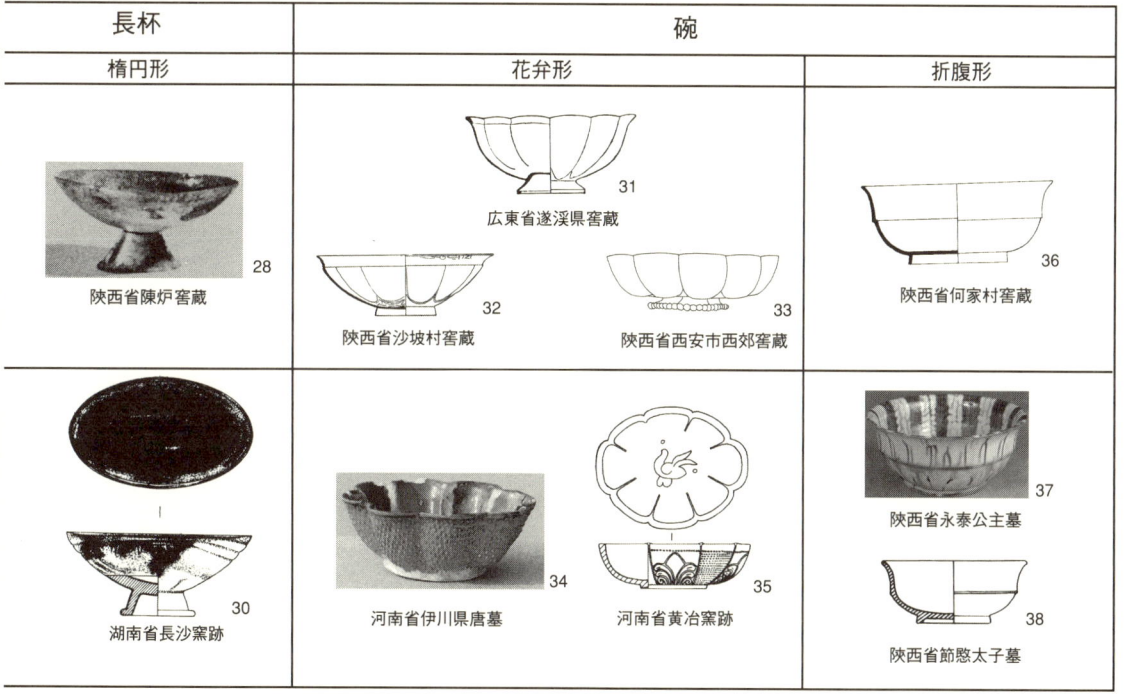

把手付杯			
6字形把手の筒形	円環形把手の筒形	碗形	缶形
10 陝西省唐姚無陂墓	12 陝西省何家村窖蔵	15 陝西省何家村窖蔵	18 陝西省何家村窖蔵
11 江西省洪州窯跡	13 河南省杏園村唐墓　　14 河南省芝田鎮唐墓	16 河南省黄冶窯跡　　17 陝西省西安市郊区	19 陝西省西安市郊区唐墓

長杯	碗		
楕円形	花弁形		折腹形
28 陝西省陳炉窖蔵	31 広東省遂渓県窖蔵　32 陝西省沙坡村窖蔵　33 陝西省西安市西郊窖蔵		36 陝西省何家村窖蔵
30 湖南省長沙窯跡	34 河南省伊川県唐墓　35 河南省黄冶窯跡		37 陝西省永泰公主墓　38 陝西省節愍太子墓

陶磁器の造形（1）（縮尺不同）

和文華館にも1点所蔵されている［大阪市立博 1978］。同形の銀八曲長杯が、中国から流出して外国に所蔵されており、フリーア美術館（図Ⅵ-9の20）、シカゴ美術学院、メトロポリタン美術博物館、カル・ケープ氏のもとに、それぞれ1点所蔵されている［韓偉 1989b］。中国国内では、西安市新安磚廠（図Ⅵ-9の21）［王長啓 1992］と長安県祝村郷羊村墓［王長啓 2003］と浙江省長興県下莘橋窖蔵からそれぞれ1点ずつ銀八曲長杯が発見された。それらのうち、4点の高台に打出しの技法によって優美な蓮華形や花弁形の造形を表現している。陶磁八曲長杯は、口縁部が銀八曲長杯と類似しているが、ラッパ形の高台は銀長杯の蓮華形や花弁形と異なり、表面が素面である。

（2）四曲長杯

四曲長杯は、ササン朝ペルシア長杯をモデルとして唐代工匠が新たに創造・発展させた造形である。このような造形は、金銀器に祖型をたどることができる。陶磁四曲長杯は、発見された例も少なくなく、典型的な例は、鄭州市19中学校唐墓から1点（図Ⅵ-9の26）［鄭州市文物考古研 1999a］、偃師県杏園村5013号唐墓（842）から1点（図Ⅵ-9の27）、浙江省慈渓市上林湖越窯跡［慈渓市博 2002］から3点発見されており、いずれも中晩唐期とされる。同形の金銀長杯は、西安市太乙路窖蔵（図Ⅵ-9の24）、斉国太夫人墓（図Ⅵ-9の25）、河南省三門峡市唐張宏慶墓［三門峡市文物工作隊 1989］からそれぞれ1点ずつ発見された。この造形は、遼代に入ってもその影響がまだ残存している。すなわち、内モンゴル自治区遼陳国公主墓から発見された1点の水晶四曲長杯（図Ⅵ-8の1）［内モンゴル自治区文物考古研ほか 1993］がその実例である。

河南省鞏義市芝田唐墓から1点の耳付きの三彩四曲長杯（図Ⅵ-8の2）の優品［鄭州市文物考古研 1999b］が発見された。同様なものが、朝陽市郊外唐勾龍墓（756）［朝陽市博 1987］と総合廠2号墓［遼寧省博文物隊 1982］からそれぞれ1点ずつ出土しており、同形の長杯の流行年代を決めることが可能となった。また河南省鞏義市黄冶三彩窯跡［河南省鞏義市文物保護管理所 2000］から、同形の長杯を製造する際に使用した鋳型も発見されており、その製造地も解明された。このような造形の三彩長杯は、金銀長杯の四曲部分を採り入れ、しかも中国の伝統的な耳杯と組み合わさって新たに創造されたものであろう。

（3）楕円形長杯

陶磁長杯の中には、口縁部が曲弁ではなく楕円形を呈し、台付が高いラッパ形を呈する造形もある。例えば、長沙窯跡から5点（図Ⅵ-9の30）、慈渓市上林湖越窯跡から1点発見された（図Ⅵ-9の29）。同形の銀長杯が、陝西省銅川市陳炉窖蔵（図Ⅵ-9の28）［盧建国 1981］と湖南省麻陽県唐代窖蔵［懐化地区博ほか 1993］からそれぞれ1点ずつ出土した。いずれの年代も、晩唐期に属する。このような造形は、八曲長杯の基本的造形を見せているが、口縁部の曲弁を取り除いて、簡略化させたものと考える。

長杯は、陶磁器の造形にもすくなからず影響を与えたばかりではなく、青銅器・ガラス器・玉器などにも強い影響を与えた。例えば、江西省瑞昌県丁家山唐墓から十二曲鍍金銅長杯（図Ⅵ-8の3）［瑞昌市博 1995］が、江蘇省鎮江市中山路窖蔵から八曲銅長杯（図Ⅵ-8の4）［江西省博ほか 1995］がそれぞれ1点ずつ出土している。正倉院には銅製の八曲杯（図Ⅵ-8の5）［宮内庁蔵版・正倉院事務所編 1976］が2点所蔵されている。何家村窖蔵からは水晶および玉製の八曲杯（図

Ⅵ-8の6・7）がそれぞれ1点ずつ発見された。長杯は、遼代墓からさえも発見された。例えば、河北省張家口市下花園遼墓から1点の陶八曲長杯（図Ⅵ-8の8）［張家口文管所 1990］が発見されている。

（五）碗

陶磁器と金銀器の中では、碗が最も多く、ごく普通の日常生活品の一種であった。しかしながら、唐代の陶磁碗の中には、以前には見られなかった造形も現われ、それらは金銀碗の中にその祖型をもとめることができる。私見によれば、陶磁碗のうち以下の二種の造形が金銀器からの影響を受けたものと考える。

（1）胴部が花弁形を呈する碗。この造形の碗は、中国の伝統的な碗の中には見られなかったものである。これに類似する碗は、魏晋南北朝時代に西アジアあるいはソグドから中国に輸入された。例えば、広東省遂渓県の南朝時代窖蔵から1点（図Ⅵ-9の31）が発見され、碗の口縁部にソグド文字が刻まれていることから、ソグドからの輸入品の証拠と指摘された［遂渓県博 1986］。沙坡村窖蔵からも、口縁部にソグド文字の刻まれた銀碗（図Ⅵ-9の32）［韓偉 1989b］が1点発見された。西安市西郊窖蔵からも1点の花弁形銀碗（図Ⅵ-9の33）が出土しており［韓偉 1989b］、斉東方［1998b］氏はこの銀碗もソグド産あるいはソグド様式のものと指摘した。胴部が花弁形を呈する陶磁碗は、伊川県唐墓［伊川県文化館 1985］から1点（図Ⅵ-9の34）、鞏義市黄冶三彩窯跡から1点（図Ⅵ-9の35）発見され、胴部には金銀器の特徴とされる魚々子文さえも認められる。

（2）胴部中ほどで直線的に折れる折腹碗は、何家村窖蔵から2点（図Ⅵ-9の36）、沙坡村窖蔵から1点発見された。それ以外に、ヨーロッパと日本の博物館にも同じ造形の碗が多数所蔵されている。中国の伝統的な容器には、胴部中ほどで直線的に折れる形態もあり、例えば、漢代の青銅盤などがそのような特徴を持っている。しかしながら、中国の伝統的な碗は、胴部が常に丸みを持つ、あるいは台付端部より口縁部まで直線的に立ち上がるものが通例である。唐代以前の陶磁器の中には、胴部中ほどで直線的に折れる形態の碗がほとんど見られず、唐代に入って、そのような陶磁器が突然出現した。例えば、陝西省乾県永泰公主墓（706）から1点（図Ⅵ-9の37）［陝西省文管委 1964］、西安市西北国棉五廠65号唐墓（718）［陝西省考古研 1998］から1点、韋美美墓（733）から1点、陝西省富平県唐節愍太子墓から1点（図Ⅵ-9の38）［陝西省考古研ほか 2004］、河北省内丘県邢窯跡第四期遺物［内丘県文物保管所 1987］の中からも発見されている。陶磁碗以外にも、同じ形態の滑石・石製の碗も多数発見されている。偃師県杏園村1710号唐墓（718）から出土した1点の滑石碗がその例である。これらの三彩・陶磁・滑石製の胴部中ほどで直線的に折れる碗は、いずれも7世紀末から8世紀にかけて流行する。これは、同形の金銀碗の流行年代と同時期であり、金銀器からの影響を受けた可能性が高い。逆に年代が明確な墓から出土した胴部中ほどで直線的に折れる陶磁碗は、同形の金銀器の年代を決めるうえで重要な役割を果たすことになる。

（六）盤

唐代三彩陶器の中には、菱花形・葉形・連結形などの陶磁盤がよく見かけられる。

菱花形陶磁盤には、Museum of Far Eastern Antiquities所蔵の四弁菱花形三彩盤（図Ⅵ-10の2）、『世界陶磁全集11　隋・唐』に収録された八弁菱花形三彩盤（図Ⅵ-10の3）などがある。それらの造形の意匠は、河北省寛城県大野峪村窖蔵出土の菱花形銀盤（図Ⅵ-10の1）［韓偉 1989b］と共通点がある。

葉形陶磁盤は、東京国立博物館所蔵の三彩貼花文六葉形盤（図Ⅵ-10の5）が代表的なものである。その三彩盤は、切れ込みの多い葉をアレンジした盤で、全体を六区に仕立てている。各区の葉先は七弧に剝られ、それにしたがって内区もそれぞれ剝り込みとなる。その造形は、内底に貼られた宝相華がメダイヨンの意匠を、また盤底に取り付く三脚が開く前の葉の形を模倣しており、金銀器をはじめとする金属器の意匠を採り入れたと考えられる。西安市東郊八府庄窖蔵出土の銀盤（図Ⅵ-10の4）の造形とよく似ていて、盤の口縁部が誇張しすぎるほど切り込まれている。

連結形陶磁盤は、陝西省富平県唐李鳳墓から出土した三彩盤（図Ⅵ-10の7）［富平県文化館ほか 1977］があり、その造形は何家村蔵出土の双桃形銀盤（図Ⅵ-10の6）の造形と共通点がある。

（七）盒

江蘇省鎮江市の唐墓出土の2点の白磁菱花形盒（図Ⅵ-10の9）は、いずれもラッパ形の高台を持ち、蓋には団花文を装飾している。このような造形は晩唐の金銀器によく認められ、特に丁卯橋窖蔵出土の銀盒（図Ⅵ-10の8）の造形と類似する。山西省忻州市唐高徽墓出土の白磁盒［忻州地区文管処 1998］は、楕円形を呈し、しかもやや曲がっており、蓋には綬帯文と一対の鳥を装飾している。唐代金銀器と直接対比できないが、その造形の意匠は金銀器からの影響を受けたものであろう。

2　陶磁器装飾文様への影響

筆者の検討によれば、唐代金銀器が陶磁器の装飾文様に影響を与えたもののなかでは、三彩陶器が最も多い。主な文様として宝相華文、双鴛鴦文、双鸚鵡文、魚子文、葉弁文、狩猟文などの文様を中心に取り上げたいと思う。

（一）宝相華文

宝相華文は、主に三彩陶器の皿に装飾され、六弁や八弁の対葉文を連接して宝相華文を形成し、接合部や中央に花弁・鳥などを付けくわえ、より華やかな効果を醸し出している。例えば、河南省鞏義市黄冶三彩窯跡からは、宝相華文が装飾される三彩皿（図Ⅵ-11の2）が多量に出土した。慶山寺塔基地宮出土の三彩皿の内底には、六弁の対葉文を連接させ、中央に六弁の小団花を置く［臨潼県博 1985］。西安市西郊熱電廠2号唐墓出土の三彩皿（図Ⅵ-11の3）の内底には、宝相華文を装飾している［陝西省考古研隋唐研究室 2001］。それらの宝相華文は、いずれも六弁、八弁形を呈し、中央には団花を置いて、中央から外側まで二重になり、何家村窖蔵出土の銀盒の蓋の宝相華文（図Ⅵ-11の1）と共通点がある。

第4節　陶磁器への影響

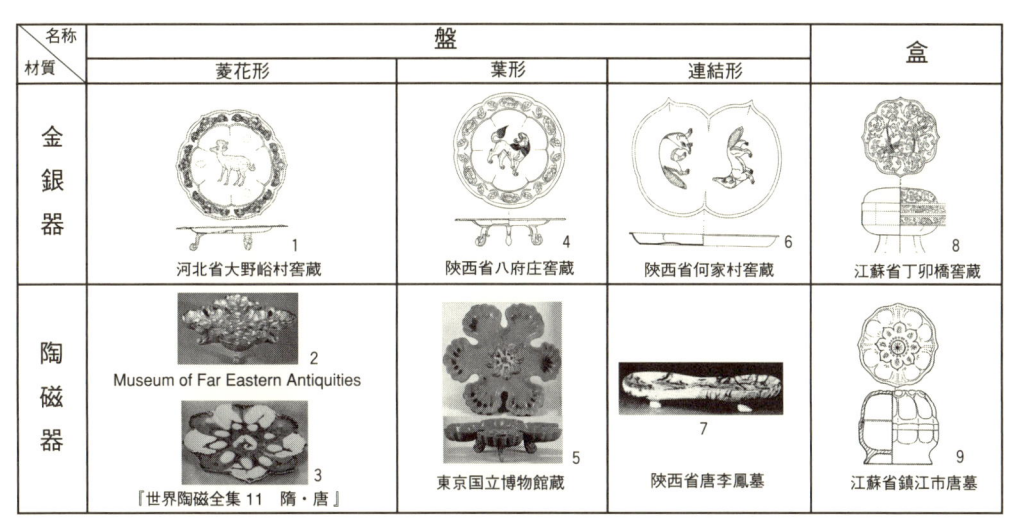

名称＼材質	盤			盒
	菱花形	葉形	連結形	
金銀器	1 河北省大野峪村窖蔵	4 陝西省八府庄窖蔵	6 陝西省何家村窖蔵	8 江蘇省丁卯橋窖蔵
陶磁器	2 Museum of Far Eastern Antiquities / 3 『世界陶磁全集11　隋・唐』	5 東京国立博物館蔵	7 陝西省唐李鳳墓	9 江蘇省鎮江市唐墓

図Ⅵ-10　唐代金銀器と陶磁器の造形（2）（縮尺不同）

文様＼材質	宝相華文		双鴛鴦文	双鸚鵡文
金銀器	1 陝西省何家村窖蔵	4 クリーブランド美術館蔵	7 陝西省何家村窖蔵	10 江蘇省丁卯橋窖蔵
陶磁器	2 河南省黄冶三彩窯跡 / 3 陝西省西安市熱電廠2号唐墓	6, 5 東京国立博物館蔵	8 河南省前李村唐墓 / 9 東京国立博物館蔵	11 浙江省上林湖越窯跡

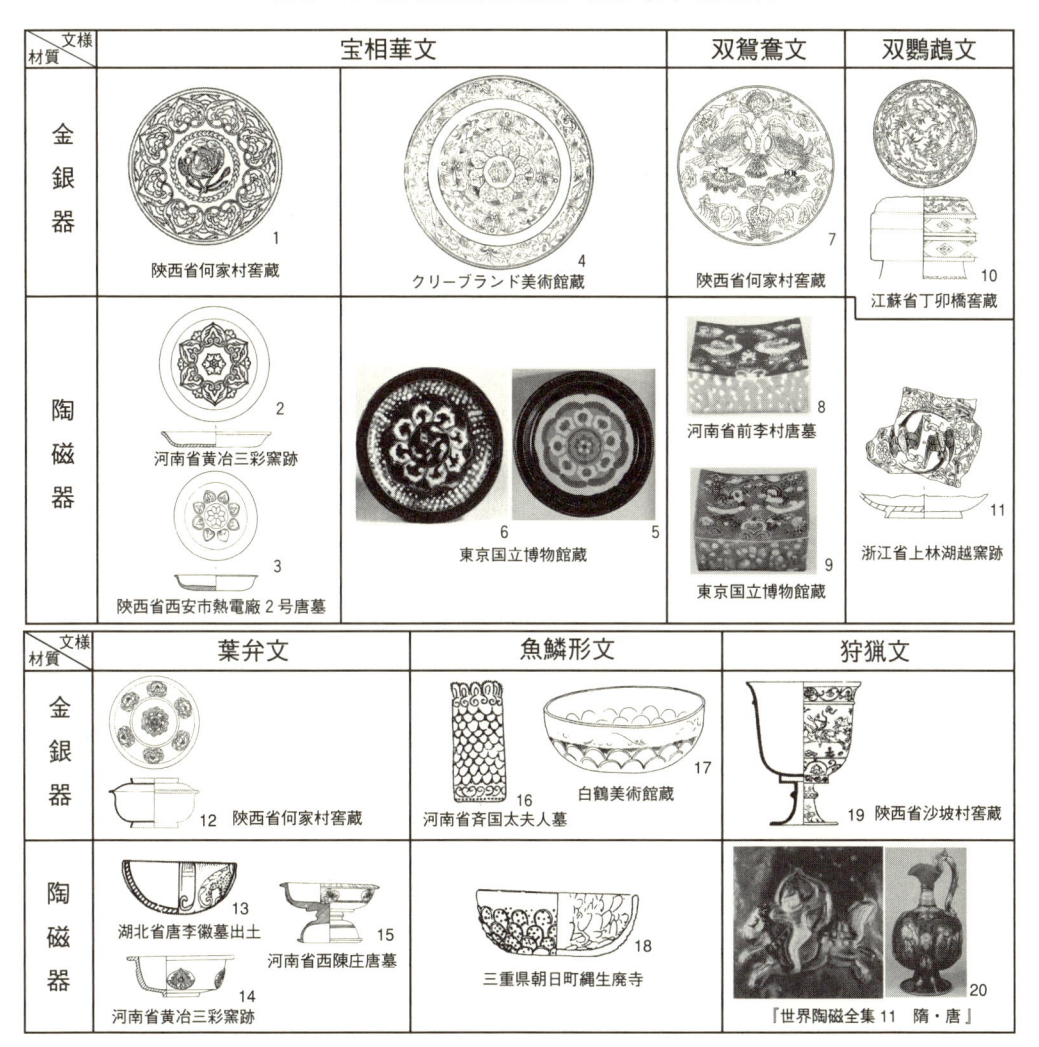

文様＼材質	葉弁文	魚鱗形文	狩猟文
金銀器	12 陝西省何家村窖蔵	16 河南省斉国太夫人墓 / 17 白鶴美術館蔵	19 陝西省沙坡村窖蔵
陶磁器	13 湖北省唐李徽墓出土 / 15 河南省西陳庄唐墓 / 14 河南省黄冶三彩窯跡	18 三重県朝日町縄生廃寺	20 『世界陶磁全集11　隋・唐』

図Ⅵ-11　唐代金銀器と陶磁器の文様（縮尺不同）

279

東京国立博物館所蔵の1点の三彩皿（図Ⅵ-11の5）の内底には、一つの蓮葉を入れたような宝相華が中心にあり、その周囲から出た茎の長い八本蓮葉が放射状に開いて大きな団花の形をとる。その茎の間には、瓜のような形をした蕾がある。同博物館所蔵のもう1点の三彩皿（図Ⅵ-11の6）の内底にも類似の宝相華文を装飾しており、前述の例と異なる点は蓮葉と茎との間には雲気文を六つ装飾し、中央に飛翔する鳥と雲気文を付けくわえ、より華麗なものとなっている点である。これらの宝相華文は、アメリカのクリーブランド美術館所蔵の銀盤の内底の宝相華文（図Ⅵ-11の4）とよく似ており、互いに転写したように見える。ほかに、『世界陶磁全集11 隋・唐』に収録された三彩鎮墓獣の翼にも宝相華文を装飾している。

日本では、貿易陶磁として輸入され、あるいは遣唐使によってもたらされた三彩枕の断片が数多く発見されている。その上には宝相華文を装飾している。特に奈良大安寺出土の三彩枕が代表的なものとしてよく知られている。ほかにも、宝相華文を装飾する三彩枕がいくつか出土している［橿考研附属博 1993］。それらの宝相華文は、唐代金銀器によく採用されていることから、金銀器からの影響を受けたと考えられる。

（二）双鴛鴦文

洛陽市北邙山前李村唐墓から出土した1点の三彩枕の双鴛鴦文（図Ⅵ-11の8）は、向かい合って共に嘴に草花を銜え、いずれも蓮華の上に立ち、周りには折枝文を配している［東京国立博 1998］。類例は、東京国立博物館にも1点所蔵されている（図Ⅵ-11の9）［座右宝刊行会 1976］。このような装飾意匠は、何家村窖蔵から出土した銀盒の蓋によく見られ、相互の関係は明らかである。

（三）双鸚鵡文

丁卯橋窖蔵出土の銀盒の蓋には、向かい合って飛び回るような姿の双鸚鵡文（図Ⅵ-11の10）がよく採用された。それらのモチーフは、越窯焼造の磁器にも強い影響を与えた。浙江省慈渓市上林湖越窯跡から数多くの同類文様を装飾する青磁器が出土した（図Ⅵ-11の11）［慈渓市博 2002］。

（四）葉弁文

貼花の技法で三彩陶器の胴部に施され、浮き彫りのような効果がある文様である。それらの中では、葉弁文が最も多く採用された。例えば、湖北省隕県李徽墓出土の三彩盂（図Ⅵ-11の13）［湖北省博ほか 1989］、河南省鞏義市黄冶窯遺跡出土の三彩豆（図Ⅵ-11の14）、鄭州市西陳庄唐墓出土の三彩豆（図Ⅵ-11の15）［鄭州市文物工作隊 1995］のいずれの胴部にも、桃形葉弁文を貼花の技法で装飾している。こうした装飾意匠は、唐代金銀器に採用された打ち出し技法の効果と同じように見え、唐代金銀器からの影響を否定できない。陶磁器の葉弁文とよく似ているものに、何家村窖蔵出土の銀碗の蓋の葉弁文（図Ⅵ-11の12）がある。

（五）魚鱗形文

日本の三重県朝日町の縄生廃寺出土の三彩碗（図Ⅵ-11の18）の胴部には、魚鱗形文が装飾されている［橿考研附属博 1993］。斉国太夫人墓出土の銀筒（図Ⅵ-11の16）、白鶴美術館所蔵の銀碗（図Ⅵ-11の17）［韓偉 1989b］の胴部は、いずれも魚鱗形文が装飾されている。これらの魚鱗形文の間には深い関係があると考えられる。

（六）狩猟文

本論第Ⅳ章第1節では、狩猟文を装飾する三彩陶器について述べた部分がある。『世界陶磁全集11 隋・唐』にも三彩胡瓶（図Ⅵ-11の20）が1点収載され、その胴部には狩猟文がある。それらの狩猟文も唐代金銀器からの影響を受けたと考えられる。例えば、沙坡村窖蔵出土の狩猟文高足銀杯（図Ⅵ-11の19）がある。もちろん、金銀器からの影響を受けただけではなく、当時の壁画や織物などからの影響を受けた可能性も十分考えられる。

（七）魚々子文

三彩陶器にとって唐代金銀器装飾文様を模倣するときに、魚々子文は地文として最も多く採り入れられた文様である。技術上から見れば、三彩陶器はさまざまな釉薬を使用し、鮮やかな対比効果があり、魚々子文が浮き立って見える。

小　結

いずれにせよ、唐代金銀器が当時の陶磁器に影響を与えたことは確実である。本節では、さまざまな造形・装飾文様の一部を取り上げたにすぎない。唐代金銀器が陶磁器に影響を与えた造形は、おおむねシルクロードを経由して伝えられた。西・中央アジアおよびヨーロッパに由来する新器種としては、高足杯、把手付杯、多曲長杯、胡瓶等がある。そうした外来の造形は、新しい様式を追求する唐代の社会的風潮に乗ってすぐに溶け込み、金銀器を通じて陶磁器の造形に大きな影響を与えた。しかしながら、唐代金銀器が陶磁器に影響を与えた装飾文様は、いずれも唐代に流行していた文様であり、しかも唐代の人々の審美の趣向にかなった文様であった。その影響の過程と結果から見れば、外来の文化に対して強い摂取能力を持つ唐文化と強い連続性を持つ中国の伝統文化を、金銀器と陶磁器の造形・装飾文様の密接な関係から看取することができるであろう。

第5節　突厥金銀器への影響

　唐代金銀器の装飾文様などは、五代・宋代・遼代における金銀器と陶磁器に影響を与えたばかりではなく、突厥の銀器にも影響を与えたことがわかる。例えば、突厥の銀器とされる銀壺（図Ⅵ-12の1）は、モンゴルでチムホフスキーによって発見された。その銀壺の胴部には、狩猟文を装飾し、三人の狩猟者がいずれも馬を疾駆させ、一人の狩猟者は上半身を伏せながら体を捩って飛翔する鳥に向けてまさに矢を射ようとする瞬間を表し、もう一人の狩猟者は左手に弓を持ち、もう一人の狩猟者は左手に鷹を止まらせている。三人の狩猟者の間には、雲気文、草花、岩座と猟犬などを配している［江上ほか 1961］。この銀壺の口縁に装飾された蓮華文と胴部の狩猟文は、唐代金銀器の文様と密接な共通点があり、唐代金銀器の影響を受けたことは確実である。これだけではなく、シベリアのミヌシンスク西北のコペニで突厥墓から出土した鍍金銀盤（図Ⅵ-12の2）の内底には、桃形枠の中に向かい合った双鳳凰文があり、爪脚で蓮華を踏まえている。同墓出土の鍍金把手付銀杯（図Ⅵ-12の3）の胴部にも、桃形枠の中に1羽の嘴に綬帯を銜える鳳凰文を装飾している［ДАРКЕВИЧ 1976］。その桃形枠と鳳凰の造形は、何家村窖蔵出土の銀碗などに装飾される鳳凰文とよく似ており、唐代金銀器から突厥金銀器に影響を与えたことを否定できないと考えるものである。

モンゴル出土　1

シベリア・ミヌシンスク・コペニ突厥墓　2　　シベリア・ミヌシンスク・コペニ突厥墓　3

図Ⅵ-12　突厥の銀器（縮尺不同）

第Ⅶ章　結　語

　シルクロードは、ユーラシア大陸の東西に展開した文明を結ぶ道である。これまで多くの先学によって、中央アジアのオアシスを経由するルート（オアシスの道）のほかに、海のシルクロード、草原のシルクロードとも合わせて、東西の文明を繋ぐ道であることが明らかになった。具体的な文物にもとづいた呼称は、さらに多くなる。例えば、陶磁の道、玉の道、白銀の道などがある。人類文明の東西交渉史という観点からすれば、歴史上、シルクロードが果たした役割と貢献はどんなに強調しても、決して強調しすぎることはないであろう。但し、留意すべき点は、シルクロードが東西文化交流に関するあらゆる問題を解決できる万能薬でもないということである。そこで、これと関わる四つの問題点を述べ、本稿の結語としたい。

1　外来の遺物の発見とその影響力の問題

　シルクロードを通じ、さまざまな文物がそれに沿って運ばれていた。江上波夫［1988］氏は、それらを以下の八種に分類している。

①崑崙産の軟玉、イラン産のトルコ石、アフガニスタン産の青金石（ラピス・ラズリ）・柘榴石などの美石類、インド産の玳瑁・象牙、ペルシア湾・紅海産の珊瑚・真珠など、海陸の天然の装飾品材料。

②中国産の錦・刺繍・綾・羅などの絹織物、トルキスタン・アフガニスタン・西北インド・ペルシア産などの細密な羊毛布・絨毯・フェルトなどの染織品。

③東地中海域・イランの金銀器・ガラス器、中国産の漆器・白磁・三彩などの容器類。

④中国漢魏隋唐代の銅鏡、イラン・東地中海域産の金銀細工・トンボ玉などの装身具類。

⑤東西の豪奢な拵えの刀剣・甲冑・馬具類。

⑥東西の舞楽用の装束・仮面・楽器類。

⑦絵画・彫刻・金工・書籍・図書・文具・遊戯具などの工芸・美術品。

⑧香料・薬物類など。

　シルクロードを通じて東西間で運ばれた品々については、唐代の墓葬・窖蔵・塔基地宮・遺跡などから東西文化交流の証拠とされる多種多様な遺物が発見され、それらをめぐってさまざまな議論が展開されてきた。従来の研究においては、西方の珍奇なものだけを取り上げ、それらのいずれも西方からの伝播として解釈する傾向を否めない。しかしながら、そうした文物を的確に評価するためには、唐代社会の全般的な様相を把握するだけでは不十分であり、中国古代文化の歴史的な連続性の特質をも深く考察しなければならない。この二つの側面から検討すれば、唐代文

第Ⅶ章　結　語

明を構成する多様な要素の中には西方文明から受け入れた影響はそれほど著しくない。唐代の文物を俯瞰すれば、それらの出自あるいは系譜に関して以下の三つの類型に大別される。

①唐代に至って、シルクロードを通じて直接に輸入されたもの。

②同じくシルクロードを通じて輸入されたが、すでに漢代に輸入され、唐代に入ると中国の伝統文化の一部として定着したもの。

③シルクロードを通じて輸入したが、唐代の人々の好みや興趣に応じて改変されたもの。

　注意すべき点として、唐代に至って多種多様の珍物が西方から運ばれてきたが、それらは唐代の社会全体に大きな影響を与えたものではなかったようである。むしろ上流社会の珍玩として扱われた。たとえ西方から珍奇な文物が将来されたとしても、それらが唐代社会にどの程度の影響を与えたのかについて検討しなければならない。これに関連して、興味深い記事が文献史料に残っている。

　『太平広記』巻402『宝三』に引く『広異記』には、「則天時、西国献毗婁博義天王下頷骨及辟支仏舌、並青泥珠一枚。則天懸頷及舌、以示百姓。頷大如胡床。舌青色、大如牛舌。珠類拇指、微青。后不知貴、以施西明寺僧。布金剛額中。後有講席、胡人来聴、見珠縦視、目不暫舎。如是積十余日、但於珠下諦視、而意不在講、僧知其故、因問故欲買珠耶。胡云：必若見売、当致重価。僧初索千貫、漸至万貫。胡悉不酬、遂定至十万貫、売之。胡得珠、納腿肉中、還西国。僧尋聞奏、則天敕求此胡。数日得之、使者問珠所在、胡云：以呑入腹。使者欲刳其腹、胡不得已、於腿中取出。則天召問：貴価市此、焉所用之。胡云：西国有青泥泊、多珠珍宝、但苦泥深不可得。若以此珠投泊中、泥悉成水、其宝可得。則天因宝持之。至玄宗時猶在」と記されている。

　この興味深い記事からすれば、極端なことかもしれないが、則天武后さえも青泥珠の価値を認識できなかったが、これと同様な事例はおそらく枚挙に暇がないであろう。確かに西方から唐に輸入された文物は多種類にのぼるが、その影響がどの程度に唐代社会に影響を与えたのかについては疑問がある。つまり、遺物の発見事例とその遺物が社会に影響を与えた度合いとは、必ずしも一致しないのが実情である。それゆえ、遺物の検討から外来文化の影響をはかるにはおのずから限界があり、唐代社会の全体を研究の対象としなければならない。

　シルクロードを経て東西間を往来した商人たちに関しては、文献だけではなく、発掘調査によって出土した胡人陶俑と商品を満載した駱駝陶俑が多数発見されており、しかもそうした胡人陶俑は手に胡瓶を持ち、駱駝陶俑の背には絹や金銀器と推定される胡瓶などを積載している。例えば、西安市南郊31号唐墓出土の商品を満載した駱駝陶俑（図Ⅶ－1の1）［西安市文物保護考古所 2004a］、陝西省長武県郭家村唐墓出土の胡瓶を持つ胡人陶俑（図Ⅶ－1の3）［長武県博 2004］などは躍動感にあふれ、いまにも動き出しそうに見える考古資料から、当時の繁栄していたシルクロードの様子がまさに実感として伝わってくる。

2　唐代金銀器の大量使用とシルクロードの関係

　これまで、世界中の研究者とりわけ中国人以外の研究者は、中国歴史上の金銀製容器について

さまざまな説を提出し、いずれも中国古代の金・銀は戦国時代から青銅器の象嵌技術に使用され、同時に小型の装飾品にも用いられていたと主張した。しかも、隋唐以前の金銀器については、遺存例がきわめて少なく不明な点が多いという認識が支配的であった。そうした研究状況は、唐代金銀器の急激な出現と増加を唐代に至ってからの西方との交流に帰させる解釈の前提ないしは伏線となった。しかしながら、中国古代文献の記載だけでなく、解放後の発掘調査によって出土した金銀器とりわけ金銀容器が春秋時代にさかのぼることが明らかとなった。これについては、本論の第Ⅰ章で提示した、唐以前の墓葬から出土した金銀容器一覧表（表10）が参考になるであろう。それ以外にも、装身具を初めとする金銀製装飾品の出土例が数多く知られている。金銀容器を含む金銀器が多数副葬されている江蘇省徐州市獅子山前漢楚王墓が発掘された後、研究者は従来の漢代金銀器についての認識を一新することを余儀なくされた。唐以前の金銀器についての認識を変えなければ、唐代金銀器について正しい評価をくだすのは困難であろう。

3　金銀器の装飾文様から見た外来文化の受容模式

　唐代金銀器の装飾文様は、その装飾文様の内容によって、以下の五種類に分けられる。
　第一は、西方の装飾文様が古代中国に伝わった後、当時の中国の人々の興趣によってその様式を受け入れたが、内容のすべてを変更した。メダイヨン文様がその代表的な例の一つと言える。大同市北魏都城遺跡から出土した葡萄を収穫する裸形の童子文様（図Ⅴ-3の3）は、古代中国の信仰と習慣に合わず、その波状唐草を受け入れたが、波状唐草の間に配置された裸体の収穫童子文を鳥や仏教と関連する人物などに置き換えている。
　第二は、西方の装飾文様は伝来したが、古代中国の伝統や信仰に合致せず、事実上、受け入れなかった。その実例としては、甘粛省靖遠県出土の東ローマ製とされる銀盤（図Ⅲ-6の1）はローマ神話中の人物像を装飾しているが、中国ではこれまで1点の出土例しか知られていない。固原県北周李賢墓から出土した銀胡瓶の胴部（図Ⅵ-7の16）には、ローマ神話の登場人物とされる裸形の人物が打ち出されており、中国ではこれまで僅か1点だけ発見されているにすぎない。前漢の武帝以降、儒教の思想が重視され、中国の伝統芸術においては裸形の人物像を表現したものもあるが、それは古代中国の伝統文化や信仰と抵触することから、裸体人物像の使用は忌避されたようである。
　第三は、西方から伝来した装飾文様のうち、その内容の一部が古代中国の審美観・信仰・習慣などに合致した場合に限って、その合致する部分のみが受け入れられ、また改変されて流行した。動物の頸に付けられたリボンがその代表的な例である。
　第四は、西方から伝来した装飾文様が古代中国の伝統や信仰と完全に合致したので、ほぼ丸ごと受け入れ、しかも時代の流行にしたがって流布した。亀甲文がその代表的かつ典型的な例である。
　第五は、古代中国の古い時期に伝わったが、その後断続的に出現しはするものの、長期間にわたっては流行せず、数百年を経て間歇的に流行した。七宝繋文がその代表的かつ典型的な例である。

第Ⅶ章　結　語

4　唐代工匠の創造力

　唐代金銀器の装飾文様を概観すれば、唐代文化は中国在来の伝統を継承する一方で、西方の装飾文様の影響をも受け入れた。そうした中で、唐代工匠の創造力を忘れるべきではない。それは唐代文化が生み出した精華の一つと言えるもので、彼らの創造力によって製作された品々が唐代の人々をいたく魅了したのである。長安と洛陽は、そのような魅力に惹かれた使節や商人などを、さまざまな国と地域から集めるに至った。
　唐代の装飾文様は、唐代以降の歴代王朝の文化に対しても少なからざる影響を与えた。例えば、唐代の点対称文様、その中でも双鳳凰文は、唐代以降の五代・宋・遼・金・元・明・清代はもとより現在の中国装飾技術にも引き続いて採用されており、影響の強さをいまに伝えている。代表的な例に、前述した前蜀王建墓出土の金銀質漆皿の内底の双鳳凰文（図Ⅵ-1の5）と四川省徳陽県孝泉鎮清真寺宋代窖蔵出土の銀盒の蓋の双鳳凰文（図Ⅵ-2の6）、安徽省合肥市元代金銀器窖蔵出土の銀盒の蓋の双鳳凰文（図Ⅶ-1の4）［呉興漢 1957］、北京市西城区出土の元代の双鳳石彫の双鳳凰文（図Ⅶ-1の5）［藤田国雄ほか 1973］、江西省景徳鎮市景徳鎮窯焼造の青花磁盤の双鳳凰文（図Ⅶ-1の6）［景徳鎮陶磁館 1983］などがある。

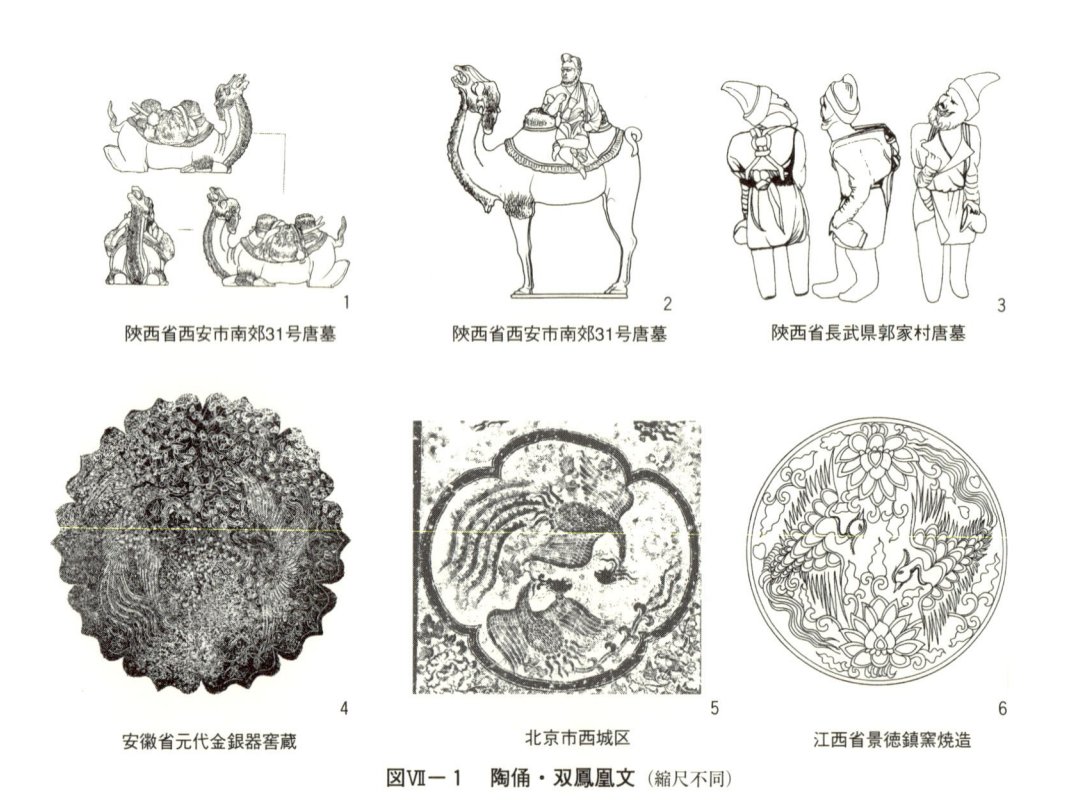

1　陝西省西安市南郊31号唐墓
2　陝西省西安市南郊31号唐墓
3　陝西省長武県郭家村唐墓
4　安徽省元代金銀器窖蔵
5　北京市西城区
6　江西省景徳鎮窯焼造

図Ⅶ-1　陶俑・双鳳凰文（縮尺不同）

あとがき

　2002年の紅葉の色づく季節に、私は同志社大学と西北大学との交換留学生として日本にやってきました。幸運にも文学研究科文化史学専攻の松藤和人先生のもとで留学生生活が始まりました。三年余に及ぶ日本留学中、松藤先生をはじめ、文化史学専攻の武藤直教授、露口卓也教授、竹居明男教授、井上一稔教授、西脇常記教授、同志社大学歴史資料館の辰巳和弘教授、若林邦彦講師からは温かいご指導と教示を得ることでき、心から感謝しております。

　緊張の連続であった留学生活が瞬く間に過ぎ去りました。博士論文の原稿ができたあと、松藤先生には海外出張の間も寸暇を惜しみ、私の読みづらい日本語原稿に辛抱強く目を通し、校閲していただきました。

　また、同志社大学ご出身の佛教大学の門田誠一教授と同志社大学の中村潤子講師には、絶えず私の研究を励ましていただき、私の日本語の文章にも目を通してくださり、同時に不十分な箇所を訂正する上でもお力添えをいただきました。同志社大学考古学研究室の浜中有紀、松藤薫子両氏をはじめ、河森一浩、松田度、黄昭姫、池田公徳、上峯篤史、清水邦彦、宮城一木、吉村駿吾、佐藤純一、小森牧人、反田実樹、小野原彩香、鈴木康高の諸氏には、本論文の作成にあたり、懇切なご援助を受けました。

　留学中、西北大学文博学院の方光華院長（現西北大学副学長）、史翔副院長、銭耀鵬教授、張宏彦教授、王建新教授、陳洪海助教授、西北大学国際文化交流学院の趙栄院長（現陝西省文物局長）から温かいサポートを受け、日本での研究に専念でき、心から感謝しております。

　最後に、西北大学と同志社大学の両校には、私にこの交換留学の機会を与えていただき、しかも研究に専念させていただき、順調に修了させていただいたことに、感謝いたします。

　長年にわたって、温かいご指導を頂いた恩師の松藤和人先生をはじめとする諸先生方に拙著を捧げます。また、忘れられないのは、私の修士課程の指導教授の韓偉（前陝西省考古研究所所長）先生です。先生は拙著に序文を寄せていただき、さらに口絵写真まで提供していただきました。ここに記して、心から感謝の意を捧げます。

　日本での三年余は、妻と子供を中国に残しての単身赴任のような留学生生活でした。その間、妻は、子供の養育をはじめ家族の世話の一切を負担してくれました。この場を借りて、妻には「長い間お疲れ様でした」という感謝の言葉を捧げたいと思います。

　拙著の出版にあたっては、雄山閣の羽佐田真一氏をはじめとする多くの方々に大変お世話になりました。末尾ながら、厚くお礼を申し上げます。

2006年　初冬

西北大学文博学院にて
冉　万　里

引用文献目録（発表年次順）

【1888～1930】
三宅米吉 1888「法隆寺所蔵四天王文錦」『考古学研究』。
Berthold Laufer 1909 *Chinese Pottery of the Han Dynasty.*
浜田耕作 1922「細金細工に就いて」『史林』第7巻第4期。
加藤繁 1925『唐宋時代に於ける金銀の研究』（東洋文庫）平凡社。
Hobson, B.L. 1926・27 *A T'ang silver Hoard. B. M. Quard,* Volume 1, London.
後藤守一 1930「大英博物館所蔵の唐代金・銀器」『考古学雑志』第20巻第3号。

【1931～1954】
梅原末治 1931『欧米に於ける支那古鏡』刀江書院。
徐中舒 1933「古代狩猟図象考」『慶祝蔡元培先生六十五歳論文集』（下）。
後藤守一 1933「狩猟文装飾の銀器」『考古学雑誌』第23巻第8号。
駒井和愛 1933「支那古代の車馬狩猟文について」『市村博士古稀記念東洋史論叢』富山房。
江上波夫 1933「漢代の狩猟動物図様につきて」『市村博士古稀記念東洋史論叢』富山房。
後藤守一 1933『古鏡聚英』東京堂。
梅原末治 1937「支那唐代銀器の三、四に就いて」『美術研究』第30号。
梅原末治 1938「米国フリーア美術館所蔵の象嵌狩猟文銅洗」『古代北方系文物の研究』星野書店。
原田淑人 1940a「漢代の騎射狩猟図紋に就いて」『東亜古文化研究』座右宝刊行会。
原田淑人 1940b「正倉院御物を通じて観たる東西文化の交渉」『東亜古文化研究』座右宝刊行会。
原田淑人 1940c「唐鏡背文に見えたる西方の意匠」『東亜古文化研究』座右宝刊行会。
石田茂作 1944『奈良時代文化雑考』創元社。
安志敏 1953「河北省唐山市賈各荘発掘報告」『考古学報』第6冊。
梅原末治 1954「中国出土の漢六朝の細金細工品に就いて」『大和文華』第16号。

【1956～1960】
王子雲 1956「唐代的石刻線通画」『文物参考資料』1956年第4期。
河南省文化局文物工作隊二隊 1956「洛陽16工区76号唐墓清理簡報」『文物参考資料』1956年第5期。
陝西省文物管理委員会 1956「西安市王家墳第九十号唐墓理簡報」『文物参考資料』1956年第8期。
梅原末治 1956「中国古代の金銀器」『MUSEUM』第60号。
呉興漢 1957「介紹安徽合肥発現的元代金銀器皿」『文物参考資料』1957年第2期。
重慶市博物館 1957『重慶市博物館蔵四川漢画像磚選集』文物出版社。
Bo.Gyllensvard 1957 *T'ang Gold and Silver.* The Museum of far Eastern Antiquities, No29.
李問渠 1957「弥足珍貴的天宝遺物－西安市郊発現楊国忠進貢銀鋌」『文物参考資料』1957年第4期。
石谷風・馬人権 1958「合肥西郊南唐墓清理簡報」『文物参考資料』1958年第3期。
河南省文化局文物工作隊第一隊 1958「鄭州南関外北宋磚室墓」『文物参考資料』1958年第5期。
敦煌文物研究所編輯委員会 1958『敦煌芸術画庫』第5種　敦煌図案　中国古典芸術出版社。
黄河水庫考古工作隊 1958「河南陝県劉家漢唐墓発掘簡報」『考古通訊』1958年第9期。
趙万里 1958『漢魏南北朝墓誌集釈』科学出版社。
任錫光 1958「四川彭山県清理后蜀墓一座」『文物参考資料』1958年第3期。
閻磊 1959「西安出土的唐代銀器」『文物』1959年第8期。
劉振偉 1959「洛陽澗西金墓清理記」『考古』1959年第12期。
湖南省博物館 1959a「長沙楚墓」『考古学報』1959年第1期。
湖南省博物館 1959b「長沙両晋南朝隋墓発掘報告」『考古学報』1959年第3期。
沈仲常 1959「四川昭化宝輪鎮南北朝時期墓」『考古学報』1959年第2期。

馬得志 1959「唐長安城平康坊出土的鎏金茶拓子」『考古』1959年第12期。
雲南省博物館 1959『雲南晋寧石寨山古墓群発掘報告』文物出版社。
陝西省文物管理委員会 1959a「西安郭家灘隋姫威墓清理簡報」『文物』1959年第8期。
陝西省文物管理委員会 1959b「長安県南里王村唐韋洞墓発掘記」『文物』1959年第8期。
江蘇省文物管理委員会 1959『江蘇徐州漢画像石』科学出版社。
郭宝鈞 1959『山彪鎮与瑠璃閣』科学出版社。
駒井和愛 1959『世界考古学大系』第7巻　東アジア　平凡社。
小杉一雄 1959『中国文様史の研究』新樹社。
江西省文物管理委員会 1960「江西清江隋墓発掘簡報」『考古』1960年第1期。
湖南省博物館 1960a「長沙赤峰2号唐墓簡介」『文物』1960年第3期。
湖南省博物館 1960b『湖南出土銅鏡図録』文物出版社。
四川省博物館・重慶市博物館 1960『四川省出土銅鏡』文物出版社。
山西省文物管理委員会 1960「太原南郊金勝村3号唐墓」『考古』1960年第1期。
八幡一郎 1960『図説世界文化史大系』第1巻　生活技術の発生　角川書店。
杉勇 1960『図説世界文化史大系』第3巻　オリエント1　角川書店。
村川堅太郎・富永惣一 1960『図説世界文化史大系』第5巻　ギリシア　角川書店。
新規矩男・村田数之亮 1960『世界考古学大系』第13巻　ヨーロッパ・アフリカ　平凡社。
　【1961～1965】
沈仲常 1961「四川徳陽出土的宋代銀器簡介」『文物』1961年第11期。
内蒙古文物工作隊 1961「内蒙古札賁諾尓墓群発掘簡報」『文物』1961年第12期。
山西省文物管理委員会・考古研究所 1961「山西長治唐代舎利棺的発現」『考古』1961年第5期。
江蘇省文物工作隊鎮江分隊・鎮江市博物館 1961「江蘇鎮江甘露寺鉄塔塔基発掘記」『考古』1961年第6期。
江上波夫・松田寿男 1961『図説世界文化史大系』第13巻　北アジア・中央アジア　平凡社。
武敏 1962「新疆出土漢−唐絲織品初探」『文物』1962年第7、8期。
北京市文物工作隊 1962「北京懐柔城北東周両漢墓葬」『考古』1962年第5期。
江上波夫 1962『世界考古学大系』第11巻　平凡社。
夏鼐 1963「新疆新発現的古代絲織品−綺、錦和刺繡」『考古学報』1963年第1期。
徐恒彬 1963「広東英徳浛洸鎮南朝隋唐墓発掘」『考古』1963年第9期。
陝西省博物館・李長慶・黒光 1963「西安北郊発現唐代金花銀盤」『文物』1963年第10期。
浅野　清・小林行雄 1963『世界考古学大系』第4巻　日本4　平凡社。
陝西省考古研究所 1964「唐順陵勘査記」『文物』1964年第1期。
陝西省文物管理委員会 1964「唐永泰公主墓発掘簡報」『文物』1964年第1期。
西安市文物管理委員会 1964「西安市東南郊沙坡村出土一批唐代銀器」『文物』1964年第6期。
馮漢驥 1964『前蜀王建墓発掘報告』文物出版社。
吉林省輯安考古隊 1964「吉林輯安麻線溝1号壁画墓」『考古』1964年第2期。
王承礼・韓淑華 1964「吉林輯安通溝第12号高句麗壁画墓」『考古』1964年第2期。
耀生 1965「燿県石刻文字略志」『考古』1965年第3期。
武伯倫 1965 「西安市碑林述略−為碑林拓片在日本展出而作」『文物』1965年第9期。
湖南省博物館 1965「長沙南郊的両晋南北朝隋代墓葬」『考古』1965年第5期。
安志敏 1965「馬來西亜柔仏州出土的古代陶片」『考古』1965年第6期。
蘇州市文物保管委員会・蘇州博物館 1965「蘇州呉張士誠母曹氏墓清理簡報」『考古』1965年第6期。
　【1966～1970】
陝西省博物館 1966「陝西省耀県柳林背陽村出土一批唐代銀器」『文物』1966年第1期。
陝西省文物管理委員会 1966「陝西省三原県双盛村隋李和墓清理簡報」『文物』1966年第1期。
湖南省博物館 1966「湖南長沙近郊隋唐墓清理」『考古』1966年第4期。
中国社会科学院考古研究所 1966『西安市郊区隋唐墓』科学出版社。
河北省文物工作隊 1966「河北定県出土北魏石函」『考古』1966年第5期。

劉向群・朱捷元 1966「陝西省耀県柳林背陰村出土一批唐代銀器」『文物』1966年第1期。
甘粛省文物工作隊 1966「甘粛省涇川県出土的唐舎利石函」『文物』1966年第3期。
ロマン・ギルシュマン 1966『古代イランの美術』新潮社。
駒井和愛 1967「麒麟考」『末永先生古稀記念　古代学論叢』。
毎日新聞社「国宝」委員会事務局 1968『原色国宝』。
Otto Fischer 1968 *Die Chinesische Malerei der Han-Dynastie* S115.
奈良国立博物館 1968『正倉院の文様』。
日本経済新聞社 1969『スキタイとシルクロード美術展』。
相馬　隆 1970「安息射法雑考」『史林』第53巻第4号。
【1971～1975】
樋口隆康 1971「鐙の発生」『青陵』第19期。
ボリス・イリイッチ・マルシャク 1971『ソクドの銀器』(ロシア語)。
敦煌文物研究所 1972「新発現的北魏刺繡」『文物』1972年第2期。
李知宴 1972「唐代磁窯概況与唐磁的分期」『文物』1972年第3期。
陝西省博物館・陝西省文管会写作組 1972「米脂東漢画像石墓発掘簡報」『文物』1972年第3期。
陝西省博物館・乾県文教局唐墓発掘組 1972a「唐懿徳太子墓発掘簡報」『文物』1972年第7期。
陝西省博物館・乾県文教局唐墓発掘組 1972b「唐章懐太子墓発掘簡報」『文物』1972年第7期。
陝西省博物館・乾県文教局唐墓発掘組 1972c「唐鄭仁泰墓発掘簡報」『文物』1972年第7期。
一氷 1972「唐代冶銀術初探」『文物』1972年第6期。
史樹青 1972「我国古代的錯金工芸」『文物』1972年第6期。
竺敏 1972「吐魯番新発現的古代絲綢」『考古』1972年第2期。
外文出版社 1972『新中国出土文物』。
浙江省博物館 1973「浙江瑞安北宋慧光塔出土文物」『文物』1973年第1期。
黎瑶渤 1973「遼寧北票県西官営子北燕馮素墓」『文物』1973年第3期。
南京博物院 1973「江蘇漣水三里墩西漢墓」『考古』1973年第2期。
咸陽市博物館 1973年「咸陽市近年発現的一批秦漢遺物」『考古』1973年第3期。
南京市博物館 1973「江浦黄悦嶺南宋張同之夫婦墓葬」『文物』1973年第4期。
南京大学歴史系考古組 1973「南京大学北園東晋墓」『文物』1973年第4期。
定県博物館 1973「河北定県四三号漢墓発掘簡報」『文物』1973年第11期。
郭文魁 1973「和龍渤海古墓出土的幾件金飾」『考古』1973年第8期。
出土文物展覧工作組 1973『文化大革命間出土文物』第1輯　文物出版社。
藤田国雄・桑原住雄 1973『中華人民共和国出土文物展』。
敦煌文物研究所考古組 1974「敦煌晋墓」『考古』1974年第3期。
陝西省博物館・三原県文物管理委員会 1974「唐李寿墓発掘簡報」『文物』1974年第9期。
朱捷元・秦波 1974「陝西長安和耀県発現的波斯薩珊銀幣」『考古』1974年第2期。
楽浪古墳刊行会 1974『楽浪漢墓』第1冊。
大韓民国文化財管理局発行　永島暉臣慎訳 1974『武寧王陵』(日本)学生社・(ソウル)三和出版社。
秦明智・任歩雲 1975「甘粛張家川発現「大趙神平二年」墓」『文物』1975年第6期。
浙江省文物管理委員会 1975「浙江臨安板橋的五代墓」『文物』1975年第8期。
金維諾・衛辺 1975「唐代西州墓中的絹画」『文物』1975年第10期。
河南省博物館 1975「霊宝張湾漢墓」『文物』1975年第11期。
遼寧省博物館・遼寧省鉄嶺地区文物組発掘小組 1975「法庫葉茂台遼墓記略」『文物』1975年第12期。
北京汽車製造廠工人理論組・中央五七芸術大学美術学院美術史系 1975 「略論秦始皇時代的芸術成就」『考古』
　　1975年第6期。
新疆維吾尓族自治区博物館 1975『新疆出土文物』文物出版社。
楽浪漢墓刊行会 1975『楽浪漢墓』第2冊。
韓国文化財普及協会 1975『天馬塚』光明出版社。

【1976〜1980】

四川省博物館 1976「成都百花潭中学十号墓発掘記」『文物』1976年第3期。
座右宝刊行会 1976『世界陶磁全集（11）隋・唐』小学館。
宮内庁蔵版・正倉院事務所 1976『正倉院の金工』日本経済新聞社。
В.П.ДАРКЕВИЧ 1976 "ХУДОЖЕСТВЕННЫЙ МЕТАЛЛ ВОСТОКА Ⅷ-xⅢ" ИЗДАТЕЛЬСТВО・НАУКА・МОСКВА
石家庄地区革委会文化局文物発掘組 1977「河北賛皇東魏李希宗墓」『考古』1977年第6期。
洛陽博物館 1977「洛陽西漢卜千秋壁畫発掘簡報」『文物』1977年第6期。
孫培良 1977 「略談大同市南郊出土的幾件銀器和銅器」『文物』1977年第9期。
陝西省文管会、博物館・咸陽市博物館 1977「咸陽楊家湾漢墓発掘簡報」『文物』1977年第10期。
陝西省文物管理委員会・礼泉県昭陵文管所 1977「唐阿史那忠墓発掘簡報」『考古』1977年第2期。
遼寧省博物館 1977「遼寧北票水泉1号遼墓発掘簡報」『文物』1977年第12期。
昭陵文物管理所 1977「唐越王李貞墓発掘簡報」『文物』1977年第10期。
富平県文化館・陝西省博物館・文物管理委員会 1977「唐李鳳墓発掘簡報」『考古』1977年第5期。
喀喇沁旗文化館 1977「遼寧昭盟喀喇沁旗発現唐代鎏金銀器」『考古』第5期。
桑山正進 1977「1956年以来出土の唐代金銀とその編年」『史林』60巻第6号。
後藤守一 1977『古鏡聚英（下篇）』東京堂。
日本放送協会事業部・朝日新聞東京本社企画部 1977『大ペルシャ文明展』。
夏鼐 1978「近年中国出土的薩珊朝文物」『文物』1978年第2期。
陝西省文物管理委員会・昭陵文物管理所 1978 「陝西礼泉唐張士貴墓」『考古』1978年第3期。
安徽省亳県博物館 1978「亳県曹操宗族墓」『文物』1978年第8期。
昭陵文物管理所 1978「唐尉遅敬徳墓発掘簡報」『文物』1978年第5期。
敖漢旗文化館 1978「敖漢旗李家菅子出土的銀器」『考古』1978年第2期。
中国社会科学院考古研究所漢城工作隊 1978「漢長安城武庫遺址発掘的初歩収穫」『考古』1978年第4期。
浙江省文物管理委員会・浙江省博物館 1978「河姆渡遺址第一次発掘報告」『考古学報』1978年第1期
内蒙古自治区博物館文物工作隊 1978『和林格尔漢墓壁画』文物出版社。
朝鮮民主主義人民共和国社会科学院考古研究所田野工作隊 1978『考古学資料集』（5）。
東京芸術大学 1978『東京芸術大学蔵品目録・工芸』第一法規出版株式会社。
大阪市立博物館 1978『隋唐の美術』平凡社。
傅嘉儀 1979「西安市文管処所蔵両面漢代銅鏡」『文物』1979年第2期。
随県擂鼓墩一号墓発掘隊 1979「湖北省随県曾侯乙墓発掘簡報」『文物』1979年第7期。
咸陽市博物館 1979「陝西省咸陽馬泉西漢墓」『考古』1979年第2期。
桑山正進 1979「唐代金銀器始源」『MUSEUM』第337号。
南京博物院 1979「江蘇文物考古工作三十年」『文物考古工作三十年』文物出版社。
巴右文・成順 1980「内蒙古昭烏達盟発現遼代銀器窖蔵」『文物』1980年第5期。
鎮江市博物館・溧陽県文化館 1980 「江蘇省溧陽竹簀北宋李彬夫婦墓」『文物』1980年第5期。
銅川市博物館・盧建国 1980「銅川市黄堡鎮出土唐代金花銀碗」『文物』1980年第7期。
靳楓毅 1980「遼寧朝陽前窓戸村遼墓」『文物』1980年第12期。
江西省歴史博物館 1980「江西南昌市東呉高栄墓的発掘」『考古』1980年第3期。
洛陽博物館 1980a「洛陽北魏画像石棺」『考古』1980年第3期。
洛陽博物館 1980b「洛陽関林唐墓」『考古』1980年第4期。
段鵬琦 1980「西安南郊何家村唐代金銀器小議」『考古』1980年第6期。
韓偉 1980「唐代社会生活中的金銀器」『考古与文物』創刊号。
高魯冀 1980「中国古代建築中的鎏金与貼金『考古与文物』1980年第4期。
湖南省博物館 1980「湖南長沙咸嘉湖唐墓発掘簡報」『考古』1980年第6期。
中国社会科学院考古研究所・河北省文物管理所 1980『満城漢墓発掘報告』文物出版社。
中国社会科学院考古研究所 1980『唐長安城郊隋唐墓』文物出版社。

河北省文物研究所 1980『河北省出土文物選集』文物出版社。
金基雄 1980『朝鮮半島の壁画古墳』六興出版。
南京博物院 1980『江蘇六朝青磁』文物出版社。
樋口隆康 1980『バーミヤーンの石窟』同朋舎。
L. I. アルバウム著　加藤九祚訳 1980『古代サマルカンドの壁画』文化出版局。

【1981】

韓偉・曹明檀 1981「陝西鳳翔高王寺戦国銅器窖蔵」『文物』1981年第1期。
蘇州市文物管理委員会 1981「蘇州七子山五代墓発掘簡報」『文物』1981年第2期。
洛陽博物館・蘇健 1981「洛陽隋唐宮遺址中出土的銀鋌和銀餅」『文物』1981年第4期。
山西省考古研究所・陶正剛 1981「山西平魯出土一批唐代金鋌」『文物』1981年第4期。
河北省博物館、文物管理処・中共定県県委宣伝部・定県博物館 1981「河北定県40号墓」『文物』1981年第8期。
宋兆麟 1981「戦国弋射図及弋射遡源」『文物』1981年第6期。
南京博物院 1981「江蘇邗江甘泉二号漢墓」『文物』1981年第11期。
南京市博物館 1981「南京北郊郭家山東晋墓葬発掘簡報」『文物』1981年第12期。
厳文明 1981「「鸛魚石斧図」跋」『文物』1981年第12期。
中国社会科学院考古研究所東北工作隊 1981「内蒙古甯城県南山根102号石槨墓」『考古』1981年第4期。
雲南省文物工作隊 1981「大理崇聖寺三塔主塔的実測和清理」『考古学報』1981年第2期。
盧建国 1981「銅川市陳炉出土唐代銀器」『考古与文物』1981年第1期。
孟凡人 1981「新疆柏孜克里克窟寺流失域外壁画述略」『考古与文物』1981年第4期。
臨汝県文化館 1981「臨汝閻村新石器時代遺址調査」『中原文物』1981年第1期。
内古文物工作隊 1981「内蒙古哲里木奈林稿盟遼代壁画墓」『考古学集刊』第1集　中国社会科学出版社。
明堂山考古隊 1981「臨安県唐水邱氏墓発掘報告」『浙江省文物考古所学刊』。
『雲夢睡虎地秦墓』編写組 1981『雲夢睡虎地秦墓』文物出版社。
姚遷・古兵 1981『六朝芸術』文物出版社。
井口喜晴 1981「咋鳥・含綬鳥文の系譜」『太陽正倉院シリーズⅠ　正倉院とシルクロード』平凡社。
田辺勝美 1981「シルクロードの金属工芸」『シルクロードの貴金属工芸』。
財団法人古代オリエント博物館 1981『シルクロードの貴金属工芸』。
ＮＨＫ取材班 1981『写真シルクロード①長安・河西回廊・敦煌』。
京都国立博物館 1981『正倉院宝物特別展』便利堂。
С. А. ПЛЕТНЕВА 1981 "Степи Евразии в эпоху средневековья" ИЗДАТЕЛЬСТВО・НАУКА・МОСКВА.

【1982】

李方玉・龍宝章 1982「金代虞寅墓室壁画」『文物』1982年第1期。
洛陽市文物工作隊 1982「洛陽龍門唐安菩夫婦墓」『中原文物』1982年第3期。
成都市文物管理処 1982「成都市東郊後蜀張虔釗墓」『文物』1982年第3期。
韓翔 1982「焉耆国都、焉耆都督府治所与焉耆鎮城－博格達沁古城調査」『文物』1982年第4期。
江西省高安県博物館・劉裕黒・熊琳 1982「江西高安県発現元青花、釉里紅等磁器窖蔵」『文物』1982年第4期。
国家文物局文物保護科学研究所 1982「山西省応県仏宮寺木塔内発現遼代珍貴文物」『文物』1982年第6期。
長興県博物館・夏星南 1982「浙江省長興県発現一批唐代銀器」『文物』1982年第11期。
丹徒県文教局・鎮江博物館 1982「江蘇丹徒丁卯橋出土銀器窖蔵」『文物』1982年第11期。
陸九皋・劉建国 1982「丹徒丁卯橋出土唐代銀器試析」『文物』1982年第11期。
陸九皋・劉興 1982「論語玉燭考略」『文物』1982年第11期。
李毓芳 1982「咸陽市出土一件唐代金壷」『考古与文物』1982年第1期。
朱捷元・李国珍・劉向群 1982a「西安西郊出土唐"宣徽酒坊"銀酒注」『考古与文物』1982年第1期。
朱捷元・李国珍・劉向群 1982b「西安南郊発現唐"打作匠臣楊存実作"銀鋌」『考古与文物』1982年第1期。

襄陽地区博物館 1982「湖北襄陽擂鼓台1号楚墓発掘簡報」『考古』1982年第2期。
咸陽市文管会・咸陽市博物館 1982「咸陽市空心磚漢墓清理簡報」『考古』1982年第3期。
宿白 1982「西安地区唐墓壁画的布局和内容」『考古学報』1982年第2期。
周世栄 1982「長沙唐墓出土磁器研究」『考古学報』1982年第4期。
藍田県文物管理委員会・樊維岳 1982「陝西藍田発現一批唐代金銀器」『考古与文物』1982年第1期。
保全 1982「西安市文管会収蔵的幾件唐代金銀器」『考古与文物』1982年第1期。
韓偉 1982「唐長安城内発現的袖珍銀薫球」『考古与文物』1982年第1期。
南陽地区文物隊・黄運甫 1982「南召雲陽宋代彫磚墓」『中原文物』1982年第1期。
王仁波 1982「陝西省唐墓出土的三彩器総述」『文物資料叢刊』第6集　文物出版社。
蘇州博物館・朱薇君 1982「蘇州平門城墻唐墓的清理」『文物資料叢刊』第6集　文物出版社。
遼寧省博物館文物隊 1982「遼寧朝陽隋唐墓発掘簡報」『文物参考資料』第6集　文物出版社。
傅永魁 1982「河南鞏県宋陵石刻」『考古学集刊』第2集　中国社会科学出版社。
阿城県文管所・許子栄 1982「金上京出土銅坐龍」『文物』1982年第6期。
吉林省文物工作隊・集安県文物保管所 1982「集安長川1号壁画墓」『東北考古与歴史』(1)。
延辺博物館 1982「渤海貞孝公主墓発掘簡報」『社会科学戦線』1982年第1期。
聞一多 1982「神話与詩」『聞一多全集』第1冊　三聯書店。
奈良国立博物館 1982『昭和57年正倉院展』。
Jesscia Rawson 1982 *The Ornament on Chinese Silver of the Tang Dynasty*（AD618〜907）. British Museum.

【1983】

沈仲常・李顕文 1983「四川楽山出土的五代陶棺」『文物』1983年第2期。
綏徳県博物館 1983「陝西綏徳漢画像石墓」『文物』1983年第5期。
大同市博物館・馬玉基 1983「大同市小站村花圪塔台北魏墓清理簡報」『文物』1983年第8期。
大同市博物館 1983「山西大同南郊出土北魏鎏金銅器」『考古』1983年第1期。
洛陽博物館 1983「洛陽澗西三座宋代倣木構磚室墓」『文物』1983年第8期。
夏鼐 1983「北魏封和突墓出土薩珊銀盤考」『文物』1983年第8期。
馬雍 1983「北魏封和突墓及其出土的波斯銀盤」『文物』1983年第8期。
山西省考古研究所・太原市文物管理委員会 1983「太原北斉婁睿墓発掘簡報」『文物』1983年第10期。
岑蕊 1983「摩羯紋考略」『文物』1983年第10期。
洛陽市文物工作隊 1983「洛陽西漢墓発掘簡報」『考古』1983年第1期。
李思雄・馮先誠・王黎明 1983「成都発現隋唐小型銅棺」『考古与文物』1983年第3期。
賀林・梁暁青・羅忠民 1983「西安発現唐代金杯」『文物』1983年第9期。
盧兆蔭 1983「従考古発現看唐代的金銀"進奉"之風」『考古』1983年第2期。
中国社会科学院考古研究所安陽工作隊 1983「安陽孝民屯晋墓発掘報告」『考古』1983年第6期。
高至喜 1983「湖南桃源大池塘東漢銅器」『考古』1983年第7期。
衢州市文物管理委員会 1983「浙江衢州市南宋墓出土器物」『考古』1983年第11期。
江西省文物工作隊・新干県文物陳列室 1983「江西新干県西晋墓」『考古』1983年第12期。
唐金裕・郭清華 1983「陝西勉県紅廟東漢墓清理簡報」『考古与文物』1983年第1期。
劉友恒・樊子林・程紀中 1983「唐成徳軍節度使王元逵清理簡報」『考古与文物』1983年第1期。
清澗県文化館・高雪・王紀武 1983「清澗県又出土商代青銅器」『考古与文物』1983年第3期。
葉小燕 1983「我国古代青銅器上的装飾工芸」『考古与文物』1983年第4期。
朝陽地区博物館 1983「遼寧朝陽営子遼耿氏墓発掘報告」『考古学集刊』第3集　中国社会科学出版社。
景徳鎮陶磁館 1983『景徳鎮古陶磁紋様』人民美術出版社。
秋山進午 1983「唐代の銀盤について」『展望アジアの考古学－樋口隆康教授退官記念論集－』新潮社。
江上綏 1983『日本文様の源流』日本経済新聞社。
桑原武夫 1983『京都と絹の道－大谷探検隊80年記念』。
中国社会科学院考古研究所山西工作隊・臨汾地区文化局 1983「1978－1980年山西襄汾陶寺墓地発掘簡報」

『考古』1983年第1期。

【1984】

浙江博物館 1984「浙江淳安県朱塔村発現唐代銀器」『考古』1984年第11期。

浙江省文物管理委員会・浙江省文物考古所・紹興地区文化局・紹興市文管会 1984「紹興306号墓戦国墓発掘簡報」『文物』1984年第1期。

済南市文管会・済南市博物館・長清県霊岩寺文管所 1984「山東長清霊岩寺羅漢像的塑製年代及有関問題」『文物』1984年第3期。

遼寧省博物館文物隊・朝陽地区博物館分隊・朝陽県文化館 1984「朝陽袁台子東晋壁画墓」『文物』1984年第6期。

磁県文化館 1984「河北磁県東魏茹茹公主墓発掘簡報」『文物』1984年第4期。

楊泓 1984「中国古代馬具的発展和対外影響」『文物』1984年第9期。

曹汛 1984「北魏劉賢墓誌」『考古』1984年第7期。

金花地区文物管理委員会 1984「浙江金花古方六朝墓」『考古』1984年第9期。

吉林省文物工作隊 1984「吉林集安五盔墳四号墓」『考古学報』1984年第1期。

北京市文物工作隊 1984「遼韓佚墓発掘報告」『考古学報』1984年第3期。

四川省博物館・栄昌県文化館 1984「四川栄昌県沙壩子宋墓」『文物』1984年第7期。

陳公柔・張長寿 1984「殷周青銅器上鳥文的断代研究」『考古学報』1984年第3期。

保全 1984a「西安出土唐代李勉奉進銀器」『考古与文物』1984年第4期。

保全 1984b「西安東郊出土唐代金銀器」『考古与文物』1984年第4期。

張達宏・王長啓 1984「西安市文管会収蔵的幾件珍貴文物」『考古与文物』1984年第4期。

江油県文物保護管理所 1984「四川江油県発現宋代窖蔵」『考古与文物』1984年第6期。

文物編輯委員 1984『中国古代窯址調査発掘報告集』文物出版社。

中国社会科学院考古研究所 1984『新中国的考古発現和研究』文物出版社。

蘇哲 1984「三国至明代考古」『中国考古学年鑑（1984）』文物出版社。

上海博物館青銅器研究組 1984『殷周青銅器文飾』文物出版社。

李学勤 1984『東周与秦代文明』文物出版社。

田辺勝美 1984「意匠の伝播」『特別展「シルクロードと正倉院文化」図録』。

岡山市オリエント美術館 1984『特別展「シルクロードと正倉院文化」図録』。

深井晋司・堀内清治・田辺勝美・道明三保子 1984『ターク・イ・ブスターン、本文篇』。

梅原末治 1984『洛陽金村古墓聚英』（増訂版）同朋舎。

【1985】

田鳳嶺 1985「天津新発現一宋金時期磁陶枕」『文物』1985年第1期。

項春松 1985「赤峰発現的契丹鋌金銀器」『文物』1985年第2期。

孝感地区博物館・安陸博物館 1985「安陸王子山唐呉王妃楊氏墓」『文物』1985年第2期。

靳楓毅・徐基 1985「遼寧建亀山一号遼墓」『文物』1985年第3期。

遼寧省博物館・馮永謙・韓宝興・劉忠誠・遼陽博物館・鄒宝庫・柳川・蕭世星 1985「遼陽旧城東門里東漢壁画墓発掘報告」『文物』1985年第6期。

江西省博物館・陳定栄 1985「吉州窯彩絵芸術及其影響」『文物』1985年第8期。

山東省益都県博物館・夏名采 1985「益都北斉石室墓線刻画」『文物』1985年第10期。

山東省淄博市博物館 1985「西漢斉王墓随葬器物坑」『考古学報』1985年第2期。

寧夏回族自治区博物館・固原博物館 1985「寧夏固原北魏墓群発掘簡報」『文物』1985年第11期。

鎮江博物館 1985「江蘇鎮江唐墓」『考古』1985年第2期。

伊川県文化館 1985「河南伊川発現一座唐墓」『考古』1985年第5期。

山西省博物館 1985「太原市尖草坪漢墓」『考古』1985年第6期。

寛城県文物保護管理所 1985「河北寛城出土両件唐代銀器」『考古』1985年第9期。

四川省文物管理委員会・彭山県文化館 1985「南宋虞公著夫婦合葬墓」『考古学報』1985年第3期。

陳英英・賈梅仙 1985「国外学者研究唐代金銀器情況介紹」『考古与文物』1985年第2期。

南陽市博物館 1985「南陽市散存漢画像石選匯」『中原文物』1985年第3期。
臨潼県博物館 1985「臨潼唐慶山寺舎利塔基精室清理記」『文博』1985年第5期。
劉建国 1985「試論唐代南方的金銀工芸的興起」『東南文化』第1輯　江蘇古籍出版社。
劉建国・楊再年 1985「江蘇句容行香発現唐代銅棺、銀棺」『考古』1985年第2期。
黎忠義 1985「漢−唐鑲嵌金細工工芸探分析」『東南文化』第1輯　江蘇古籍出版社。
謝稚柳 1985「北斉娄叡墓壁画与莫高窟隋唐之際画風」『文物』1985年第7期。
甘粛省文物隊・甘粛省博物館・嘉峪関市文物管理所 1985『嘉峪関壁画墓発掘報告』文物出版社。
湖北省荊州地区博物館 1985『江陵馬山一号楚墓』文物出版社。
周到・呂品・湯文興 1985『河南漢代画像磚』上海人民美術出版社。
鎮江市博物館・陝西省博物館 1985『唐代金銀器』文物出版社。
陳維稷主編 1985『中国紡織科学史』軽工業出版社。
朝鮮民主主義共和国社会科学院・朝鮮画報社 1985『徳興里高句麗壁画古墳』講談社。
後藤四郎 1985『正倉院の文様』日本経済新聞社。
(韓国) 文化財管理局 1985『慶州皇南大塚 (北墳)』。
東京国立博物館・大阪市立美術館・日本経済新聞社 1985『シルクロードの遺宝』。

【1986】
安徽省文物考古研究所・馬鞍山市文化局 1986「安徽馬鞍山東呉朱然墓発掘簡報」『文物』1986年第3期。
安徽六安県文物工作組 1986「安徽六安県花石咀古墓出土器物」『考古』1986年第10期。
徐良玉・李久海・張容生 1986「揚州発現一批唐代金首飾」『文物』1986年第5期。
葉玉奇・王建華 1986「江蘇呉県蔵書公社出土宋代遺物」『文物』1986年第5期。
肖夢龍・汪青青 1986「江蘇溧陽平橋出土宋代銀器窖蔵」『文物』1986年第5期。
益陽地区博物館・盛定国・寧郷県文物管理所・王自明 1986「寧郷月山鋪発現商代大銅鐃」『文物』1986年第2期。
許勇翔 1986「唐代玉彫中的雲龍文装飾研究」『文物』1986年第9期。
河北省文物管理処 1986「河北易県浄覚寺舎利塔地宮清理記」『文物』1986年第9期。
山西省考古研究所・山西省聞喜県博物館 1986「山西省聞喜県金代磚彫壁画墓」『文物』1986年第12期。
遂渓県博物館 1986「広東遂渓県発現南朝窖蔵金銀器」『考古』1986年第3期。
康平県文化館文物組　1986「遼寧省康平県後劉東屯遼墓」『考古』1986年第10期。
王子今 1986「秦漢時代的双連杯及其民俗学意義」『考古与文物』1986年第5期。
武家昌 1986「喀左北嶺遼墓」『遼海文物学刊』創刊号。
盧兆蔭 1986「試論唐代的金花銀盤」『中国考古学研究−夏鼐先生考古50年紀念論文集』文物出版社。
朱錫録 1986『武氏祠漢画像石』山東省美術出版社。
考古学編輯委員会 1986『中国大百科全書・考古学巻』中国大百科全書出版社。
陝西省考古研究所秦漢研究室 1986『新編秦漢瓦当図録』三秦出版社。
天理大学附属参考館 1986『天理大学附属天理参考館図録』。

【1987】
呉焯 1987「北周李賢墓出土鎏金銀壺考」『文物』1987年第5期。
大同市文化局文物科 1987「山西大同東郊元代崔瑩李氏墓」『文物』1987年第6期。
臨淄斉国故城博物館・張龍海 1987「臨淄斉瓦当的新発現」『文物』1987年第7期。
韓偉・陸九皋 1987「唐代金銀器概述」『中国考古学研究論集−紀念夏鼐先生考古学50週年』三秦出版社。
長治市博物館・王進先 1987「山西長治市北郊唐崔拏墓」『文物』1987年第8期。
湖北省博物館・鄖県博物館 1987「湖北鄖県唐李徽、閻婉墓発掘簡報」『文物』1987年第8期。
斉東方 1987「関于日本藤之木古墳出土馬具文化淵源的考察」『文物』1987年第9期。
内丘県文物保管所 1987「河北省内丘邢窯調査簡報」『文物』1987年第9期。
熊存瑞 1987「隋李静訓墓出土金項鏈、金手鐲的産地問題」『文物』1987年第10期。
徐信印・魯紀亨 1987「陝西安康近年発現的幾処画像磚」『考古』1987年第3期。
南京博物院・連雲港市博物館 1987「江蘇連雲港市清理四座五代、北宋墓葬」『考古』1987年第6期。

孫機 1987「洛陽金村出土銀着衣人像族属考釈」『考古』1987年第6期。
王成生 1987「遼寧朝陽市遼劉承嗣族墓」『考古』1987年第6期。
衡陽市文物工作隊 1987「湖南衡南出土元代窖蔵銀器」『考古』1987年第9期。
敖漢旗文物管理所 1987「内蒙古敖漢旗沙子溝、大横溝遼墓」『考古』1987年第10期。
阮文清 1987「江陵馬山磚M1偏諸田猟図案浅析」『考古与文物』1987年第5期。
河北省文物研究所 1987「河北平山午汲古城調査与墓葬発掘」『考古学集刊』(5) 中国社会科学出版社。
朝陽市博物館 1987「朝陽市郊唐墓清理簡報」『遼海文物学刊』1987年第1期。
陳佩芬 1987『上海博物館蔵銅鏡』上海書画出版社。
周世栄 1987『銅鏡図案』湖南美術出版社。
吉林省文物考古研究所 1987『楡樹老河深』文物出版社。
松本包夫 1987「正倉院の新発現上代錦 (後篇)」『正倉院年報』第9号。
樋口隆康 1987「正倉院銀壺－附・狩猟文について」『シルクロード考古学』第3巻 法蔵館。
楊伯達 1987『中国美術全集・工芸美術編10・金銀玻璃琺瑯器』文物出版社。
高見堅志郎 1987a『世界の文様』(2) 青菁社。
高見堅志郎 1987b『世界の文様』(5) 青菁社

【1988】
遼寧省博物館 1988「朝陽袁台子東晋壁画墓」『文物』1988年第6期。
彭家勝 1988「四川安岳臥仏院調査」『文物』1988年第8期。
韓偉 1988「従飲茶風尚看法門寺等地出土的唐代金銀茶具」『文物』1988年第10期。
陝西省法門寺考古隊 1988「扶風法門寺唐代地宮発掘簡報」『文物』1988年第10期。
山西省考古研究所 1988「山西省南郊唐代壁画墓清理簡報」『文物』1988年第12期。
昭陵博物館 1988「唐安元寿夫婦墓発掘簡報」『文物』1988年第12期。
李虎候 1988「幾種古代銀器的X射線焚光分析」『考古』1988年第1期。
泰安市文物管理局 1988「山東泰安県旧県村漢代画像石墓」『考古』1988年第4期。
蘇兆慶・張安礼 1988「山東省莒県沈劉庄漢代画像石墓」『考古』1988年第9期。
淮陰市博物館 1988「淮陰高庄戦国墓」『考古学報』1988年第2期。
張広立・徐庭雲 1988「西安市韓森塞出土的鸞鳥菱花紋銀盤及其製作年代」『考古与文物』1988年第4期。
戴応新・魏遂志 1988「陝西綏徳黄家塔東漢画像石墓群発掘簡報」『考古与文物』1988年第6期。
鄭州市博物館・張秀清・張松林・中州石刻芸術館・周到 1988『鄭州漢画像磚』河南美術出版社。
寧夏固原博物館 1988『固原北魏墓漆棺画』寧夏人民出版社。
徐錫台　楼宇棟　魏効祖 1988『周秦漢瓦当』文物出版社。
伊藤秋男 1988「慶州天馬塚出土の障泥に見られる天馬図と唐草文」『考古学叢考』上巻　吉川弘文館。
林良一 1988『シルクロード』時事通信社。
田辺勝美 1988『ガンダーラから正倉院へ』同朋社。
勝部明生 1988「亀甲繋文の世界－藤ノ木古墳鞍金具文様の考察に関連して」『網干善教先生華甲記念－考古学論集』。
江上波夫 1988「シルクロードと日本」『シルクロード大文明展－シルクロード・オアシスと草原の道』。
奈良県立美術館 1988『シルクロード大文明展－シルクロード・オアシスと草原の道』。

【1989】
宋兆麟 1989「后洼遺址彫塑品中的巫術寓意」『文物』1989年第2期。
湖北省博物館 1989『曽侯乙墓』文物出版社。
湖北省漢川県文管所 1989「湖北漢川厳家山発現西晋墓葬」『考古』1989年第9期。
盧耀光 1989「青海西寧発現一座北朝墓」『考古』1989年第9期。
韓偉 1989a「美国華盛頓佛利爾美術館収蔵的唐代金銀器」『考古与文物』1989年第3期。
韓偉 1989b『海内外唐代金銀器萃編』三秦出版社。
王長啓・高曼・尚民傑・茹新華 1989「介紹西安市蔵珍貴文物」『考古与文物』1989年第5期。
王倉西 1989「従法門寺出土金銀器談"文思院"」『文博』1989年第6期。

三門峡市文物工作隊 1989「三門峡市両座唐墓発掘簡報」『華夏考古』1989年第3期。
白勁松 1989「陳巴尔虎旗西烏珠尓古墓清理簡報」『遼海文物学刊』1989年第2期。
石興邦 1989「我国東方沿海和東南地区古代文化中鳥類図像与鳥祖窟崇拝的有関問題」『中国原始文化論集－記念伊達八十誕辰』文物出版社。
孫機 1989「関于西安何家村出土的飛廉紋小銀盤」『中国考古学会第七次年会論文集』文物出版社。
甘粛省文物考古学研究所 1989『酒泉十六国壁画』文物出版社。
上原和 1989「文様はシルクロードを伝わった」『藤ノ木古墳の謎』朝日新聞社。
林巳奈夫 1989a「春秋戦国青銅器の研究」『殷周青銅器総覧』(3)東京堂。
林巳奈夫 1989b『漢代の神神』臨川書店。
奈良国立博物館 1989『第41回正倉院展』。

【1990】
成都市博物館考古隊・翁善良・羅偉先 1990「成都東郊北宋張確夫婦墓」『文物』1990年第3期。
甘粛省博物館・初師賓 1990「甘粛靖遠新出羅馬鎏金銀盤略考」『文物』1990年第5期。
広東省博物館・茂名市博物館・電白県博物館 1990「広東電白唐代許夫人墓」『文物』1990年第7期。
南京市博物館 1990「南京幕府山東晋墓」『文物』1990年第8期。
盧兆蔭 1990「関于法門寺地宮金銀器的若干問題」『考古』1990年第7期。
岑蕊 1990「試論東漢魏晋墓葬中的多面金珠用途及其源流」『考古与文物』1990年第3期。
黄石林 1990「四川江油市青達古瓷窯址調査」『考古』1990年第12期。
揚州博物館 1990「揚州近年発現唐墓」『考古』1990年第9期。
荊門市博物館 1990「荊門館蔵銅鏡」『江漢考古』1990年第3期。
江西文物編輯部 1990「奮蹄騰飛話「挟翼」」『江西文物』1990年第1期。
張家口文物管理所 1990「張家口市下花園発現一座遼代墓」『文物春秋』1990年第1期。
宿白 1990「中国古代金銀器和瑠璃器」『中国文物報』1990年4月26日・5月3日。
張増祺 1990「戦国至西漢時期滇池地区発現的西亜文物」『古代絲綢之路研究』第1輯、四川大学出版社。
河南省博物館・河南省文物研究所・河南省古代建築研究所・呂品 1990『中岳漢三闕』文物出版社。
殷光明 1990『敦煌画像磚』人民美術出版社。
李発林 1990『斉故城瓦当』文物出版社。
王建中・閃修山 1990『南陽両漢画像石』文物出版社。
張英 1990『吉林出土銅鏡』文物出版社。
礪波護 1990「唐代社会における金銀」『東方学報』第62冊〈創立60周年記念論集〉京都。
奈良県立橿原考古学研究所 1990『斑鳩藤ノ木古墳第1次調査報告書』。
中野徹 1990「銀器点綴－大和文華館の蔵品をめぐって－」『大和文華』第84号。

【1991】
桑堅信 1991「淳安朱塔唐代窖蔵銀器芻議」『文物』1991年第2期。
成都市博物館考古隊 1991「五代後蜀孫漢韶墓」『文物』1991年第5期。
林士民 1991「浙江寧波天封塔地宮発掘報告」『文物』1991年第6期。
河南省古代建築保護研究所・河南省文物研究所 1991「鄧州福勝寺塔基地宮」『文物』1991年第6期。
李建麗・李振奇 1991「臨城李氏墓誌考」『文物』1991年第8期。
北京市文物研究所 1991「北京豊台唐史思明墓」『文物』1991年第9期。
山西省考古研究所・汾陽博物館 1991「山西省汾陽金墓発掘簡報」『文物』1991年第12期。
山西省文物考古研究所・太原市文物委員会 1991「山西太原斛律徹墓」『文物』1991年第10期。
斉東方 1991a「評海内外唐代金銀器粋編」『考古』1991年第2期。
斉東方 1991b「法門寺地宮の発現与唐代金銀器研究」『文博』1991年第4期。
範鳳妹・呉志紅 1991「江西出土的隋代磁器」『考古与文物』1991年第2期。
西安市文物管理処 1991「西安市西郊熱電廠基建工地隋唐墓葬清理簡報」『考古与文物』1991年第4期。
賈峨 1991「唐代的畋猟弋射与絲綢之路」『華夏文化』1991年第2期。
許新国・趙豊 1991「都蘭出土絲織品初探」『中国歴史博物館』1991年第15、16期。

張松柏・宋国軍 1991「城子金銀器研究」『内蒙古東部区考古学文化研究文集』海洋出版社。
広州市文物管理委員会・中国社会科学院考古研究所・広東省博物館 1991『西漢南越王墓』文物出版社。
湖北省荊沙鉄路考古隊 1991『包山楚墓』文物出版社。
洛陽文物工作隊 1991『洛陽文物図案集』朝華出版社。
日本放送出版協会・上海人民美術出版社 1991『上海博物館　中国・美の名宝（2）　完璧なかたちと色をもとめて～古代・唐・宋の陶磁器』。

【1992】
済南市文化局・章丘県博物館 1992「済南近年発現的元代磚彫壁画墓」『文物』1992年第2期。
山西省考古研究所・呂梁地区文物工作室・離石県文物管理所 1992「山西離石馬茂庄東漢画像石墓」『文物』1992年第2期。
洛陽市文物工作隊 1992a「洛陽神会和尚塔塔基清理」『文物』1992年第3期。
洛陽市文物工作隊 1992b「河南新安県古村北宋壁画墓」『華夏考古』1992年第2期。
偃師商城博物館 1992「河南偃師寇店発現東漢銅器窖蔵」『考古』1992年第3期。
宿白 1992「西蔵日喀則地区寺廟調査記」『文物』1992年第5期。
朝陽北塔考古隊 1992「遼寧朝陽北塔天宮地宮清理簡報」『文物』1992年第7期。
山西省考古研究所・大同市博物館 1992「大同市南郊北魏墓群発掘簡報」『文物』1992年第8期。
山西省考古研究所・太原市文物管理委員会 1992「太原隋斛律徹墓清理簡報」『文物』1992年第10期。
韓偉 1992「法門寺唐代金剛界曼荼羅成身会造像宝函考釈」『文物』1992年第8期。
天水市博物館 1992「天水市発現隋唐屏風石棺床墓」『考古』1992年第1期。
西安市文物管理処 1992「西安市東郊機械廠漢唐墓葬発掘簡報」『考古与文物』1992年第3期。
呼林貴・侯寧彬・李恭 1992「西安市東郊唐韋美美墓発掘記」『考古与文物』1992年第5期。
王長啓 1992「西安市出土唐代金銀器及装飾芸術特点」『文博』1992年第3期。
項春松 1992「内蒙古克什克騰旗二八地1号、2号遼墓」『内蒙古文物考古』1992年第1、2期。
斉東方 1992「李家営子出土的粟特銀器与絲綢之路」『北京大学学報（哲学社会科学版）』1992年第2期。
趙超 1992「法門寺出土金銀器反映的晩唐金銀製作業状況及晩唐金銀器風格」『首届国際法門寺歴史文化学術研討会論文選集』陝西人民教育出版社。
陝西省考古研究所 1992『唐代黄堡窯址』文物出版社。
周紹良 1992『唐代墓誌彙編』上海古籍出版社。
負安志 1992『中国北周珍貴文物』陝西省人民美術出版社。
孔祥星・劉一曼 1992『中国銅鏡図録』文物出版社。
橿原考古学研究所附属博物館 1992『正倉院の故郷－中国金銀器・ガラス展』。
ＮＨＫ大阪放送局・ＮＨＫきんきメディアプラン 1992『正倉院の故郷－中国の金・銀・ガラス展』。

【1993】
河北省文物研究所・河北大学歴史系・固安県文物保管所 1993「河北省固安于沿村金宝厳寺塔基地宮出土文物」『文物』1993年第4期。
斉東方 1993a「中国早期馬鐙的有関問題」『文物』1993年第4期。
斉東方 1993b「中国古代的金銀器皿与波斯薩珊王朝」『伊斯蘭学在中国論文集』北京大学出版。
聊城地区文化局文物研究室 1993「聊城地区出土部分銅鏡」『文物』1993年第4期。
李献奇・楊海欽 1993「洛陽又発現一批西漢空心画像磚」『文物』1993年第5期。
孫機 1993「論近年内蒙古出土的突厥与突厥式金銀器」『文物』1993年第8期。
安郷県文物管理所 1993「湖南安郷西晋劉弘墓」『文物』1993年第11期。
高次若 1993「宝鶏市博物館館蔵唐境精粋」『考古与文物』1993年第1期。
負安志 1993「陝西省長安南里王村咸陽飛行場出土大量珍貴文物」『考古与文物』1993年第6期。
鄭栄 1993「城固県文化館蔵銅鏡簡紹介」『考古与文物』1993年第6期。
懐化地区博物館・麻陽県博物館 1993「湖南麻陽県発現唐代窖蔵銀器」『文博』1993年第1期。
青海省文物考古研究所 1993『上孫家寨漢晋墓』文物出版社。
王倉西 1993「浅談法門寺地宮出土部分金銀器的定名及用途」『文博』1993年第4期。

劉暁晴 1993「九江県文管所蔵選介」『南方文物』1993年第3期。
内蒙古自治区文物研究所・哲里木盟博物館 1993『遼陳国公国墓』文物出版社。
呉水存 1993『九江出土銅鏡』文物出版社。
薛文燦・劉松根 1993『河南新鄭州漢代画像磚』上海書画出版社。
田中一美 1993「都管七箇国盆の図像とその周辺」『仏教芸術』第210号。
京都文化博物館・京都新聞社 1993『ロシアの秘密宝　特別展　ユーラシアの輝き』。
橿原考古学研究所付属博物館 1993『貿易陶磁－奈良・平安の中国陶磁』。

【1994】

李学勤 1994「論古越閣所蔵3件青銅器」『文物』1994年第4期。
蔡運章・梁暁 1994「洛陽西工131号戦国墓」『文物』1994年第7期。
武漢市博物館 1994「湖北武昌馬房山隋墓清理簡報」『考古』1994年第11期。
斉東方・張静 1994「唐代金銀器皿与西方文化的関係」『考古学報』1994年第2期。
陝西省考古研究所隋唐研究室 1994「陝西長安隋宋忻夫婦合葬墓清理簡報」『考古与文物』1994年第1期。
宝鶏考古隊 1994「岐山鄭家村唐元師奨墓清理簡報」『考古与文物』1994年第3期。
鄧秋玲 1994「湖南省博物館新征集的古代銅鏡」『東南文化』1994年第5期。
桂林博物館 1994「広西桂州窯遺址」『考古学報』1994年第4期。
韓仁信 1994「黒山遼碑発現記略」『内蒙古文物考古文集』第1集　中国大百科全書出版社。
趙超 1994「略談唐代金銀器研究中的分期問題」『漢唐与辺疆考古研究』科学出版社。
斉東方 1994「唐代銀高足杯研究」『考古学研究－紀念北京大学考古専業40周年（1952～1992）』（二）北京大学出版社。
光復書局企業股份有限公司・文物出版社 1994『仏門秘宝　大唐遺珍－陝西扶風法門寺地宮』。
許新国 1994「都蘭吐蕃墓中鍍金銀器粟特系統的推定」『中国蔵学』1994年第4期。

【1995】

趙永平・王蘭慶・陳銀鳳 1995「河北省正定県出土隋代舎利石函」『文物』1995年第3期。
劉友恒・聶連順 1995「河北正定開元寺発現初唐地宮」『文物』1995年第6期。
鄭州市文物工作隊 1995「鄭州地区発現的幾座唐墓」『文物』1995年第5期。
洛陽文物工作隊 1995「洛陽南郊皂角樹村宋墓」『文物』1995年第8期。
洛陽市第二文物工作隊 1995「伊川鴉嶺唐斉国太夫人墓」『文物』1995年第11期。
福建省博物館 1995「福建省福州茶園山南宋許峻墓」『文物』1995年第10期。
中国社会科学院考古研究所西安市唐城隊 1995「隋仁寿宮唐九成宮三七号殿迹的発掘」『考古』1995年第12期。
韓偉 1995「法門寺地宮金銀器鏨文考釈」『考古与文物』1995年第1期。
左徳田 1995「隨州市博物館近年収集的古代銅鏡」『江漢考古』1995年第3期。
毛穎 1995「唐鎏金鏨嬰戯図小銀瓶図像探析」『南方文物』1995年第3期。
瑞昌市博物館 1995「江西瑞昌丁家山唐墓群清理簡報」『南方文物』1995年第3期。
江西省博物館・江西省文物考古研究所 1995「鎮江城市考古出土文物」『南方文物』1995年第4期巻末図版。
河北省文物研究所 1995『䶜墓－戦国中山国国王之墓』文物出版社。

【1996】

内蒙古文物考古研究所・赤峰市博物館・阿魯科尓沁旗文物管理所 1996「遼耶律羽之墓発掘簡報」『文物』1996年第1期。
斉東方 1996「西安沙坡村出土的粟特鹿紋銀碗考」『文物』1996年第2期。
鄭州市文物考古研究所・滎陽市文物保護管理所 1996「河南滎陽莨村漢代壁画墓調査」『文物』1996年第3期。
河南省文物考古研究所・鞏義市文物保管所 1996「鞏義市北窯湾漢晋唐五代墓葬」『考古学報』1996年第3期。
河北省文物研究所 1996a「石家庄市後太保元代史氏墓群発掘簡報」『文物』1996年第9期。
河北省文物研究所 1996b『燕下都』（上）文物出版社。
河北省文物研究所 1996c『歴代銅鏡紋飾』河北省美術出版社。
黄盛璋 1996「論中国早期（銅鉄以外）的金属工芸」『考古学報』1996年第2期。
何駑 1996「繊線軸与繒矢」『考古与文物』1996年第1期。

咸陽市文物考古研究所 1996「咸陽石油鋼管廠秦墓清理簡報」『考古与文物』1996年第5期。
寧夏回族自治区固原博物館・羅豊 1996『固原南郊隋唐墓地』文物出版社。
王維坤 1996「試論日本正倉院珍蔵的鍍金鹿紋三足銀盤」『考古与文物』1996年第5期。
胡丹 1996「軽薄精巧 素雅秀美－談宋代銀器皿」『南方文物』1996年第1期。
李有成 1996「繁峙県発現唐代窖蔵銀器」『文物季刊』1996年第1期。
朱天舒 1996「唐代金銀器与大唐気象」『西北大学学報』26－1。
龐永紅 1996「唐代金銀器装飾図案論析」『西北大学学報』26－2。
冉万里 1996「試論唐代金銀器制造地的分布」西北大学文博学院編『考古文物研究（1956－1996）－紀念西北大学考古専業成立四十周年文集』三秦出版社。
陝西省耀県薬王山博物館・陝西省臨潼市博物館・北京遼金城垣博物館 1996『北朝佛道造像碑精選』天津古籍出版社。
中国社会科学考古研究所・浙江省文物考古研究所・杭州市園林文物局 1996『南宋官窯』中国大百科出版社。
長沙窯課題組 1996『長沙窯』紫禁城出版社。
湖北省荊州地区博物館 1996『江陵馬山1号楚墓』文物出版社。
寧夏回族自治区固原博物館・羅豊 1996『固原南郊隋唐墓地』文物出版社。
孫機 1996a「凸弁文銀器與水波文銀器」『中国聖火』遼寧教育出版社。
孫機 1996b「近年内蒙古出土的突厥与突厥式金銀器」『中国聖火』遼寧教育出版社。
孫機 1996c「唐・李寿石椁線刻「侍女図」「楽舞図」散記」『中国聖火』遼寧教育出版社。
孫機 1996d「近年内蒙古出土の突厥与突厥式金銀器」『中国聖火』遼寧教育出版社。
孫機 1996e「東周、漢、晋腰帯用金銀帯扣」『中国聖火』遼寧教育出版社。
国家文物局 1996『中国文物精華大辞典・金銀玉石巻』上海辞書出版社・商務印書館（香港）。
毛利光俊彦 1996「古代東アジアの金属製容器Ⅰ（中国編）」奈良文化財研究所資料第68冊。
兵庫県立歴史博物館・朝日新聞社 1996『大唐王朝の華－都・長安の女性たち』。
楊伯達・中野徹 1996『中国美術全集・工芸美術編10・金銀玻璃琺瑯器』京都書院。
中野徹 1996「唐代金銀器の工芸」『中国美術全集・工芸美術編10・金銀玻璃琺瑯器』京都書院。
Jane Turner 1996 The Dictionary of Art,6, Grove.

【1997】

徐州博物館 1997「徐州西漢宛朐侯劉埶墓」『文物』1997年第2期。
李銀徳・孟強 1997「試論徐州出土西漢早期人物画像鏡」『文物』1997年第2期。
臨猗県博物館・喬正安 1997「山西臨猗双塔寺北宋塔基地宮清理簡報」『文物』1997年3期。
淄博市博物館 1997「山東臨淄商王村一号戦国墓発掘簡報」『文物』1997年第6期。
陝西省考古研究所・楡林地区文物管理委員会 1997「陝西神木大保当第11号、第23号漢画像石発掘簡報」『文物』1997年第9期。
林梅村 1997「中国境内出土帯銘文的波斯和中亜銀器」『文物』1997年第9期。
于俊玉 1997「朝陽三合成出土的前燕文物」『文物』1997年第11期。
遼寧省文物考古所・朝陽市博物館・遼寧省文物考古研究所 1997「朝陽十二台郷88M1」発掘簡報」『文物』1997年第11期。
喀喇沁旗文化館 1997「遼寧昭盟喀喇沁旗発現唐代 鎏金銀器」『考古』1997年第5期。
唐際根・曹音 1997「張光直談中国考古学的問題与前景」『考古』1997年第9期。
梁子・謝莉 1997「伊川斉国太夫人墓出土金銀器用途考」『文博』1997年第4期。
冉万里 1997「試論唐代北方金銀器的発現及特征」『文博』1997年第5期。
南陽市文物研究所・鄧州市文化館 1997「河南省鄧州市北宋趙栄壁画墓」『中原文物』1997年第4期。
丁学芸 1997「布図木吉金帯飾及其研究」『内蒙古文物考古文集』第2集 中国大百科全書出版社。
斉暁光 1997「耶律羽之墓含域外文化的金銀器」『内蒙古文物考古文集』第2集 中国大百科全書出版社。
興安盟文物工作站 1997「科右中旗代欽塔拉遼墓清理簡報」『内蒙古文物考古文集』第2集 中国大百科全書出版社。
周偉洲 1997「唐"都管七箇国"六弁銀盒考」『唐研究』第3巻 北京大学出版社。

北京大学考古学系・河北省文物研究所・邯鄲地区文物保管所 1997『観台磁州窯址』文物出版社。
江西省文物考古研究所・江西省博物館・新干県博物館 1997『江西新干大洋洲』文物出版社。
楊育彬・袁広闊 1997『20世紀河南考古発現与研究』中州古籍出版社。
中野徹 1997a「隋・唐時代の金属工芸」『世界美術大全集　東洋編4　隋・唐』小学館。
中野徹 1997b「隋・唐の遺跡と工芸」『世界美術大全集　東洋編4　隋・唐』小学館。
MIHO MUSEUM 1997『MIHO MUSEUM南館図録』。

【1998】

羅二虎 1998「陝西城固出土的銭樹仏像及其与四川地区的関係」『文物』1998年第12期。
龔廷万・龔玉・戴嘉陵 1998『巴蜀漢代画像集』文物出版社。
斉東方・張静 1998「薩珊式金銀多曲長杯在中国的流伝与演変」『考古』1998年第6期。
斉東方 1998a「丁卯橋与下莘橋窖蔵芻議」『文博』1998年第2期。
斉東方 1998b「唐代粟特式金銀器研究－以金銀帯把杯為中心」『考古学報』1998年第2期。
斉東方 1998c「唐墓壁画中的金銀器図像」『文博』1998年第6期。
斉東方 1998d「西安市文管会蔵粟特式銀碗考」『考古与文物』1998年第6期。
斉東方 1998e「唐代外来金銀及其器物」『青果集』知識出版社。
韋正・李虎仁・鄒厚本 1998「徐州獅子山西漢墓発掘的収獲」『考古』1998年第8期。
高文 1998『四川漢代石棺画像集』人民美術出版社。
南京市博物館・南京市玄武区文化局 1998「江蘇南京市富貴山六朝墓地発掘簡報」『考古』1998年第8期。
中国社会科学院考古研究所涇渭工作隊 1998「陝西彬県断涇遺址発掘報告」『考古学報』1998年第1期。
獅子山楚王陵考古発掘隊 1998「徐州獅子山西漢楚王陵発掘簡報」『文物』1998年第8期。
忻州地区文物管理処 1998「唐秀容県令高徽墓発掘簡報」『文物季刊』1998年第4期。
Michèle Pirazzoli-ti'Serstevens 1998 Cultural Contributions of the Outside World to China: Interaction and Assimilation『「迎接二十一世紀的中国考古学」国際学術討論会論文集』科学出版社。
甘粛省文物考古研究所・戴春陽 1998『敦煌仏爺廟湾西晋画像磚墓』文物出版社。
陝西省考古研究所 1998『陝西新出土文物選粋』重慶出版社。
孫機 1998「猟豹」『収蔵家』1998年第1期。
朱天舒 1998『遼代金銀器』文物出版社。
張鴻修 1998『隋唐石刻芸術』三秦出版社。
季羨林主編 1998『敦煌学辞典』上海辞書出版社。
東京国立博物館・NHK・NHKプロモーション 1998『宮廷の栄華－唐の女帝・則天武后とその時代展』NHK。
MIHO MUSEUM 1998『MIHO　MUSEUM開館一周年記念展』。
呼林貴・劉合心・徐涛 1998「唐智藏禅師舎利塔的発現及相関歴史地理問題探索」『碑林集刊』（5）陝西人民美術出版社。

【1999】

新疆文物考古研究所 1999「新疆尉犁営盤墓地一五號墓発掘簡報」『文物』1999年第1期。
洛陽市文物工作隊 1999「洛陽北郊唐穎川陳氏墓発掘簡報」『文物』1999年第2期。
安英新 1999「新疆伊犁昭蘇県墓葬出土金銀器等珍貴文物」『文物』1999年第9期。
洛陽市第二文物工作隊 1999「洛陽金谷園小学IM1254西漢墓発掘簡報」『文物』1999年第9期。
孫機 1999「建国以来西方古器物在我国的発現与研究」『文物』1999年第10期。
劉雲涛 1999「山東莒県双合村漢墓」『文物』1999年第12期。
鄭州市文物考古研究所 1999a「鄭州西郊唐墓発掘簡報」『文物』1999年第12期。
鄭州市文物考古研究所 1999b『鞏義芝田晋唐墓葬』科学出版社。
青州市博物館 1999『青州龍興寺佛教造像藝術』山東美術出版社。
鐘暁青 1999「魏晋南北朝建築装飾研究」『文物』1999年第12期。
童恩正 1999「古代中国南方与印度交通的考古学研究」『考古』1999年第4期。
張立柱 1999「河北文物事業発展的五十年」『文物春秋』1999年第5期。
斉東方 1999a「中国早期金銀器研究」『華夏考古』1999年第4期。

斉東方 1999b『唐代金銀器研究』中国社会科学出版社。
『霊岩寺』編集委員会 1999『霊岩寺』文物出版社。
大阪市立美術館・読売新聞大阪本社 1999『よみがえる漢王朝2000年の時をこえて』読売新聞大阪本社。
MIHO MUSEUM 1999『円筒形馬車金具に表現された動物たち』。

【2000】

新疆文物考古研究所 2000「新疆民豊県尼雅遺址95MNⅠ号墓地M8発掘簡報」『文物』2000年第1期。
杭州市文物研究所・臨安市文物館 2000「浙江臨安五代呉越国康陵発掘簡報」『文物』2000年第2期。
李建軍 2000「福建泰寧窖蔵銀器」『文物』2000年第7期。
郴州市文物管理処・雷子干 2000「湖南郴州市竹葉沖唐墓」『考古』2000年第5期。
昭陵博物館 2000「唐昭陵李勣（徐懋功）墓清理簡報」『考古与文物』2000年第3期。
湖州市博物館 2000「浙江省湖州三天門宋墓」『東南文化』2000年第9期。
鄭澤明 2000「定州三盤山金銀銅車傘鋌紋飾内容分析」『文物春秋』2000年第3期。
王進先 2000「山西省長治西兔村宋代壁画墓発掘簡報」『山西省考古学会論文集』（三）山西省古籍出版社。
王長啓 2000「西安発現唐代舎利容器」『文博』2000年第1期。
河南省鞏義市文物保護管理所 2000『黄冶唐三彩窯』科学出版社。
山西省考古研究所 2000『唐代薛儆墓発掘報告』科学出版社。
松本伸之 2000「唐代金銀器の諸相－1950年代から1999年までの発掘資料をめぐって－」『東京国立博物館紀要』第35号。
田辺勝美・松島英子 2000『世界美術大全集　東洋編16　西アジア』小学館。
西安碑林博物館 2000『西安碑林博物館』陝西人民出版社。

【2001】

南京市博物館 2001「江蘇南京仙鶴観東晋」『文物』2001年第3期。
遼寧省文物考古研究所・朝陽市博物館 2001「遼寧朝陽市黄河路唐墓的清理」『考古』2001年第8期。
陝西省考古研究所隋唐研究室 2001「西安市西郊熱電廠二号唐墓発掘簡報」『考古与文物』2001年第2期。
董理 2001「関于武則天金簡的幾個問題」『華夏考古』2001年第2期。
鄭州市文物考古研究所・鞏義市文物保護管理所 2001「河南義市新華小区漢墓発掘簡報」『華夏考古』2001年第4期。
韓偉 2001『磨硯書稿－韓偉考古文集』科学出版社。
韓金科 2001『法門寺文化与法門学』五洲伝播出版社。
中国社会科学院考古研究所 2001『偃師杏園唐墓』科学出版社。
山東省沂南漢墓博物館 2001『山東沂南漢墓画像石』斉魯書社。

【2002】

韋正 2002「東漢、六朝的朝服葬」『文物』2002年第3期。
済南市文化局文物処・平陰県博物館 2002「山東平陰孟庄東漢画像石墓」『文物』2002年第2期。
浙江省文物考古研究所 2002「杭州雷峰塔五代地宮発掘簡報」『文物』2002年第4期。
内蒙古博物館・内蒙古興安盟文物工作・中国絲綢博物館 2002「内蒙古興安盟代欽塔拉遼墓出土絲綢服飾」『文物』2002年第4期。
南京市博物館 2002「南京発現西晉水井」『文物』2002年第7期。
鄭東 2002「福建廈門市下忠唐墓的清理」『文物』2002年第9期。
高曼 2002「西安地区出土漢代陶器選介」『文物』2002年第12期。
西安市文物保護考古所 2002a「唐姚無陂墓発掘簡報」『文物』2002年第12期。
西安市文物保護考古所 2002b『唐金郷県主墓』文物出版社。
成都市文物考古研究所 2002「成都市保和郷東桂村宋墓発掘簡報」『成都考古発現』科学出版社。
中国社会科学院考古研究所 2002『偃師県杏園村唐墓』科学出版社。
慈渓市博物館 2002『上林湖越窯』科学出版社。
百橋明穂・中野徹 2002『世界美術大全集　東洋編4　隋・唐』小学館。
奈良県立橿原考古学研究所 2002『南朝石刻』。

【2003】

陳山 2003「北票新発現的三燕馬具」『文物』2003年第 3 期。
陳振裕 2003『楚文化与漆器研究』科学出版社。
陝西省考古研究所等楊家村聯合考古隊 2003「陝西省眉県楊家村西周青銅器窖蔵発掘簡報」『文物』2003年第 6 期。
陝西歴史博物館・北京大学考古文博院・北京大学震旦古代文明研究中心 2003『花舞大唐春－何家村遺宝選粋』文物出版社。
陝西省考古研究所 2003『西安北周安伽墓』科学出版社。
山西省考古研究所・太原市文物考古研究所 2003「太原北斉徐顕秀墓発掘簡報」『文物』2003年第10期。
斉東方 2003「何家村窖蔵遺物的埋蔵地点和年代」『考古与文物』2003年第 2 期。
王長啓 2003「西安市発現一批唐代金銀器」『文博』2003年第 1 期。
郭玲娣・樊瑞平 2003「正定出土五代巨型石亀碑座及残碑」『文物』2003年第 8 期。
葛承雍 2003「対西安市東郊唐墓出土契丹王墓誌的解読」『考古』2003年第 9 期。
李宇峰・韓宝興・郭添剛・張春宇・王慶宇 2003「彰武朝陽溝遼代墓地」『遼寧考古文集』遼寧民族出版社。
成都市文物考古研究所・彭州市博物館 2003『四川彭州宋代金銀器窖蔵』科学出版社。
申秦雁 2003a「中国古代金銀器概述」『陝西歴史博物館珍蔵金銀器』陝西人民美術出版社。
申秦雁 2003b『陝西歴史博物館珍蔵金銀器』陝西省人民美術出版社。
中国社会科学院考古研究所・河北省文物研究所 2003『磁県湾漳北朝壁画墓』科学出版社。

【2004】

西安市文物保護考古所 2004a「西安市南郊唐墓（M31）発掘簡報」『文物』2004年第 1 期。
西安市文物保護考古所 2004b「西安市南郊茅坡村発現一座唐墓」『文物』2004年第 9 期。
長武県博物館 2004「陝西長武郭家村唐墓」『文物』2004年第 2 期。
済南市考古研究所 2004『済南市司里街元代磚雕壁画墓』『文物』2004年第 3 期。
済南市考古研究所・長清区文物管理所 2004「済南市長清区大覚寺村 1 、 2 号漢墓清理簡報」『考古』2004年第 8 期。
盧兆蔭・古方 2004「略論唐代模倣金銀器的玉石器皿」『文物』2004年第 4 期。
隆化県博物館 2004「河北隆化鴿子洞元代窖蔵」『文物』2004年第5期。
内蒙古文物考古研究所 2004「内蒙古通遼市基吐尓遼代墓」『考古』2004年第 7 期。
四川省文物考古研究所・徳陽市文物考古研究所・中江県文物保護管理所 2004「四川中江塔梁子崖墓発掘簡報」『文物』2004年第 9 期。
襄垣県文物博物館・山西省考古研究所 2004「山西襄垣隋代浩喆墓」『文物』2004年第10期。
劉俊喜・高峰 2004「大同智家堡北魏墓棺画」『文物』2004年第12期。
周暁陸 2004「秦動物紋瓦當的一種試読－略論其与「月令」的関係」『考古与文物』2004年第 2 期。
黄正建 2004「何家村遺宝和劉震有関嗎？」『考古与文物』2004年第 4 期。
成都市文物考古研究所 2004「成都市高新区勤倹村発現漢代磚室墓」『四川文物』2004年第 4 期。
喬梁 2004「中国南方所見匈奴文化的影響」『東方考古』第 1 集　科学出版社。
賀華 2004「唐「馬及墓誌」略考」『陝西歴史博物館館刊』2004年第11期　三秦出版社。
冉万里 2004「隋唐時代の金銀器と陶磁器の造型関係に関する一考察」『文化史学』第60号。
湖南省文物考古研究所・周世栄 2004『湖南古墓与古窯址』岳麓書社。
湖南省博物館・湖南省文物考古研究所 2004『長沙馬王堆 2 、 3 号漢墓』文物出版社。
蓋之庸 2004『探尋逝去的王朝－遼耶律羽之墓』内蒙古大学出版社。
宝鶏市考古工作隊・陝西省考古研究所 2004『隴県原子頭』文物出版社。
陝西省考古研究所・富平県文物管理委員会 2004『唐節愍太子墓発掘報告』科学出版社。
陝西省考古研究所・陝西歴史博物館・礼泉県昭陵博物館 2004『唐新城長公主墓発掘報告』科学出版社。
国家文物局 2004「西安理工大学西漢壁画墓」『2004年中国重要考古発現』文物出版社。
洛陽市文物工作隊 2004「洛陽市東明小区Ｃ 5 M1542唐墓」『文物』2004年第 7 期。

【2005～】
西安市文物保護考古所 2005「西安北周涼州薩宝史君墓発掘簡報」『文物』2005年第 3 期。
洛陽市第二文物工作隊 2005「洛陽伊川彫磚墓発掘簡報」『文物』2005年第 4 期。
山東鄒城文化局 2005「山東省鄒城西晋劉宝墓」『文物』2005年第 1 期。
山東省文物考古研究所・臨沂市文化局 2005「山東省臨沂洗硯池晋墓」『文物』2005年第 7 期。
山西省考古研究所・太原市文物考古研究所・太原市晋源文物旅行局 2005『太原隋虞弘墓』文物出版社。
孫力楠 2005「東北師範大学収蔵的一件銅高柄方壺」『文物』2005年第 9 期。
王望生 2005「唐長安醴泉坊鑲嵌刻紋骨飾片的発現与研究」『考古与文物』2005年第 5 期。
駐馬店市文物考古管理所 2005「河南泌陽県宋墓発掘簡報」『華夏考古』2005年第 2 期。
曽繁模 2005「新津漢画像石特色簡析」『四川文物』2005年第 1 期。
趙豊 2005『中国絲綢芸術史』文物出版社。
北京大学考古文博院・青海省文物考古研究所 2005『都蘭吐蕃墓』科学出版社。
国家文物局 2005a「西安北周康業墓」『2004年中国重要考古発現』科学出版社。
国家文物局 2005b「山東省青州西辛戦国墓」『2004年中国重要考古発現』科学出版社。
鳳翔県博物館 2005「陝西省鳳翔県上郭店村出土的春秋時期文物」『考古与文物』2005年第 1 期。
陝西省考古研究所 2005『唐李憲墓発掘報告』科学出版社。
MIHO MUSEUM 2005『中国美の十字路展』。
張景明 2005『中国北方草原古代金銀器』文物出版社。
山西大学歴史文化学院・山西省考古研究所・大同市博物館 2006『大同南郊北魏墓群』文物出版社。

人名・用語索引

【あ】
哀宗　27
秋山進午　26
アケメネス（王）朝　76,169,170
アッカド　186
アッシュルナジルパル王　137
アッシュルナジルパル二世　137
アッシリア　99,137,142,169,170,186,193,248
アヒル　217
アヒル嘴形　271
アフガニスタン　25,193,283
アフラ・マズダ神　170
鐙　146
阿弥陀経　20
アレクサンドロス大王　68
安史の乱　20,65,267
アンティオキア　137
『安禄山事蹟』　33

【い】
井口喜晴　213
石田茂作　22
イシュタル女神　193
懿宗　61,65,176,180
韋端符　134
一角獣　232,247
伊藤秋男　147
犬　55,56,134,232
猪　101,102,104,113,121,123,124,131,132,137,139,141,142
「衣服疏」　177
「衣物帳」　32,60,61,67,76,176
イラン　99,100,137,170,213,222,232,248,283
岩座　57,101,132,134,173,282
殷周時代　181
殷代　29,105,181,182,201,240
インダス文明　219
インド　15,22,25,39,47,68,74,171,213,219,222,232,248,259
インドネシア　222

【う】
ヴェレスグナ　170
浮き彫り技法　76,124,127,156,160,214
兎（文）　101,102,104,105,112,115,118,119,123,124,127,131,132,139,142,147,165,169,195
牛　37,107,119,186
羽人　109,157
打ち出し（技術・技法）　48,67,68,76,84,102
馬（文）　85,101,102,104,107,109,111,113,115,118,119,121,123,124,127,129,131,132,134,136,137,139,143,146,156,167,188,,190,201,214,232
海のシルクロード　74,193,283
梅原末治　21,68,100
ウラルトゥ　170
ウル　68
雲気文　46,57,60,80,101,139,151,152,156,165,167,176,177,260,280,282

【え】
『営造法式』　224
衛辺　56
江上波夫　40,100,283
江上綏　195,219
エジプト　68,137,141,170,219,222,248
エトルリア　68
『淮南子』　164
エフタル　23,26
エロス　169
苑園　111,142
鴛鴦（文）　47,173,176,182,201,204,208,214,217,238,239,240,251,252,263
宴楽　105,111,118,126
焉耆国　39
焔肩一本形翼　147,150,151,152,156,160,161,164,165,169,264
焔肩三本形翼　150,151,152,156,160,164,169,171
円筒印章　169,186,193

【お】
オアシスの道　283
王維坤　27
王翰　250
王建　29
王倉西　25,28
鸚鵡（文）　68,176,177,186,239,251,260
狼　113
大谷探検隊　171,188,213
折枝文　48,49,54,55,61,64,65,74,76,92,101,129,131,173,236,260,280
オリエント　142,167,170,248
織物　99,105,132,146,160,161,171,186,188,190,195,197,214,224,232,234,250,252,281

【か】
『開元天宝遺事』　238
『孩児詩』　55,56,245
『海内十洲記』　206
外来（文化）要素　15,26,170,171,172,186,190,259
賈峨　100
鵲　204,208,244
花樹　134,176,181,186,188,190,252,263
画像石　111,113,115,118,119,121,126,143,147,151,152,157,161,165,167,169,182,184,190,208,211,214,217
画像磚　111,113,118,143,151,156,157,161,164,165,167,195,208,217,222
夏鼐　21,23,26,99,126
『画断』　145
賀知章　30
楽器　232,250,283
甲冑　283
羯摩（文）　60,65
何鸞　109
加藤　繁　21,29
賈梅仙　25

307

人名・用語索引

『花舞大唐春』 267
花弁形 173,232,260,271,277
花弁（文） 84,191,197,252,266,278
亀（文） 191,195,197,201,213,240,242
唐草（文） 68,102,170,173,176,177,213,232,251,256,264,276
ガラス 68,74,84,139,193,268
雁 113,157,239
迦陵頻伽 60,65
韓偉 21,22,23,24,25,27,28,29,30,248,259
『漢書』 119,157,164,248,250
ガンダーラ美術 171,248
漢代 29,32,39,61,67,68,70,74,100,111,118,119,126,136,142,143,144,146,147,150,151,152,157,161,165,169,170,171,182,184,190,193,195,206,208,211,214,217,219,246,277
漢委奴国王印 39
『漢武帝内伝』 242
韓保全 24,29
漢民族 32

【き】
亀茲 37
『魏書』 169
魏晋南北朝時代 32,70,74,85,90,119,123,126,136,147,150,151,152,156,160,161,165,169,170,182,184,190,195,201,206,214,217,222,225,243,245,267,269
僖宗 65
亀甲文 99,191,193,195,197,199,201,285
狐 101,104,113,118,131,139,142,242,250
絹織物 283
騎馬狩猟（者・文） 85,100,102,104,109,111,113,115,118,119,124,129,131,132,136,137,139,145
騎馬民族 139,141
ギュルレンスヴェールト 22,26
匈奴 70,111,239
共命鳥 60,65

玉人 167
『玉台新詠』 238
曲弁文 260,262
許新国 27
魚（文） 47,48,54,84,143,172,180,206,230,240,244,246,247,254,263
魚鱗形文 156,281
ギリシア 100,141,169,213,219,248
ギリシア神話 157,167
麒麟（文） 90,147,152,156,167,169,170,204,211,217,247
キルギス人 139
金維諾 56
『金索』 235
金糸金粒細工技術 68,70,74
金代 161,286
金瑤 70,74,262

【く】
草花（文） 55,56,57,68,101,104,113,124,131,132,143,152,157,173,177,184,195,206,208,280,282
孔雀（文） 129,177
クシャン朝 26,139
『旧唐書』 30,33,36,37,39,40,56,142,197,239,242,248,259
熊 111,113,129,131,137,157,245,246
グリフォン 167
クレタ文明 141,219
桑山正進 21,26,268

【け】
敬宗 35,65
『芸文類聚』 157,206,238,239,240,243,247,250
化生図 245
憲宗 27,39,65
玄宗 24,25,27,33,34,46,48,49,54,65,143,144,145,160,219,236,238,242,247,259
玄武 206
阮文清 109
厳文明 206
乾隆帝 191

【こ】
鯉 173,246,247,263
盒 278
『広異記』 284
鴻雁（文） 101,176,201,204,208,211,214,217,219,238,239,264
『孝経』 247
紅牙撥鏤尺 156,211,244
高句麗古墳 121,123,156,160,193
甲骨文 105
孔子 55
黄正建 28
黄盛璋 74
高祖（李淵） 61,134,250
高宗 24,27,37,64,239
厚葬思想 32
『高僧伝』 32
高足杯 26,267,268,281
高麗時代 222
香料 283
後漢 68,74,169,193
『呉姫』 245
『国史補』 56
『古今注』 238
胡三省 36
呉焯 23
胡人 54,56,92,113,118,126,144,269,284
小杉一雄 188
五代（十国時代） 161,225,251,254,256,259,267,271,282,286
後藤守一 21
琥珀 20
胡服騎射 167
胡瓶 37,136,250,267,269,271,281,284,250
古方 28
駒井和愛 100
昆虫 201,260

【さ】
犀（文） 46,105,107,190,228,247
西域 27,243,250
『西京雑記』 244,250

祭祀用品　39
咋鳥文　99,201,204,206,211,213
石榴（文）　49,54,243
ササン系美術　157,170,213
ササン朝ペルシア　15,23,24,26,
　　27,92,99,100,104,119,124,126,
　　134,137,142,143,144,146,169,
　　171,186,190,193,213,222,230,
　　232,243,248,259,262,269,272,
　　276
ササン朝ペルシア・ソグド型翼
　　160,171
『冊府元亀』　29,36,37,145,180,
　　248
左伝　144
サナトルグ　219
左右対称　92
猿（文）　113,186
サルゴン　170
サルマタイ　262
三角文　61,109
山岳文　46,56,85,101,102,104,121,
　　124,129,131,132,134,136,139,
　　176,186
珊瑚　20,169,283
『三国志』　245
三彩　136,238,239,260,267,278,
　　280,281
『三体詩語』　245
散点式構図　85
【し】
シヴァルナー　213
侍衛　111
ジェシカ・ローソン　25
ジェムデット・ナスル期　186
鹿（文）　46,47,54,64,84,101,102,
　　104,105,107,109,111,113,115,
　　118,121,123,124,129,131,132,
　　134,137,139,141,142,147,152,
　　161,167,180,181,188,190,195,
　　204,211,214,217,232,264
『史記』　29,55
『詩経』　245
「子虛賦」　113
地獄　126
獅子（文）　48,49,56,104,124,127,
　　129,132,136,141,142,147,165,

169,177,180,201,232,251,
257,264
『資治通鑑』　36,40,144,145,259
史樹青　113
仕女（文・図）　54,55,65,92,
　　101,104,257,269
四神　121
漆器　105,111,283
七宝　20,32
七宝繋文　80,99,219,222,224,
　　225,285
司馬相如　113
シベリア　100,282
繳射文　105,109,111,118
謝稚柳　164
車馬具　113,118,157
謝莉　28
舎利容器　20,30,32,60,68,70,74,
　　171,176,199,213
周偉洲　27
宗教題材　43,60,65
周代　182
絨毯　195,283
戎狄　119
周文王　55
周昉　55
『十六春秋』　269
酒宴図　170,248
儒家　55,126,243
樹下双鳥獣文　188,190,191
樹下双鳥文　190,252
樹下双動物文　191
樹下双馬文　188
粛宗　27,37,65
宿白　21,27,143
朱捷元　24
綬帯（文）　54,65,173,176,184,
　　201,204,206,208,211,214,
　　217,242,252,260,263,278,
　　282
出行（図）　115,118,121,126,
　　132,143
朱天舒　28,259
シュメール　186
樹木　101,102,104,121,124,129,
　　131,136,143,157,186,188,
　　190

『周礼』　208
狩猟文（図）　47,54,57,65,92,
　　99,100,101,102,104,105,107,
　　109,111,113,115,118,119,
　　121,123,124,126,127,129,
　　131,132,134,136,137,139,
　　141,142,143,144,145,146,
　　167,195,246,278,281,282
『春秋感精符』　247
春秋時代　29,30,55,107,109
春秋戦国時代　105,167
順宗　65
祥瑞思想　235
祥瑞文様　239
少正卯　55
鐘曉青　195
商代　105
昭帝　239
商人　284
植物文　43,48,92,236
除罪金簡　39
徐中舒　100
徐庭雲　25
『徐福』　206
シリア　137,170,193
シルクロード　15,21,22,28,40,
　　76,92,100,144,167,190,193,
　　213,281,283,284
子路　55
讖緯思想　235
真珠　20,68,74,76,213,283
申秦雁　28
岑蕊　25,68
新石器時代　201,206,222
神仙思想　167,170
秦代　29,111
清代　191,286
『新唐書』　33,34,39,40,145,197,
　　235,245
人物文　28,43,54,57,92,181,195
神話伝説　169,206
【す】
『水経注』　161
隋代（王朝）　61,64,74,127,
　　129,150,151,214,222,232,
　　268
水波怪獣文　254

309

水波文　47,48,142,173,180,230,
　　　260,263
透彫り（技術・技法）　60,68,70,
　　　76,80,121,156,182,184,193,
　　　195,199,211,219,225,244
スキタイ　99,100,139,141,167,169
【せ】
西王母　211,242
斉曉光　259
生産　105
生活用品　60
西周時代　74,109
聖樹双鳥獣文　186,188
聖樹動物文　190
聖樹文　190
聖書　167
斉東方　20,21,23,24,26,27,28,29,
　　　41,68,100,143,191,228,230,
　　　268,272,277
西方要素　15,41,99,100,143
青龍文　150,190
青蓮崗文化　222
『世界陶磁全集』　278,280,281
石興邦　188
石碑　161,199,264
『説苑』　247
石窟　126,127,150,160,195,197,
　　　213
薛能　245
『説文解字』　246
薛曜　46
蝉形文様　74
セムル文　232
『山海経』　157,206
前漢　74,146,157,169,171,213,239,
　　　243,250
戦国時代　29,32,67,100,104,111,
　　　118,142,167,169,182,188,190
戦車　107,141
蟾蜍　242,243
先秦時代　105,109
宣宗　25,65,160
戦争　105,119
線対称（文様）　92,181,186,204,
　　　230,263
『全唐文』　145
仙人　54,57,167

鮮卑　126,169
『前涼録』　269
『宣和画譜』　143,146
【そ】
象　25,107,127,137,142,147,165,
　　　169,181
双鴛鴦文　173,182,184,252,263,
　　　278,280
双猿文　181
双鸚鵡文　177,260,278,280
象嵌技術（技法）　74,167
双雁文　84
双騎士（文）　188
双牛　190
双魚鳥獣文　172,188
双魚文　80,84,172,173,182,188,
　　　246,254,260
双孔雀文　177,184,201,213,252,
　　　263
象牙　169,283
象牙細工　186
草原のシルクロード　26,167,
　　　283
桑堅信　27
草原遊牧民　32,147,167
双鴻雁文　176,184,208,264
双虎（文）　188
相似形の構図　92
双獅子（文）　92,177,201,236,
　　　256,257,260
双獣文　182
『宋書』　46,160,211,240,243,
　　　247,248
装飾画構図　92
『捜神記』　57
宋代　74,225,242,245,251,254,
　　　256,257,259,282,286
双鳥獣文　99,181,182,191
双鳥（文）　145,181,182,184,
　　　188,240
宗兆麟　109
双蜥蜴　188
双鳳凰文　176,177,182,184,186,
　　　201,204,208,251,252,256,
　　　262,286
相馬　隆　141,147
双マカラ文　180

双馬（文）　188
双羊（文）　190
双龍（文）　181,182,184
宋・遼・金時代　199,224
宋・遼・金・元時代　225
双鹿文　180
ソグド　15,26,27,40,64,76,84,92,
　　　119,124,126,129,139,143,
　　　160,170,186,213,214,217,
　　　219,230,232,262,271,277
『楚辞』　164,167
蘇武　239
ゾロアスター教　126,127,171
孫機　21,23,27,37,39,144,164,
　　　262,272
『孫氏瑞応図』　240,247
孫培良　24
【た】
橘　101,104,129,131
大漢原陵秘葬経　30
太公望　55
対称構図　92
太宗（李世民）　40,61,142,
　　　144,145
代宗　24,65
『大智度論』　20,244
『大唐新語』　145
『大唐大慈恩寺三蔵法師伝』
　　　32
『太平御覧』　55,56,143,145,
　　　206,238,242,245,269
『太平広記』　30,34,57,145,206,
　　　208,238,248,284
玳瑁　283
鷹　101,104,113,115,118,123,
　　　124,131,132,134,144,282
鷹狩（文）　104,111,118,123,
　　　132
鏨彫り　46,60,61,67,80,84,97,
　　　161,172,180,195,236,239,
　　　240,252,254,257,263
タジクスタン　137,139,222
駝鳥　141,142
田中一美　28
田辺勝美　26,99,146,211
団花（文）　48,49,54,61,64,65,76,
　　　176,228,232,278,280

単独構図　84
段鵬琦　21,23,24,25
【ち】
チーター　132,143
「竹林七賢図」　143
地中海　15
チベット（西蔵）　225
チムホフスキー　282
茶道具　25,30
中央アジア　15,26,99,119,137,139,
　　142,144,169,170,186,188,190,
　　213,217,219,222,230,232,248,
　　268,272,281,283
中原（地域）　74,123,126,134,
　　171,266
『中国古代御用金銀器』　262,263
中国固有　15,22,100,171
中国社会科学院考古研究所　25
『中国銅鏡図典』　208,211,217
中西文化交流　26
中宗　24,25,64
中日文化交流　27
蝶（文）　129,131,204,211,251,
　　252
貼金技術　80
張景明　27,259
張騫　243
長江　252,254
張光直　235
朝貢品　40
張広立　25
「長恨歌」　236
張静　27,228,230
張説　46
張増祺　171
趙超　27,28
長杯　272,276,281
『朝野僉載』　250
「長楊賦」　113
鳥翼形翼　147,150,151,152,156,
　　157,160,161,165,167,169,171,
　　250
陳英英　25
【つ】
鶴　57,170,177
【て】
ディオニソス・バッカス　248

『鄭氏婚礼謁文賛』　238
鄭濼明　113
テーベ　141
滇王之印　39
滇国　39
天国　126,157,170,250
天使　171,250
天人感応思想　235
点対称（文様）　92,172,176,
　　177,180,181,182,204,230,
　　234,251,254,262,286
伝統（文化）要素　15,100,156,
　　172,181
天王像　60
天馬（文）　134,147,157,160,
　　161,164,169,170,172,188,
　　204,214,217,264
天禄（文）　169,190
【と】
童恩正　39
『唐会要』　144,235
『唐画断』　143
『唐紀』　144
銅鏡　22,65,99,102,109,111,118,
　　129,131,143,150,151,152,
　　160,161,184,186,190,197,
　　199,208,211,217,219,222,
　　224,235,236,239,240,242,
　　244,245,263,264,266
『東京夢華録』　245,259
『唐語林』　30
『唐歳時紀事』　245
東西文化交流　15,22,23,24,41,
　　56,99,144,193,219,228,243,
　　283
唐三彩　15
童子（文）　55,56,171,245,247,
　　250,266,285
東晋時代　268
同心鳥　239
同心蓮　236
『唐撫言』　34
『東大寺献物帳』　269
『唐大詔令集』　40
動物文　25,27,43,49,54,92,99,
　　136,157,171,182,195,206,
　　208,211,214,217,230,232,

　　234,235,250
陶俑　100,104,111,134,284
董理　39
『唐六典』　33,235,248
『唐律疏議』　30
トーテム　188
鍍金技術　67,68
独角異獣（文）　164
徳宗　20,24,25,28,36,39,55,65
突厥　139,282
把手付杯　271,272,281
トトメス王　193
礪波　護　28,29
吐蕃　37,170
杜甫　46,104,145
吐谷渾　46
虎（文）　85,101,104,105,107,
　　111,113,115,118,119,123,
　　124,129,139,147,151,167,
　　169,171,188,190,206,208,
　　230
鳥（文）　49,54,56,64,65,84,92,
　　102,104,105,121,129,136,
　　143,147,173,186,195,201,
　　204,206,208,211,213,214,
　　217,228,230,232,238,239,
　　252,262,278,280,282,285
トルコ石　74,76,169,283
トンボ玉　283
【な】
中野　徹　25,32
魚々子文　80,84,264,266,267,
　　277,278,281
鯰　47,173,246,262,263
縄文形　234
南朝　164,165,169,277
【に】
ニケ女神　169,170,213
西アジア　15,99,119,127,137,
　　142,143,144,167,170,171,
　　186,188,190,213,217,219,
　　222,232,268,272,277,281
西ローマ帝国　141
日常生活（用）品　29,30,137,
　　238,277
忍冬文　49

311

【の】
野馬　137

【は】
パキスタン　68,139
馬具　139,184,195,211,264,283
白狄　167
バクトリア　26,39
『博物志』　206,243,250
白羊　127
白楽天　236,248
ハサム鳥　213
波状唐草文　48,49,256,285
波状葡萄文　248,250
芭蕉葉形　256
八卦文　61,65,80,191
花喰鳥文　213
浜田耕作　68
原田淑人　21,99,100
パルティアン・ショット　100,104,111,118,119,126,134,136,137,141,143,145,146,147
パルティア　137,141,146,169,213,219
パルメット（文）　68,80,170,193,195,206,208
盤　277,278

【ひ】
東ローマ（帝国）　26,230,232,268
東ローマ金貨　171
東ローマ製（品）　26,27,76,250,267,285
樋口隆康　99,100
ビザンチン帝国時代　137
非対称文様　181
飛鳥　134
羊（文）　37,119,121,134,139,169,188,190,201,232,246
ヒッタイト　169
飛天　60,65,213
白虎文　190
豹　56,104,107,109,124,132,134,137,139,141,142
飛廉（文）　27,147,156,164,206
邠王府　20,25

【ふ】
フィッシャー　100
フヴァニンド女神　170

フェルト　283
武宗　55,65
武則天（則天武后）　24,25,27,39,47,64,145,242,243,247,284
仏教　20,60,65,142,160,190,193,208,213,214,224,225,232,245,285
仏像　60,80,213
武帝　111,157,242,250,285
葡萄（文）　43,177,213,248,250
葡萄波状唐草文　49
葡萄龍鳳文　147
舞馬（文）　46,65,214
舞踊　105
『武林旧事』　245
武霊王　167
聞一多　246
『文苑英華』　236,246
文思院　25
文宗　25,65

【へ】
並蒂花　236
ペガサス　157,170
壁画　56,64,85,99,100,104,111,115,118,121,123,126,127,129,132,134,142,143,150,151,152,160,165,170,171,193,213,245,248,264,281
辟邪　169
蛇　213
ペルシア　22,39,100,132,143,144,170,283
ヘレニズム美術　213
ヘレニズム・ローマ様式　171

【ほ】
龐永紅　28
貿易陶磁器　171
貿易品　40
鳳凰（文）　43,46,55,57,67,90,176,188,190,195,204,206,208,211,213,214,217,228,232,240,251,282
宝綬帯　213
豊穣思想　250
『法書要録』　34

宝相華文　48,49,64,65,80,278,280
『抱朴子』　240,242,245,248
北魏　150,151,152,164,190,272
『北史』　243
『墨子』　206
北周　123,126,171,250
北斉　164,165
北宗　267
穆宗　27,65
『穆天子伝』　245
墓誌　150,151,152,156,160,184,195,197,219,259,264
ホスロー二世　137
菩提樹　190
牡丹　243,251

【ま】
マカラ（摩羯）（文）　25,47,48,64,65,180,230,244,247,254,263
摩睺羅　245
馬及墓誌　34
松本伸之　28
マニ宝珠　47,48,172,173,177,180,181,230,244,263
馬雍　23,126
マルシャク　26
万斯年　29
曼荼羅　60,61,65
満地装飾構図　90

【み】
ミケーネ文明　141
ミスラ神　170
南アジア　171
南メソポタミア　170
南ロシア　170
三宅久雄　102
三宅米吉　99

【む】
虫　204,211
『無量寿経』　20
『夢梁録』　245

【め】
メソポタミア　186
メダイヨン　49,99,228,230,232,234,278,285
瑪瑙　20,74,76,171

【も】

孟雲卿　104
毛穎　28
『毛詩義疏』　247
毛利光俊　28
モザイク　137,186
桃（形）　92,242,278,282
桃形花弁　49,64,65

【や】

山羊　102,113,127,139,186,217
野牛　113,115,137

【ゆ】

熊存瑞　25,74
『酉陽雑俎』　104,208
有翼虎（文）　151,152,171
有翼鹿（文）　160,228,230
有翼獅子（文）　165,169,170,228
有翼獣　167,169
有翼神獣文　169
有翼象（文）　165
有翼天使　171
有翼動物（文）　99,147,161,167,
　　169,170,171,172
有翼兎（文）　165,206
有翼山羊（文）　169
有翼駱駝（文）　232
有翼龍（文）　147,150,151
輸出（専用品）　134,146,160,171,
　　191
輸入品　24,27,64,70,126,171,269,
　　272,277

【よ】

楊貴妃　33,34,236,238
楊国忠　37
楊執一墓誌　33
楊伯達　25
葉弁文　278,280
羊毛布　283
揚雄　113
ヨーロッパ　137,141,191,219,
　　230,248,268,281

【ら】

ライオン　137,139,167
『礼記』　208,240

ラウファー　100,147
ラガシュ　170
楽園（パラダイス）　142,250
駱駝（文）　127,134,137,232,
　　284
楽浪郡　39
ラピス・ラズリ（青金石）
　　74,169,283
ラムセス二世　193

【り】

李淵　246
李学勤　23
陸亀蒙　46
陸九皋　24,25
六朝　142,169,213
陸のシルクロード　193
李白　145,239
リボン　99,127,129,161,213,214,
　　217,219,285
流雲文　84
劉興　25
劉建国　24,25
柳斗文　61,65,256,257,262
龍鳳文　68
龍（文）　43,90,147,150,157,
　　167,169,181,182,190,195,
　　206,208,214,244,250
リュトン　170,250
猟犬　109,111,115,123,124,127,
　　129,132,141,143,144,282
梁子　28
遼代　199,251,259,262,263,264,
　　266,267,276,282,286
猟豹　143,144
『呂氏春秋』　206
林梅村　21,26

【る】

瑠璃　20

【れ】

霊公問政　55
霊芝（形）　46,47,176,190,206,
　　264
霊獣（文）　208
黎忠義　68

羚羊　113,115,123,124,129,137,
　　141,142,190,217,232
歴史上の人物　54,55
『歴代名画記』　90,145
『列仙伝』　57
『列異伝』　238,239
蓮華（文）　47,48,164,172,173,
　　176,177,180,184,190,206,
　　208,232,236,240,245,263,
　　266,280,282
連珠（円）文　49,64,134,160,
　　170,172,177,184,188,197,
　　228,232,234,260
蓮弁文　230,263
蓮葉形　257,262
蓮葉（文）　46,48,172,180,190,
　　208,240,245,247,280
連理枝　236

【ろ】

ロータス　170
ローマ　169,190,248
ローマ金貨　171
ローマ時代　137
ローマ人　24,146
ローマ神話　285
ローマ帝国　26
盧兆蔭　21,25,27,28,29,67,172
『論語』　55
『論衡』　167

【わ】

鷲　167
碗　277

【A～Z】

Bo. Gyllensvard　99,268
Michèle Pirazzoli-ti'Serstevens
　　191,225
Hobson　21

資料出土地・所蔵者索引

【あ】
アスターナ44号墓　197
アスターナ48号墓　177
アスターナ105号唐墓　134
アスターナ170号墓　195
アスターナ180号墓　56
アスターナ191号唐墓　132
アスターナ301号墓　197
アスターナ313号墓　195
アスターナ317号墓　197
アスターナ337号墓　160,197
アスターナ唐墓　136,171,184,186,
　　188,217
アナポリス美術館　230
アフラシアブ　139,217
安伽墓　26,123,124,250
安元寿墓　269
安菩墓　171

【い】
韋頊墓　64,177
韋泂墓　184
緯十八街唐墓　191
韋洵墓　64
伊川県唐墓　277
懿徳太子墓　64,104,132
韋美美墓　173,204,238,277
イラン国立考古学博物館　170
殷墟遺跡　いんきょいせき　201

【う】
ウォルター美術館　222
烏亀山窯遺跡　257
雲崗石窟　195

【え】
栄昌県宋墓　152
穎川陳氏墓　147
永泰公主墓　64,134,184,269,277
営盤墓地15号漢晋墓　190
A.ドーニッシュ歴史研究所　139
益都県北斉石室　165,214
エルミタージュ博物館　92,141,
　　217,222,232
燕下都遺跡　105
焉耆博格達沁古城　70

宛朐侯墓　143
閻村仰韶文化遺跡　206
袁台子十六国後燕墓　121,164
袁台子東晋墓　121,150,151

【お】
王家墳90号唐墓　131
王暉石棺　208
王元逵墓誌　156
王建墓　151,251,252,254,286
王子山唐呉王妃楊氏墓　68,76

【か】
懐柔県戦国墓　105
解放飯店前窖蔵　55,92,101
賈汪村　182
下花園遼墓　277
賈各庄戦国早期墓　107,167
何家村窖蔵　20,22,23,24,25,27,
　　28,43,46,47,49,54,55,64,70,
　　80,90,101,102,147,161,164,
　　165,172,173,176,177,184,
　　191,201,204,214,219,228,
　　236,238,240,242,244,248,
　　250,252,254,262,263,264,
　　272,276,277,278,280,282
郭家山東晋墓　70
郭家村唐墓　284
郭家灘墓　68
岳山15号戦国楚墓　15,182
喀喇沁旗窖蔵　47,48,54,84,160,
　　180,230,236,244,260,264
賀若氏墓　68,177
下幸橋窖蔵　20,28,48,173,254,
　　272
花石咀宋代墓　256,257
下忠唐墓　173
河南新鄭県　118
河南鄭州市　113,115,118
河南扶溝県　131
カバラ宮殿　170
臥仏院石窟第54号龕　161
河北高碑店市　161
河姆渡遺跡　188
嘉峪関西晋墓　119,121,123

カラク　137
カル・ケープ氏　46,85,101,176,
　　219,230,248,260,276
韓佚墓　263
邗江県甘泉2号墓　270
甘粛靖遠県　26,76,285
官庄村4号墓　115,118
韓森寨窖蔵　25,40,92,102,238
韓森寨雷氏墓　68
観世音寺　235,236
咸陽市漢墓　206
咸陽市順陵　156
関林唐墓　211
甘露寺塔基地宮　60,177

【き】
亀山1号遼墓　262
キジル石窟　217
亀甲塚　193
吉州窯　199
睢寧県九女墩　152,214
杏園村502号唐墓　129
杏園村1025号唐墓　46
杏園村1710号唐墓　277
杏園村2603号唐墓　272
杏園村4206号唐墓　173
杏園村5013号唐墓　276
杏園村唐墓　173,176,248,260
鞏義新華小区漢墓　70,182
姜寨遺跡　246
曲江池窖蔵　54
許峻墓　257
勤倹村漢墓　157
金郷県主　68,76,134,160
金溝村窖蔵　37
欽州市唐墓　268
金上京遺跡　151
金村古墓　109
金宝厳寺塔基地宮　151

【く】
虞公著夫婦墓　161,164
虞弘墓　127,214
衢州市宋代墓　257
句容県塔基地宮　147,151

314

クリーブランド美術館　280
黒川古文化研究所　184,240,268
【け】
慧光塔　256
慶山寺塔基地宮　49,61,70,76,278
景徳鎮窯　199,286
滎陽萇村漢墓　152,165
厳家山西晋墓　182,240
建国路窖蔵　176
元師奬墓　56
原子頭唐墓　56,204,214,244
玄宗泰陵　160
乾陵　160
【こ】
高安県元代磁器窖蔵　257
高王寺　107
黄家塔6号漢墓　113
黄家塔9号墓　118
黄河路唐墓　104
高徹墓　278
興慶宮遺跡　156
洪慶村窖蔵　56,239
合江県1号石棺　208
鴿子洞元代窖蔵　224
広州市前漢南越王墓　40,70,193
洪州窯跡　271
高庄戦国中期墓　107,109
江西大墓　156
鎮江市唐墓　56,240,278
後太保元代史氏墓　257
坑底寨窖蔵　49,176,201,204
寇店後漢窖蔵　152
皇南大塚　193
合肥市元代金銀器窖蔵　286
合肥市西郊五代南唐墓　256
紅廟坡村後漢墓　161,167
黄堡鎮窯蔵　48
黄堡窯跡　222
孝民屯晋墓　211
黄冶三彩窯跡　272,276,277,278,280
江油県宋代窖蔵　257
勾龍墓　276
古越閣　109
五盔墳4号古墳　150
故宮博物院　245
谷園小学前漢墓　157

黒山　199
克什克騰旗28地1号遼墓　260
斛律徹墓　268
固原県隋蔵　74
固原県唐　90
固原県北魏墓　121,195
湖州三天門宋墓　225
呉朱然墓　152,164
五代呉越国康陵　151,152
湖南益陽県　181
コペナー　139
古方西晋墓　190
【さ】
崔瑩李氏墓　225
サクサノフル　139
沙子溝遼墓　264,266
砂子塘前漢墓　208
沙坡村窖蔵　26,46,64,90,100,201,204,214,268,277,281
三危山老君堂唐代建物　217
三元路　60,80
三合成前燕時代墓　121,195
山西渾源県　167
三兆村唐墓　173,201
三天門宋墓　74,256,257
山東沂南　152,157,161,208,211
三盤山122号前漢墓　113,157
サンフランシスコ美術館　102,268
【し】
シカゴ美術学院　276
志賀島　39
史君墓　123,124,160,171,250
獅子山前漢楚王墓　285
史思明墓　150
磁州窯跡　199,225
史縄祖墓　225
七子山五代墓　151
芝田鎮（88HGZN66号）唐墓　239,268,272,276
司馬金龍墓　182
札賚諾爾墓　169
上海博物館　46,107,129,131,150,209,232
修定寺塔基礎　222
十二台営子前燕時代墓　182
十二台郷磚廠三燕墓　195

十里舗村漢墓　167
十里舗村少室東闕　113
酒泉十六国時代墓　85
朱塔村窖蔵　27,61,256,262
春城南朝劉宋墓　193
商王村戦国墓　70
章懐太子墓　64,132,134
昭覚県　152
浄覚寺塔基地宮　262
章丘県元代墓　199
城固県漢墓　113
城子窖蔵　260,264
正倉院　20,27,47,65,84,102,132,134,156,161,165,171,184,188,197,211,224,244,264,269,271,276
襄陽擂鼓台1号楚墓　143
小羅庄金代墓　199
勝利街窖蔵　242,257
上林湖越窯跡　276,280
上浪澗村窖蔵　48,61,173,180,191,254,263
徐顕秀墓　151,164,206
徐州市後漢墓　169
徐州市茅村　182,184
司里街元代墓　199
新安磚廠　276
新干県西晋墓　184
新干大洋洲殷代墓　167
仁寿宮遺跡　222
新城長公主墓　64,90,156
新津県崖墓　206
新津県2号石棺　190
新津県3号石棺　208
秦川機械廠24号唐墓　184
【す】
水邱氏墓　20,48,57,61,80,92,173,177,251,257,262
遂渓県南朝窖蔵　40,195,277
睡虎地秦墓　111,188
瑞昌県　160
綏徳県永元八年画像石墓　118
遂寧県窖蔵　254
隋豊寧公主墓　64
スウェーデン極東古代博物館　278
嵩山山頂　39

資料出土地・所蔵者索引

崇聖寺　176,240
ステファン・ジャック氏　236
【せ】
西安交通大学窖蔵　28,57,177,191
西安市郊区唐墓　268,272
西安市西郊窖蔵　49,64,277
西安市西郊三橋　271
西安市南郊31号唐墓　284
西安市南郊茅坡村唐墓　236
西安市文物管理委員会（文物管理局）　49,55,119,173,181,186,230,262,263
西安市文物局　102
西安市文物倉庫　70,147
西安理工大学　115
西烏珠尓契丹早期墓　225
清江県隋墓　268
西溝村三燕墓　195
斉国都城遺跡　188,190
西山三国呉墓　80
星子県西郊窖蔵　256
静志寺塔基地宮　232
青州市戦国時代墓　40,67
清真寺窖蔵　256,286
西陳庄唐墓　280
成都市土橋　161
西寧市北朝墓　211
西北医療器械廠窖蔵　49,90,173,252,256
西北工業大学窖蔵　54,80,97,152,172,232,243,246
西北国棉五廠65号唐墓　56,65,173,176,180,240,277
清涼山呉墓　246
石巌里9号墳　37,70
石巌里219号墳　219,39
石寨山7号墳　39
赤峰2号唐墓　268
石油鋼管廠戦国時代秦墓　109
薛儆墓　156,208,217
節愍太子墓　64,277
仙鶴観東晋2号墓　70
仙鶴観東晋6号墓　70,184
前漢元帝渭陵　157
戦国中山王墓　167
陝西安康市　195

陝西省博物館　24,150,151,156,160
前窯戸村遼代墓　266
宣宗貞陵　160
尖草坪漢墓　167
陝棉十廠唐墓　60
【そ】
棗園村窖蔵　204,236
皂角樹村宋墓　256
総合廠2号墓　276
双合村後漢墓　70
宋循墓　150,151
蔵書公社宋墓　256,257
曾侯乙墓　109
蘇州市平門城壁唐墓　197
蘇州博物館　246
孫漢韶墓　164
【た】
ターク・イ・ブスタン　137,222,232
大安国寺遺跡　160
大安寺　280
泰安市旧県村　182
大雲寺塔基地宮　48,64,70,76
大英博物館　20,55,61,193,256,262
大覚寺村2号漢墓　165
太原市南郊唐墓　150
大通上孫家寨漢晋墓　68
太乙路窖蔵　48,230,276
大同市南郊北魏古墳　40,230
大同市北魏窖蔵　40
大同市北魏都城遺跡　23,24,195,230,250,267,285
大保当23号墓　115,118
大野峪村窖蔵　47,67,264,271,278
高松塚　151
タフティ・サンギン都城址　137
ダフネ　137
断涇殷代遺跡　167
【ち】
智家堡北魏墓　121,123
竹葉沖唐墓　246
中国歴史博物館（現中国国家博物館）　271

中山路窖蔵　276
長安城武庫遺跡　152
長安城醴泉坊唐代井戸　197
張確夫婦墓　225
丁家山唐墓　276
張慶釗墓　161
張宏慶唐墓　173,276
長沙市五代墓　252
長沙市隋墓　267
長沙市戦国楚墓　105
長沙市東晋墓　268
長沙市唐墓　268
長沙窯　186,222,245,272,276
張士貴墓　64
張士誠の母曹氏墓　257
長川県1号墓　123
長治市唐墓　131
張同之夫婦墓　256
朝陽溝遼墓　161,262,263,264
鎮江市博物館　24
陳国公主墓　225,276
沈劉庄漢代画像石墓　208
陳炉窖蔵　276
【つ】
通溝第12号墓　123
ツタンカーメン王墓　141
【て】
定県40号後漢墓　70
定県43号後漢墓　70
定県隋代塔基地宮　32
定県北魏塔基礎　32
鄭州市19中学校唐墓　271,276
鄭仁泰墓　134
貞柏里前漢墓　152
丁卯橋窖蔵　20,23,25,28,43,46,47,48,55,90,92,147,176,177,191,252,254,257,262,263,266,278,280
ティリンス城遺跡　141
哲里木盟奈林稿遼墓　266
天津市歴史博物館　105
天水市隋唐時代　129
天王地神塚　193
電白県唐許夫人墓　76
天封塔塔基地宮　225,254,257
天馬塚　193

天理大学附属参考館　*134,193,*
　　271
【と】
ドイツ国立博物館　*20*
唐河針織廠漢墓　*151*
東魏茹茹公主墓　*74,151,164,206*
東京芸術大学美術館　*113*
東京大学考古学研究室　*136*
東京国立博物館　*47,64,131,156,*
　　161,171,211,271,278,280
東桂村宋墓　*225*
桃源県大池　*182*
滕県西戸口　*118*
鄧県南朝墓　*156*
滕県万荘　*118*
陶寺遺跡　*206*
竇皦墓　*68*
唐斉国太夫人墓　*28,68,80,84,172,*
　　173,176,222,263,281
東北師範大学　*107*
塔梁子後漢崖墓　*56*
徳興里古墳　*123,160*
独孤蔵墓　*232*
吐尔基遼墓　*263*
都蘭県吐蕃墓　*27,136,170,197*
トルファン古墳群　*161*
ドルラ・エウロポス　*137*
敦煌第9号石窟　*197*
敦煌第27号石窟　*222*
敦煌第45号石窟　*197*
敦煌第125号石窟　*195*
敦煌第126号石窟　*195*
敦煌第156号石窟　*197*
敦煌第249号石窟　*85,121,164*
敦煌第285号石窟　*164*
敦煌石窟蔵経洞　*188*
【な】
内丘邢窯跡　*277*
長尾氏　*131*
縄生廃寺　*281*
南京市西晋井戸　*165*
南京市南朝墓　*143*
南京博物院　*195*
南山根102号石槨墓　*109*
南陽市王庄　*115*
南陽市靳崗郷　*132*
南里王村　*150,152*

【に】
日喀則夏魯寺仏殿　*225*
尼雅遺跡後漢墓　*250*
尼雅遺跡8号墓　*161*
ニューヨーク山中商会蔵　*156,*
　　204,214,264
【ね】
熱電廠唐墓　*272*
熱電廠2号唐墓　*278*
ネルソン美術館　*254*
【の】
ノイン・ウラ匈奴人墓　*250*
【は】
バーミヤン石窟　*193*
博格達沁古城　*37*
バクダッド博物館　*219*
白鶴美術館　*20,46,47,102,136,*
　　147,248,281
幕府山東晋4号墓　*70*
八府荘窖蔵　*48,49,278*
ハトラ　*219*
ハマダン　*170*
波馬墓　*74*
巴林右旗窖蔵　*262*
パルミラ　*222,250*
板橋五代墓　*251*
半坡遺跡　*246*
【ひ】
邳県2号石棺　*147,151*
百花潭中学校10号戦国墓　*107,*
　　109
苗山漢墓　*165*
馮素弗墓　*70*
広瀬氏　*131*
【ふ】
フィン美術館　*240*
富貴山東晋墓　*195*
フリーア美術館　*25,100,102,*
　　131,228,276
封和突墓　*119,124*
福勝寺塔基地宮　*225*
藤ノ木古墳　*191,193*
武昌馬房山隋墓　*232*
布図木吉　*139*
仏宮寺木塔　*225*
仏爺廟湾西晋墓　*119,150,151,*
　　152,165,169,208,214

武寧王陵　*193*
富平県唐墓　*264*
舞踊塚　*121,156*
武梁祠（武氏祠）　*118,167*
文化学園服飾博物館　*134*
【へ】
平橋窖蔵　*242,257*
平山県戦国早期墓　*107*
炳霊寺第169石窟　*195*
炳霊寺第172石窟　*195*
北京市西城区　*286*
北京大学賽克勒考古与芸術博物館
　　102
ベルリン国立博物館　*137*
ペンジケント　*139,222*
【ほ】
宝慶寺　*47,64*
宝鶏市博物館　*131*
宝厳寺塔基地宮　*199*
包山2号楚墓　*143*
望山1号楚墓　*181*
彭山県後蜀宋琳墓　*152*
宝山胡橋南朝墓　*150,151*
彭州市窖蔵　*240*
鳳翔県秦雍城遺跡　*111,182,188*
法門寺塔基地宮　*23,25,27,28,47,*
　　48,57,60,61,70,76,80,90,92,97,
　　147,150,152,176,177,180,181,
　　191,201,219,236,240,251,257,
　　260,262
法隆寺　*132,134,160,171*
宝輪鎮南朝墓　*182,240*
卜千秋墓　*147,167*
北宋永昌陵　*151*
北塔天宮　*260*
北票水泉1号遼墓　*263*
北票喇嘛洞三燕墓　*195*
北邙山前李村唐墓　*280*
ボストン美術館　*250*
渤海貞孝公主墓　*104*
【ま】
馬王堆1号漢墓　*181*
馬王堆3号漢墓　*115,182,184*
馬山1号楚墓　*109,181,182,208*
馬泉漢墓　*118,167*
麻線溝1号墓　*123*
秣陵橋南村西晋墓　*246*

馬茂 2 号後漢画像石墓　208
麻陽県唐代窖蔵　276
満城漢墓　167
万仏寺遺跡　208
【み】
ミーラン仏教寺院遺跡　171
コペニ突厥墓　282
ミネアポリス美術館　164,165
MIHO MUSEUM　39,101,113,
　124,136,
民豊県後漢墓　195
【め】
メトロポリタン美術館　47,129,
　170,230,256,276
【も】
孟庄後漢画像石墓　169,188
守屋孝氏　236,239
【や】
薬王山博物館　184
薬師寺　151
大和文華館　136,276
【ゆ】
楡樹老河深鮮卑墓地　169
【よ】
楊家溝窖蔵　46,54,97,176,177,204,
　236,260
楊家村窖蔵　182
楊家湾漢墓　111
楊思勗墓　197
揚子山　118

揚州市唐墓　176
耀州窯　256
羊村墓　276
姚無陂墓　271
葉茂台遼墓　266
遼陽市旧城東後漢墓　164
【ら】
雷峰塔塔基地宮　251,252,254
楽山市　225
洛陽漢墓　113
洛陽市16工区76号墓　186
洛陽市西工131戦国時代墓　107
洛陽市石棺　165,208
洛陽市博物館　157
楽浪漢墓　195,211
【り】
李家営子墓　23,26,64,271,272
李希宗墓　262
李徽墓　280
李景由墓　48,54,65,239
李憲墓　65,150,151,208
李賢墓　25,40,269
李勣夫人墓　64
李寿墓　132,150,152,197,257
李静訓墓　23,25,64,74,150,151,
　268
李彬夫婦墓　225
李鳳墓　271,278
劉賢墓　182
龍興寺北斉時代窖蔵　195,208

劉弘墓　70
劉勝夫婦墓　147
劉宝墓　222
龍門石窟賓陽中洞　195
柳林背陰村窖蔵　54,55,228,230
遼蕭宏墓　161
遼陳国公主墓　151
遼耶律羽之墓　224,259,260,262,
　263,264,266
李和墓　25,150,151,164
臨県北斉李氏墓　268
臨淄市前漢斉王墓陪葬坑　40,67
【る】
ルーブル美術館　129
瑠璃閣56号墓　107
瑠璃閣76号墓　107
瑠璃閣59号墓　107
【れ】
霊岩寺千仏殿　225
【ろ】
婁睿墓　74,164,195
老寺坪　161
【わ】
和龍県渤海墓　68
和林格尔漢墓　118
和林格尔三道営郷北魏墓　121
湾漳北朝墓　150,151,164,165,
　195,206

著者略歴

1967年　中国陝西省蒲城県に生まれる。
1989年　西北大学歴史系（現文博学院）考古学専攻卒業。
1992年　西北大学文博学院考古学専攻（大学院）碩士（修士）課程修了。
1992年～2001年　西北大学文博学院考古学専攻助教、講師を歴任。
2001年～　同学副教授。

1999年～2000年　西北大学と奈良県立橿原考古学研究所との協定にもとづく交換研究員。
2002年～2003年　同志社大学大学院文学研究科文化史学専攻特別学生。
2003年～2006年　同志社大学大学院文学研究科文化史学専攻博士後期課程。
　　　　　　　　博士（文化史学）（同志社大学）

主な論文

「唐代南方金銀器的発見与特徴」『西北大学学報』1994年第4期
「試論唐代北方金銀器製造地的分布」『考古文物研究』1996年
「従考古発見看春秋戦国時代的金銀製造業」『西北大学学報』1997年第2期
「江蘇と浙江の東晋墓の時期について」『青陵』第104号、1999年
「唐代金属香炉研究」『文博』2000年第2期
「略論唐代公主的婚姻生活」『西北大学学報』2002年第4期
「略論北魏至隋唐時期的舎利瘞埋制度」『シルクロード学研究』21、2004年
「唐代舎宮為寺考略」『西北大学学報』2005年第5期
「略論唐代僧尼的葬制」『乾陵文化研究』（1）、2005年

2007年5月10日　初版発行　　　　　　　《検印省略》

唐代金銀器文様の考古学的研究
（とうだいきんぎんきもんよう　こうこがくてきけんきゅう）

著　者	冉万里（ラン　ワンリ）
発行者	宮田哲男
発行所	株式会社　雄山閣
	〒102-0071　東京都千代田区富士見2-6-9
	ＴＥＬ　03-3262-3231(代)／ＦＡＸ　03-3262-6938
	ＵＲＬ　http://www.yuzankaku.co.jp
	E-mail　info@yuzankaku.co.jp
	振　替　00130-5-1685
印　刷	株式会社　秀巧堂
製　本	協栄製本株式会社

©Ran Wanli　　　　　　　　　　　　　　Printed in Japan 2007
ISBN978-4-639-01979-4 C3022